"同广东人倾生意打交道,
一定要学识同埋掌握商务粤语!"

- 最常用、最务实的900个句子
- 采用国际音标注音,并按实际口语标出调值
- 词语扩展,额外增加词汇量
- 语法知识,区分广州话和普通话的差异所在

商务粤语
900句

黄小娅 编著

世界图书出版公司
广州·上海·西安·北京

图书在版编目(CIP)数据

商务粤语900句/黄小娅编著.—广州：广东世界图书出版公司，2008.10
ISBN 978-7-5062-8791-3

Ⅰ.商… Ⅱ.黄… Ⅲ.商务—粤语—口语
Ⅳ.H178

中国版本图书馆 CIP 数据核字（2008）第 144552号

商务粤语900句

责任编辑：	魏志华
出版发行：	广东世界图书出版公司
	（广州市新港西路大江冲25号　邮编：510300）
电　话：	020-84451969　84459539
	http://www.gdst.com.cn　E-mail: pub@gdst.com.cn
经　销：	各地新华书店
印　刷：	广东省农垦总局印刷厂
版　次：	2009年2月第1版　2011年10月第2次印刷
开　本：	880mm×1230mm　1/32
印　张：	8.5
字　数：	235 千
ISBN 978-7-5062-8791-3/H·0494	
ISBN 978-7-88765-339-0（MP3）	
定　价：	21.00 元（附送MP3光盘，本公司网站同时提供光盘内容免费下载）

版权所有　侵权必究
咨询、投稿：020-84183942　ershadao@126.com

前言

粤方言（Yue dialects）又称粤语，俗称广东话、广府话、白话，是我国南方地区使用的重要汉语方言。它不但是两广地区及香港、澳门的重要交际工具，也是海外华人社区中使用最为广泛的语言交际工具之一。

广东自改革开放以来一直在飞速发展，特别是自2003年提出的泛珠江三角洲经济区，珠江三角洲地域概念，已从自然地理三角洲，扩大为珠江三角洲经济区，即大珠江三角洲。它以珠江三角洲为核心，延伸至粤、桂、黔、滇、川、湘、赣、闽、琼，以及港澳11个省区，即所谓"9＋2"区域概念。在这样的大环境下，各省市之间的交往必然愈加频繁，粤语在经济发展、贸易往来和社会文化等方面的交际活动中将更加显现出其重要作用。

本教材正是为了适应当前经济发展的需要，把广州话的学习内容主要定位于商务交际场合，供从外地到广东的商务人员学习广州话使用。本教材比较系统地介绍了粤语的语音、词汇、语法以及在当地通行的一些方言字。全书共30单元、900个句子。每一个单元主要包括句子、注释、生词、词语扩展等内容。其中，第1－7单元的词语扩展部分，附加了一些相关的广州话常用口语；第8－28单元增加了广州方言的语法内容，简要介绍了广州话的一些语法特点，以帮助学习者注意广州话和普通话的差别；第29－30单元，简要介绍了粤语方言用字方面的一些特征，这是粤方言区的一个很特殊的地域文化现象，知道和了解这一现象，对学习广州话是很有帮助的。

本书全部句子都是用广州口语编写，每句话和生词都用国际音标注音，并按广州话的口语实际标出调值，句后都附注普通话相应的说法，便于读者学习时做比较，更好地理解句子的内容。由于近几十年来中国教育事业的迅猛发展，许多来粤语区从事经贸活动的外地人大多受过良好的教育，教材编写上，对学习对象的文化背景也予以充分考虑。因此，采用粤语最常用的和规范化的表达形式，句子设计上既要口语化，又要避免低俗化。读者通过学习本书，能基本掌握广州话在商务场合的基本用语，同时还能略知广州的一些生活习俗。

在繁忙的教学之余能编成此书，得益于多方面的帮助。首先要感谢广州大学人文学院中文系的学生，他们是已经毕业的郑婉微（香港理工大学在读研究生）、蒋静洁（广州市委工作人员）以及仍然在读的05级黄泓彬、何焕玲和黄妙贤等三位同学。黄泓彬、何焕玲、黄妙贤、郑婉薇四位同学为语料的收集和输入做了大量艰辛的工作。全书完稿之后，郑婉微、蒋静洁承担了全书大部分国际音标的输入。成美英和吴欣佳（现均为华南师范大学在读研究生）两位同学也参与了音标输入工作。感谢广州大学陈实老师和唐晓阳老师，他们对本书的编写提出了许多极好的建议。没有他们的努力，这本书是难以在短时间内完成的。同时，本教材的出版受到广州大学教材出版基金的资助，在此一并感谢。

由于编者的水平有限，书中如有错漏，敬请专家、读者不吝赐教。

黄小娅于广州大学

2009年1月

目 录

广州话声韵调表　　　　　　　　　　　　　　　　　　1

第 1 单元　　办公室常用口语　　　　　　　　　　　　3

第 2 单元　　电话用语　　　　　　　　　　　　　　　13

第 3 单元　　初次会面　　　　　　　　　　　　　　　20

第 4 单元　　希望与要求　　　　　　　　　　　　　　29

第 5 单元　　产品介绍　　　　　　　　　　　　　　　37

第 6 单元　　业务范围介绍　　　　　　　　　　　　　46

第 7 单元　　商务宴请　　　　　　　　　　　　　　　56

第 8 单元　　承　诺　　　　　　　　　　　　　　　　66
　　　　　　（附：广州话的称呼标记"阿"）

第 9 单元　　询　盘　　　　　　　　　　　　　　　　73
　　　　　　（附：广州话的人称代词）

第10单元　　报　盘　　　　　　　　　　　　　　　　80
　　　　　　（附：广州话的指示代词和处所词）

第11单元	还 盘	**88**
	（附：广州话的疑问代词）	
第12单元	对还盘的反应	**97**
	（附：广州话的"嗷"和"咁"）	
第13单元	要求优惠	**107**
	（附：广州话名词的一些特点（一））	
第14单元	给予优惠	**116**
	（附：广州话名词的一些特点（二））	
第15单元	双方让步	**125**
	（附：广州话名词的一些特点（三））	
第16单元	订货与确认	**133**
	（附：广州话名词的一些特点（四））	
第17单元	请求代理	**141**
	（附：广州话量词和名词的直接组合（一））	
第18单元	对代理请求的回应	**150**
	（附：广州话量词和名词的直接组合（二））	
第19单元	代理条件和要求	**159**
	（附：广州话概数和估量的表示）	
第20单元	合 同	**168**
	（附：广州话动词后面的助词"紧"、"咗"、"住"）	
第21单元	支付方式	**175**
	（附：广州话动词后面的助词"亲"）	
第22单元	产品质量	**183**
	（附：广州话动词、形容词后面的助词"晒"和"埋"）	

第23单元	买方对包装的要求	**193**
	（附：广州话动词、形容词后面的助词"添"）	
第24单元	卖方对包装的保证	**202**
	（附：广州话的比较句）	
第25单元	货运通知及答复	**211**
	（附：广州话的处置句）	
第26单元	催运货物及解释货物迟到的原因	**219**
	（附：广州话的被动句）	
第27单元	保　险	**229**
	（附：广州话的双宾句）	
第28单元	投诉及索赔	**238**
	（附：广州话的"有"字句）	
第29单元	商务会议	**248**
	（附：粤语方言用字（一））	
第30单元	客户回访	**255**
	（附：粤语方言用字（二））	

主要参考书目　　　　　　　　　　　　　　　　　　**264**

广州话声韵调表

一、声母

p（巴）	pʻ（趴）	m（妈）	f（花）
t（打）	tʻ（他）	n（拿）	l（喇）
tʃ（渣）	tʃʻ（差）	ʃ（沙）	j（也）
k（家）	kʻ（卡）	ŋ（牙）	h（虾）
kw（瓜）	kwʻ（夸）	w（蛙）	

声母说明

（1）以"ʻ"表示送气。
（2）tʃ、tʃʻ、ʃ是带有舌面色彩的舌尖音，音值介于北京音的ts、tsʻ、s和tɕ、tɕʻ、ɕ之间。j、w发音略带摩擦。kw、kwʻ是k、kʻ的圆唇化。
（3）本书音标标注的m和ŋ，既表示普通的声母和韵尾，又表示韵化的m̩（唔）和ŋ̍（五）。

二、韵母

1. 单韵母

a(呀)　ɛ(遮)　œ(靴)　ɔ(哥)　i(衣)　u(姑)　y(于)

2. 复韵母

ai(挨)　ɐi(艺)　ei(希)　ɔi(爱)　ui(会)
au(拗)　ɐu(欧)　ou(奥)　iu(腰)　ɵy(虚)

3. 鼻音尾韵母

am(三)　ɐm(金)　im(淹)
an(间)　ɐn(根)　ɵn(春)　ɔn(安)　in(烟)　un(观)　yn(捐)
aŋ(耕)　ɐŋ(庚)　ɛŋ(镜)　iŋ(英)　œŋ(良)　ɔŋ(方)　uŋ(风)

1

4. **鼻音韵母**

   m̩(唔)　ŋ̍(五)

5. **塞音尾韵母**

   ap(鸭)　ɐp(急)　ip(业)
   at(辣)　ɐt(吉)　ɵt(出)　ɔt(喝)　it(热)　ut(活)　yt(月)
   ak(百)　ɐk(北)　ɛk(石)　ik(益)　œk(脚)　ɔk(落)　uk(屋)

三、声调

调类	阴平	阴上	阴去	阳平	阳上	阳去	上阴入	下阴入	阳入
调值	55	35	33	11	13	22	55	33	22
例字	夫诗	虎使	富试	扶时	妇市	付事	福识	阔锡	伏食

声母说明

（1）老派广州话阴平有两调，55调和53调有对立；新派合而为一，一般都作55调。本书从新派，一律标成55调值。

（2）变调主要有55调和35调两种，变调前加短横线"-"以示区别。例如：jɐn^{-55}，wa^{-35}等。本书只标示变调，不标本调。

第1单元 办公室常用口语

一、课文

1. 早晨！有乜嘢可以帮到你？⁽¹⁾

    tʃou³⁵ ʃɐn¹¹! jɐu¹³ mɐt⁵⁵ jɛ¹³ hɔ³⁵ ji¹³ pɔŋ⁵⁵ tou³⁵ nei¹³?

    （早上好！有什么需要帮忙的吗？）

2. 早晨！我系永成贸易公司嘅张帆，上个星期已经约咗陈经理今朝10点钟见面㗎喇。⁽²⁾

    tʃou³⁵ ʃɐn¹¹! ŋɔ¹³ hei³³ wiŋ¹³ ʃiŋ¹¹ mɐu²² jit²² kuŋ⁵⁵ ʃi⁵⁵ kɛ³³ tsœŋ⁵⁵ fan¹¹, ʃœŋ²² kɔ³³ ʃiŋ⁵⁵ kʻei¹¹ ji¹³ kiŋ⁵⁵ jœk³³ tʃɔ³⁵ tʃʻɐn¹¹ kiŋ⁵⁵ lei¹³ kɐm⁵⁵ tʃiu⁵⁵ ʃɐp²² tim³⁵ tʃuŋ⁵⁵ kin³³ min²² ka³³ la³³.

    （早上好！我是永成贸易公司的张帆，上星期已经约了陈经理今天早上10点钟见面的。）

3. 唔好意思吖，张生，要你等咁耐。麻烦呢便啊！⁽³⁾

    m¹¹ hou³⁵ ji³³ ʃi³³ a³³, tʃœŋ⁵⁵ ʃaŋ⁵⁵, jiu³³ nei¹³ tɐŋ³⁵ kɐm³³ nɔi²². ma¹¹ fan¹¹ ni⁵⁵ pin²² a⁵⁵!

    （很抱歉，张先生，让您等这么久。请往这边走！）

4. 今朝早陈经理突然间有啲急事要处理，大概10点半到先至可以返到公司。麻烦你坐低等下先啦！⁽⁴⁾

    kɐm⁵⁵ tʃiu⁵⁵ tʃou³⁵ tʃʻɐn¹¹ kiŋ⁵⁵ lei¹³ tɐt²² jin¹¹ kan⁵⁵ jɐu¹³ ti⁵⁵ kɐp⁵⁵ ʃi²² jiu³³ tʃʻy¹³ lei¹³, tai²² kʻɔi³⁵ ʃɐp²² tim³⁵ pun³³ tou³⁵ ʃin⁵⁵ tʃi³³ hɔ³⁵ ji¹³ fan⁵⁵ tou³⁵ kuŋ³³ ʃi⁵⁵. ma¹¹ fan¹¹ nei¹³ tʃʻɔ¹³ tei⁵⁵ tɐŋ³³ ha¹³ ʃin⁵⁵ la⁵⁵!

    （今天早上陈经理突然有一些急事要处理，大概要到10点半才可以回到公司来。麻烦您先坐会儿等等吧！）

5. 阿敏，唔该先斟杯茶畀阿张生啊。(5)
   a³³ mɐn¹³, m¹¹ kɔi⁵⁵ ʃin⁵⁵ tʃɐm⁵⁵ pui³⁵ tʃʻa¹¹ pei³⁵ a³³ tʃœŋ⁵⁵ ʃaŋ⁵⁵ a⁵⁵.
   （阿敏，请先倒杯茶给张先生。）

6. 阿强仔，唔该你帮我将呢份文件复印20份，晏昼开会要用。
   a³³ kʻœŋ¹¹ tʃɐi³⁵, m¹¹ kɔi⁵⁵ nei¹³ pɔŋ⁵⁵ ŋɔ¹³ tʃœŋ⁵⁵ ni⁵⁵ fɐn²² mɐn¹¹ kin³⁵ fuk⁵⁵ jɐn³³ ji²² ʃɐp²² fɐn²², an³³ tʃɐu³³ hɔi⁵⁵ wui³⁵ jiu³³ juŋ²².
   （小强，请你帮我把这份文件复印20份，下午开会要用。）

7. 阿陈经理，想提醒下你，今个季度嘅销售总结会议已经定咗喺听日晏昼两点钟开，地点喺会议一室。
   a³³ tʃʻɐn¹¹ kiŋ⁵⁵ lei¹³, ʃœŋ³⁵ tʻɐi¹¹ ʃɐŋ³⁵ ha¹³ nei¹³, kɐm⁵⁵ kɔ³⁵ kwɐi³³ tou⁵⁵ kɛ³³ ʃiu⁵⁵ ʃɐu²² tʃuŋ³⁵ kit³⁵ wui¹³ ji¹³ ji¹³ kiŋ³⁵ tiŋ²² tʃɔ³⁵ hɐi³⁵ tʻiŋ¹¹ jɐt²² an³³ tʃɐu³³ lœŋ¹³ tim³⁵ tʃuŋ⁵⁵ hɔi⁵⁵, tei²² tim³⁵ hɐi³⁵ wui¹³ jɐt⁵⁵ ʃɐt⁵⁵.
   （陈经理，想提醒您一下，这个季度的销售总结会议已经定于明天下午两点，在会议一室召开。）

8. 下昼个季度总结会要推迟一个钟。因为销售部有啲同事出咗去见客，最早都要3点钟先至赶得到返公司。(6)
   ha²² tʃɐu³³ kɔ³⁵ kwɐi³³ tou²² tʃuŋ³⁵ kit³⁵ wui¹³ jiu³³ tʻœy⁵⁵ tʃʻi¹¹ jɐt⁵⁵ kɔ³⁵ tʃuŋ⁵⁵. jɐn⁵⁵ wɐi⁵⁵ ʃiu⁵⁵ ʃɐu²² pou²² jɐu¹³ ti⁵⁵ tʻuŋ¹¹ ʃi²² tʃʻɵt³³ tʃɔ³⁵ hɵy³³ kin³³ hak³³, tʃɵy³³ tʃou³⁵ tou⁵⁵ jiu³³ ʃam⁵⁵ tim³⁵ tʃuŋ⁵⁵ ʃin⁵⁵ tʃi³³ kɔn³⁵ tɐk⁵⁵ tou³³ fan⁵⁵ kuŋ⁵⁵ ʃi⁵⁵.
   （下午那个季度总结会要推迟一个小时。因为销售部有些同事出去见客户了，最早也要3点钟才能赶回公司。）

9. 阿敏，唔该将呢份产品设计方案传真份畀锦威贸易公司嘅黄主任。顺便问下，寻日交嘅吖份真丝衭衫嘅设计图，佢哋满唔满意咧？(7)
   a³³ mɐn¹³, m¹¹ kɔi⁵⁵ tʃœŋ⁵⁵ ni⁵⁵ fɐn³³ tʃʻan³⁵ pɐn³⁵ tʃʻit³³ kɐi³³ fɔŋ³⁵ ɔn³³ tʃʻyn¹¹ tʃɐn⁵⁵ fɐn²² pei³⁵ kɐm³⁵ wɐi⁵⁵ mɐu²² jit²² kuŋ⁵⁵ ʃi⁵⁵ kɛ³³ wɔŋ¹¹ tʃy³⁵ jɐm²². ʃɵn²² pin¹³ mɐn²² ha¹³, tʃʻɐm¹¹ jɐt² kau³³ kɛ³³ kɔ³⁵ fɐn²² tʃɐn⁵⁵ ʃi¹³ ʃɵt⁵⁵ ʃam⁵⁵ kɛ³³ tʃʻit³³ kɐi³³ tʻou¹¹, kʻɵy¹³ tei²² mun¹³ m¹¹ mun¹³ ji³³ lɛ⁵⁵?
   （阿敏，麻烦你把这份产品设计方案传真一份给锦威贸易公司的黄主任。顺便问问，昨天交的那份真丝衬衣的设计图，他们满不满意呢？）

10. 你好，我系永成进出口有限公司嘅张晓敏。头先我已经将份文件传真咗畀你哋，而家想确认下你哋收到未？
nei¹³ hou³⁵, ŋɔ¹³ hɐi²² wiŋ¹³ ʃiŋ¹¹ tʃɐn³³ tʃʻɐt⁵⁵ hɐu³⁵ jɐu¹³ han²² kuŋ⁵⁵ ʃi⁵⁵ kɛ³³ tʃœŋ⁵⁵ hiu³⁵ mɐn¹³. tʻɐu¹¹ ʃin⁵⁵ ŋɔ¹³ ji¹³ kiŋ⁵⁵ tʃœŋ⁵⁵ fɐn²² mɐn¹¹ kin⁻³⁵ tʃʻyn¹¹ tʃɐn⁵⁵ tʃɔ³⁵ pei³⁵ nei¹³ tei²², ji² ka⁵⁵ ʃœŋ³⁵ kʻɔk³³ jiŋ⁵⁵ ha⁵⁵ nei¹³ tei² ʃɐu⁵⁵ tou⁵⁵ mei²²?
（你好，我是永成进出口有限公司的张晓敏。刚才我已经传真了一份文件给你们，现在想确认一下你们收到了没有？）

11. 唔好意思吖，我哋部传真机头先卡纸，所以你哋份文件仲未传得到过嚟。唔该再传多次添啦。
m¹¹ hou³⁵ ji³³ aʻ³³, ŋɔ¹³ tei²² pou²² tʃʻyn¹¹ tʃɐn⁵⁵ kei⁵⁵ tʻɐu¹¹ ʃin⁵⁵ kʻa⁵⁵ tʃi³⁵, ʃɔ³⁵ ji¹³ nei¹³ tei²² fɐn²² mɐn¹¹ kin⁻³⁵ tʃuŋ²² mei⁵⁵ tʃʻyn¹¹ tɐk⁵⁵ tou³⁵ kɔ³³ lɐi¹¹. m¹¹ kɔi⁵⁵ tʃɔi³³ tʃʻyn¹¹ tɔ⁵⁵ tsʻi³³ tʻim⁵⁵ la⁵⁵.
（抱歉，我们的传真机刚才卡纸了，所以你们的那份文件还没有传过来。麻烦再传一次吧。）

12. 对呢份设计方案如果有咩意见，唔使客气，有乜嘢讲乜嘢，只要做得到嘅，我哋都会尽量满足你哋嘅要求。
tɵy³³ ni⁵⁵ fɐn²² tʃʻit³³ kɐi³³ fɔŋ⁵⁵ ɔn³³ jy¹¹ kɔ³⁵ jɐu¹³ mɛ⁵⁵ ji³³ kin³³, m¹¹ ʃɐi³⁵ hak³³ hei²², jɐu¹³ mɐt⁵⁵ jɛ¹³ kɔŋ³⁵ mɐt⁵⁵ jɛ¹³, tʃi³⁵ jiu³³ tʃou²² tɐk⁵⁵ tou³³ kɛ³³, ŋɔ¹³ tei²² tou⁵⁵ wui¹³ tʃɐn²² lœŋ²² mun¹¹ tʃuk⁵⁵ nei¹³ tei²² kɛ³³ jiu⁵⁵ kʻɐu¹¹.
（对这份设计方案如果有什么意见，不用客气，有什么讲什么，只要做得到的，我们都会尽量满足你们的要求。）

13. 阿玲，下个星期一我要同黄经理出差去香港两日，你帮我哋订套来回机票同埋一晚嘅住宿啦。
a³³ liŋ¹¹, ha²² kɔ³³ ʃiŋ⁵⁵ kʻei¹¹ jɐt⁵⁵ ŋɔ¹³ jiu³³ tʻuŋ¹¹ wɔŋ¹¹ kiŋ⁵⁵ lei¹³ tʃʻɐt⁵⁵ tʃʻai⁵⁵ hey³³ hœŋ⁵⁵ kɔŋ³⁵ lœŋ¹³ jɐt²², nei¹³ pɔŋ⁵⁵ ŋɔ¹³ tei²² tɛŋ²² tʻou³³ lɔi¹¹ wui¹¹ kei³³ pʻiu³³ tʻuŋ¹¹ mai¹¹ jɐt⁵⁵ man¹³ kɛ³³ tʃy²² ʃuk⁵⁵ la⁵⁵.
（阿玲，下个星期一我和黄经理要出差到香港两天，你帮我们订一套来回机票和安排一晚的住宿吧。）

14. 黄经理，我想同你确认一下，你同阿陈经理听日去香港嘅班机号码系AK708，落脚嘅酒店系港岛大酒店。

woŋ¹¹ kiŋ⁵⁵ lei¹³, ŋɔ¹³ ʃœŋ³⁵ tʻuŋ¹¹ nei¹³ kʻɔk³³ jiŋ²² jɐt⁵⁵ ha¹³, nei¹³ tʻuŋ¹¹ a³³ tʃʻɐn¹¹ kiŋ⁵⁵ lei¹³ tʻiŋ⁵⁵ jɐt²² hɵy³³ hœŋ⁵⁵ kɔŋ³⁵ kɛ³³ pan⁵⁵ kei⁵⁵ hou²² ma¹³ hɐi²² AK tʃʻɐt⁵⁵ liŋ¹¹ pat²⁵, lɔk²² kœk³³ kɛ³³ tʃɐu³⁵ tim³³ hɐi²² kɔŋ³⁵ tou³⁵ tai²² tʃɐu³⁵ tim³³.

（黄经理，我想跟您确认一下，您跟陈经理明天去香港的航班号码是AK708，下榻的酒店是港岛大酒店。）

15. 唔好意思，阿李经理，要你等咗咁耐添。因为我哋落咗机之后，好耐先至揾得返自己嘅行李，所以咪迟咗出闸啰。(8)

m¹¹ hou³⁵ ji³³ ʃi³³, a³³ lei¹³ kiŋ⁵⁵ lei¹³, jiu³³ nei¹³ tɐŋ³⁵ tʃɔ³⁵ kɐm³³ nɔi²² tim³³. jɐn⁵⁵ wɐi²² ŋɔ¹³ tei²² lɔk²² tʃɔ³⁵ kei⁵⁵ tʃi⁵⁵ hɐu²², hou³⁵ nɔi²² ʃin⁵⁵ tʃi³³ wɐn¹³ tɐk⁵⁵ fan⁵⁵ tʃi²² kei⁵⁵ kɛ³³ hɐŋ¹¹ lei¹³, ʃɔ³⁵ ji¹³ mɐi²² tʃʻi¹¹ tʃɔ³⁵ tʃʻɐt²⁵ tʃap²² lɔ⁵⁵.

（抱歉，李经理，让您久等了。因为我们下了飞机后，花了好一段时间才拿到自己的行李，所以出关晚了。）

16. 总公司下个星期派人嚟我哋分公司视察业务，计划逗留两日。

tʃuŋ³⁵ kuŋ⁵⁵ ʃi⁵⁵ ha²² kɔ³³ ʃiŋ⁵⁵ kʻei¹¹ pʻai³³ jɐn¹¹ lɐi¹¹ ŋɔ¹³ tei²² fɐn⁵⁵ kuŋ⁵⁵ ʃi⁵⁵ ʃi²² tʃʻak³³ jip²² mou²², kɐi³³ wak²² tɐu²² lɐu¹¹ lœŋ¹³ jɐt²².

（总公司下个星期派人来我们分公司视察业务，计划逗留两天。）

17. 阿敏，视察业务嗰两日嘅活动流程由你安排，一定要保证有足够嘅时间洽谈销售嘅问题。仲有流程表定咗之后，记得要畀陈经理睇睇先。(9)

a³³ mɐn¹³, ʃi²² tʃʻak³³ jip²² mou²² kɔ³⁵ lœŋ¹³ jɐt²² kɛ³³ wut²² tuŋ²² lɐu¹¹ tʃʻiŋ¹¹ jɐu¹¹ nei¹³ ɔn⁵⁵ pʻai¹¹, jɐt²² tiŋ²² jiu³³ pou³⁵ tʃiŋ³³ jɐu¹³ tʃuk⁵⁵ kɐu³³ kɛ³³ ʃi¹¹ kan³³ hɐp⁵⁵ tʻam¹¹ ʃiu⁵⁵ ʃɐu²² kɛ³³ mɐn²² tʻei¹¹. tʃuŋ²² jɐu¹³ lɐu¹¹ tʃʻiŋ¹¹ piu³⁵ tiŋ²² tʃɔ³⁵ tʃi⁵⁵ hɐu²², kei³³ tɐk⁵⁵ jiu³³ pei³⁵ tʃʻɐn¹¹ kiŋ⁵⁵ lei¹³ tʻɐi³⁵ tʻɐi³⁵ ʃin⁵⁵.

（阿敏，视察业务那两天的活动日程由你安排，一定要保证有足够的时间洽谈销售的问题。还有日程安排表确定之后，记得要先让陈经理看看。）

18. 阿玲，下星期嚟视察嘅人，佢哋住宿同生活各方面嘅问题，你要负责搞掂。我唔希望听到任何关于我哋招呼唔到嘅说话。

a^{33} liŋ^{11}, ha^{22} ʃiŋ^{55} k'ei^{11} lɐi^{11} ʃi^{22} tʃ'ak^{22} kɛ^{33} jɐn^{11}, k'ɵy^{13} tei^{22} tʃy^{22} ʃuk^{55} t'uŋ^{11} ʃɐŋ^{55} wut^{22} kɔk^{33} fɔŋ^{55} min^{22} kɛ^{33} mɐn^{22} t'ɐi^{11}, nei^{13} jiu^{33} fu^{22} tʃak^{33} kau^{35} tim^{22}. ŋɔ^{13} m^{11} hei^{55} mɔŋ^{22} t'ɛŋ^{22} tou^{35} jɐm^{22} hɔ^{11} kwan^{55} jy^{55} ŋɔ^{13} tei^{22} tʃiu^{55} fu^{55} m^{11} tou^{33} kɛ^{33} ʃyt^{33} wa^{22}.

（阿玲，下星期来视察的人的住宿以及生活上各方面的问题，你都要负责解决好。我不希望听到任何有关我们照顾不周的议论。）

19. 我哋呢两日嘅视察工作上下完喇，份视察报告一个星期之后上交畀总公司。

ŋɔ^{13} tei^{22} ni^{55} lœŋ^{13} jɐt^{22} kɛ^{33} ʃi^{22} tʃ'ak^{33} kuŋ^{55} tʃɔk^{33} ʃœŋ^{22} ha^{13} jyn^{11} la^{33}, fɐn^{22} ʃi^{22} tʃ'ak^{33} pou^{33} kou^{33} jɐt^{55} kɔ^{33} ʃiŋ^{55} k'ei^{11} tʃi^{55} hɐu^{22} ʃœŋ^{22} kau^{55} pei^{35} tʃuŋ^{35} kuŋ^{55} ʃi^{55}.

（我们这两天的视察工作基本完成了，视察报告在一个星期后上交总公司。）

20. 阿锋，我哋听日同丝绸进出口公司谈判嘅资料准备好未？

a^{33} fuŋ^{55}, ŋɔ^{13} tei^{22} t'iŋ^{55} jɐt^{22} t'uŋ^{11} ʃi^{55} tʃ'ɐu^{11} tʃɵn^{33} tʃ'ɵt^{55} hɐu^{35} kuŋ^{55} ʃi^{55} t'am^{11} p'un^{33} kɛ^{33} tʃi^{55} liu^{-35} tʃɵn^{35} pei^{22} hou^{35} mei^{22}?

（阿锋，我们明天和丝绸进出口公司谈判的资料准备好了没有？）

21. 听日谈判要用嘅资料上下搞掂嘞，呢个至重要嘅部分请郑老总过目先。

t'iŋ^{55} jɐt^{22} t'am^{11} p'un^{33} jiu^{33} juŋ^{22} kɛ^{33} tʃi^{55} liu^{-35} ʃœŋ^{22} ha^{13} kau^{35} tim^{22} lak^{33}, ni^{55} kɔ^{33} tʃi^{33} tʃuŋ^{22} jiu^{33} kɛ^{33} pou^{22} fɐn^{22} tʃ'iŋ^{35} tʃɛŋ^{22} lou^{13} tʃuŋ^{35} kɔ^{33} muk^{22} ʃin^{55}.

（明天谈判要用的资料差不多搞妥了，这个最重要的部分先请郑老总过目。）

22. 睇得出你份计划书系落足心机去做嘅，不过咧仲有啲地方需要斟酌下。我建议你逐条仔细检查下呢份计划，睇下啲条文有冇错漏？字眼啱唔啱？

t'ɐi^{35} tɐk^{55} tʃ'ɵt^{55} nei^{13} fɐn^{22} kɐi^{33} wak^{22} ʃy^{55} hɐi^{22} lɔk^{22} tʃuk^{55} ʃɐm^{55} kei^{55} hɵy^{33} tʃou^{22} kɛ^{33}, pɐk^{55} kɔ^{33} lɛ^{55} tʃuŋ^{22} jɐu^{13} ti^{55} tei^{22} fɔŋ^{55} ʃɵy^{55} jiu^{33} tʃɐm^{55} tʃɵk^{22} ha^{13}. ŋɔ^{13} kin^{33} ji^{13} nei^{13} tʃuk^{22} t'iu^{11} tʃi^{35} ʃɐi^{33} kim^{35} tʃ'a^{11} ha^{13} ni^{55} fɐn^{22} kɐi^{33} wak^{22}, t'ɐi^{35} ha^{13} ti^{55} t'iu^{11} mɐn^{11} jɐu^{13} mou^{13} tʃ'ɔ^{33} lɐu^{22}? tʃi^{22} ŋan^{13} ŋam^{55} m^{11} ŋam^{55}?

（看得出你的计划书是花了很多心思去做的，不过还有些地方需要斟酌一下。我建议你逐条仔细检查一下这份计划，看看这些条文有没错漏？措词是否恰当？）

23. 阿老刘，后日四川分公司嘅同事嚟我哋分公司参观交流，记得去机场接人吖。[10]

    a^{33} lou^{13} lɐu^{-35}, hɐu^{22} jɐt^{22} ʃei^{33} tʃʻyn^{55} fɐn^{55} kuŋ^{55} ʃi^{55} kɛ^{33} tʻuŋ^{11} ʃi^{22} lɐi^{11} ŋɔ^{13} tei^{22} fɐn^{55} kuŋ^{55} ʃi^{55} tʃʻam^{55} kun^{55} kau^{55} lɐu^{11}, kei^{22} tɐk^{55} hɵy^{33} kei^{55} tʃʻœŋ^{11} tʃip^{33} jɐn^{11} a^{33}.

    （老刘，后天四川分公司的同事来我们分公司参观交流，记得去机场接人。）

24. 李主任，听日嚟公司参观嘅人几乎有成百人咁多，我哋人事部先得吖几丁人，机动部得唔得过四五个人嚟帮帮手吖？[11]

    lei^{13} tʃy^{35} jɐm^{22}, tʻiŋ^{55} jɐt^{22} lɐi^{11} kuŋ^{55} ʃi^{55} tʃʻam^{55} kun^{55} kɛ^{33} jɐn^{11} kei^{55} wui^{13} ʃɐŋ^{11} pak^{33} jɐn^{11} kɐm^{33} tɔ^{55}, ŋɔ^{13} tei^{22} jɐn^{11} ʃi^{22} pou^{22} ʃin^{55} tɐk^{55} kɔ^{35} kei^{35} tiŋ^{55} jɐn^{11}, kei^{55} tuŋ^{22} pou^{22} tɐk^{55} m^{11} tɐk^{55} kɔ^{33} ʃei^{33} ŋ^{13} kɔ^{33} jɐn^{11} lɐi^{11} pɔŋ^{55} pɔŋ^{55} ʃɐu^{35} a^{33}?

    （李主任，明天来公司参观的人几乎有上百人那么多，我们人事部才那么几个人，机动部能不能来四五个人帮帮忙呢？）

25. 冇问题！好易话为嘛，到时揾几个人嚟帮手就系啦！

    mou^{13} mɐn^{22} tʻɐi^{11}! hou^{35} ji^{22} wa^{22} wɐi^{22} tʃɛ^{55}, tou^{33} ʃi^{11} wɐn^{35} kei^{35} kɔ^{33} jɐn^{11} lɐi^{11} pɔŋ^{55} ʃɐu^{35} tʃɐu^{22} hɐi^{22} la^{55}!

    （没问题！好商量，到时候找几个人来帮忙就是了！）

26. 各位，呢位系我哋部门新嚟嘅同事李晓萍，从今日开始就正式加入我哋呢个大家庭喇！

    kɔk^{33} wɐi^{-35}, ni^{55} wɐi^{-35} hɐi^{22} ŋɔ^{13} tei^{22} pou^{22} mun^{11} ʃɐn^{55} lɐi^{11} kɛ^{33} tʻuŋ^{11} ʃi^{22} lei^{13} hiu^{35} pʻiŋ^{11}, tʃʻuŋ^{11} kɐm^{55} jɐt^{22} hɔi^{55} tʃi^{35} tʃɐu^{22} tʃiŋ^{33} ʃik^{55} ka^{55} jɐp^{22} ŋɔ^{13} tei^{22} ni^{55} kɔ^{33} tai^{22} ka^{55} tʻiŋ^{11} lak^{33}!

    （各位，这位是我们部门新来的同事李晓萍，从今天开始将正式加入我们这个大家庭了！）

27. 我哋公司今年嘅年度晚宴已经定咗喺12月30号晚,地点系中国大酒店嘅宴会厅。
    ŋɔ¹³ tei²² kuŋ⁵⁵ ʃi⁵⁵ kɐm⁵⁵ nin⁻³⁵ kɛ³³ nin¹¹ tou²² man¹³ jin³³ ji¹³ kiŋ⁵⁵ tiŋ²² tʃɔ³⁵ hɐi³⁵ ʃɐp²² ji¹² jyt²² ʃam⁵⁵ ʃɐp²² hou³³ man¹³, tei²² tim³⁵ hɐi²² tʃuŋ⁵⁵ kwɔk³³ tai²² tʃɐu³⁵ tim³³ kɛ³³ jin³³ wui⁻³⁵ tʻɛŋ⁵⁵.
    (我们公司今年的年度晚宴已经定在12月30日晚,地点是中国大酒店的宴会厅。)

28. 阿敏,你将我哋公司年终晚宴嘅邀请函,先用电子邮件发封畀锦威进出口贸易有限公司嘅王主任,佢嘅电子邮箱系:XXX@126.com。
    a³³ mɐn¹³, nei¹³ tʃœŋ⁵⁵ ŋɔ¹³ tei²² kuŋ⁵⁵ ʃi⁵⁵ nin¹¹ tʃuŋ⁵⁵ man¹³ jin³³ kɛ³³ jiu⁵⁵ tʃʻiŋ³⁵ ham¹¹, ʃin⁵⁵ juŋ²² tin²² tʃi³⁵ jɐu¹¹ kin⁻³⁵ fak³³ fuŋ⁵⁵ pei³⁵ kɐm³⁵ wɐi³⁵ tʃɐn³³ tʃʻɵt⁵⁵ hou³⁵ mɐu²² jit²² jɐu¹³ han²² kuŋ⁵⁵ ʃi⁵⁵ kɛ³³ wɔŋ¹¹ tʃy³⁵ jɐm²², kʻy¹³ kɛ³³ tin²² tʃi³⁵ jɐu¹¹ ʃœŋ⁵⁵ hɐi²²: ×××@126.com.
    (阿敏,你把我们公司年终晚宴的邀请函,先用电子邮件发一封给锦威进出口贸易有限公司的王主任,他的电子邮箱是:×××@126.com。)

29. 你好吖,陈经理!你公司年终晚宴嘅邀请函我收到咗喇,真系好多谢吖!不过咧碰啱个晚我有个重要客户,之前就约咗㗎嘞,真系唔好意思!
    nei¹³ hou³⁵ a³³, tʃʻɐn¹¹ kiŋ⁵⁵ lei¹³! nei¹³ kuŋ⁵⁵ ʃi⁵⁵ nin¹¹ tʃuŋ⁵⁵ man¹³ jin³³ kɛ³³ jiu⁵⁵ tʃʻiŋ³⁵ ham¹¹ ŋɔ¹³ ʃɐu⁵⁵ tou³⁵ tʃɔ³⁵ la³³, tʃɐn⁵⁵ hɐi³³ hou³⁵ tɔ⁵⁵ ʃɛ²² a³³! pɐt⁵⁵ kɔ³³ le⁵⁵ pʻuŋ³³ ŋam⁵⁵ kɔ³⁵ man¹³ ŋɔ¹³ jɐu¹³ kɔ³³ tʃuŋ²² jiu³³ hak³³ wu²², tʃi⁵⁵ tʃʻin¹¹ tʃɐu²² jœk³³ tʃɔ³⁵ ka⁵⁵⁻lak³³, tʃɐn⁵⁵ hɐi²² m¹¹ hou³⁵ ji³³ ʃi³³!
    (您好,陈经理。你公司年终晚宴的邀请函我已经收到了,真是非常感谢!不过碰巧那晚我有一个重要客户,早先就约好了,十分抱歉。)

30. 阿刘,年终晚宴嘅具体工作,到时就由你哋工会统筹安排喇,希望到时大家都可以玩得开心啲。
    a³³ lɐu⁻³⁵, nin¹¹ tʃuŋ⁵⁵ man¹³ jin³³ kɛ³³ ky²² tʻɐi³⁵ kuŋ⁵⁵ tʃɔk²², tou³³ ʃi¹¹ tʃɐu²² jɐu¹¹ nei¹³ tei²² kuŋ⁵⁵ wui⁻³⁵ tʻuŋ³⁵ tʃʻɐu¹¹ ɔn⁵⁵ pʻai¹¹ la³³, hei⁵⁵ mɔŋ²² tou³³ ʃi¹¹ tai²² ka⁵⁵ tou⁵⁵ hɔ³⁵ ji¹³ wan³⁵ tɐk³⁵ hɔi⁵⁵ ʃɐm⁵⁵ ti⁵⁵.
    (老刘,年终晚宴的具体工作到时候就由你们工会统筹安排了,希望大家到时候都可以玩得高兴点。)

二、注释

（1）早晨：问候语，早上见面打招呼用。英语 morning 的意译。另外，广州话"晨早 ʃen¹¹ tʃou³⁵"是指"清晨"。如：晨早返工（一大早上班）；晨早起身（一早起床）。

（2）已经约咗陈经理今朝10点钟见面㗎喇："咗"，助词，用在动词后表示动作完成，相当于普通话的"了"。"㗎喇"是"㗎"和"喇"两个语气词连用，表示确定。语气词连用在口语里很常见。

（3）唔好意思：礼貌用语，表示"抱歉"、"对不起"，意义比普通话的要宽泛。请注意"思"的读音：表达这个意义的"思"，广州话原读33调；读55调的话则带有难为情之义，两者区分得很清楚。由于受普通话的影响，现在中青年人的口语大多已无区分。本书一律统标为33调值。

（4）突然间：即"突然"。广州话不少时间副词后带有"间"，例如：忽然间、霎时间、一阵间（一会儿）、偶然间。"大概"的"概"口语中常变读成35调。

（5）唔该：客套话，表示"谢谢"、"劳驾"、"请"、"对不起"等多种意思。很多广州人习惯于一开口就说"唔该"，以示礼貌。

（6）下昼个季度总结会：此句的"个"是量词，指"这个总结会"。广州话经常单用量词直接修饰名词，这时的量词有表示"这"或"那"的意思。

（7）佢哋满唔满意咧："唔"表否定，相当于普通话的"不"。但"唔"不能单独回答问题，这和普通话的"不"不同。

（8）要你等咗咁耐添："添"，助词，放在句末表强调。这句是强调让人久等了，带有抱歉之义。自己嘅行李："自己"口语有 tʃi²² kei³⁵ 或 tʃi²² kei⁵⁵ 两读。

（9）记得要畀陈经理睇睇先："睇睇先"是"先看看"。广州话的副词"先"常放在动词后。如：你行先（你先走）；你食先（你先吃）。

（10）阿老刘：广州话有些姓氏在口语里会发生变调，除了刘姓，还有黄、王、梁、陈、林、杨等姓氏。如果称说"姓刘"、"刘××"、"刘先生"、"刘小姐"等情况下不变调，仍读本调，而在"老刘"、"阿刘"、"刘伯"、"高佬刘 kou⁵⁵ lou³⁵ leu³⁵"（高个儿刘）等称呼时要变读成35调。

（11）参观嘅人几回有成百人咁多："几回"是表示"几乎"的意思，"几"读阴平即55调值，和普通话的"几回"只是词形相同，意思完全不同。

三、生词

咩 me^{55} / 乜嘢 mɐt^{55} jɛ^{13} / 咩嘢 me^{55} jɛ^{13}		什么
系 hei^{22}		是
嘅 ke^{33}		的
吖 a^{33}	语气词，表确认、判断	
喇 la^{33}	语气词，了（表示事情发生了、情况出现了）	
啦 la^{55}	语气词，带有较强的肯定语气，近似普通话的"啦"或"吧"	
唔使 m^{11} ʃei^{35}		不用
咁 kɐm^{33}		这么、那么
耐 nɔi^{22}		久
呢 ni^{55}/nei^{55}/li^{55}/lei^{55}/ji^{55}		这
先至 ʃin^{55} tʃi^{33}		才
斟 tʃɐm^{55}	倒（茶水等）；合计、商谈	
畀 pei^{35}		给
㗎 ka^{33}	语气词，表示肯定、强调	
喺 hei^{35}		在
有啲 jɐu^{13} ti^{55}		有些
恤衫 ʃyt^{55} ʃam^{55}	衬衫。恤，英文shirt的译音	
而家 ji^{11} ka^{55} / 𠵱家 ji^{55} ka^{55}		现在
咧 lɛ^{55}/nɛ^{55}	语气词，用在疑问句末尾表示疑问语气	
嚟 lɐi^{11}/lei^{11}		来
落脚 lɔk^{22} kœk^{33}		下榻
揾 wɐn^{35}		找
出闸 tʃʰɵt^{55} tʃap^{22}		出海关口
啰 lɔ^{55}	表示解释或同意的语气	
仲 tʃuŋ^{22}		还
睇 tʰɐi^{35}		看
招呼唔到 tʃiu^{55} fu^{55} m^{11} tou^{33}		照顾不周
搞掂 kau^{35} tim^{22}		办妥
心机 ʃɐm^{55} kei^{55}		心思
冇 mou^{13}		没、没有
碰啱 pʰuŋ^{33} ŋam^{55}		碰巧
几回 kei^{55} wui^{11}		几乎
成 ʃɛŋ^{11}		差不多
好易话为 hou^{35} ji^{22} wa^{22} wɐi^{11}		有事好商量或者事情不难办成
吤 kɔ^{35}		指示代词，那
啫 tʃɛ^{55}	语气词，表达把事情往小里说的语气	

四、词语扩展

广州话表示白天、晚上的常用口语词			
朝 tʃiu⁵⁵	早上；上午	下昼 ha²² tʃɐu³³	下午
朝头早 tʃiu⁵⁵ tʻɐu¹¹ tʃou³⁵	早上；上午	下晏 ha²² an³³	下午
上昼 ʃœŋ²² tʃɐu³³	上午	晚黑 man¹³ hak⁵⁵	晚上
晏昼 an³³ tʃɐu³³	中午；下午	夜晚黑 jɛ²² man¹³ hak⁵⁵	晚上

- 人事部 jɐn¹¹ ʃi²² pou²²
- 公关部 kuŋ⁵⁵ kwan⁵⁵ pou²²
- 生产部 ʃɐn⁵⁵ tʃʻan³⁵ pou²²
- 财务部 tʃʻɔi¹¹ mou²² pou²²
- 销售部 ʃiu⁵⁵ ʃɐu²² pou²²
- 质检部 tʃɐt⁵⁵ kim³⁵ pou²²
- 技术部 kei²² ʃɵt²² pou²²
- 市场策划部 ʃi¹³ tʃʻœŋ¹¹ tʃʻak²² wak²² pou²²
- 维修部 wɐi¹¹ ʃɐu⁵⁵ pou²²
- 主管部门总经理助理 tʃy³⁵ kun³⁵ pou²² mun¹¹ tʃuŋ³⁵ kiŋ⁵⁵ lei¹³ tʃɔ²² lei¹³
- 办公设备 pan²² kuŋ⁵⁵ tʃʻit³³ pei²²
- 计算机 kei²² ʃyn²² kei⁵⁵
- 手提电脑 ʃɐu³⁵ tʻɐi¹¹ tin²² nou¹³
- 复印机 fuk⁵⁵ jɐn³³ kei⁵⁵
- 传真机 tʃʻyn¹¹ tʃɐn⁵⁵ kei⁵⁵
- 打印机 ta³⁵ jɐn³³ kei⁵⁵
- 查收 tʃʻa¹¹ ʃɐu⁵⁵
- 签收 tʃʻim⁵⁵ ʃɐu⁵⁵
- 办公楼 pan²² kuŋ⁵⁵ lɐu¹¹
- 大班枱 tai²² pan⁵⁵ tʻɔi³⁵
- 大班椅 tai²² pan⁵⁵ ji³⁵

第2单元 电话用语

一、课文

31. 喂，你好！广华贸易公司，请问揾边位？(1)
    wei³⁵, nei¹³ hou³⁵! kwɔŋ³⁵ wa¹¹ mɐu¹¹ jit²² kuŋ⁵⁵ ʃi⁵⁵, tʃʻiŋ³⁵ mɐn²² wɐn³⁵ pin⁵⁵ wei⁻³⁵?
    （喂，您好！这里是广华贸易公司，请问找哪位？）

32. 唔该你同我揾刘经理听电话。
    m¹¹ kɔi⁵⁵ nei¹³ tʻuŋ¹¹ ŋɔ¹³ wɐn³⁵ lɐu¹¹ kiŋ⁵⁵ lei¹¹ tʻɛŋ⁵⁵ tin²² wa⁻³⁵.
    （请您替我找刘经理听电话。）

33. 唔该请稍等下，我帮你接入去。(2)
    m¹¹ kɔi⁵⁵ tʃʻiŋ³⁵ ʃau³⁵ tɐŋ³⁵ ha¹³, ŋɔ¹³ pɔŋ⁵⁵ nei¹³ tʃip³³ jɐp²² hɵy³³.
    （请稍等一下，我帮您接进去。）

34. 唔好意思，佢啱啱行开咗。
    m¹¹ hou³⁵ ji³³ ʃi³³, kʻɐy¹³ ŋam⁵⁵ ŋam⁵⁵ haŋ¹¹ hɔi⁵⁵ tʃɔ³⁵.
    （不好意思，他刚走开了。）

35. 你好！穗发贸易公司。请问有咩帮到你？(3)
    nei¹³ hou³⁵! ʃɵy²² fat³³ mɐu²² jik²² kuŋ⁵⁵ ʃi⁵⁵. tʃʻiŋ³⁵ mɐn²² jɐu¹³ mɛ⁵⁵ pɔŋ⁵⁵ tou³⁵ nei¹³?
    （您好！这里是穗发贸易公司。请问能为您效劳吗？）

36. 唔该系唔系财务部？
    m¹¹ kɔi⁵⁵ hei²² m¹¹ hei²² tʃʻɔi¹¹ mou²² pou²²?
    （请问是不是财务部？）

37. 唔好意思，呢度系杨经理嘅办公室，而家帮你转去财务部啊。

m¹¹ hou³⁵ ji³³ ʃi³³, ni⁵⁵ tou²² hɐi²² jœŋ²² kiŋ⁵⁵ lei¹³ kɛ³³ pan²² kuŋ⁵⁵ ʃɐt⁵⁵, ji¹¹ ka⁵⁵ pɔŋ⁵⁵ nei¹³ tʃyn³³ hɵy³³ tʃʻɔi¹¹ mou²² pou²² a⁵⁵.

（不好意思，这里是杨经理的办公室，现在我帮您转去财务部吧。）

38. 多谢晒！⁽⁴⁾

tɔ⁵⁵ tʃɛ²² ʃai³³！

（非常感谢！）

39. 陈部长外出见客，我系佢嘅秘书，有咩事可以话低，我会转告佢知嘅。⁽⁵⁾

tʃʻɐn¹¹ pou²² tʃœŋ³⁵ ŋɔi²² tʃʻɵt⁵⁵ kin³⁵ hak³³, ŋɔ¹³ hɐi²² k'ɵy¹³ kɛ³³ pei³³ ʃy⁵⁵, jɐu¹³ mɛ⁵⁵ ʃi²² hɔ³⁵ ji¹³ wa²² tɐi⁵⁵, ŋɔ¹³ hui¹³ tʃyn³⁵ kou³³ k'ɵy¹³ tʃi⁵⁵ kɛ³³.

（陈部长外出见客户，我是他的秘书，您有什么事情可以留话，我会转告他的。）

40. 请佢返嚟畀个电话我，号码系54孖12065，晏昼6点钟之前我都喺度。⁽⁶⁾

tʃʻiŋ³⁵ k'ɵy¹³ fan⁵⁵ lɐi¹¹ pei³⁵ kɔ³³ tin²² wa⁻³⁵ ŋɔ¹³, hou²² ma¹³ hɐi²² ŋ¹³ ʃei³³ ma⁵⁵ jɐt⁵⁵ ji²² liŋ¹¹ luk²² ŋ¹³, an³³ tʃɐu³⁵ luk²² tim³⁵ tʃuŋ⁵⁵ tʃi⁵⁵ tʃʻin¹¹ ŋɔ¹³ tou⁵⁵ hɐi³⁵ tou²².

（请他回来给我个电话，号码是54112065，下午6点以前我都在。）

41. 唔好意思，王总开紧会喎，唔知你方唔方便讲低你嘅名咧？⁽⁷⁾

m¹¹ hou³⁵ ji³³ ʃi³³, wɔŋ¹¹ tʃuŋ³⁵ hɔi⁵⁵ kɐn³⁵ hui⁻³⁵ wɔ³³, m¹¹ tʃi⁵⁵ nei¹³ fɔŋ⁵⁵ m¹¹ fɔŋ⁵⁵ pin²² kɔŋ³⁵ tɐi⁵⁵ nei¹³ kɛ³³ mɛŋ¹¹ lɛ⁵⁵？

（很抱歉，王总正在开会，不知道您方不方便留下您的名字呢？）

42. 多谢，唔使喇。唔该话畀佢知我打过电话嚟，大概4点钟度我仲会再打过。

tɔ⁵⁵ tʃɛ²², m¹¹ ʃɐi³⁵ la³³. m¹¹ kɔi⁵⁵ wa²² pei³⁵ k'ɵy¹³ tʃi⁵⁵ ŋɔ¹³ ta³⁵ kwɔ³³ tin²² wa⁻³⁵ lɐi¹¹, tai²² k'ɔi⁻³⁵ ʃei³³ tim³⁵ tʃuŋ⁵⁵ tou³⁵ ŋɔ¹³ tʃuŋ²² wui¹³ tʃɔi³⁵ ta³⁵ kwɔ³³.

（谢谢，不必了。请告诉他我打过电话，大概4点钟左右我还会再打来。）

43. 唔使多谢！我会转告畀佢知。

m¹¹ ʃɐi³⁵ tɔ⁵⁵ tʃɛ²²！ŋɔ¹³ wui¹³ tʃyn³⁵ kou³³ pei³⁵ k'ɵy¹³ tʃi⁵⁵.

（不谢！我会转告他的。）

第2单元 电话用语

44. 佢接紧电话，唔该你一阵间再打过嚟，好嘛？
    k‘ɵy²¹³ tʃip³³ kɐn³⁵ tin²² wa⁻³⁵, m¹¹ kɔi⁵⁵ nei¹³ jɐt⁵⁵ tʃɐn²² kan⁵⁵ tʃɔi³³ ta³⁵ kwɔ³³ lɐi¹¹, hou³⁵ ma³³?
    （他正在接电话，麻烦您一会儿再打过来，好吗？）

45. 王生同客户倾紧，唔方便接电话，唔该你等阵再打过嚟啦。
    wɔŋ¹¹ ʃaŋ⁵⁵ t'uŋ¹¹ hak³³ wu²² tʃɐm⁵⁵ kɐn³⁵, m¹¹ fɔŋ⁵⁵ pin²² tʃip³³ tin²² wa⁻³⁵, m¹¹ kɔi⁵⁵ nei¹³ tɐŋ³⁵ tʃɐn²² tʃɔi³³ ta³⁵ kwɔ³³ lɐi¹¹ la⁵⁵.
    （王先生正在和客户洽谈，不方便接电话，请您等会儿再打来吧。）

46. 唔好意思，王生今日冇嚟办公室，你有事揾佢咪打佢手机啦。
    m¹¹ hou³⁵ ji³³ ʃi³³, wɔŋ¹¹ ʃaŋ⁵⁵ kɐm⁵⁵ jɐt²² mou¹³ lɐi¹¹ pan²² kuŋ⁵⁵ ʃɐt⁵⁵, nei¹³ jɐu¹³ ʃi²² wɐn³⁵ k‘ɵy¹³ mɐi²¹ ta³⁵ k‘ɵy¹³ ʃɐu³⁵ kei⁵⁵ la⁵⁵.
    （抱歉，王先生今天没来办公室，您有事找他就打他手机吧。）

47. 一系你留低贵姓同埋电话NUM，我嗌梁生复返电话畀你啊。
    jɐt⁵⁵ hɐi²² nei¹³ lɐu³⁵ tɐi⁵⁵ kwɐi³³ ʃiŋ³³ t'uŋ¹¹ mai¹¹ tin²² wa⁻³⁵ nɐm⁵⁵, ŋɔ¹³ ai³³ lœŋ¹¹ ʃaŋ⁵⁵ fuk⁵⁵ fan⁵⁵ tin²² wa⁻³⁵ pei³⁵ nei¹³ a⁵⁵.
    （要不您留下贵姓和电话号码，我叫梁先生给您回电话。）

48. 使唔使帮你留言咧？
    ʃɐi³⁵ m¹¹ ʃɐi³⁵ pɔŋ⁵⁵ nei¹³ lɐu¹¹ jin¹¹ lɛ⁵⁵?
    （需要帮您留言吗？）

49. 唔好意思，呢度唔系89024243，你打错咗嘞。
    m¹¹ hou³⁵ ji³³ ʃi³³, ni⁵⁵ tou²² m¹¹ hɐi²² pat³³ kɐu³⁵ liŋ¹¹ ji²² ʃei³³ ji²² ʃei³³ ʃam⁵⁵, nei¹³ ta³⁵ tʃ‘ɔ³³ tʃɔ³⁵ la³³.
    （不好意思，这儿不是89024243，您打错了。）

50. 啱先打你嘅电话，点都打唔入，呢排咁忙咩？⁽⁸⁾
    ŋam⁵⁵ ʃin⁵⁵ ta³⁵ nei¹³ kɛ³³ tin²² wa⁻³⁵, tim³⁵ tou⁵⁵ ta³⁵ m¹¹ jɐp²², ni⁵⁵ pai¹¹ kɐm³³ mɔŋ¹¹ mɛ⁵⁵?

（刚刚打你的电话，怎么都打不进去，这段时间这么忙吗？）

51. 唔该将电话转到销售部，我想揾谭部长倾下有关抽纱制品嘅事。
    m^{11} $kɔi^{55}$ $tʃœŋ^{55}$ tin^{11} wa^{-35} $tʃyn^{35}$ tou^{33} $ʃiu^{55}$ $ʃeu^{22}$ pou^{22}, $ŋɔ^{13}$ $ʃœŋ^{35}$ $wɐn^{35}$ $t'am^{11}$ pou^{22} $tʃœŋ^{35}$ $k'iŋ^{55}$ ha^{13} $jɐu^{13}$ $kwan^{55}$ $tʃ'ɐu^{55}$ $ʃa^{55}$ $tʃɐi^{33}$ $pɐn^{35}$ ke^{33} $ʃi^{22}$.
    （请把电话转到销售部，我想找谭部长谈谈有关抽纱制品的事情。）

52. 我系东莞电子厂嘅张明，唔该你话佢知，开完会畀个电话我。
    $ŋɔ^{13}$ hei^{22} $tuŋ^{55}$ kun^{35} tin^{22} $tʃi^{35}$ $tʃ'ɔŋ^{35}$ ke^{33} $tʃœŋ^{55}$ $miŋ^{11}$, m^{11} $kɔi^{55}$ nei^{13} wa^{35} $k'ɵy^{13}$ $tʃi^{55}$, $hɔi^{55}$ jyn^{11} wui^{-35} pei^{35} $kɔ^{33}$ tin^{22} wa^{-35} $ŋɔ^{13}$.
    （我是东莞电子厂的张明，麻烦您告诉他，开完会给我个电话。）

53. 我想同你约个时间，继续倾埋吖4000只台灯张单。唔知你边个时间方便咧？
    $ŋɔ^{13}$ $ʃœŋ^{35}$ $t'uŋ^{11}$ nei^{13} $jœk^{33}$ $kɔ^{33}$ $ʃi^{11}$ kan^{33}, kei^{33} $tʃuk^{22}$ $k'iŋ^{55}$ mai^{11} $kɔ^{35}$ $ʃei^{33}$ $tʃ'in^{55}$ $tʃɛk^{33}$ $t'ɔi^{11}$ $tɐŋ^{55}$ $tʃœŋ^{55}$ tan^{55}. m^{11} $tʃi^{55}$ nei^{13} pin^{55} $kɔ^{33}$ $ʃi^{11}$ kan^{33} $fɔŋ^{55}$ pin^{22} $lɛ^{55}$?
    （我想和您约个时间，继续谈谈那4000盏台灯的单子。不知道您哪个时间方便呢？）

54. 星期三晏昼两点半嚟我办公室咧，得唔得吖？
    $ʃiŋ^{55}$ $k'ei^{11}$ $ʃam^{55}$ an^{33} $tʃɐu^{33}$ $lœŋ^{13}$ tim^{35} pun^{33} $lɐi^{11}$ $ŋɔ^{13}$ pan^{22} $kuŋ^{55}$ $ʃet^{55}$ $lɛ^{11}$, $tɐk^{55}$ m^{11} $tɐk^{55}$ a^{33}?
    （星期三下午两点半来我办公室吧，行吗？）

55. 我想同你再斟下合同嘅一啲细节问题，请问星期二上昼10点钟方便啦嘛？⁽⁹⁾
    $ŋɔ^{13}$ $ʃœŋ^{35}$ $t'uŋ^{11}$ nei^{13} $tʃɔi^{33}$ $tʃɐm^{55}$ ha^{13} hap^{22} $t'uŋ^{11}$ $kɛ^{33}$ $jɐt^{55}$ ti^{33} $ʃei^{33}$ $tʃit^{33}$ $mɐn^{22}$ $tɐi^{11}$, $tʃ'iŋ^{35}$ $mɐn^{22}$ $ʃiŋ^{55}$ $k'ei^{11}$ ji^{22} $ʃœŋ^{22}$ $tʃɐu^{33}$ $ʃɐp^{22}$ tim^{35} $tʃuŋ^{55}$ $fɔŋ^{55}$ pin^{22} la^{55} ma^{33}?
    （我想和您再谈谈合同的一些细节问题，请问星期二上午10点钟方便吗？）

56. 唔该咪放住电话，等我擎下个日程表，睇睇吖日有冇事先。冇咩安排嘅，嗽就定咗嗰个日期啦。

m¹¹ kɔi⁵⁵ mei¹³ fɔŋ³³ tʃy³³ tin²² wa⁻³⁵, tɐŋ³⁵ ŋɔ¹³ k'in³⁵ ha¹³ kɔ³³ jɐt²² tʃ'iŋ¹¹ piu³⁵, t'ei³⁵ t'ei³⁵ kɔ³⁵ jɐt²² jɐu¹³ mou¹³ ʃi²² ʃin⁵⁵. mou¹³ mɐ⁵⁵ ɔn⁵⁵ p'ai¹¹ pɔ⁵⁵, kɐm³⁵ tʃɐu²² tiŋ²² hei³⁵ kɔ⁵⁵ kɔ³³ jɐt²² k'ei¹¹ la⁵⁵.

（请别放下电话，等我翻一下日程表，看看那天有没有安排。没什么安排，那就定在那个日期吧。）

57. 真系唔好意思，我后日朝早有个会，一系再搵过时间咧？
tʃɐn⁵⁵ hei²² m¹¹ hou³⁵ ji³³ ʃi³³, ŋɔ¹³ hɐu²² jɐt²² tʃiu⁵⁵ tʃou³⁵ jɐu¹³ kɔ³³ hui⁻³⁵, jɐt⁵⁵ hei²² tʃɔi³³ wɐn³⁵ kwɔ³³ ʃi¹¹ kan³³ lɛ¹¹?

（真的很抱歉，我后天早上有个会，要不再另找时间吧？）

58. 好嘅，郭先生，我即刻将详细材料传真畀你。
hou³⁵ kɛ³³, kwɔk³³ ʃin⁵⁵ ʃaŋ³⁵, ŋɔ¹³ tʃik⁵⁵ hak⁵⁵ tʃœŋ⁵⁵ tʃ'œŋ¹¹ ʃei²² tʃ'ɔi¹¹ liu³⁵ tʃ'yn¹¹ tʃɐn⁵⁵ pei³⁵ nei¹³.

（好的，郭先生，我马上把详细材料传真给您。）

59. 好啊，听朝我就可以将签好晒字嘅合同传返畀你。
hou³⁵ a⁵⁵, t'iŋ⁵³ tʃiu⁵⁵ ŋɔ¹³ tʃɐu²² hɔ³⁵ ji¹³ tʃœŋ⁵³ tʃ'im⁵⁵ hou³⁵ ʃai³³ tʃi²² kɛ³³ hap²² t'uŋ¹¹ tʃ'yn¹¹ fan⁵⁵ pei³⁵ nei¹³.

（好，明天早上我就能把签好字的合同给您传真过去。）

60. 好嘢吖！我哋越早结束呢啲手续，就可以越早开工。⁽¹⁰⁾
hou³⁵ jɛ¹³ a³³! ŋɔ¹³ tei²² jyt²² tʃou³⁵ kit³³ tʃ'uk⁵⁵ ni⁵⁵ ti⁵⁵ ʃɐu³⁵ tʃuk²², tʃɐu²² hɔ¹³ ji¹³ jyt²² tʃou³⁵ hɔi⁵⁵ kuŋ⁵⁵.

（太好了！我们越早结束这些手续，就可以越早开工。）

二、注释

（1）喂，你好：打电话的"喂"要变读成35调值，以示礼貌。如果用本调"喂wei²²"则语气是粗鲁的。

（2）请稍等下："稍"普通话是第一声，但广州话读阴上ʃau³⁵。

（3）请问有咩帮到你："咩"是"乜嘢 mɛt^{55} jɛ^{13}"（什么）的合音，口语中有时还说成"咩嘢 mɛ^{55} jɛ^{13}"。第1单元的生词表已排列出几个不同的读法，请参阅。

（4）多谢晒："多谢"表道谢。晒，助词，放在表示感谢义动词后，语气加强。"多谢晒"即"非常感谢"；"唔该晒"是"太感谢了"。

（5）有咩事可以话低："话"作动词读 wa^{22}；作名词则读 wa^{-35}。"低"在动词后表示"下"或"下来"。"话低"和41句的"讲低"、47句的"留低"都表示"留下话"之义。

（6）请佢返嚟畀个电话我，号码系54孖12065："返"在广州话的口语音读同"翻 fan^{55}"，所以，广州人常把"返"写成"翻"。"孖"表示双的，"孖1"是两个1，如果"孖5"则表示两个5。

（7）王总开紧会㖞：广州话的"会"有三个不同的读音，分别表示不同的意思。"机会"、"会客"、"会谈"等词要读本调 wui^{22}；读 wui^{13} 表示有能力、懂得或知道，例如：会做、会讲；读 wui^{35} 则是"会议、集会"之义，例如：座谈会、报告会、鉴定会；还表示各种团体，例如：工会、同乡会等。

（8）呢排咁忙咩："咩"，语气词，相当于普通话的"吗"，多用于反问。注意：语气词的"咩"与表示"什么"的合音词"咩"，只是同音同字形，但不同义。

（9）请问星期二上昼10点钟方便啦嘛：这是两个语气词"啦"和"嘛"连用，增强询问的语气。

（10）我哋越早结束呢啲手续：由于当代广州人的口语 n、l 不分，表示指示的 ni^{55}（通常写作"呢"），还有其他不同的读音：nei^{55}、li^{55}、lei^{55} 和衍变出的另一个 ji^{55}（见第1单元生词表所列），写有"呢、哩、唧"三种字形，它们所表示的意义完全相同。对 ni^{55}、nei^{55}、li^{55}、lei^{55} 四种读音，本书统一用"呢 ni^{55}"，但为了让读者适应口语的这些变化，有时用"唧 ji^{55}"。

三、生词

啱啱 ŋam^{55} ŋam^{55} / 啱先 ŋam^{55} ʃin^{55} 度 tou^{22}	孖 ma^{55} 㖞 wɔ^{33} 度 tou^{35}	双的 语气词，带告知义 表大概的数量：左右、上下
刚刚，刚才 表示处所		

等阵 tɐŋ³⁵ tʃɐn²²		等会儿	
一系 jɐt⁵⁵ hei²²		要么、或者	
同埋 tʰuŋ¹¹ mai¹¹		连词，和	
NUM nɐm⁵⁵	号码。英语number的译音		
嗌 ai³³		叫	
嘞 lak³³		大致相当于普通话的"了"	
点 tim³⁵		怎么	
排 pʰai¹¹/pʰai⁻³⁵		一段时间	
呢排 ni⁵⁵ pʰai¹¹/ni⁵⁵ pʰai⁻³⁵		这段时间	
倾 kʰiŋ⁵⁵		谈	
咧 lɛ¹¹		表示商量的语气词，带有希望对方同意的意思	
好嘢		好东西；喝彩声；好哇	

四、词语扩展

广州话打电话方面的常用口语词			
听电话 tʰɛŋ⁵⁵ tin²² wa⁻³⁵	接电话	CALL kʰɔ⁵⁵	（外来词）打电话
讲电话 kɔŋ³⁵ tin²² wa⁻³⁵	用电话谈话	收线 ʃɐu⁵⁵ ʃin³³	挂断电话
打爆机 ta³⁵ pau³³ kei⁵⁵	电话线路全占满	扱电话 kʰɐp⁵⁵ tin²² wa⁻³⁵	挂断电话
倾电话 kʰiŋ⁵⁵ tin²² wa⁻³⁵	用电话谈话	煲电话粥 pou⁵⁵ tin²² wa⁻³⁵ tʃuk⁵⁵	用电话长时间聊天

- 预约电话 jy²² jœk³³ tin²² wa⁻³⁵
  接通 tʃip³³ tʰuŋ⁵⁵
- 打错电话 ta³⁵ tʃʰɔ³³ tin²² wa⁻³⁵
  拨错号码 put²² tʃʰɔ³³ hou²² ma¹³
- 电话通知 tin²² wa⁻³⁵ tʰuŋ⁵⁵ tʃi⁵⁵
  联系方式 lyn¹¹ hei²² fɔŋ⁵⁵ ʃik⁵⁵
- 保持联络 pou³⁵ tʃʰi¹¹ lyn¹¹ lɔk²²
  咨询 tʃi⁵⁵ ʃɐn⁵⁵
- 电话簿 tin²² wa⁻³⁵ pou³⁵
  时间表 ʃi¹¹ kan³³ piu³⁵
- 程序表 tʃʰiŋ¹¹ tʃɵy²² piu³⁵

第3单元　初次会面

一、课文

61. 你好，我系飞翔外贸代理部嘅副经理，姓黄，呢张系我嘅咭片，请多多关照！(1)

    nei¹³ hou³⁵, ŋɔ¹³ hɐi²² fei⁵⁵ tʃˤœŋ¹¹ ŋɔi²² mɐu²² tɔi²² lei¹³ pou²² kɛ³³ fu³³ kiŋ⁵⁵ lei¹³, ʃiŋ³³ wɔŋ¹¹, ni⁵⁵ tʃɐŋ⁵⁵ hɐi²² ŋɔ¹³ kɛ³³ kʻɐt⁵ pʻin⁻³⁵, tʃˤiŋ³⁵ tɔ⁵⁵ tɔ⁵⁵ kwan⁵⁵ tʃiu³³!

    (您好，我是飞翔外贸代理部的副经理，姓黄，这是我的名片，请多多关照！)

62. 你好，我系客户经理，姓何，啱有啲嘢要处理，要你等咁耐，真系唔好意思。请坐，唔知小姐贵姓咧？

    nei¹³ hou³⁵, ŋɔ¹³ hɐi²² hak²² wu²² kiŋ⁵⁵ lei¹³, ʃiŋ³³ hɔ¹¹, ŋam⁵⁵ jɐu¹³ ti⁵⁵ jɛ¹³ jiu³³ tʃˤy¹³ lei¹³, jiu³³ nei¹³ tɐŋ³⁵ kɐm³³ nɔi²², tʃɐn⁵⁵ hɐi²² m¹¹ hou³⁵ ji¹³ ʃi³³. tʃˤiŋ³⁵ tʃˤɔ¹³, m¹¹ tʃi⁵⁵ ʃiu³⁵ tʃɛ³⁵ kwɐi³³ ʃiŋ³³ lɛ⁵⁵?

    (您好，我是客户经理，姓何，刚才有些事情要处理，让您久等了，实在抱歉。请坐，请问小姐贵姓？)

63. 你好，何小姐，我系广本嘅销售部经理，姓周，我唔好意思就真，唔阻你做嘢啊嘛？(2)

    nei¹³ hou³⁵, hɔ¹¹ ʃiu³⁵ tʃɛ³⁵, ŋɔ¹³ hɐi²² kwɔŋ³⁵ pun³⁵ kɛ³³ ʃiu⁵⁵ ʃɐu²² pou²² kiŋ⁵⁵ lei¹³, ʃiŋ³³ tʃɐu⁵⁵, ŋɔ¹³ m¹¹ hou³⁵ ji¹³ ʃi³³ tʃɐu²² tʃɐn⁵⁵, m¹¹ tʃɔ³⁵ nei¹³ tʃou²² jɛ¹³ a⁵⁵ ma³⁵?

    (您好，何小姐，我是广本公司的销售部经理，姓周，我感到抱歉才是，没妨碍您工作吧？)

64. 唔好噉讲，多谢你哋一路以嚟都咁关照我哋。唔知我哋今次会合作啲咩货单呢？(3)

    m¹¹ hou³⁵ kɐm³⁵ kɔŋ³⁵, tɔ⁵⁵ tʃɛ²² nei¹³ tei²² jɐt⁵ lou²² ji¹³ lɐi¹¹ tou⁵⁵ kɐm³³ kwan⁵⁵ tʃiu³³

ŋɔ¹³ tei²². m¹¹ tʃi⁵⁵ ŋɔ¹³ tei²² kɐm⁵⁵ tʃʻi³³ hui¹³ hap²² tʃɔk³³ ti⁵⁵ me⁵⁵ fɔ³³ tan⁵⁵ nɐ⁵⁵?
(哪里，哪里，谢谢你们一直以来都那么支持我们。不知道我们这次能合作些什么呢？)

65. 今日嚟主要想倾下彼此合作嘅一啲细节问题。你都知啦，有啲嘢都系要大家坐埋慢慢倾先至清楚㗎。

kɐm⁵⁵ jɐt²² lɐi¹¹ tʃy³⁵ jiu³³ ʃœŋ³⁵ kʻiŋ⁵⁵ ha¹³ pei³⁵ tʃʻi³⁵ hap²² tʃɔk³³ kɛ³³ jɐt⁵⁵ ʃɐi²³ jit³³ mɐn²² tʻɐi¹¹. nei¹³ tou³⁵ tʃi⁵⁵ la⁵⁵, jɐu¹³ ti⁵⁵ jɛ¹³ tou⁵⁵ hɐi²² jiu³³ tai²² ka⁵⁵ tʃʻɔ¹³ mai¹¹ man²² man⁻³³ kʻiŋ⁵⁵ ʃin⁵⁵ tʃi³³ tʃʻiŋ⁵⁵ tʃʻɔ³⁵ ka³³.

(今天来主要想谈谈彼此合作的一些细节问题。您也知道，有些事儿还是要大家坐在一起慢慢谈才清楚的。)

66. 你讲得好啱，做生意系要噉嘅，三口六面全部倾掂佢，免至到时大家都唔好意思。

nei¹³ kɔŋ³⁵ tɐk⁵⁵ hou³⁵ ŋam⁵⁵, tʃou²² ʃaŋ¹³ ji³³ hɐi²² jiu³³ kɐm³⁵ kɛ³³, ʃam⁵⁵ hɐu³⁵ luk²² min²² tʃʻyn¹¹ pou²² kʻiŋ⁵⁵ tim²² kʻɵy¹³, min¹³ tʃi³³ tou³³ ʃi¹¹ tai²² ka⁵⁵ tou⁵⁵ m¹¹ hou³⁵ ji³³ ʃi³³.

(您说得很对，做生意就应该这样的，方方面面全部谈妥它，免得到时候大家都不好意思。)

67. 你第一次嚟我哋公司，如果唔介意嘅话，我带你四围行下咧，顺便请你指导下我哋嘅工作。

nei¹³ tɐi²² jɐt⁵⁵ tʃʻi³³ lɐi¹¹ ŋɔ¹³ tei²² kuŋ⁵⁵ ʃi⁵⁵, jy¹¹ kwɔ³⁵ m¹¹ kai¹³ ji³³ kɛ³³ wa⁻³⁵, ŋɔ¹³ tai³³ nei¹³ ʃei³³ wɐi¹¹ haŋ¹¹ ha¹³ lɛ¹¹, ʃɵn²² pin³⁵ tʃʻɛŋ³⁵ nei¹³ tʃi⁵⁵ tou¹³ ŋɔ¹³ tei²² kɛ³³ kuŋ⁵⁵ tʃɔk³³.

(您第一次来我们公司，如果不介意的话，我带您四周走走，顺便请您指导一下我们的工作。)

68. 唔好噉讲，大家交流下嘛。你哋公司嘅管理都几人性化啊，呢方面系好值得我哋学习嘅！

m¹¹ hou³⁵ kɐm³⁵ kɔŋ³⁵, tai²² ka⁵⁵ kau⁵⁵ lɐu¹¹ ha¹³ tʃɛ⁵⁵. nei¹³ tei²² kuŋ⁵⁵ ʃi⁵⁵ kɛ³³ kun³⁵ lei¹³ tou⁵⁵ kei³⁵ jɐn¹¹ ʃiŋ³³ fa³³ a⁵⁵, ni⁵⁵ fɔŋ⁵⁵ min²² hɐi²² hou³⁵ tʃik⁵⁵ tɐk⁵⁵ ŋɔ¹³ tei

hɔk²² tʃap²² kɛ³³.
（别这么说，大家交流一下吧。你们公司的管理挺人性化，这方面是很值得我们学习的！）

69. 点同得你哋比咧？你哋间公司嘅绿化好过我哋多多声啦。呢方面我哋真系要向你哋好好学习。
tim³⁵ tʻuŋ¹¹ tɐk⁵⁵ nei¹³ tei²² pei³⁵ lɛ⁵⁵? nei¹³ tei²² kan⁵⁵ kuŋ⁵⁵ ʃi⁵⁵ kɛ³³ luk²² fa³³ hou³⁵ kwɔ³³ ŋɔ¹³ tei²² tɔ⁵⁵ tɔ⁵⁵ ʃɐŋ⁵⁵ la⁵⁵. ni¹³ fɔŋ⁵⁵ min²² ŋɔ¹³ tei²² tʃɐn⁵⁵ hɐi²² jiu³³ hœŋ²² nei¹³ tei²² hou³⁵ hou³⁵ hɔk²² tʃap²².
（怎么能跟你们比呢？你们公司的绿化比我们好多啦。这方面我们真的要向你们好好学习。）

70. 你好，我系环球集团市场开发部嘅，我对你哋嘅新产品几感兴趣，唔知可唔可以再详细了解下咧？⁽⁴⁾
nei¹³ hou³⁵, ŋɔ¹³ hɐi²² wan¹¹ kʻɐu¹¹ tʃap²² tʻyn¹¹ ʃi¹³ tʃʻœŋ¹¹ hɔi⁵⁵ fat²² pou²² kɛ³³, ŋɔ¹³ tɵy³³ nei¹³ tei²² kɛ³³ ʃɐn⁵⁵ tʃʻan³⁵ pɐn³⁵ kei³⁵ kɐm³⁵ hiŋ³³ tʃʻɵy³³, m¹¹ tʃi⁵⁵ hɔ³⁵ m¹¹ hɔ³⁵ ji¹³ tʃɔi³³ tʃʻœŋ¹¹ ʃei³³ liu¹³ kai³⁵ ha¹³ lɛ⁵⁵?
（您好，我是环球集团市场开发部的，我对你们的新产品挺感兴趣，不知道能不能再详细了解一下呢？）

71. 多谢晒你对我哋嘅新产品咁有信心！我系负责新产品开发嘅，呢啲都系吖只产品嘅相关资料。请多多指教。⁽⁵⁾
tɔ⁵⁵ tʃɛ²² ʃai³³ nei¹³ tɵy³³ ŋɔ¹³ tei¹³ kɛ³³ ʃɐn⁵⁵ tʃʻan³⁵ pɐn³⁵ kɐm³³ jɐu¹³ ʃɐn³³ ʃɐm⁵⁵! ŋɔ¹³ hɐi²² fu²² tʃak³⁵ ʃɐn⁵⁵ tʃʻan³⁵ pɐn³⁵ hɔi⁵⁵ fat²² kɛ³³, ni⁵⁵ ti⁵⁵ tou⁵⁵ hɐi²² kɔ³⁵ tʃɛk³³ tʃʻan³⁵ pɐn³⁵ kɛ³³ ʃœŋ⁵⁵ kwan⁵⁵ tʃi⁵⁵ liu⁻³⁵. tʃʻiŋ³⁵ tɔ⁵⁵ tɔ⁵⁵ tʃi³⁵ kau³³.
（非常感谢您对我们公司的新产品那么有信心！我是负责新产品开发的，这些都是那款产品的相关资料。请多多指教。）

72. 由于而家市场度仲冇同类嘅产品，唔介意嘅话，我哋想喺落单之前，睇睇个板先。
jɐu¹¹ jy⁵⁵ ji¹¹ ka³⁵ ʃi³³ tʃʻœŋ¹¹ tou²² tʃuŋ²² mou¹³ tʻuŋ¹¹ lɵy²² kɛ³³ tʃʻan³⁵ pɐn³⁵, m¹¹ kai³³ ji³³ kɛ³³ wa⁻³⁵, ŋɔ¹³ tei²² ʃœŋ³⁵ hɐi²² lɔk²² tan³⁵ tʃi⁵⁵ tʃʻin¹¹, tʻɐi³⁵ tʻɐi³⁵ kɔ³³ pan³⁵ ʃin⁵⁵.

（由于现在市场上还没有同类的产品，不介意的话，我们想在下定单之前，先看看样品。）

73. 个板喺展示室度。等阵间我带你参观下，顺便睇埋其他产品，你意思点啊？

kɔ³³ pan³⁵ hɐi³⁵ tʃin³⁵ ʃi²² ʃɐt⁵⁵ tou²². tɐŋ³⁵ tʃɐn²² kan⁵⁵ ŋɔ¹³ tai³³ nei¹³ tʃʻam⁵⁵ kun⁵⁵ ha¹³, ʃɵn²² pin³⁵ tʻɐi³⁵ mai¹¹ kʻei¹¹ tʻa⁵⁵ tʃʻan³⁵ pɐn³⁵, nei¹³ ji³³ ʃi⁵⁵ tim³⁵ a⁵⁵?

（样品在展示室里，等会儿我带您参观一下，顺便也看看其他产品，您看呢？）

74. 你好，阿生！我系珠海贸易公司客户服务部，唔该有咩可以帮到你咧？

nei¹³ hou³⁵, a³³ ʃaŋ⁵⁵! ŋɔ¹³ hɐi²² tʃy⁵⁵ hɔi³⁵ mɐu²² jik² kuŋ⁵⁵ ʃi⁵⁵ hak³³ wu²² fuk²² mou²² pou²², m¹¹ kɔi³⁵ jɐu⁵⁵ me⁵⁵ hɔ³⁵ ji¹³ pɔŋ³⁵ tou³⁵ nei¹³ le⁵⁵?

（你好，先生！我是珠海贸易公司的客户服务部，请问能为您做些什么呢？）

75. 系嗷嘅，前个几日喺你哋嘅网站度，睇到你哋啱啱出咗只新嘅MP4，所以想倾倾个代理权嘅问题。(6)

hɐi²² kɐm³⁵ kɛ³⁵, tʃʻin¹¹ kɔ³⁵ kei³⁵ jɐt²² hɐi³⁵ nei¹³ tei²² kɛ³³ mɔŋ¹³ tʃam²² tou²², tʻɐi³⁵ tou³⁵ nei¹³ tei²² ŋam⁵⁵ ŋam⁵⁵ tʃʻɵt⁵⁵ tʃɔ³⁵ tʃɛk³³ ʃɐn⁵⁵ kɛ⁵⁵ MP ʃei³³, ʃɔ³⁵ ji¹³ ʃœŋ³⁵ kʻiŋ³⁵ kʻiŋ⁵⁵ kɔ³³ tɔi¹³ lei¹³ kʻyn¹¹ kɛ³³ mɐn²² tʻɐi¹¹.

（是这样的，前几天在你们的网站上，看到了你们刚刚出产了一种新的MP4，所以想谈谈代理权的问题。）

76. 嗷样嘅，产品代理权嘅问题，系销售部嘅阿张经理话事嘅。佢正话行开咗，或者你坐低等下啦。

kɐm³⁵ jœŋ⁵⁵ kɛ³⁵, tʃʻan³⁵ pɐn³⁵ tɔi²² lei¹³ kʻyn¹¹ kɛ³³ mɐn²² tʻɐi¹¹, hɐi²² ʃiu⁵⁵ ʃou²² pou²² kɛ³³ a³³ tʃœŋ⁵⁵ kiŋ³⁵ lei¹³ wa²² ʃi²² kɛ³⁵. kʻœy¹³ tʃiŋ²² waŋ¹¹ hɐŋ²² hɔi³⁵ tʃɔ³⁵, wak²² tʃɛ³⁵ nei¹³ tʃʻɔ¹³ tɐi⁵⁵ tɐŋ³⁵ ha¹³ la⁵⁵.

（是这样，产品代理权的问题，是销售部的张经理负责的。他刚刚走开了，要不您坐坐等会儿吧。）

77. 你好，我系博盛贸易销售部嘅张经理。你哋公司嘅代理情况我已经睇咗喇，觉得几好。而家我哋出咗只新嘅洗头水，想搵你哋代理。

nei¹³ hou³⁵, ŋɔ¹³ hɐi²² pɔk³³ ʃiŋ²² mɐu²² jik²² ʃiu⁵⁵ ʃɐu²² pou²² kɛ³³ tʃœŋ⁵⁵ kiŋ⁵⁵ lei¹³. nei¹³ tei²² kuŋ⁵⁵ ʃi⁵⁵ kɛ³³ tɔi²² lei¹¹ tʃʻiŋ¹¹ fɔŋ³³ ŋɔ¹³ ji¹³ kiŋ⁵⁵ tʻɐi³⁵ tʃɔ³⁵ lak³³, kɔk³³ tɐk³³ kei³⁵ hou³⁵. ji¹¹ ka⁵⁵ ŋɔ¹³ tei¹¹ tʃʻɵt⁵⁵ tʃɔ³⁵ tʃɛk³³ ʃɐn⁵⁵ kɛ³³ ʃɐi³⁵ tʻou¹¹ ʃɵy³⁵, ʃœŋ³⁵ wɐn³⁵ nei¹³ tei²² tɔi²² lei¹³.

（您好，我是博盛贸易销售部的张经理。你们公司的代理情况我已经看了，觉得挺好。现在我们出了一种新的洗发液，想找你们代理。）

78. 好嘅好嘅！我代表我哋公司多谢晒你先。唔知方唔方便捞吓只洗头水嘅资料嚟睇吓先咧？

hou³⁵ kɛ³³ hou³⁵ kɛ³³! ŋɔ¹³ tɔi²² piu³⁵ ŋɔ¹³ tei²² kuŋ⁵⁵ ʃi⁵⁵ tɔ⁵⁵ tʃɛ³³ ʃai³³ nei¹³ ʃin⁵⁵. m¹¹ tʃi⁵⁵ fɔŋ⁵⁵ m¹¹ fɔŋ⁵⁵ pin¹¹ lɔ³⁵ kɔ³³ tʃɛk³³ ʃɐi³⁵ tʻou¹¹ ʃɵy³⁵ kɛ⁵⁵ tʃi⁵⁵ liu³⁵ lɐi¹¹ tʻɐi³⁵ ha¹³ ʃin⁵⁵ le⁵⁵?

（好的！我代表我们公司先谢谢您。不知道方不方便把那种洗发水的资料先给我们看看呢？）

79. 啱先两日见到你哋公司新型洗头水嘅告白，我哋洗头水专卖店好有兴趣，想倾倾个销售权啲嘢，唔知你哋几时得闲咧？

ŋam⁵⁵ ʃin⁵⁵ lœŋ¹³ jɐt²² kin³³ tou³⁵ nei¹³ tei²² kuŋ⁵⁵ ʃi⁵⁵ ʃɐn⁵⁵ jiŋ¹¹ ʃɐi³⁵ tʻɐu¹¹ ʃɵy³⁵ kɛ³⁵ kou³³ pak²², ŋɔ¹³ tei²² ʃɐi³⁵ tʻɐu¹¹ ʃɵy³⁵ tʃyn⁵⁵ mai²² tim³³ hou³⁵ jɐu¹³ hiŋ³³ tʃʻɵy³³, ʃœŋ³⁵ kʻiŋ⁵⁵ kʻiŋ⁵⁵ kɔ³³ ʃiu⁵⁵ ʃou²² kʻyn¹¹ ti⁵⁵ jɛ¹³, m¹¹ tʃi⁵⁵ nei¹³ tei²² kei³⁵ ʃi¹¹ tɐk³³ han¹¹ le⁵⁵?

（前两天看到你们公司新型洗发水的广告，我们洗发水专卖店很有兴趣，想谈谈销售权的事儿，不知道您什么时候有空？）

80. 朱经理，早晨！今次嚟搵你，系想同你反映下新产品嘅销售情况同埋客户嘅意见。

tʃy⁵⁵ kiŋ⁵⁵ lei¹³, tʃou³⁵ ʃɐn¹¹! kɐm⁵⁵ tʃʻi³³ lɐi¹¹ wɐn³⁵ nei¹³, hɐi²² ʃœŋ³⁵ tʻuŋ¹¹ nei¹³ fan³⁵ jiŋ³⁵ ha¹³ ʃɐn⁵⁵ tʃʻan³⁵ pɐn³⁵ kɛ³³ ʃiu⁵⁵ ʃou²² tʃʻiŋ¹¹ fɔŋ³³ tʻuŋ¹¹ mai¹¹ hak³³ wu²² kɛ³³ ji³³ kin³³.

（朱经理，早上好！这次来找您，是想向您反映一下新产品的销售情况和客户的意见。）

81. 早晨，阿邓生！嚟反映意见，我哋好欢迎吖！多谢你对我哋公司开展新业务嘅支持同配合。

tʃou³⁵ ʃɐn¹¹, a³³ tɐŋ²² ʃaŋ³⁵! lɐi¹¹ fan³⁵ jiŋ³⁵ ji³³ kin³³, ŋɔ¹³ tei²² hou³⁵ fun⁵⁵ jiŋ¹¹ a³³! tɔ⁵⁵ tʃɛ²² nei¹³ tøy³³ ŋɔ¹³ tei²² kuŋ⁵⁵ ʃi⁵⁵ hɔi⁵⁵ tʃin³⁵ ʃɐn⁵⁵ jip²² mou²² kɛ³³ tʃi⁵⁵ tʃʻi¹¹ tʻuŋ¹¹ pui³³ hap²².

（早上好，邓先生！来反映意见，我们很欢迎啊！谢谢您对我们公司开展新业务的支持与配合。）

82. 我嚟介绍下先：呢位黄小姐，我哋天域公司嘅总经理；呢位陈生，系湖南长沙外贸公司嘅业务主任。

ŋɔ¹³ lɐi¹¹ kai³³ ʃiu²² ha¹³ ʃin⁵⁵: ni⁵⁵ wɐi⁻³⁵ wɔŋ¹¹ ʃiu³⁵ tʃɛ³⁵, ŋɔ¹³ tei²² tʻin⁵⁵ wik²² kuŋ⁵⁵ ʃi⁵⁵ kɛ³³ tʃuŋ³⁵ kiŋ⁵⁵ lei¹³; ni⁵⁵ wɐi⁻³⁵ tʃʻɐn¹¹ ʃaŋ⁵⁵, hɐi²² wu¹¹ nam¹¹ tʃʻœŋ¹¹ ʃa⁵⁵ ŋɔi²² mɐu²² kuŋ⁵⁵ ʃi⁵⁵ kɛ³³ jip²² mou²² tʃy³⁵ jɐm²².

（我先来介绍：这位黄小姐，我们天域公司的总经理；这位陈先生，是湖南长沙外贸公司的业务主任。）

83. 陈主任，你好，第一次嚟广州倾生意就拣中我哋天域，真系多谢晒！希望我哋合作愉快。

tʃʻɐn¹¹ tʃy³⁵ jɐm²², nei¹³ hou³⁵, tei²² jɐt⁵⁵ tʃʻi³⁵ lɐi¹¹ kwɔŋ³⁵ tʃɐu⁵⁵ kʻiŋ⁵⁵ ʃaŋ⁵⁵ ji³³ tʃɐu²² kan³⁵ tʃuŋ²² ŋɔ¹³ tei²² tʻin⁵⁵ wik²², tʃɐn⁵⁵ hɐi²² tɔ⁵⁵ tʃɛ²² ʃai³³! hei⁵⁵ mɔŋ²² ŋɔ¹³ tei²² hap²² tʃɔk²² jy¹¹ fai³³.

（陈主任，您好，第一次来广州谈生意就选中我们天域，真的很感谢！希望我们合作愉快。）

84. 唔该，呢间写字楼系唔系出租嘅呢？月租大概要几钱?⁽⁷⁾

m¹¹ kɔi⁵⁵, ni⁵⁵ kan⁵⁵ ʃɛ³⁵ tʃi³³ lɐu¹¹ hɐi²² m¹¹ hɐi²² tʃʻɵt⁵⁵ tʃou⁵⁵ kɛ³³ nɛ⁵⁵? jyt²² tʃou⁵⁵ tai²² kʻɔi⁻³⁵ jiu³³ kei³⁵ tʃʻin⁻³⁵?

（打扰一下，这办公楼是不是出租的呢？月租大概要多少钱？）

85. 我哋呢度喺正个旺地，写字楼嘅租金一般都唔会平㗎。

ŋɔ¹³ tei²² ni⁵⁵ tou²² hɐi³⁵ tʃɛŋ³³ kɔ³³ wɔŋ²² tei²², ʃɛ³⁵ tʃi³³ lɐu¹¹ kɛ³³ tʃou⁵⁵ kɐm⁵⁵ jɐt²² pun⁵⁵ tou⁵⁵ m¹¹ wui¹³ pʻɛŋ¹¹ ka³³.

（我们这儿正处在旺地，写字楼的租金一般都不会便宜的。）

86. 你好吖，陈老板！我系阿老赵介绍嚟嘅。话你呢度做嘅工作服好唔错，所以我谂住喺你度订做批货。

nei¹³ hou³⁵ a³³, tʃˈɐn¹¹ lou¹³ pan³⁵! ŋɔ¹³ hɐi²² a³³ lou¹³ tʃiu²² kai³³ ʃiu²² lɐi¹¹ kɛ⁻³⁵. wa²² nei¹³ ni⁵⁵ tou²² tʃou²² ke³³ kuŋ⁵⁵ tʃɔk⁵³ fuk²² hou³⁵ m¹¹ tʃˈɔ³³, ʃɔ³⁵ ji¹³ ŋɔ¹³ nɐm²² tʃy²² hɐi³⁵ nei¹³ tou²² teŋ²² tʃou³³ pˈɐi⁵⁵ fɔ³³.

（您好啊，陈老板！我是老赵介绍来的。说您这儿生产的工作服很不错，所以我打算在您这儿订做一批货。）

87. 大家都噉话啦！阿老赵同我提过你㗎喇，多谢晒你帮衬先！详细嘅嘢，不如上我办公室至慢慢倾啦。

tai²² ka⁵⁵ tou⁵⁵ kɐm³⁵ wa²² la⁵⁵! a³³ lou¹³ tʃiu²² tˈuŋ¹¹ ŋɔ¹³ tˈɐi¹¹ kwɔ³³ nei¹³ ka³³ la³³, tɔ⁵⁵ tʃɛ³³ ʃai³³ nei¹³ pɔŋ⁵⁵ tʃˈɐn³³ ʃin⁵⁵! tʃˈœŋ¹¹ ʃɐi³³ kɛ³³ jɛ¹³, pɐt⁵⁵ jy¹¹ ʃœŋ¹³ ŋɔ¹³ pan²² kuŋ⁵⁵ ʃɐt⁵⁵ tʃi³³ man²² man⁻³⁵ kˈiŋ¹¹ la⁵⁵.

（大家彼此彼此！老赵跟我提到过您，非常感谢您的惠顾！详细的事情，还是到我办公室才慢慢谈吧。）

88. 你好，张经理！我系经纬市场调查公司嘅小何。今日嚟系想同你再详细解释下，你公司上个月委托我哋做嘅吓份关于打印机嘅市场调查报告。

nei¹³ hou³⁵, tʃœŋ⁵⁵ kiŋ⁵⁵ lei¹¹! ŋɔ¹³ hɐi²² kiŋ⁵⁵ wɐi¹³ ʃi¹³ tʃˈœŋ¹¹ tˈiu²² tʃˈa¹¹ kuŋ⁵⁵ ʃi⁵⁵ kɛ³³ ʃiu³⁵ hɔ¹¹. kɐm⁵⁵ jɐt²² lɐi¹¹ hɐi²² ʃœŋ³⁵ tˈuŋ¹¹ nei¹³ tʃɔi²² tʃˈœŋ¹¹ ʃɐi¹³ kai³⁵ ʃik⁵⁵ ha¹³, nei¹³ kuŋ⁵⁵ ʃi⁵⁵ ʃœŋ²² kɔ³³ jyt²² wɐi³⁵ tˈɔk³³ ŋɔ¹³ tei²² tʃou³³ kɛ³⁵ kɔ³⁵ fɐn²² kwan³³ jy⁵⁵ ta³⁵ jɐn³³ kei⁵⁵ kɛ³³ ʃi¹³ tʃˈœŋ¹¹ tˈiu¹¹ tʃˈa¹¹ pou³³ kou³³.

（您好，张经理！我是经纬市场调查公司的小何。今天来是想跟你再详细解释一下，你们公司上个月委托我们做的那份关于打印机的市场调查报告。）

89. 真系唔好意思吖，何生！上个星期啱好去咗趟成都，寻日先返到广州。所以今日先请你嚟坐下。

tʃɐn⁵³ hɐi²² m¹¹ hou³⁵ ji³³ ʃi³³ a³³, hɔ¹¹ ʃaŋ⁵⁵! ʃœŋ²² kɔ³³ ʃiŋ⁵⁵ kˈei¹¹ ŋam⁵⁵ hou³⁵ hɵy³³ tʃɔ³⁵ tˈɔŋ³³ ʃiŋ¹¹ tou⁵⁵, tʃˈɐm¹¹ jɐt²² ʃin⁵⁵ fan²² tou³³ kwɔŋ³⁵ tʃɐu²². ʃɔ³⁵ ji¹³ kɐm⁵⁵ jɐt²² ʃin⁵⁵ tʃʰɐŋ³⁵ nei¹³ lei¹¹ tʃʰɔ¹³ ha¹³.

(真的不好意思啊，何先生！上个星期刚好去了趟成都，昨天才回到广州。所以今天才请你来坐会儿。)

90. 唔使咁客气！最紧要嘅都系我哋嘅工作要令到你哋满意。⁽⁸⁾

m¹¹ ʃei³⁵ kɐm³³ hak³³ hei³³! tʃɵy³³ kɐn³⁵ jiu³³ kɛ³³ tou⁵⁵ hɐi²² ŋɔ¹³ tei²² kɛ³³ kuŋ⁵⁵ tʃɔk³³ jiu³³ liŋ²² tou³³ nei¹³ tei²² mun¹³ ji³³.

(别这么客气！最重要的还是我们的工作要让你们满意。)

二、注释

(1) 呢张系我嘅咭片："咭"是英语 card 的译音词，普通话译成"卡"，广州话对译成 kʰɐt⁵⁵。所以，普通话的"圣诞卡"、"贺卡"广州话都说成"圣诞咭 ʃin³³ tan³³ kʰɐt⁵⁵"、"贺咭 hɔ²² kʰɐt⁵⁵"。

(2) 我唔好意思就真："就真"一般置于句末，表示是真的、是真事，例如：唔想去就真（不想去是真的）。

(3) 唔好噉讲：也可说成"唔好噉话 m¹¹ hou³⁵ kɐm³⁵ wa²²"，客套话，相当于普通话的"哪里，哪里"。

(4) 我对你哋嘅新产品几感兴趣："几"，程度副词，相当于普通话的"相当"、"挺"。

(5) 呢啲都系吖只产品嘅相关资料：量词"只"在广州话运用范围很广，可用于货物、原料、种类等等方面。例如：呢只货（这种货）、呢只牌子（这个牌子）、呢只款（这个款式）。

(6) 系噉嘅：与第76句"噉样嘅"，多用于陈述事情的开头语。

(7) 月租大概要几钱：这里的"几"和第70句的不同，是询问数日，口语常用。

(8) 最紧要嘅都系我哋嘅工作要令到你哋满意："紧要"表示"要紧、重要"，普通话和广州话是相同的。但是，这个词在广州话还表示"厉害"的意义，这是普通话所没有的。

三、生词

咭片 k'et⁵⁵ p'in⁻³⁵	名片	多多声 tɔ⁵⁵ tɔ⁵⁵ ʃɛŋ⁵⁵	大大超过（用于比较）
有啲嘢 jɐu³⁵ ti⁵⁵ jɛ¹³	有些事情	板 pan³⁵	样品
阻 tʃɔ³⁵	妨碍	话事 wa²² ʃi²²	说了算；负责
做嘢 tʃou²² jɛ¹³	做事	正话 tʃiŋ³³ wa²²	刚才
三口六面 ʃam⁵⁵ hɐu³⁵ luk²² min²²	当面；方方面面	告白 kou³³ pak²²	广告
免至 min¹³ tʃi³³	免得	平 p'ɛŋ¹¹	便宜
点 tim³⁵	疑问副词，指示方式，表示怎么，怎么样	谂 nɐm³⁵	想

四、词语扩展

广州话表示昨天、今天、明天的常用口语词					
寻日 tʃ'ɐm¹¹ jɐt²²	昨天	今晚 kɐm⁵⁵ man¹³	今天晚上
寻晚 tʃ'ɐm¹¹ man¹³	昨晚	听日 t'iŋ⁵⁵ jɐt³³	明天
前日 tʃ'in¹¹ jɐt²²	前天	听朝 t'iŋ⁵⁵ tʃiu⁵⁵	明天早上
前晚 tʃ'in¹¹ man¹³	前天晚上	听晚 t'iŋ⁵⁵ man¹³	明天晚上
大前日 tai²² tʃ'in¹¹ jɐt²²	大前天	后日 hɐu²² jɐt²²	后天
今日 kɐm⁵⁵ jɐt²²	今天	大后日 tai²² hɐu²² jɐt²²	大后天
今朝 kɐm⁵⁵ tʃiu⁵⁵	今天早上	大后日晚 tai²² hɐu²² jɐt²² man¹³	大后天晚上

- 请入 tʃ'iŋ³⁵ jɐp²²
- 幸会 hɐŋ²² wui²²
- 会谈 wui²² t'am¹¹
- 介绍 kai³³ ʃiu²²
- 抱歉 p'ou¹³ hip³³
- 沟通 k'ɐu⁵⁵ t'uŋ⁵⁵
- 入正题 jɐp²² tʃiŋ³³ t'ɐi¹¹
- 换种方式 wun²² tʃuŋ³⁵ fɔŋ⁵⁵ ʃik⁵⁵
- 更多机会 kɐŋ³³ tɔ⁵⁵ kei⁵⁵ wui²²
- 热情接待 jit²² tʃ'iŋ¹¹ tʃip³³ tɔi²²
- 中国旅行社 tʃuŋ⁵⁵ kwɔk³³ ley¹³ hɐŋ¹¹ ʃɛ¹³
- 火车站 fɔ³⁵ tʃ'ɛ⁵⁵ tʃam²²
- 宾馆 pɐn⁵⁵ kun³⁵
- 酒店 tʃɐu³⁵ tim³³
- 大饭店 tai²² fan²² tim³³

第4单元　希望与要求

一、课文

91. 为咗开拓华南地区呢个市场，我哋想同你哋公司建立直接嘅业务关系。
wɐi²² tʃɔ³⁵ hɔi⁵⁵ tʻɔk³³ wa¹¹ nam¹¹ tei²² kʻɵy⁵⁵ ni⁵⁵ kɔ³³ ʃi¹³ tʃʻœŋ¹¹, ŋɔ¹³ tei²² ʃœŋ³⁵ tʻuŋ¹¹ nei¹³ tei²² kuŋ⁵⁵ ʃi⁵⁵ kin³³ lap²² tʃik²² tʃip³³ kɛ³³ jip²² mou²² kwan⁵⁵ hɐi²².
(为了开拓华南地区这个市场，我们想跟你们公司建立直接的业务关系。)

92. 希望我哋嘅业务关系可以一路正常噉发展落去。
hei⁵⁵ mɔŋ²² ŋɔ¹³ tei²² kɛ³³ jip²² mou²² kwan⁵⁵ hɐi²² hɔ³⁵ ji¹³ jet⁵⁵ lou²² tʃiŋ³³ ʃœŋ¹¹ kɐm³⁵ fat³³ tʃin³⁵ lɔk²² hɵy³³.
(希望我们的业务关系可以一直正常地发展下去。)

93. 虽然我哋今次合作唔成，但系相信以后仲会有机会嘅。
ʃɵy⁵⁵ jin¹¹ ŋɔ¹³ tei²² kɐm³⁵ tʃʻi³³ hap²² tʃɔk³³ m¹¹ ʃɛŋ¹¹, tan²² hɐi²² ʃœŋ⁵⁵ ʃɵn³³ ji¹³ hɐu²² tʃuŋ²² wui¹³ jɐu¹³ kei⁵⁵ wui⁵⁵ kɛ³³.
(虽然我们这次未能合作，但是相信以后还会有机会的。)

94. 希望我哋合作愉快。
hei⁵⁵ mɔŋ²² ŋɔ¹³ tei²² hap²² tʃɔk³³ jy¹¹ fai³³.
(希望我们合作愉快。)

95. 我公司非常之想同你哋再次合作，希望尽快畀个答复我哋。
ŋɔ¹³ kuŋ⁵⁵ ʃi⁵⁵ fei⁵⁵ ʃœŋ¹¹ tʃi³³ ʃœŋ³⁵ tʻuŋ¹¹ nei¹³ tei²² tʃɔi³³ tʃʻi³³ hap²² tʃɔk³³, hei⁵⁵ mɔŋ²² tʃɵn²² fai³³ pei³⁵ kɔ³³ tap³³ fuk⁴⁵ ŋɔ¹³ tei²².
(我公司非常想跟你们再合作，希望尽快给我们一个答复。)

96. 唔好意思，我公司想尽快拎到贵公司嘅报价单，唔知几时可以畀答复我哋咧？

29

m¹¹ hou³⁵ ji¹³ ʃi³³, ŋɔ¹³ kuŋ⁵⁵ ʃi⁵⁵ ʃœŋ³⁵ tʃɐn²² fai³³ lɔ³³ tou³⁵ kwei³³ kuŋ⁵⁵ ʃi⁵⁵ kɛ³³ pou³³ ka³³ tan³³, m¹¹ tʃi⁵⁵ kei³⁵ ʃi¹¹ hɔ³⁵ ji¹³ pei³⁵ tap³³ fuk⁵⁵ ŋɔ¹³ tei²² lɛ⁵⁵?
（抱歉，我公司希望尽快收到贵公司的报价单，不知道什么时候可以给我们答复呢？）

97. 希望我哋仲会有合作嘅机会，等住你嘅好消息。⁽¹⁾
hei⁵⁵ mɔŋ²² ŋɔ¹³ tei²² tʃuŋ²² wui²² jɐu¹³ hap²² tʃɔk³³ kɛ³³ kei⁵⁵ wui²², tɐŋ³⁵ tʃy²² nei¹³ kɛ³³ hou³⁵ ʃiu⁵⁵ ʃik⁵⁵.
（希望我们还会有合作的机会，等着您的好消息。）

98. 希望你哋能够慎重噉考虑下同我哋公司合作嘅事，尽快畀个答复我哋。
hei⁵⁵ mɔŋ²² nei¹³ tei²² nɐŋ¹¹ kɐu³³ ʃɐn²² tʃuŋ²² kɐm³⁵ hau³⁵ lɵy²² ha¹³ tʻuŋ¹¹ ŋɔ¹³ tei²² kuŋ⁵⁵ ʃi⁵⁵ hap²² tʃɔk³³ kɛ³³ ʃi²², tʃɐn²² fai³³ pei³⁵ kɔ³³ tap³³ fuk⁵⁵ ŋɔ¹³ tei²².
（希望你们能够慎重地考虑一下跟我们公司合作的事情，尽快给我们一个答复吧。）

99. 如果你唔介意，听日我想同我哋嘅代理一齐嚟倾呢个问题。
jy¹¹ kwɔ³⁵ nei¹³ m¹¹ kai³³ ji³³, tʻiŋ⁵⁵ jɐt²² ŋɔ¹³ ʃœŋ³⁵ tʻuŋ¹¹ ŋɔ¹³ tei²² kɛ³³ tɔi²² lei¹³ jɐt⁵⁵ tʃʻɐi¹¹ lɐi¹¹ kʻiŋ⁵⁵ ni⁵⁵ kɔ³³ mɐn²² tʻɐi¹¹.
（如果您不介意，明天我想和我们的代理一起来谈谈这个问题。）

100. 我哋合作咗咁耐，今次又同你哋攞咁大批货，价钱再优惠啲都得啩？
ŋɔ¹³ tei²² hap²² tʃɔk³³ tʃɔ³⁵ kɐm³³ nɔi²², kɐm⁵⁵ tʃʻi³³ jɐu²² tʻuŋ¹¹ nei¹³ tei²² lɔ³⁵ kɐm³³ tai³³ pʻɐi³⁵ fɔ³³, ka³³ tʃʻin¹¹ tʃɔi³³ jɐu⁵⁵ wɐi²² ti⁵⁵ tou⁵⁵ tɐk⁵⁵ kwa³³?
（我们合作了这么久，这次又向你们订这么大批的货物，价钱再优惠些还不行吗？）

101. 如果听日晏昼沓正5点，批货仲未送嚟嘅话，噉真系唔好意思喇，批货我哋就唔要喇。
jy¹¹ kwɔ³⁵ tʻiŋ⁵⁵ jɐt²² an³³ tʃɐu³³ tap²² tʃɐŋ³³ ŋ¹ tim³⁵, pʻɐi³⁵ fɔ³³ tʃuŋ²² mei²² ʃuŋ³³ lɐi¹¹ kɛ³³ wa⁻³⁵, kɐm³⁵ tʃɐn⁵⁵ hɐi²² m¹¹ hou³⁵ ji¹³ ʃi³³ lak³³, pʻɐi⁵⁵ fɔ³³ ŋɔ¹³ tei²² tʃɐu²² m¹¹ jiu³³ lak³³.

（如果明天下午5点整，还没看到你们的货送来的话，那就不好意思了，这批货我们就不要了。）

102. 大家合作咗咁耐，一直都系好愉快嘅。有咩唔掂嘅倾到掂为止，唔使搞到咁大阵仗啩？

ta²² ka⁵⁵ hap²² tʃɔk³³ tʃɔ³⁵ kɐm³³ nɔi²², jɐt⁵⁵ tʃik²² tou⁵⁵ hɐi²² hou³⁵ jy¹¹ fai³³ kɛ³³. jɐu¹³ mɛ⁵⁵ m¹¹ tim²² kɛ³³ kʻiŋ⁵⁵ tou³³ tim²² wɐi¹¹ tʃi³⁵, m¹¹ ʃɐi³⁵ kau³⁵ tou³³ kɐm³³ tai²² tʃɐn²² tʃœŋ²² kwa³³?

（大家合作了这么久，一直都是很愉快的。有什么不妥的谈妥为止，不用搞得这么兴师动众吧？）

103. 希望你哋能够早啲解决呢个问题，同时亦希望货物按合同所定落嘅时间送嚟。

hei⁵⁵ mɔŋ²² nei¹³ tei²² nɐŋ¹¹ kɐu³³ tʃou³⁵ ti⁵⁵ kai³⁵ kʻyt³³ ni⁵⁵ kɔ³³ mɐn²² tʻɐi¹¹, tʻuŋ¹¹ ʃi¹¹ jik²² hei⁵⁵ mɔŋ²² fɔ³³ mɐt²² ɔn³³ hap²² tʻuŋ¹¹ ʃɔ³⁵ tiŋ²² lɔk²² kɛ³³ ʃi¹¹ kan³³ ʃuŋ³³ lɐi¹¹.

（希望你们能够早些解决这个问题，并且希望货物按合同所定下的时间送来。）

104. 我哋可以保证类似嘅麻烦唔会再发生，亦都希望今次嘅事唔会影响到我哋以后嘅合作。

ŋɔ¹³ tei²² hɔ³⁵ ji¹³ pou³⁵ tʃiŋ³³ lɵy²² tʃʻi¹³ kɛ³³ ma¹¹ fan¹¹ m¹¹ wui¹¹ tʃɔi³³ fat³³ ʃɐŋ⁵⁵, jik²² tou⁵⁵ hei⁵⁵ mɔŋ²² kɐm⁵⁵ tʃʻi¹³ kɛ³³ ʃi²² m¹¹ wui³³ jiŋ³⁵ hœŋ³⁵ tou³⁵ ŋɔ¹³ tei²² ji¹³ hɐu²² kɛ³³ hap²² tʃɔk³³.

（我们可以保证类似的麻烦不会再发生，也希望这次的事情不会影响到我们以后的合作。）

105. 何总，你哋上星期五传真过嚟嘅吖份设计图，我哋已经睇咗，基本上冇咩问题㗎喇，你哋就照住做啦。

hɔ¹¹ tʃuŋ³⁵, nei¹³ tei²² ʃœŋ²² ʃiŋ⁵⁵ kʻei¹¹ ŋ¹³ tʃʻyn¹¹ tʃɐn⁵⁵ kwɔ³³ lɐi¹¹ kɛ³³ kɔ³⁵ fɐn²² tʃʻit²² kɐi³³ tʻou¹¹, ŋɔ¹³ tei²² ji¹³ kiŋ⁵⁵ tʻɐi³⁵ tʃɔ⁵⁵, kei⁵⁵ pun³⁵ ʃœŋ²² mou³⁵ mɛ⁵⁵ mɐn²² tʻɐi¹¹ ka³³ la³³, nei¹³ tei²² tʃɐu²² tʃiu³³ tʃy²² tʃou²² la⁵⁵.

(何总，你们上星期五传真过来的那张设计图，我们已经看了，基本上没什么问题的了，你们就照着做吧。)

106. 唔好意思，王部长！之前我哋交嘅吖份设计图而家喺边个部吖？我哋谂起有啲小定方需要改下。(2)

m¹¹ hou³⁵ ji⁵⁵ ʃi³³, wɔŋ¹¹ pou²² tʃœŋ³⁵! tʃi⁵⁵ tʃʻin¹¹ ŋɔ¹³ tei²² kau⁵⁵ kɐ³³ kɔ³⁵ fɐn²² tʃʻit³³ kei³³ tʻou¹¹ ji¹¹ ka⁵⁵ hɐi³⁵ pin³⁵ kɔ³³ pou²² a³³? ŋɔ¹³ tei²² nɐm³⁵ hei¹¹ jɐu¹³ ti⁵⁵ ʃiu⁵⁵ tɛŋ²² fɔŋ⁵⁵ ʃøy³⁵ jiu³³ kɔi³⁵ ha¹³.

(抱歉，王部长！早先我们交的那份设计图现在在哪个部呢？我们想起有些小地方需要改一改。)

107. 你哋点解唔早响呢？琴日朝早就交咗畀生产部。快啲打电话问下啦。(3)

nei¹³ tei²² tim³⁵ kai³⁵ m¹¹ tʃou³⁵ hœŋ³⁵ nɛ⁵⁵? kʻɐm¹¹ jɐt²² tʃiu⁵⁵ tʃou³⁵ tʃɐu²² kau⁵⁵ tʃɔ³⁵ pei³⁵ ʃɐŋ⁵⁵ tʃʻan³⁵ pou²². fai³³ ti⁵⁵ ta³⁵ tin²² wa³⁵ mɐn²² ha¹³ la⁵⁵.

(你们为什么不早点儿说呢？昨天早上就交给了生产部。快点儿打电话问问。)

108. 虽然话系今年潮流兴嘅，都唔使咁贵啦。价格再优惠啲，即刻同你订多2000条添。点啊？

ʃøy⁵⁵ jin¹¹ wa²² hɐi³⁵ kɐm⁵⁵ nin³⁵ tʃʻiu¹¹ lɐu¹¹ hiŋ⁵⁵ tʃɛ⁵⁵, tou⁵⁵ m¹¹ ʃɐi³⁵ kɐm³³ kwɐi¹¹ la⁵⁵. ka³³ kak³³ tʃɔi³³ jɐu⁵⁵ wɐi²² ti⁵⁵, tʃik⁵⁵ hak⁵⁵ tʻuŋ¹¹ nei¹³ tɛŋ²² tɔ⁵⁵ ji²² tʃʻin⁵⁵ tʻiu¹¹ tʻim⁵⁵. tim³⁵ a⁵⁵?

(虽然说是今年潮流时兴，也用不着那么贵吧？价格再优惠些，马上向你多订2000条。怎么样？)

109. 李经理，呢批零件我哋急住用㗎，你哋得唔得用特快专递寄过嚟呀？唔该帮帮手啦！

lei¹³ kiŋ⁵⁵ lei¹³, ni³⁵ pʻɐi³⁵ liŋ¹¹ kin³⁵ ŋɔ¹³ tei²² kɐp⁵⁵ tʃy²² juŋ²² ka³³, nei¹³ tei²² tɐk⁵⁵ m¹¹ tɐk⁵⁵ juŋ²² tɐk³³ fai³³ tʃyn³³ tei²² kei³³ kwɔ³³ lɐi²² a³³? m¹¹ kɔi³⁵ pɔŋ³⁵ pɔŋ⁵⁵ ʃɐu³⁵ la⁵⁵!

(李经理，这批零件我们急着用哪，你们能不能用特快专递寄送过来呢？麻烦帮帮忙！)

第4单元 希望与要求

110. 冇问题。不过咁大批嘢快递，个使费唔低个喎，计起上嚟大大噉超出原底所定嘅运费，超出嘅呢笔钱唔属于我公司支付范围个嘛。

mou^{13} mɐn^{22} t'ei^{11}. pɐt^{55} kwɔ^{33} kɐm^{33} tai^{22} p'ei^{55} jɛ^{13} fai^{33} tei^{22}, kɔ^{33} ʃei^{35} fei^{33} m^{11} tei^{55} kɔ^{33} wɔ^{33}, kɐi^{33} hei^{35} ʃœŋ^{13} lei^{11} tai^{22} tai^{22} kɐm^{35} tʃ'iu^{55} tʃ'ɵt^{55} jyn^{11} tɐi^{35} ʃɔ^{35} tiŋ^{22} kɛ^{33} wɐn^{22} fei^{33}, tʃ'iu^{11} tʃ'ɵt^{55} kɛ^{33} ni^{55} pɐt^{55} tʃ'in^{-35} m^{11} ʃuk^{22} jy^{55} ŋɔ^{13} kuŋ^{55} ʃi^{55} tʃi^{55} fu^{22} fan^{22} wɐi^{11} kɔ^{33} pɔ^{33}.

（没问题。不过这么大批货物要快递，费用不低，算起来大大超出原先所定的运费，超出的这笔钱不属于我公司支付范围。）

111. 呢批货可能要船运先得，用货车嘅话，啲水晶大吊灯容乜易撞碎晒吖。

ni^{55} p'ei^{55} fɔ^{33} hɔ^{35} nɐŋ^{11} jiu^{33} ʃyn^{11} wɐn^{22} ʃin^{55} tɐk^{55}, juŋ^{22} fɔ^{33} tʃ'ɛ^{55} kɛ^{33} wa^{-35}, ti^{55} ʃey^{35} tʃiŋ^{55} tai^{22} tiu^{33} tɐŋ^{35} juŋ^{11} mɐt^{55} ji^{22} tʃɔŋ^{22} ʃɵy^{33} ʃai^{33} a^{33}.

（这批货可能要船运才行，用货车的话，那些水晶大吊灯还不容易全碰碎？）

112. 唔好意思吖！我哋想将之前订嘅吖3000条方型抽纱枱布全部做返圆型吖，布料同啲色都唔变，唔知有冇问题呢？

m^{11} hou^{35} ji^{33} ʃi^{33} a^{33}! ŋɔ^{13} tei^{22} ʃœŋ^{35} tʃœŋ^{55} tʃi^{55} tʃ'in^{11} tɐŋ^{33} kɛ^{33} kɔ^{33} ʃam^{55} tʃ'in^{55} t'iu^{11} fɔŋ^{35} jiŋ^{11} tʃ'ɐu^{55} ʃa^{55} t'ɔi^{35} pou^{35} tʃ'yn^{11} pou^{22} tʃou^{22} fan^{55} jyn^{22} jiŋ^{22} a^{33}, pou^{33} liu^{-35} t'ɔŋ^{11} ti^{55} ʃik^{55} tou^{55} m^{11} pin^{33}, m^{11} tʃi^{55} jɐu^{13} mou^{13} mɐn^{22} t'ɐi^{11} nɛ^{55}?

（抱歉！我们想把早先订的那3000条方型抽纱桌布全部改做回圆型的，布料和颜色都不变，不知道有没有问题呢？）

113. 唔系唔得，不过星期一交货就赶唔切个嘛，最快都要过一个星期至得。(4)

m^{11} hɐi^{22} m^{11} tɐk^{55}, pɐt^{55} kwɔ^{33} ʃiŋ^{55} k'ei^{11} jɐt^{55} kau^{55} fɔ^{33} tʃɐu^{22} kɔn^{35} m^{11} tʃ'it^{33} kɔ^{33} pɔ^{33}, tʃɵy^{33} fai^{33} tou^{55} jiu^{33} kwɔ^{33} jɐt^{55} kɔ^{33} ʃiŋ^{55} k'ei^{11} tʃi^{33} tɐk^{55}.

（不是不行，但是星期一交货就赶不急了，最快也要过一个星期才行。）

114. 最紧要嘅都系质量，迟吖两日交货都唔系咩问题嘅。

tʃɵy^{33} kɐn^{35} jiu^{33} kɛ^{33} tou^{55} hɐi^{22} tʃɐt^{55} lœŋ^{22}, tʃ'i^{11} kɔ^{35} lœŋ^{13} jɐt^{55} kau^{55} fɔ^{33} tou^{55} m^{11} hɐi^{22} mɛ^{55} mɐn^{22} t'ɐi^{11} tʃɛ^{55}.

（最重要的还是质量，晚那两天交货都不是什么问题。）

115. 我哋公司近排资金周转遇着啲问题，所以想同你哋银行贷住200万款先。
ŋɔ¹³ tei²² kuŋ⁵⁵ ʃi⁵⁵ kɐn²² p'ai¹¹ tʃi⁵⁵ kɐm⁵⁵ tʃɐu⁵⁵ tʃyn³⁵ jy²² tʃœk³³ ti⁵⁵ mɐn²² t'ei¹¹, ʃɔ³⁵ ji¹³ ʃœŋ³⁵ t'uŋ¹¹ nei¹³ tei²² ŋɐn¹¹ hɔŋ¹¹ t'ai³³ tʃy²² ji²² pak³³ man²² fun³⁵ ʃin⁵⁵.
（我们公司近来资金周转碰到些问题，所以想向你们银行先贷款200万。）

116. 我哋银行会对你哋公司嘅财务状况先做一个详细嘅评估，然之后先至决定究竟批唔批畀你哋。
ŋɔ¹³ tei²² ŋɐn¹¹ hɔŋ¹¹ wui¹³ tøy³³ nei¹³ tei²² kuŋ⁵⁵ ʃi⁵⁵ kɛ³³ tʃ'ɔi¹¹ mou²² tʃɔŋ²² fɔŋ³³ ʃin⁵⁵ tʃou²² jɐt⁵⁵ kɔ³³ tʃ'œŋ¹¹ ʃei³³ kɛ³³ p'iŋ¹¹ ku³⁵, ji¹¹ tʃi⁵⁵ hɐu²² ʃin⁵⁵ tʃi³³ k'yt³³ tiŋ²² kɐu³³ kiŋ³⁵ p'ei⁵⁵ m¹¹ p'ei⁵⁵ pei³⁵ nei¹³ tei²².
（我们银行会对你们公司的财务状况先做一个详细的评估，然后才决定究竟批不批给你们。）

117. 你哋批货足足迟咗四日先到，搞到都唔知点同个客交待。希望唔好再发生噉嘅事。
nei¹³ tei²² p'ɐi⁵⁵ fɔ³³ tʃuk⁵⁵ tʃuk⁵⁵ tʃ'i¹¹ tʃɔ³⁵ ʃei³³ jɐt²² ʃin⁵⁵ tou³³, kau³⁵ tou³³ tou⁵⁵ m¹¹ tʃi⁵⁵ tim³⁵ t'uŋ¹¹ kɔ³³ hak³³ kau³⁵ tɔi²². hei⁵⁵ mɔŋ²² m¹¹ hou³⁵ tʃɔi³³ fat³³ ʃɐŋ⁵⁵ kɐm³⁵ kɛ³³ ʃi²².
（你们这批货物足足晚了四天才到，弄得都不知道怎样向客户交待。希望不要再发生这样的事儿。）

118. 希望你哋尽快搞掂赔偿方面嘅问题。
hei⁵⁵ mɔŋ²² nei¹³ tei²² tʃøn²² fai³³ kau³⁵ tim²² p'ui¹¹ ʃœŋ¹¹ fɔŋ⁵⁵ min²² kɛ³³ mɐn²² t'ei¹¹.
（希望你们尽快解决赔偿方面的问题。）

119. 希望能够圆满解决今次嘅问题，大家都仲系想要继续合作嘅。
hei⁵⁵ mɔŋ²² nɐŋ¹¹ kɐu³⁵ jyn¹¹ mun¹¹ kai³⁵ k'yt³³ kɐm⁵⁵ tʃ'i³⁵ kɛ³³ mɐn²² t'ei¹¹, tai²² ka⁵⁵ tou⁵⁵ tʃuŋ²² hɐi³⁵ ʃœŋ³⁵ jiu³³ kɐi³³ tʃuk⁵² hap²² tʃɔk³³ kɛ³³.
（希望能够圆满解决这次的问题，毕竟大家还是想要继续合作的嘛。）

120. 第一次拍档做嘢就咁顺，希望以后能够多啲合作。

tɐi²² jɐt⁵⁵ tʃʻi³³ pʻak³³ tɔŋ³³ tʃou³³ jɛ¹³ tʃɐu²² kɐm³³ ʃɵn²², hei⁵⁵ mɔŋ²² ji¹³ hɐu²² nɐŋ¹¹ kɐu³³ tɔ⁵⁵ ti⁵⁵ hap²² tʃɔk³³.

（第一次合作做事情就这么顺利，希望以后能够多合作。）

二、注释

（1）等住你嘅好消息："住"在动词或形容词后，表示状态的保持，相当于普通话"着"。例如：坐住（坐着）；抱住（抱着）。

（2）我哋谂起有啲小定方需要改下："小定方"即小地方，口语用法。

（3）你哋点解唔早响呢："响"表示"说"，这种用法在粤语区年轻人的口语里很常见。

（4）赶唔切个嘞："唔切"放在动词后，表示完成不了或时间上来不及。

三、生词

捰 lɔ³⁵	拿	定方 tɛŋ²² fɔŋ⁵⁵	地方
啩 kwa³³	语气词。表示半信半疑，用于揣测性疑问	使费 ʃei³⁵ fei³³	费用，花销
		原底 jyn¹¹ tei³⁵	原本
沓正 tap²² tʃɛŋ³³	（钟表时针）走到整点	个嘞 kɔ³³ pɔ³³	
掂 tim²²	妥当		语气词。带有强调或提醒语气
大阵仗 tai²² tʃɐn²² tʃœn²²		然之后 jin¹¹ tʃi⁵⁵ hɐu²²	然后
	排场大；兴师动众	拍档 pʻak³³ tɔŋ³³	合作；伙伴

四、词语扩展

广州话关于职业活动常用口语词			
打工 ta^{35} kuŋ^{55}	做工	揾工 wɐn^{35} kuŋ^{55}	找工作
打皇家工 ta^{35} wɔŋ^{11} ka^{55} kuŋ^{55}	在政府部门工作	揾米路 wɐn^{35} mɐi^{13} lou^{22}	喻找路子挣钱
返工 fan^{55} kuŋ^{55}	上班	揾嘢做 wɐn^{35} jɛ^{13} tʃou^{22}	找工作
落班 lɔk^{22} pan^{55}	下班	揾钱 wɐn^{35} tʃʻin^{35}	挣钱
放工 fɔŋ^{33} kuŋ^{55}	下班	炒更 tʃʻau^{35} kaŋ^{55}	兼职
赶工 kɔn^{35} kuŋ^{55}	加班赶任务	炒鱿鱼 tʃʻau^{35} jɐu^{11} jy^{35}	喻解雇

- 平等 pʻiŋ^{11} tɐŋ^{35}
- 互通有无 wu^{22} tʻuŋ^{55} jɐu^{13} mou^{11}
- 拓宽 tʻɔk^{33} fun^{55}
- 达成协议 tat^{22} ʃiŋ^{11} hip^{33} ji^{13}
- 达成共识 tat^{22} ʃiŋ^{11} kuŋ^{22} ʃik^{55}
- 守信用 ʃɐu^{35} ʃɵn^{33} juŋ^{22}
- 重承诺 tʃuŋ^{22} ʃiŋ^{11} lɔk^{22}
- 购销两旺 kʻɐu^{33} ʃiu^{55} lœŋ^{13} wɔŋ^{22}
- 互利共赢 wu^{22} lei^{22} kuŋ^{22} jɛŋ^{11}
- 争议 tʃɐŋ^{55} ji^{13}
- 谈判 tʻam^{11} pʻun^{33}
- 仲裁 tʃuŋ^{22} tʃʻɔi^{11}
- 理赔 lei^{13} pʻui^{11}
- 期待 kʻei^{11} tɔi^{22}
- 结果 kit^{33} kwɔ^{35}

第5单元 产品介绍

一、课文

121. 你好！我公司派我嚟，系想了解下我哋新产品喺你哋度推销嘅可能性。

nei¹³ hou³⁵! ŋɔ¹³ kuŋ⁵⁵ ʃi⁵⁵ pʻai³³ ŋɔ¹³ lei¹¹, hei²² ʃœŋ³⁵ liu¹³ kai³³ ha¹³ ŋɔ¹³ tei²² ʃɐn⁵⁵ tʃʻan³⁵ pɐn³⁵ hei³⁵ nei¹³ tei²² tou²² tʻθy⁵⁵ ʃiu⁵⁵ kɛ³³ hɔ³⁵ nɐŋ¹¹ ʃiŋ³³.

（您好！我公司派我来，是想了解一下我们的新产品在你们那儿推销的可能性。）

122. 唔该介绍下你哋嘅产品同人哋比起身，好喺边度咧?⁽¹⁾

m¹¹ kɔi⁵⁵ kai³³ ʃiu²² ha¹³ nei¹³ tei²² kɛ³³ tʃʻan³⁵ pɐn³⁵ tʻuŋ¹¹ jɐn¹¹ tei²² kɛ³³ pei³⁵ hei³⁵ ʃɐn⁵⁵, hou³⁵ hei³⁵ pin⁵⁵ tou²² lɛ⁵⁵?

（请介绍一下你们的产品和别人的比起来，好在哪儿呢？）

123. 比起身嚟，呢只产品唔单止款靓、禁用、易操作，完全拍得上进口货，仲有我哋嘅价格更优惠。⁽²⁾

pei³⁵ hei³⁵ ʃɐn⁵⁵ lei¹¹, ni⁵⁵ tʃɛk³³ tʃʻan³⁵ pɐn³⁵ m¹¹ tan⁵⁵ tʃi³⁵ fun³⁵ lɛŋ³³、kʻɐm⁵⁵ juŋ²², ji²² tʃʻou²² tʃɔk³³, jyn¹¹ tʃʻyn¹¹ pʻak³³ tɐk⁵⁵ ʃœŋ¹³ tʃɐn³³ hɐu³⁵ fɔ³³, tʃuŋ²² jɐu¹³ ŋɔ¹³ tei²² kɛ³³ ka³³ kak³³ kɐŋ³³ jɐu⁵⁵ wɐi²².

（比较起来，这种产品不但款式美观、耐用、容易操作，完全比得上进口货，还有我们的价格更优惠。）

124. 呢只产品嘅材料系一种新型合成橡胶，非常之实净同埋禁磨，但系又唔重噃，携带好方便。⁽³⁾

ni⁵⁵ tʃɛk³³ tʃʻan³⁵ pɐn³⁵ kɛ³³ tʃʻɔi¹¹ liu³⁵ hei²² jɐt⁵⁵ tʃuŋ³⁵ ʃɐn⁵⁵ jiŋ¹¹ hap²² ʃiŋ¹¹ tʃœŋ²² kau⁵⁵, fei⁵⁵ ʃœŋ¹¹ tʃi⁵⁵ ʃɐt²² tʃɛŋ²² tʻuŋ¹¹ mai¹¹ kʻɐm⁵⁵ mɔ³⁵, tan²² hɐi²² jɐu²² m¹¹ tʃʻuŋ¹³ pɔ³³, kwʻɐi¹¹ tai³³ hou³⁵ fɔŋ⁵⁵ pin²².

（这种产品的材料是一种新型合成橡胶，非常结实和耐磨，但是又不重，携带很方便。）

125. 我哋近期推出嘅新系列护肤产品，采用咗新科技，对皮肤冇任何刺激。相信你会感兴趣嘅。

ŋɔ¹³ tei²² kɐn²² kʻei¹¹ tʻɵy⁵⁵ tʃʻɵt⁵⁵ kɛ³³ ʃɐn⁵⁵ hɐi²² lit²² wu²² fu⁵⁵ tʃʻan³⁵ pɐn³⁵, tʃʻɔi³⁵ juŋ²² tʃɔ³⁵ ʃɐn⁵⁵ fɔ⁵⁵ kei²², tɵy³³ pʻei¹¹ fu⁵⁵ mou¹³ jɐm²² hɔ¹¹ tʃʻi¹³ kik⁵⁵. ʃœŋ⁵⁵ ʃɐn³³ nei¹³ wui¹³ kɐm³⁵ hiŋ³³ tʃʻɵy³³ kɛ³³.

（我们近期推出的新系列护肤产品，采用了新科技，对皮肤无任何刺激。相信您会感兴趣的。）

126. 呢只产品嘅生产管理同埋质量指标都符合 ISO8000 标准，所以先至同贵公司推介。相信实会令你满意嘅。

ni⁵⁵ tʃɛk³³ tʃʻan³⁵ pɐn³⁵ kɛ³³ ʃɐŋ⁵⁵ tʃʻan³⁵ kwun³⁵ lei¹³ tʻuŋ¹¹ mai²² tʃɐt⁵⁵ lœŋ²² tʃi³⁵ piu³⁵ tou⁵⁵ fu¹¹ hap²² ISO pat³³ liŋ¹¹ liŋ¹¹ liŋ¹¹ piu⁵⁵ tʃɐn³⁵, ʃɔ³⁵ ji¹³ ʃin⁵⁵ tʃi³³ tʻuŋ¹¹ kwɐi³³ kuŋ³⁵ ʃi⁵⁵ tʻɵy⁵⁵ kai²². ʃœŋ⁵⁵ ʃɐn³³ ʃɐt²² wui¹³ liŋ²² nei¹³ mun¹³ ji³³ kɛ³³.

（这种产品的生产管理和质量指标都符合 ISO8000 标准，所以才向贵公司推荐。相信肯定会令您满意的。）

127. 呢只产品质量好，价格亦好有竞争力，喺你哋地区肯定好市。点解唔试下订啲货嚟探下市场嘅潜力咧？

ni⁵⁵ tʃɛk³³ tʃʻan³⁵ pɐn³⁵ tʃɐt⁵⁵ lœŋ²² hou³⁵, ka³³ kak³³ jik²² hou³⁵ jɐu¹³ kiŋ²² tʃɐŋ⁵⁵ lik²², hɐi³⁵ nei¹³ tei²² tei²² kʻɵy⁵⁵ hɐŋ³⁵ tiŋ²² hou³⁵ ʃi¹³. tim³⁵ kai³⁵ m¹¹ ʃi³³ ha¹³ tɐŋ³³ ti⁵⁵ fɔ³³ lei¹¹ tʻam³³ ha¹³ ʃi¹³ tʃʻœŋ¹¹ kɛ³³ tʃʻim¹¹ lik²² lɛ⁵⁵?

（这种产品质量好，价格也很有竞争力，在你们地区肯定畅销。为什么不试试订些货来看看市场的潜力呢？）

128. 竞争越来越犀利，纺织品生意亦都唔好做。但系我哋嘅产品近年嚟销路一直好好。

kiŋ²² tʃɐŋ⁵⁵ jyt²² lɐi¹¹ jyt²² ʃɐi⁵⁵ lei²², fɔŋ³⁵ tʃik⁵⁵ pɐn³⁵ ʃaŋ⁵⁵ ji³³ jik²² tou⁵⁵ m¹¹ hou³⁵ tʃou²². tan²² hɐi²² ŋɔ¹³ tei²² kɛ³³ tʃʻan³⁵ pɐn³⁵ kɐn²² nin¹¹ lɐi¹¹ ʃiu⁵⁵ lou²² jɐt⁵⁵ tʃik²² hou³⁵ hou³⁵.

（竞争越来越厉害，纺织品生意也不好做。但是我们的产品近年来销路一直很好。）

129. 我哋唔单止提供优质产品，仲提供良好嘅售后服务添。如果对产品质量唔满意嘅话，我哋会喺一周之内接受退货。

ŋɔ^{13} tei^{22} m^{11} tan^{55} tʃi^{35} tʼei^{11} kuŋ^{55} jɐu^{35} tʃɐt^{55} tʃʼan^{35} pɐn^{35}, tʃuŋ^{22} tʼɐi^{11} kuŋ^{55} lœŋ^{11} hou^{35} kɛ^{33} ʃɐu^{22} hɐu^{22} fuk^{22} mou^{22} tim^{55}. jy^{22} kwɔ^{35} tøy^{33} tʃʼan^{35} pɐn^{35} tʃɐt^{55} lœŋ^{22} m^{11} mun^{13} ji^{13} kɛ^{33} wa^{-35}, ŋɔ^{13} tei^{22} wui^{13} hɐi^{35} jɐt^{55} tʃɐu^{55} tʃi^{55} nɔi^{22} jip^{33} ʃou^{22} tʼøy^{33} fɔ^{33}.

（我们不但提供优质产品，还提供良好的售后服务。如果对产品质量不满意的话，我们会在一周内接受退货。）

130. 呢只新出嘅饮水机，功能齐全，又好轻便，你睇嚇，一个人都搬得嘞，啱晒一般家庭用㗎。

ni^{55} tʃɛk^{33} ʃɐn^{55} tʃʼɵt^{55} kɛ^{33} jɐm^{35} ʃøy^{35} kei^{55}, kuŋ^{55} nɐŋ^{11} tʃʼɐi^{11} tʃʼyn^{11}, jɐu^{22} hou^{35} hɐŋ^{55} pin^{22}, nei^{13} tʼɐi^{35} na^{11}, jɐt^{55} kɔ^{33} jɐn^{11} tou^{55} pun^{55} tɐk^{55} juk^{55}, ŋam^{55} ʃai^{33} jɐt^{55} pun^{55} ka^{55} tʼiŋ^{11} juŋ^{22} ka^{33}.

（这种新出产的饮水机，功能齐全，又很轻便，您看，一个人也能搬动，很适合一般家庭使用。）

131. 呢只牌子嘅电脑系使用最新一代嘅酷睿中央处理器，有强大多媒体功能，3D效果一流，音响劲爆，外观又够潮，唔使讲，喺市场度肯定卖得。(4)

ni^{55} tʃɛk^{33} pʼai^{11} tʃi^{35} kɛ^{33} tin^{22} nou^{13} hɐi^{22} ʃɐi^{35} juŋ^{22} tʃøy^{33} ʃɐn^{55} jɐt^{55} tɔi^{22} kɛ^{33} hou^{22} jøy^{22} tʃuŋ^{55} jœŋ^{55} tʃʼy^{13} lei^{13} hei^{35}, jɐu^{22} kʼœŋ^{11} tai^{22} tɔ^{55} mui^{11} tʼɐi^{35} kuŋ^{55} nɐŋ^{11}, ʃam^{55} D hau^{22} kwɔ^{35} jɐt^{55} lɐu^{11}, jɐm^{55} hœŋ^{35} kiŋ^{22} pau^{33}, ŋɔi^{22} kun^{55} jɐu^{22} kɐu^{33} tʃʼiu^{11}, m^{11} ʃɐi^{35} kɔŋ^{35}, hɐi^{35} ʃi^{13} tʃʼœŋ^{11} tou^{22} hɐŋ^{35} tiŋ^{22} mai^{22} tɐk^{55}.

（这个牌子的电脑是使用最新一代的酷睿中央处理器，有强大多媒体功能，3D效果一流，音响效果好，外观又时尚，不用说，在市场上肯定畅销。）

132. 我哋厂生产嘅电视机图像清晰，色靓，禁用，喺国内外市场卖得好响㗎。

ŋɔ^{13} tei^{22} tʃʼɔŋ^{35} ʃɐŋ^{55} tʃʼan^{35} kɛ^{33} tin^{22} ʃi^{22} kei^{55} tʼou^{11} tʃœŋ^{22} tʃʼiŋ^{55} ʃik^{55}, ʃik^{55} lɛŋ^{33}, kʼɐm^{55} juŋ^{22}, hɐi^{35} kwɔk^{33} nɔi^{22} ŋɔi^{22} ʃi^{13} tʃʼœŋ^{11} mai^{22} tɐk^{55} hou^{35} hœŋ^{35} ka^{33}.

（我们厂生产的电视机图像清晰，颜色好，耐用，在国内外市场很畅销。）

133. 我哋公司设计嘅呢只新款行李车，折叠方便，质量好，价格又唔算高，顾客都几受落嘅。

ŋɔ¹³ tei²² kuŋ⁵⁵ ʃi⁵⁵ tʃʻit³³ kei³³ kɛ³³ ni⁵⁵ tʃɛk³³ ʃɐn⁵⁵ fun³⁵ hɐŋ¹¹ lei¹³ tʃʻɛ⁵⁵, tʃip³³ tip²² fɔŋ⁵⁵ pin²², tʃɐt⁵⁵ lœŋ²² hou³⁵, ka³³ kak³³ jɐu²² m¹¹ ʃyn³³ kou⁵⁵, ku³³ hak³³ tou⁵⁵ kei³⁵ ʃɐu²² lɔk²² kɛ³⁵.

（我们公司设计的这种新款行李车，折叠方便，质量好，价格又不算高，顾客都很接受。）

134. 呢只新型单车，变速快，刹车灵，够轻便，仲折得埋添，方便到乜嘢嗷，而且个价钱又唔系贵，打工一族最啱用。(5)

ni⁵⁵ tʃɛk³³ ʃɐn⁵⁵ jiŋ¹¹ tan⁵⁵ tʃʻɛ⁵⁵, pin³³ tʃʻuk⁵⁵ fai³³, ʃat³³ tʃʻɛ⁵⁵ liŋ¹¹, kɐu³³ hɐŋ⁵⁵ pin²², tʃuŋ²² tʃip³³ tɐk⁵⁵ mai¹¹ tʻim⁵⁵, fɔŋ⁵⁵ pin²² tou³³ mɐt⁵⁵ jɛ¹³ kɐm³⁵, ji¹¹ tʃʻɛ³⁵ kɔ³³ ka³³ tʃʻin¹¹ jɐu²² m¹¹ hɐi²² kwei³³, ta³⁵ kuŋ⁵⁵ jɐt⁵⁵ tʃuk⁵⁵ tʃөy³³ ŋam⁵⁵ juŋ²².

（这种新型自行车，变速快，刹车灵，够轻便，还可以折叠，方便得很，而且价钱也不算贵，打工一族最适合用。）

135. 我好高兴有机会同你推介今年最新款嘅电动单车。我哋嘅产品质优形靓，喺同行系公认嘅。

ŋɔ¹³ hou³⁵ kou⁵⁵ hiŋ³³ jɐu¹³ kei³³ wui²² tʻuŋ¹¹ nei¹³ tʻөy⁵⁵ kai³³ kɐm⁵⁵ nin⁻³⁵ tʃөy³³ ʃɐn⁵⁵ fun³⁵ kɛ³³ tin³³ tuŋ²² tan⁵⁵ tʃʻɛ⁵⁵. ŋɔ¹³ tei²² kɛ³³ tʃʻan³⁵ pɐn³⁵ tʃɐt⁵⁵ jɐu⁵⁵ jiŋ¹¹ lɛŋ³³, hɐi³⁵ tʻuŋ¹¹ hɔŋ¹¹ hɐi²² kuŋ⁵⁵ jiŋ²² kɛ³³.

（我很高兴有机会向你推荐今年最新款的电动自行车。我们的产品质量好造型美，在同行是公认的。）

136. 呢只橱柜嘅材料防潮耐热，硬净唔变形，仲非常之容易清洗添。同其他厂比起身，我哋嘅价格又好有优势。

ni³³ tʃɛk³³ tʃʻy³⁵ kwɐi²² kɛ³³ tʃʻɔi¹¹ liu³⁵ fɔŋ¹¹ tʃʻiu¹¹ nɔi²² jit²², ŋaŋ²² tʃɛŋ²² m¹¹ pin³³ jiŋ¹¹, tʃuŋ²² fei⁵⁵ ʃœŋ¹¹ tʃi³³ juŋ¹¹ ji²² tʃʻɛŋ⁵⁵ ʃɐi³³ tʻim⁵⁵. tʻuŋ¹¹ kʻei¹¹ tʻa⁵⁵ tʃʻɔŋ³⁵ pei³⁵ hei³⁵ ʃɐn⁵⁵, ŋɔ¹³ tei²² kɛ³³ ka³³ kak³³ jɐu²² hou³⁵ jɐu¹³ jɐu⁵⁵ ʃɐi³³.

（这种橱柜的材料防潮耐热，硬实不变形，还非常容易清洗。和其他厂相比，我们的价格也很有优势。）

137. 我哋出嘅呢只纯棉T裇，系今年先推出嘅新款。虽然价格系偏高少少，但系你摸下啊，手感都零舍唔同，正式靓嘢嚟㗎㗏！

ŋɔ¹³ tei²² tʃʻɵt⁵⁵ kɛ³³ ni³³ tʃɛk³³ ʃɵn¹¹ min¹¹ T ʃɵt⁵⁵, hɐi²² kɐm⁵⁵ nin⁻³⁵ ʃin⁵⁵ tʻɵy⁵⁵ tʃʻɵt⁵⁵ kɛ³³ ʃɐn⁵⁵ fun³⁵. ʃɵy³⁵ jin¹¹ kɐ³³ kak³³ hɐi²² pʻin⁵⁵ kou⁵⁵ ʃiu³⁵ ʃiu³⁵, tan²² hɐi²² nei¹³ mɔ³³ ha¹³ a⁵⁵, ʃɐu³⁵ kɐm³⁵ tou⁵⁵ liŋ¹¹ ʃe³³ m¹¹ tʻuŋ¹¹, tʃiŋ³³ ʃik⁵⁵ lɐŋ³³ jɛ¹³ lɐi¹¹ ka³³！

（我们生产的这款纯棉T裇，是今年才推出的新款式。虽然价格是偏高点儿，但是您摸摸吧，手感都特别不同，真正好东西来的！）

138. 我哋嘅产品无论喺边度市场反映都好好。点解唔订单试销下先咧？相信喺你哋个市场度同样亦会好畅销嘅。

ŋɔ¹³ tei²² kɛ³³ tʃʻan³⁵ pɐn³⁵ mou¹¹ lɵn²² hɐi³⁵ pin³⁵ tou²² ʃi¹³ tʃʻœŋ¹¹ fan²² jiŋ³⁵ tou⁵⁵ hou³⁵ hou³⁵. tim³⁵ kai³⁵ m¹¹ tɐŋ²² tan⁵⁵ ʃi⁵⁵ ʃiu⁵⁵ ha¹³ ʃin⁵⁵ lɛ⁵⁵？ ʃœŋ⁵⁵ ʃɵn³³ hɐi³⁵ nei¹³ tei²² kɔ³³ ʃi¹³ tʃʻœŋ¹¹ tou²² tʻuŋ¹¹ jœy³⁵ jik¹³ wui¹³ hou³⁵ tʃʻœŋ³³ ʃiu⁵⁵ kɛ³³.

（我们的产品无论在哪儿市场反映都很好。为什么不订购一笔先试销一下呢？相信在你们那儿的市场同样也会很畅销的。）

139. 我哋嘅丝绸服装系用传统工艺做嘅，真丝面料，绣花同埋绲边全部系人工做嘅，着上身零舍舒服。

ŋɔ¹³ tei²² kɛ³³ ʃi⁵⁵ tʃʻɐu¹¹ fuk²² tʃɔŋ⁵⁵ hɐi²² juŋ²² tʃʻyn¹¹ tʻuŋ³⁵ kuŋ⁵⁵ ŋɐi²² tʃou²² ka³³, tʃɐn⁵⁵ ʃi⁵⁵ min⁻³⁵ liu⁻³⁵, ʃɐu³⁵ fa⁵⁵ tʻuŋ¹¹ mai¹¹ kwʻɐn³⁵ pin⁵⁵ tʃʻyn¹¹ pou²² hɐi²² jɐn¹¹ kuŋ⁵⁵ tʃou²² kɛ³³, tʃœk³³ ʃœŋ¹³ ʃɐn⁵⁵ liŋ¹¹ ʃɛ³³ ʃy⁵⁵ fuk²².

（我们的丝绸服装是用传统工艺制作，真丝面料，绣花和包边全是人工做的，穿起来特别舒服。）

140. 啲丝绸睡衣嘅质量系几唔错。如果只款啱我哋心水嘅话，我哋仲会感兴趣啲添。

ti⁵⁵ ʃi⁵⁵ tʃʻɐu¹¹ ʃɵy²² ji¹³ kɛ³³ tʃɐt⁵⁵ lœŋ²² hɐi²² kei³⁵ m¹¹ tʃʻɔ³³. jy¹¹ kwɔ³⁵ tʃɛk³³ fun³⁵ ŋam¹¹ ŋɔ¹³ tei²² ʃɐm³⁵ ʃɵy³⁵ kɛ³³ wa⁻³⁵, ŋɔ¹³ tei²² tʃuŋ²² wui¹³ kɐm³⁵ hiŋ³³ tʃʻɵy³³ ti⁵⁵ tim⁵⁵.

（丝绸睡衣的质量是很不错。如果款式合我们心意的话，我们还会更感兴趣些。）

141. 呢个你可以放心，我哋完全可以根据客户嘅具体要求生产。

ni^{55} kɔ^{33} nei^{13} hɔ^{35} ji^{13} fɔŋ^{33} ʃem^{55}, ŋɔ^{13} tei^{22} jyn^{11} tʃʻyn^{11} hɔ^{35} ji^{13} kɐn^{55} kɵy^{33} hak^{33} wu^{22} ke^3 kɵy^{22} tʻɐi^{35} jiu^{55} kʻɐu^{11} ʃɐŋ^{55} tʃʻan^{35}.

（这个您可以放心，我们完全可以根据客户的具体要求生产。）

142. 我哋呢只BB衫个款好得意，图案好趣致，而且啲布料又幼细又软熟，好啱BB仔着㗎。

ŋɔ^{13} tei^{22} ni^{55} tʃɛk^{55} pi^{11} pi^{55} ʃam^{55} kɔ^{33} fun^{35} hou^{35} tɐk^{33}, tʻou^{11} ɔn^{33} hou^{35} tʃʻɵy^{33} tʃi^{33}, ji^{11} tʃʻɛ^{35} ti^{55} pou^{33} liu^{-35} jɐu^{22} jɐu^{33} ʃɐi^{33} jɐu^{22} jyn^{13} ʃuk^{22}, hou^{35} ŋam^{55} pi^{11} pi^{55} tʃɐi^{35} tʃœk^{33} ka^{33}.

（我们这款婴儿服装的款式很可爱，图案很有趣，而且布料又纤细又柔软，很适合婴儿穿的。）

143. 咿种计算机使用嘅系一种新型电池，禁用悭钱，价格一般人都接受得到。而家我哋有现货。

ji^{55} tʃuŋ^{35} kɐi^{33} ʃyn^{33} kei^{55} ʃɐi^{35} juŋ^{22} kɛ^{33} hɐi^{22} jɐt^{55} tʃuŋ^{35} ʃɐn^{55} jiŋ^{11} tin^{22} tʃʻi^{11}, kʻɐm^{55} juŋ^{22} han^{55} tʃʻin^{-35}, ka^{33} kak^{33} jɐt^{55} pun^{55} jɐn^{11} tou^{55} tʃip^{33} ʃɐu^{22} tɐk^{55} tou^{35}. ji^{55} ka^{55} ŋɔ^{13} tei^{22} jɐu^{13} jin^{22} fɔ^{33}.

（这种计算机使用的是一种新型电池，耐用省钱，价格一般人都能接受。目前我们有现货。）

144. 我哋嘅产品冚唪唥用松木手工制作。咿种松木系从可再生嘅森林度嚟嘅，又环保又节约能源。

ŋɔ^{13} tei^{22} kɛ^{33} tʃʻan^{35} pɐn^{35} hɐm^{22} paŋ^{22} laŋ^{22} juŋ^{22} tʃʻuŋ^{11} muk^{22} ʃɐu^{35} kuŋ^{55} tʃɐi^{33} tʃɔk^{33}. ji^{55} tʃuŋ^{35} tʃʻuŋ^{11} muk^{22} hɐi^{22} tʃʻuŋ^{11} hɔ^{35} tʃɔi^{33} ʃɐŋ^{55} kɛ^{33} ʃɐm^{55} lɐm^{11} tou^{22} lɐi^{11} kɛ^{33}, jɐu^{22} wan^{11} pou^{35} jɐu^{22} tʃit^{33} jœk^{33} nɐŋ^{11} jyn^{11}.

（我们的产品全部用松木手工制作。这种松木是从可再生的森林那儿来的，又环保又节约能源。）

145. 我哋厂啲水晶吊灯质量有保证，唔单止国内市场好卖，喺欧美亦都好有市场㗎。

ŋɔ^{13} tei^{22} tʃʻɔŋ^{35} ti^{55} ʃɵy^{35} tʃiŋ^{55} tiu^{33} tɐŋ^{55} tʃɐt^{55} lœŋ^{22} jɐu^{13} pou^{35} tʃiŋ^{33}, m^{11} tan^{55}

tʃi^{35} kwɔk^{33} nɔi^{22} ʃi^{13} tʃˑœŋ^{11} hou^{35} mai^{22}, hɐi^{35} ɐu^{55} mei^{13} jit^{22} tou^{55} hou^{35} jɐu^{13} ʃi^{13} tʃœŋ^{11} ka^{33}.

（我们厂的水晶吊灯质量有保证，不但国内市场畅销，在欧美也很有市场。）

146. 我哋厂专做绣花餐枱布嘅，有成10年咁耐嘅历史，工艺一流。

ŋɔ^{13} tei^{22} tʃˑɔŋ^{35} tʃyn^{55} tʃou^{22} ʃɐu^{33} fa^{55} tʃˑan^{55} tˑɔi^{35} pou^{33} kɛ^{33}, jɐu^{13} ʃɐŋ^{11} ʃɐp^{22} nin^{11} kɐm^{33} nɔi^{22} kɛ^{33} lik^{22} ʃi^{35}, kuŋ^{55} ŋɐi^{22} jɐt^{55} lɐu^{11}.

（我们厂专门生产绣花餐桌布，有近10年之久的历史，工艺一流。）

147. 我哋向嚟注重产品嘅质量，喺市场一直有非常之好嘅声誉，请放心选用。

ŋɔ^{13} tei^{22} hœŋ^{33} lɐi^{11} tʃy^{33} tʃuŋ^{22} tʃˑan^{35} pɐn^{35} kɛ^{33} tʃɐt^{55} lœŋ^{22}, hɐi^{35} ʃi^{13} tʃˑœŋ^{11} jɐt^{55} tʃik^{22} jɐu^{13} fei^{55} ʃœŋ^{11} tʃi^{55} hou^{35} kɛ^{33} ʃiŋ^{55} jy^{11}, tʃˑiŋ^{35} fɔŋ^{33} ʃɐm^{55} ʃyn^{35} juŋ^{22}.

（我们向来注重产品的质量，在市场一直有非常好的声誉，请放心选用。）

148. 呢种番枧系采用先进复配技术制作嘅，深层去污，令衣物洗净之后白衫洁白，彩衫艳丽。

ni^{55} tʃuŋ^{35} fan^{55} kan^{35} hɐi^{22} tʃˑɔi^{35} juŋ^{22} ʃin^{55} tʃɐn^{35} fuk^{55} pˑui^{33} kei^{33} ʃɐt^{22} tʃɐi^{33} tʃɔk^{33} kɛ^{33}, ʃɐm^{55} tʃˑɐŋ^{11} hɵy^{33} wu^{55}, liŋ^{22} ji^{55} mɐt^{22} ʃɐi^{35} tʃɐŋ^{22} tʃi^{55} hɐu^{22} pak^{22} ʃam^{55} kit^{33} pak^{22}, tʃˑɔi^{35} ʃam^{55} jim^{22} lɐi^{22}.

（这种肥皂是采用先进复配技术制作的，深层去污，令衣物洗干净之后白衣洁白，彩衣艳丽。）

149. 本公司出产嘅高支棉衭衫系列，精选上乘面料，具有高细纱线嘅特性，带嚟无与伦比嘅舒适享受。

pun^{35} kuŋ^{55} ʃi^{55} tʃˑɵt^{55} tʃˑan^{35} kɛ^{33} kou^{55} tʃi^{55} min^{11} ʃɵt^{55} ʃam^{55} hɐi^{22} lit^{22}, tʃiŋ^{55} ʃyn^{35} ʃœŋ^{22} ʃiŋ^{11} min^{35} liu^{35}, kɵy^{22} jɐu^{13} kou^{55} ʃɐi^{33} ʃa^{55} ʃin^{33} kɛ^{33} tɐt^{22} ʃiŋ^{33}, tai^{33} lɐi^{11} mou^{11} jy^{13} lɐn^{11} pei^{35} kɛ^{33} ʃy^{55} ʃik^{55} hœŋ^{35} ʃɐu^{22}.

（本公司出产的高支棉衬衫系列，精选上乘面料，具有高细纱线的特性，带来无与伦比的舒适享受。）

♦ 150. "质量第一、信誉第一"从嚟都系我哋经营业务嘅原则。

"tʃet⁵⁵ lœŋ²² tei²² jet⁵⁵、ʃen³³ jy²² tei²² jet⁵⁵ tsʻuŋ¹¹ lei¹¹ tou⁵⁵ hei²² ŋɔ¹³ tei²² kiŋ⁵⁵ jiŋ¹¹ jip²² mou²² ke³³ jyn¹¹ tʃɐk⁵⁵."

("质量第一、信誉第一"从来都是我们经营业务的原则。)

二、注释

（1）比起身："起身"附在动词和形容词后，表示动作或变化开始，其意义大致类似普通话表示开始的"起来"。如：吵起身（吵起来）；衰起身（倒霉起来）。

（2）呢只产品唔单止款靓、禁用：禁，普通话有两种读音，音不同义也不同。读第一声 jīn，表示"禁受"，例如：弱不禁风；这个读音还表示"耐"，例如：这双鞋禁穿。读第四声 jìn，表示"禁止"，例如：禁烟、禁赌。广州话同普通话。不同的是广州话表示"耐"义的读音一定要送气 kʻɐm⁵⁵，其他意思的读 kɐm³³。

（3）但系又唔重噃：广州话表示"重量"的"重"要送气，而"重要"的"重"则不送气。

（4）最新一代嘅酷睿中央处理器："酷睿"是 Core 电脑 CPU 的一个译名，香港译作"扣肉"。

（5）方便到乜嘢噉："乜嘢噉"常置于动词或形容词后表程度。如：想到乜嘢噉（想得很）、高到乜嘢噉（高得很）。

三、生词

唔单止 m¹¹ tan⁵⁵ tʃi³⁵	不但	受落 ʃeu²² lɔk²²	接受
靓 lɛŋ³³	漂亮；好	硬净 ŋaŋ²² tʃɛŋ²²	紧密、结实
禁用 kʻɐm⁵⁵ juŋ²²	耐用	零舍 liŋ¹¹ ʃɛ³³	特别
实净 ʃɐt²² tʃɛŋ²²	结实，牢固	正式 tʃiŋ³³ ʃit⁵⁵	真是；十足
犀利 ʃei⁵⁵ lei²²	厉害	潮 tʃʻiu¹¹	最流行的时尚
嘟 juk⁵⁵	动	心水 ʃɐm⁵⁵ ʃey³⁵	心意

得意 tek^{55} ji^{33}		有趣	悭 han^{55}		节约、节俭
软熟 jyn^{13} ʃuk^{22}		柔软	番枧 fan^{55} kan^{35}		肥皂

四、词语扩展

广州话有关商业方面的常用口语词（一）		
发市 fat^{33} ʃi^{13}	第一次成交	烂市 lan^{22} ʃi^{13}	极为滞销
旺市 wɔŋ^{22} ʃi^{13}	畅销	抢手 tʃ'œŋ^{35} ʃɐu^{35}	畅销
好市 hou^{35} ʃi^{13}	畅销	开档 hɔi^{55} tɔŋ^{33}	开始营业
渴市 hɔt^{33} ʃi^{13}	供不应求	帮衬 pɔŋ^{55} tʃ'ɐn^{33}	光顾
断市 t'yn^{13} ʃi^{13}	脱销	散卖 ʃan^{35} mai^{22}	零售
滞市 tʃɐi^{22} ʃi^{13}	滞销	卖头卖尾 mai^{22} t'ɐu^{11} mai^{22} mei^{13}	出售剩余货物
腍市 nɐu^{22} ʃi^{13}	滞销	旺 wɔŋ^{22}	生意好

- 型号 jiŋ^{11} hou^{22}
- 高效 kou^{55} hau^{22}
- 节能 tʃit^{33} nɐŋ^{11}
- 经济 kiŋ^{55} tʃɐi^{33}
- 实用 ʃɐt^{22} juŋ^{22}
- 抵买 tei^{35} mai^{13}
- 结构 kit^{33} k'ɐu^{33}
- 品牌 pɐn^{35} p'ai^{11}
- 优良 jɐu^{55} lœŋ^{11}
- 典型 tin^{35} jiŋ^{11}

- 安全可靠 ɔn^{55} tʃ'yn^{11} hɔ^{35} k'au^{33}
- 销路 ʃiu^{55} lou^{22}
- 热门货 jit^{22} mun^{-35} fɔ^{33}
- 畅销 tʃ'œŋ^{33} ʃiu^{55}
- 滞销 tʃɐi^{22} ʃiu^{55}
- 倾销 k'iŋ^{55} ʃiu^{55}
- 促销 tʃ'uk^{55} ʃiu^{55}
- 陶瓷制品 t'ou^{11} tʃ'i^{11} tʃɐi^{33} pɐn^{35}
- 五金 ŋ^{13} kɐm^{55}
- 矿产品 kw'ɔŋ^{33} tʃ'an^{35} pɐn^{35}

第6单元　业务范围介绍

一、课文

151. 唔该畀份介绍贵公司嘅资料我啊！
m^{11} kɔi^{55} pei^{35} fɐn^{22} kai^{33} ʃiu^{22} kwɐi^{33} kuŋ^{55} ʃi^{55} kɛ^{33} tʃi^{55} liu^{-35} ŋɔ^{13} a^{55}.
（请给我一份介绍贵公司的资料。）

152. 目录上已经列出咗我公司嘅所有商品，贵公司可能会对啲新产品更之感兴趣。
muk^{22} luk^{22} ʃœŋ^{22} ji^{13} kiŋ^{55} lit^{22} tʃʻɵt^{55} tʃɔ^{35} ŋɔ^{13} kuŋ^{55} ʃi^{55} kɛ^{33} ʃɔ^{35} jɐu^{13} ʃœŋ^{55} pɐn^{35}, kwɐi^{33} kuŋ^{55} ʃi^{55} hɔ^{35} nɐŋ^{11} wui^{13} tɵy^{33} ti^{55} ʃɐn^{55} tʃʻan^{35} pɐn^{35} kɐm^{35} tʃi^{55} kɐm^{35} hiŋ^{33} tʃʻɵy^{33}.
（目录上已经列出了我公司的所有商品，贵公司可能会对些新产品更感兴趣。）

153. 你好，阿李生！从广告度知到贵公司系经营轻工产品嘅，好希望同你哋建立业务关系。[1]
nei^{13} hou^{35}, a^{33} lei^{13} ʃaŋ^{55}! tʃʻuŋ^{11} kwɔŋ^{35} kou^{33} tou^{22} tʃi^{55} tou^{33} kwɐi^{33} kuŋ^{55} ʃi^{55} hɐi^{22} kiŋ^{55} jiŋ^{11} hiŋ^{55} kuŋ^{55} tʃʻan^{35} pɐn^{35} kɛ^{33}, hou^{35} hei^{55} mɔŋ^{22} tʻuŋ^{11} nei^{13} tei^{22} kin^{33} lap^{22} jip^{22} mou^{22} kwan^{55} hɐi^{22}.
（您好，李先生！从广告上得知贵公司是经营轻工产品的，很希望与你们建立业务关系。）

154. 我哋喺经销变速车配件呢行做咗10年松啲。唔算好耐，但系喺行内好有口碑㗎。
ŋɔ^{13} tei^{22} hɐi^{35} kiŋ^{55} ʃiu^{55} pin^{33} tʃʻuk^{55} tʃʻɛ^{55} pʻui^{33} kin^{-35} ni^{55} hɔŋ^{11} tʃou^{35} tʃɔ^{35} ʃɐp^{22} nin^{11} ʃuŋ^{55} ti^{55}. m^{11} ʃyn^{33} hou^{35} nɔi^{22}, tan^{22} hɐi^{22} hɐi^{35} hɔŋ^{11} nɔi^{22} hou^{35} jɐu^{13} hɐu^{35} pei^{55} ka^{55}.

(我们在经销变速车配件这行做了十来年。不算很久，但是在行内很有口碑的。)

155. 我哋做纺织品嘅行耐啰，计起身都怕有50年嘞，喺市场度冇话唔知我哋公司嘅。(2)

ŋɔ¹³ tei²² tʃou²² fɔŋ³⁵ tʃik⁵⁵ pɐn³⁵ ji⁵⁵ hɔŋ¹¹ nɔi²² lɔ³³, kɐi²² hei³⁵ ʃɐn⁵⁵ tou⁵⁵ pʻa³³ jɐu¹³ ŋ¹³ ʃɐp²² nin¹¹ lak³³, hɐi³⁵ ʃi¹³ tʃʻœŋ¹¹ tou²² mou¹³ wa²² m¹¹ tʃi⁵⁵ ŋɔ¹³ tei²² kuŋ⁵⁵ ʃi⁵⁵ kɛ³³.

(我们从事纺织品这行久着呢，算起来恐怕有50年了，在市场上没有说不知道我们公司的。)

156. 我哋富丰食品公司专做罐头食品，喺国内外都有好大嘅市场，特别系粤花牌嗰只鱼罐头，周时卖到渴市。

ŋɔ¹³ tei²² fu³³ fuŋ⁵⁵ ʃik²² pɐn³⁵ kuŋ⁵⁵ ʃi⁵⁵ tʃyn⁵⁵ tʃou²² kun³³ tʻɐu⁻³⁵ ʃik²² pɐn³⁵, hɐi³⁵ kwɔk³³ nɔi²² ŋɔi²² tou⁵⁵ jɐu¹³ hou³⁵ tai²² kɛ³³ ʃi¹³ tʃʻœŋ¹¹, tɐk²² pit²² hɐi²² jyt²² fa⁵⁵ pʻai¹¹ kɔ³⁵ tʃɛk³³ jy⁻³⁵ kun³³ tʻɐu⁻³⁵, tʃɐu⁵⁵ ʃi¹¹ mai²² tou²² hɔt³³ ʃi¹³.

(我们富丰食品公司是专做罐头食品的，在国内外都有很大的市场，特别是粤花牌那种鱼罐头，经常供不应求。)

157. 你想要汽车配件呀？唔好意思，我哋公司系专做单车同单车配件嘅。

nei¹³ ʃœŋ³⁵ jiu³³ hei³⁵ tʃʻɛ⁵⁵ pʻui³³ kin⁻³⁵ a¹¹? m¹¹ hou³⁵ ji³³ ʃi³³, ŋɔ¹³ tei²² kuŋ⁵⁵ ʃi⁵⁵ hɐi²² tʃyn⁵⁵ tʃou²² tan⁵⁵ tʃʻɛ⁵⁵ tʻuŋ¹¹ tan⁵⁵ tʃʻɛ⁵⁵ pʻui³³ kin⁻³⁵ kɛ³³.

(你想要汽车配件？很抱歉，我们公司是专门生产自行车和自行车配件的。)

158. 我哋嘅业务范围就系纺织品出口，你间厂将20000米牛仔布交畀我哋做真系揾正地方嘞。

ŋɔ¹³ tei²² kɛ³³ jip²² mou²² fan²² wei⁴¹ tʃɐu²² hɐi²² fɔŋ²² tʃik⁵⁵ pɐn³⁵ tʃʻɵt⁵⁵ hɐu³⁵, nei¹³ kan²² tʃʻɔŋ³⁵ tʃœŋ⁵⁵ lœŋ¹³ man²² mei⁵⁵ ŋɐu¹¹ tʃɐi³⁵ pou²² kau⁵⁵ pei³⁵ ŋɔ¹³ tei²² tʃou²² tʃɐn⁵⁵ hɐi²² wɐn³⁵ tʃɐŋ³³ tei²² fɔŋ⁵⁵ lak³³.

(我们的业务范围就是纺织品出口，你厂把20000米牛仔布交给我们做真是找对地方了。)

159. 旧年响你哋公司订咗吖3000件真丝睡衣,喺我哋个市场都不知几好卖,好快趣就断晒市嘞。(3)

keu²² nin⁻³⁵ hœŋ³⁵ nei¹³ tei²² kuŋ⁵⁵ ʃi⁵⁵ tɛŋ²² tʃɔ³⁵ kɔ³⁵ ʃam⁵⁵ tʃˈin⁵⁵ kin⁵⁵ tʃɐn⁵⁵ ʃi⁵⁵ ʃøy¹¹ ji⁵⁵, hei³⁵ ŋɔ¹³ tei²² kɔ³³ ʃi¹³ tʃˈœn¹¹ tou⁵⁵ pɐt⁵⁵ tʃi⁵⁵ kei³⁵ hou³⁵ mai²², hou³⁵ fai³³ tʃˈøy³³ tʃɐu²² tˈyn¹³ ʃai³³ ʃi¹³ lak³³.

(去年在你们公司订的那3000件真丝睡衣,在我们的市场真是很畅销,很快就脱销了。)

160. 噉梗系啦,我哋系专做丝绸啦嘛。除咗睡衣,仲有好多真丝系列嘅品种。嗱,呢个系我哋产品项目表。

kɐm³⁵ kɐŋ³⁵ hei²² la⁵⁵, ŋɔ¹³ tei²² hei²² tʃyn⁵⁵ tʃou⁵⁵ ʃi⁵⁵ tʃˈɐu¹¹ la⁵⁵ ma¹³. tʃˈøy¹¹ tʃɔ³⁵ ʃøy¹¹ ji⁵⁵, tʃuŋ²² jɐu¹³ hou³⁵ tɔ⁵⁵ tʃɐn⁵⁵ ʃi⁵⁵ hei²² lit⁵⁵ kɛ³³ pɐn³⁵ tʃuŋ³⁵. na¹¹, ni⁵⁵ kɔ³³ hei²² ŋɔ¹³ tei²² tʃˈan³⁵ pɐn³⁵ hɔŋ²² muk²² piu³⁵.

(那当然,我们是专做丝绸的。除了睡衣,还有很多真丝系列的品种。喏,这个是我们产品项目表。)

161. 凡系喺我哋度捞电器嘅,都享受送货上门嘅服务。不过要系成批噉批发先得个嘛。

fan¹¹ hei²² hei³⁵ ŋɔ¹³ tei²² tou²² lɔ³⁵ tin²² hei³³ kɛ³³, tou⁵⁵ hœŋ³⁵ ʃɐu²² ʃuŋ³³ fɔ³³ ʃœŋ¹³ mun⁻³⁵ kɛ³³ fuk²² mou⁵⁵. pɐt⁵⁵ kwɔ³³ jiu³³ hei²² ʃɐŋ¹¹ pˈei⁵⁵ kɐm³⁵ pˈei⁵⁵ fat³³ ʃin⁵⁵ tɐk⁵⁵ kɔ³³ pɔ³³.

(凡是在我们这儿买电器,都享受送货上门的服务,但是要成批地批发才行。)

162. 喺呢度净系得我哋间公司专做抽纱枱布出口业务嘅。唔好意思,窗帘嘅业务做得唔多。

hei³⁵ ni⁵⁵ tou²² tʃiŋ²² hei²² tɐk⁵⁵ ŋɔ¹³ tei²² kan⁵⁵ kuŋ⁵⁵ ʃi⁵⁵ tʃyn⁵⁵ tʃou²² tʃˈɐu⁵⁵ ʃa⁵⁵ tˈɔi³⁵ pou³³ tʃˈɵt⁵⁵ hɐu³⁵ jip²² mou²² kɛ³³. m¹¹ hou³⁵ ji³⁵ ʃi³³, tʃˈœŋ⁵⁵ lim⁻³⁵ kɛ³³ jip²² mou²² tʃou²² tɐk⁵⁵ m¹¹ tɔ⁵⁵.

(在这儿只有我们公司专做抽纱桌布出口业务的。很抱歉,窗帘的业务做得不多。)

163. 我哋恒永服装公司专做童装系列。今年又出咗几只新款，纯棉布料系梗喋喇，染料符合国家标准，对细佬仔嘅皮肤冇任何刺激。你睇下，啲图案设计几得意。

ŋɔ¹³ tei²² hɐŋ¹¹ wiŋ¹³ fuk²² tʃɔŋ²² kuŋ⁵⁵ ʃi⁵⁵ tʃyn⁵⁵ tʃou²² tʻuŋ¹¹ tʃɔŋ⁵⁵ hɐi²² lit.²². kɐm⁵⁵ nin⁻³⁵ jɐu²² tʃʻɐt⁵⁵ tʃɔ³⁵ kei³⁵ tʃɛk²² ʃɐn⁵⁵ fun³⁵, ʃɐn¹¹ min¹¹ pou³³ liu³³ hɐi²² kɐŋ³⁵ ka³³ la³³, jim¹³ liu⁻³⁵ fu¹¹ hap²² kwɔk³³ ka⁵⁵ piu⁵⁵ tʃɐn³⁵, tɵy³³ ʃɐi³³ lou²² tʃɐi³⁵ kɛ³³ pʻei¹¹ fu⁵⁵ mou¹¹ jɐm²² hɔ¹¹ tʃʻi³³ kik⁵⁵. nei¹³ tʻɐi³⁵ ha¹³, ti⁵⁵ tʻou¹¹ ɔn³³ tʃʻit³³ kɐi³³ kei³⁵ tɐk⁵⁵ ji¹³.

（我们恒永服装公司专门生产童装系列。今年又推出了几种新款式，纯棉布料是肯定采用，染料符合国家标准，对小孩子的皮肤无任何刺激。你看看，图案设计多有趣。）

164. 我哋公司专做浴巾，浴帽吖、浴袍吖同大细手巾亦都做埋。虽然话系啲洗用嘢嚟，质量向嚟都好讲究，啲细眉细眼嘅地方我哋都好注意喋。

ŋɔ¹³ tei²² kuŋ⁵⁵ ʃi⁵⁵ tʃyn⁵⁵ tʃou²² juk²² kɐn⁵⁵, juk²² mou⁻³³ a³³, juk²² pʻou¹¹ a³³ tʻuŋ¹¹ tai²² ʃɐi³³ ʃɐu³⁵ kɐn³⁵ jik³⁵ tou⁵⁵ tʃou²² mai¹¹. ʃœy²² jin¹¹ wa²² hɐi²² ti⁵⁵ ʃɐi³³ juŋ²² je¹³ tʃɛ⁵⁵, tʃɐt⁵⁵ lœŋ²² hœŋ²² lɐi¹¹ tou⁵⁵ hou³⁵ kɔŋ³⁵ kɐu³³, ti⁵⁵ ʃɐi³³ mei¹¹ ʃɐi³³ ŋan¹³ kɛ³³ tei²² faŋ⁵⁵ ŋɔ¹³ tei²² tou⁵⁵ hou³⁵ tʃy³³ ji³³ ka³³.

（我们公司专生产浴巾，浴帽啊、浴袍啊和大小毛巾也做。虽然说是些洗用的东西，质量向来都很讲究，细小之处我们也很注意的。）

165. 我哋厂做嘅智能枱灯咩款都有，仲可以满足客户嘅个性化需求。数量大嘅话，仲包埋上门安装服务添。

ŋɔ¹³ tei²² tʃʻɔŋ³⁵ tʃou²² kɛ³³ tʃi³³ nɐŋ¹¹ tʻɔi¹¹ tɐŋ⁵⁵ mɛ²² fun³⁵ tou⁵⁵ jɐu¹³, tʃuŋ²² hɔ³⁵ ji¹³ mun¹³ tʃuk⁵⁵ hak³³ wu²² kɛ³³ kɔ³³ ʃiŋ³³ fa³³ ʃɵy⁵⁵ kʻɐu¹¹. ʃou³³ lœŋ²² tai²² kɛ³³ wa⁻³⁵, tʃuŋ²² pau⁵⁵ mai¹¹ ʃœŋ¹³ mun⁻³⁵ ɔn⁵⁵ tʃɔŋ⁵⁵ fuk²² mou²² tʻim⁵⁵.

（我们厂做的智能台灯什么款式都有，还可以满足客户的个性化要求。数量大的话，还负责上门安装服务呢。）

166. 我哋唔单止可以按你哋提供嘅货板嚟做，仲可以按客户嘅特殊需求嚟设计添。

ŋɔ¹³ tei²² m¹¹ tan⁵⁵ tʃi³⁵ hɔ³⁵ ji¹³ ɔn³³ nei¹³ tei²² tʻɐi¹¹ kuŋ⁵⁵ kɛ³³ fɔ³³ pan³⁵ lɐi¹¹ tʃou²², tʃuŋ²² hɔ³⁵ ji¹³ ɔn³³ hak³³ wu²² kɛ³³ tɐk³³ ʃy¹¹ ʃɵy⁵⁵ kʻɐu¹¹ lɐi¹¹ tʃʻit³³ kɐi³³ tʻim⁵⁵.

（我们不但可以按你们提供的货物样品来做，还可以按客户的特殊需求来设计。）

167. 我公司经营嘅业务比较专一，就系大批量噉进口东南亚吖便嘅生果。山竹、榴梿、红牡丹、西番莲呢啲生果好多客都中意㗎。⁽⁴⁾

ŋɔ¹³ kuŋ⁵⁵ ʃi⁵⁵ kiŋ⁵⁵ jiŋ¹¹ kɛ³³ jip²² mou²² pei³⁵ kau³³ tʃyn⁵⁵ jɐt⁵⁵, tʃɐu²² hɐi²² tai²² pʻɐi⁵⁵ lœŋ²² kɐm³⁵ tʃɐn³³ hɐu³⁵ tuŋ⁵⁵ nam¹¹ a³³ kɔ³⁵ pin¹¹ kɛ³³ ʃaŋ⁵⁵ kwɔ³⁵. ʃan⁵⁵ tʃuk⁵⁵, lɐu¹¹ lin¹¹、huŋ¹¹ mau¹³ tan³⁵、ʃɐi⁵⁵ fan²² lin¹¹ ni⁵⁵ ti⁵⁵ ʃaŋ⁵⁵ kwɔ³⁵ hou³⁵ tɔ⁵⁵ hak³³ tou⁵⁵ tʃuŋ⁵⁵ ji¹³ ka⁵⁵.

（我们公司经营的业务比较专一，就是大批量地进口东南亚那边的水果。山竹、榴梿、红牡丹、西番莲这些水果很多客户都喜欢。）

168. 我哋负责代理好多品牌嘅皮带、领呔、银包，不过都系批发，一般唔散卖嘅。

ŋɔ¹³ tei²² fu²² tʃak³³ tɔi²² lei¹³ hou³⁵ tɔ⁵⁵ pɐn¹³ pʻai¹¹ kɛ³³ pʻɐi¹¹ tai³⁵、lɛŋ¹³ tʻai⁵⁵、ŋɐn¹¹ pau⁵⁵, pɐt⁵⁵ kwɔ³³ tou⁵⁵ hɐi²² pʻɐi⁵⁵ fat³³, jɐt⁵⁵ pun⁵⁵ m¹¹ ʃan³⁵ mai²² kɛ³³.

（我们负责代理很多品牌的皮带、领带、钱包，不过都是批发，一般不零售。）

169. 我哋可以按照客户提供嘅板，同埋佢哋要求嘅材料、规格、包装，并尽量满足佢哋对价位嘅要求。

ŋɔ¹³ tei²² hɔ³⁵ ji¹³ ɔn³³ tʃiu³³ hak³³ wu²² tʻɐi¹¹ kuŋ⁵⁵ kɛ³³ pan³⁵, tʻuŋ¹¹ mai¹¹ kʻɵy¹³ tei²² jiu⁵⁵ kʻɐu¹¹ kɛ³³ tʃʻɔi¹¹ liu⁻³⁵、kwʻɐi⁵⁵ kak³³、pau⁵⁵ tʃɔŋ⁵⁵, piŋ²² tʃɐn²² lɵŋ²² mun¹³ tʃuk⁵⁵ kʻɵy¹³ tei²² tɵy³³ ka³⁵ wɐi⁻³⁵ kɛ³⁵ jiu⁵⁵ kʻɐu¹¹.

（我们可以按照客户提供的样品，和他们要求的材料、规格、包装，并尽量满足他们对价位的要求。）

170. 我公司主要系做草柳制品、刺绣同埋丝织等工艺品，经营范围亦包括埋玉雕、古玩、绢花。⁽⁵⁾

ŋɔ¹³ kɔŋ⁵⁵ ʃi⁵⁵ tʃy³⁵ jiu²² hɐi²² tʃou²² tʃʻou³⁵ lɐu¹³ tʃɐi³⁵ tʃʻi³³ ʃou³³ tʻuŋ¹¹ mai¹¹ ʃi⁵⁵ tʃik⁵⁵ tɐŋ³⁵ kuŋ⁵⁵ ŋɐi²² pɐn³⁵, kiŋ⁵⁵ jiŋ¹¹ fan²² wɐi¹¹ jik²² pau⁵⁵ kʻuk³³ mai¹¹ juk^{22} tiu^{55}、ku^{35} wun^{22}、kyn^{11} fa^{55}.

（我公司主要经营草柳制品、刺绣和丝织等工艺品，经营范围也包括玉雕、古玩、绢花。）

171. 我哋公司经营嘅服饰都系今季日韩至潮新款。

ŋɔ^{13} tei^{22} kuŋ^{55} ʃi^{55} kiŋ^{55} jiŋ^{11} kɛ^{33} fuk^{22} ʃik^{55} tou^{55} hei^{22} kɐm^{55} kwɐi^{33} jɐt^{22} hɔn^{11} tʃi^{33} tʃʻiu^{11} ʃɐn^{55} fun^{35}.

（我们公司经营的服饰都是这个季度日韩最时尚新款。）

172. 我哋公司代理世界各大户外运动品牌，主要系做攀岩、登山、越野同潜水等专业装备。

ŋɔ^{13} tei^{22} kuŋ^{55} ʃi^{55} tɔi^{22} lei^{13} ʃɐi^{33} kai^{33} kɔk^{33} tai^{22} wu^{22} ŋɔi^{22} wɐn^{22} tuŋ^{22} pɐn^{35} pʻai^{11}, tʃy^{35} jiu^{33} hɐi^{22} tʃou^{22} pʻan^{55} ŋan^{11}、tɐŋ^{55} ʃan^{55}、jyt^{22} jɛ^{13} tʻuŋ^{11} tʃʻin^{11} ʃɵy^{35} tɐŋ^{35} tʃyn^{55} jip^{22} tʃɔŋ^{55} pei^{22}.

（我们公司代理世界各大户外运动品牌，主要是做攀岩、登山、越野和潜水等专业装备。）

173. 我哋嘅经营范围主要系代理各种原装进口嘅化妆品，并可以向客户推介市场需求量比较大嘅品牌。

ŋɔ^{13} tei^{22} kɛ^{33} kiŋ^{55} jiŋ^{11} fan^{22} wɐi^{11} tʃy^{35} jiu^{33} hɐi^{22} tɔi^{22} lei^{13} kɔk^{33} tʃuŋ^{35} jyn^{11} tʃɔŋ^{55} tʃɵn^{22} hɐu^{35} kɛ^{33} fa^{33} tʃɔŋ^{55} pɐn^{35}, piŋ^{22} hɔ^{35} ji^{13} hœŋ^{33} hak^{33} wu^{22} tʻɵy^{55} kai^{33} ʃi^{13} tʃʻœŋ^{11} ʃɵy^{11} kʻɐu^{11} lœŋ^{22} pei^{35} kau^{33} tai^{22} kɛ^{33} pɐn^{35} pʻai^{11}.

（我们的经营范围主要是代理各种原装进口的化妆品，并可以向客户推介市场需求量比较大的品牌。）

174. 我哋企业集团拥有雄厚嘅研发力量，可以按客户嘅唔同需求嚟设计同生产，并提供完善嘅售后服务。

ŋɔ^{13} tei^{22} kʻei^{13} jip^{22} tʃap^{22} tʻyn^{11} juŋ^{35} jɐu^{13} huŋ^{11} hɐu^{13} kɛ^{33} jin^{11} fat^{33} lik^{22} lœŋ^{22}, hɔ^{35} ji^{13} ɔn^{33} hak^{33} wu^{22} kɛ^{33} mʻ^{11} tʻuŋ^{11} ʃɵy^{55} kʻɐu^{11} lɐi^{11} tʃʻit^{33} kɐi^{33} tʻuŋ^{11} ʃɐŋ^{55} tʃʻan^{35}, piŋ^{22} tʻɐi^{11} kuŋ^{11} jyn^{11} ʃin^{33} kɛ^{33} ʃɐu^{22} hɐu^{22} fuk^{22} mou^{22}.

（我们企业集团拥有雄厚的研发力量，可以按客户的不同需求来设计和生产，并提供完善的售后服务。）

175. 我哋嘅农产品系由绿色环保基地培植，兼合我哋喺好多定方都设咗销售点，啲产品日日都卖得好快。

ŋɔ¹³ tei²² ke³³ nuŋ¹¹ tʃʻan³⁵ pen³⁵ hei²² jɐu⁵⁵ luk²² ʃik⁵⁵ wan¹¹ pou³⁵ kei⁵⁵ tei²² pʻui¹¹ tʃik²², kim⁵⁵ kap³³ ŋɔ¹³ tei²² hei³⁵ hou³⁵ tɔ⁵⁵ teŋ²² faŋ⁵⁵ tou⁵⁵ tʃʻit³³ tʃɔ³⁵ ʃiu³⁵ ʃɐu²² tim³⁵, ti⁵⁵ tʃʻan³⁵ pen¹³ jɐt²² jɐt²² tou⁵⁵ mai²² tɐk⁵⁵ hou³⁵ fai³³.

（我们的农产品是由绿色环保基地培植，而且我们在很多地方都设了销售点，产品天天都卖得很快。）

176. 我哋主要销售各种电脑配件，并提供原厂保证嘅售后服务。

ŋɔ¹³ tei²² tʃy³⁵ jiu³³ ʃiu⁵⁵ ʃɐu²² kɔk³³ tʃuŋ³⁵ tin²² nou¹³ pʻui³³ kin⁻³⁵, piŋ²² tʻɐi¹¹ kuŋ⁵⁵ jyn¹¹ tʃʻɔŋ³⁵ pou³⁵ tʃiŋ³³ ke³³ ʃɐu²² hɐu²² fuk²² mou².

（我们主要销售各种电脑配件，并提供原厂保证的售后服务。）

177. 我哋赛美橱柜公司冚唪唥采用通过严格检测嘅欧美进口原料，并可以提供个性化嘅设计方案。⁽⁶⁾

ŋɔ¹³ tei²² tʃʻɔi³³ mei¹³ tʃʻy¹¹ kwɐi²² kuŋ⁵⁵ ʃi⁵⁵ hem²² paŋ²² laŋ²² tʃʻɔi³⁵ juŋ²² tʻuŋ⁵⁵ kwɔ³³ jim¹¹ kak³³ kim³⁵ tʃʻak³³ ke³³ ɐu⁵⁵ mei¹³ tʃɐn²² hɐu³⁵ jyn¹¹ liu⁻³⁵, piŋ²² hɔ³⁵ ji¹³ tʻɐi⁵⁵ kuŋ⁵⁵ kɔ³³ ʃiŋ¹³ fa³³ ke³³ tʃʻit³³ kɐi³³ fɔŋ⁵⁵ ɔn³³.

（我们赛美橱柜公司全部采用通过严格检测的欧美进口原料，并可以提供个性化的设计方案。）

178. 我哋安居公司主要经营各类居家用品，王牌产品系具有欧陆风情嘅橱柜同梳化，可供拣择嘅款式好多，满足唔同层次消费群嘅要求，客户都反映嘅设计好啱心水。

ŋɔ¹³ tei²² ɔn⁵⁵ kɵy⁵⁵ kuŋ⁵⁵ ʃi⁵⁵ tʃy³⁵ jiu³³ kiŋ⁵⁵ jiŋ¹¹ kɔk³³ lɵy²² kɵy⁵⁵ ka⁵⁵ juŋ²² pen³⁵, wɔŋ¹¹ pʻai¹¹ tʃʻan³⁵ pen³⁵ hei²² kɵy²² jɐu⁵⁵ ɐu⁵⁵ luk²² fuŋ⁵⁵ tʃʻiŋ¹¹ ke³³ tʃʻɵy¹¹ kwɐi²² tʻuŋ²² ʃɔ⁵⁵ fa⁻³⁵, hɔ³⁵ kuŋ⁵⁵ kan³⁵ tʃak²² ke³³ fun³⁵ ʃit⁵⁵ hou³⁵ tɔ⁵⁵, mun¹³ tʃuk⁵⁵ mʻ¹¹ tʻuŋ¹¹ tʃʻɐŋ¹¹ tʃʻi³³ ʃiu¹¹ fei³³ kwʻɐn¹¹ ke³³ jiu⁵⁵ kʻɐu¹¹, hak³³ wu²² tou⁵⁵ fan³⁵ jiŋ³⁵ ti⁵⁵ tʃʻit³³ kɐi³³ hou³⁵ ŋam⁵⁵ ʃem⁵⁵ ʃɵy³⁵.

（我们安居公司主要经营各类居家用品，王牌产品是具有欧陆风情的橱柜和沙发，可供选择的款式很多，满足不同层次消费群的要求，客户都反映设计很合要求。）

179. 作为一间响业界有一定影响嘅外贸公司，我哋会根据海外市场嘅变化及时调整销售方案。因此可以一路保持令人瞩目嘅销售额。[7]

tsɔk³³ wei¹¹ jɐt⁵⁵ kan⁵⁵ hœn³⁵ jip²² kai³³ jɐu¹³ jɐt⁵⁵ tiŋ²² jiŋ³⁵ hœn³⁵ kɛ³³ ŋoi²² mɐu²² kuŋ⁵⁵ ʃi⁵⁵, ŋɔ¹³ tei²² wui¹³ kɐn⁵⁵ køy³³ hɔi³⁵ ŋoi²² ʃi¹³ tsʻœŋ¹¹ kɛ³³ pin²² fa³³ kʻɐp¹¹ ʃi¹¹ tʻiu¹¹ tsɪŋ³⁵ ʃiu⁵⁵ ʃɐu²² fɔŋ⁵⁵ ɔn³³. jɐn³³ tsʻi³⁵ hɔ³⁵ ji¹³ jɐt⁵⁵ lou²² pou³⁵ tsʻi¹¹ liŋ²² jɐn¹¹ tsuk⁵⁵ muk²² kɛ³³ ʃiu⁵⁵ ʃɐu²² ŋak⁻³⁵.

（作为一家在业界有一定影响的外贸公司，我们会根据海外市场的变化及时调整销售方案。因此能一直保持令人瞩目的销售额。）

180. 我哋公司经营嘅产品一直都好受欢迎，兼且我哋响各大省市都设有销售网点，可以令客户响我哋成熟嘅销售网络中，感受到极大嘅便利以及随时随地提供嘅优质售后服务。

ŋɔ¹³ tei²² kuŋ⁵⁵ ʃi⁵⁵ kiŋ⁵⁵ jiŋ¹¹ kɛ³³ tsʻan³⁵ pɐn³⁵ jɐt⁵⁵ tsik²² tou⁵⁵ hou³⁵ ʃɐu²² fun⁵⁵ jiŋ¹¹, kim⁵⁵ tsʻɛ³⁵ ŋɔ¹³ tei²² hœŋ³⁵ kɔk³³ tai²² ʃaŋ³⁵ ʃi¹³ tou⁵⁵ tsʻit³³ jɐu¹³ ʃiu⁵⁵ ʃɐu²² mɔŋ¹³ tim³⁵, hɔ³⁵ ji¹³ liŋ²² hak³³ wu²² hœŋ³⁵ ŋɔ¹³ tei²² ʃiŋ¹¹ ʃuk²² kɛ³³ ʃiu⁵⁵ ʃɐu²² mɔŋ¹³ lɔk²² tʃuŋ⁵⁵, kɐm³⁵ ʃɐu²² tou³³ kik²² tai²² kɛ³³ pin²² lei²² ji¹³ kʻɐp³³ tsʻøy¹¹ ʃi¹¹ tsʻøy¹¹ tei²² tʻei¹¹ kuŋ⁵⁵ kɛ³³ jɐu⁵⁵ tsɛt⁵⁵ ʃɐu²² hɐu²² fuk²² mou²².

（我们公司经营的产品一直都很受欢迎，并且我们在各大省市都设有销售网点，可以使客户在我们成熟的销售网中，感受到极大的便利以及随时随地提供的优质售后服务。）

二、注释

（1）从广告度知到贵公司系经营轻工产品嘅："知道"广州话说"知到"，"道 tou²²"和"到 tou³³"广州话不同音，因此，本地人用同音的"到"取代"道"，写成"知到 tʃi⁵⁵ tou³³"。

（2）我哋做纺织品咿行耐啰："咿行"就是"呢行"，"咿"是"呢"的变音。当语音发生变化，粤语区人往往习惯用不同的字来表达。详见第2单元的注释10。

（3）喺我哋个市场都不知几好卖："几"表示程度相当高，对译成普通话是"相当"、"挺"。

（4）山竹、榴梿、红牡丹、西番莲：这些都是热销于广州地区的进口水果名，主要来自于东南亚。

（5）包括埋玉雕、古玩、绢花："玩"本音就是wun^{11}，所以，古玩、玩味、玩世不恭等词的"玩"都读此音；但动词"玩"在口语只读35变调，如：玩水、玩游戏机、玩人（作弄人）的"玩"都读作wan^{-35}。

（6）我哋赛美橱柜公司："橱"在口语中有tʃʻy^{11}和tʃʻey^{11}两个读音，两个读音同样通行。

（7）响业界有一定影响嘅外贸公司："响hœŋ^{35}"是广州话表示"在"的口语词，"响"本身无此义，只是当地人习惯用同音字"响"来书写这个方言词。

三、生词

松啲 ʃuŋ^{55} ti^{55}	（比某数）略多点	生果 ʃaŋ^{55} kwɔ^{35} 水果
冇话 mou^{13} wa^{22}	副词。从不，绝不	领袸 lɛŋ^{13} tʻai^{55}
渴市 hɔk^{33} ʃi^{13}	供不应求	领带。袸，英语tie的译音
梗 kɐŋ^{35}	当然	兼合 kim^{55} kɐp^{22} / 兼且 kim^{55} tʃʻe^{35}
嗱 na^{11}	语气词。提醒对方注意自己所指的事物	连词，而且
		梳化 ʃɔ^{55} fa^{35} 沙发。英语sofa的译音
净系 tʃiŋ^{22} hɐi^{22}	只是，仅仅是	

四、词语扩展

广州话关于商业方面的常用口语词（二）			
讲数口 kɔŋ^{35} ʃou^{33} hɐu^{35}	讨价还价	平 pʻɛŋ^{11}	便宜
谝数口 au^{33} ʃou^{33} hɐu^{35}	讨价还价	起价 hei^{35} ka^{33}	涨价
时价 ʃi^{11} ka^{33}	随原料市场价格浮动的价	跳楼价 tʻiu^{33} lɐu^{35} ka^{33}	喻降幅很大的价格
贵价 kwɐi^{33} ka^{33}	高价的	大出血 tai^{22} tʃʻɐt^{55} hy^{33}	喻大降价出售
落定 lɔk^{22} tɛŋ^{22}	付定金	插水价 tʃʻap^{33} ʃɵy^{35} ka^{33}	喻大降价
烂贱 lan^{22} tʃin^{22}	极为便宜	清凉价 tʃʻiŋ^{55} lœŋ^{11} ka^{33}	一般用于夏季打折

- 国营公司 kwɔk³³ jiŋ¹¹ kuŋ⁵⁵ ʃi⁵⁵
- 分公司 fɐn⁵⁵ kuŋ⁵⁵ ʃi⁵⁵
- 合资企业 hɐp²² tʃi⁵⁵ kʻei¹³ jip²²
- 企业集团 kʻei¹³ jip³⁵ tʃap²² tʻyn¹¹
- 经销商 kiŋ⁵⁵ ʃiu⁵⁵ ʃœŋ⁵⁵
- 促销地区 tʃʻuk⁵⁵ ʃiu⁵⁵ tei²² kʻɐy⁵⁵
- 专卖店 tʃyn⁵⁵ mai²² tim³³
- 分店 fɐn⁵⁵ tim³³
- 体验店 tʻɐi³⁵ jim²² tim³³
- 总厂 tʃuŋ³⁵ tʃʻɔŋ³⁵
- 分厂 fɐn⁵⁵ tʃʻɔŋ³⁵
- 独家经营权 tuk²² ka⁵⁵ kiŋ⁵⁵ jiŋ¹¹ kʻyn¹¹
- 专营权 tʃyn⁵⁵ jiŋ¹¹ kʻyn¹¹
- 专利 tʃyn⁵⁵ lei²²
- 独家销售 tuk²² ka⁵⁵ ʃiu⁵⁵ ʃɐu²²
- 市场策划 ʃi¹³ tʃʻœŋ¹¹ tʃʻak³³ wak²²
- 市场信息 ʃi¹³ tʃʻœŋ¹¹ ʃɵn²² ʃik⁵⁵
- 市场营销 ʃi¹³ tʃʻœŋ¹¹ jiŋ¹¹ ʃiu⁵⁵
- 连锁经营 lin¹¹ ʃɔ³⁵ kiŋ⁵⁵ jiŋ¹¹
- 代理报关 tɔi²² lei¹³ pou³³ kwan⁵⁵
- CI 设计 CI tʃʻit³³ kɐi³³
- 加盟店 ka⁵⁵ mɐŋ¹¹ tim³³
- 旗舰店 kʻei¹¹ lam²² tim³³

第7单元 商务宴请

一、课文

181. 我想同你倾倾下个月公司交接嘅事，我已经喺镛记酒家BOOK咗位，时间系晏昼3点。(1)

ŋɔ¹³ ʃœŋ³⁵ tʻuŋ¹¹ nei¹³ kʻiŋ⁵⁵ kʻiŋ⁵⁵ ha²² kɔ³³ jyt²² kuŋ⁵⁵ ʃi⁵⁵ kau⁵⁵ tʃip³³ kɛ³³ ʃi²², ŋɔ¹³ ji¹³ kiŋ⁵⁵ hɐi³⁵ juŋ¹¹ kei³⁵ tʃɐu³⁵ ka⁵⁵ puk⁵⁵ tʃɔ³⁵ wei⁻³⁵, ʃi¹¹ kan³³ hɐi²² an³³ tʃɐu³³ ʃam⁵⁵ tim³⁵.

（我想跟你谈谈下个月公司交接的事，我已经在镛记酒家订了位，时间是下午3点。）

182. 如果大家方便嘅话，我哋可唔可以尽快见下面，倾下嘅细节问题咧？

jy¹¹ kwɔ³⁵ tai²² ka³⁵ fɔŋ⁵⁵ pin²² kɛ³³ wa⁻³⁵, ŋɔ¹³ tei²² hɔ³⁵ m¹¹ hɔ³⁵ ji¹³ tʃɐn²² fai²² kin³³ ha¹³ min²², kʻiŋ⁵⁵ ha¹³ tiː⁵⁵ ʃɐi¹³ tʃit³³ mɐn²² tʻɐi¹¹ lɛ⁵⁵?

（如果大家方便的话，我们可不可以尽快见个面，谈谈一些细节问题呢？）

183. 阿林生，你好！我打电话嚟系想确认下，听朝喺帝都酒店举行嘅商务洽谈会安排好晒未？

a³³ lɐm¹¹ ʃaŋ⁵⁵, nei¹³ hou³⁵! ŋɔ¹³ ta³⁵ tin¹³ wa⁻³⁵ lɐi¹¹ hɐi²² ʃœŋ³⁵ kʻɔk³³ jiŋ²² ha¹³, tʻiŋ⁵⁵ tʃiu⁵⁵ hɐi³⁵ tɐi³³ tou⁵⁵ tʃɐu³⁵ tim³³ kɵy³⁵ hɐŋ³³ kɛ³³ ʃœŋ⁵⁵ mou²² hɐp⁵⁵ tʻam¹¹ wui⁻³⁵ ɔn⁵⁵ pʻai¹¹ hou³⁵ ʃai³³ mei²²?

（林先生，您好！我打电话来是想确认一下明天在帝都酒店举行的商务洽谈会全安排好了没有？）

184. 好多谢贵公司对我哋业务嘅支持。我哋老细非常之希望可以同你哋嘅主管详细倾下我哋嘅业务合作事宜。

hou³⁵ tɔ⁵⁵ tʃɛ²² kwɐi³³ kuŋ⁵⁵ ʃi⁵⁵ tɵy³³ ŋɔ¹³ tei²² jip²² mou²² kɛ³³ tʃi⁵⁵ tʃʻi¹¹. ŋɔ¹³ tei²²

56

lou¹³ ʃɐi³³ fei⁵⁵ ʃœŋ¹¹ tʃi⁵⁵ hei⁵⁵ mɔŋ²² hɔ³⁵ ji¹³ tʻuŋ¹¹ nei¹³ tei²² ke³³ tʃy³⁵ kun³⁵ tʃʻœŋ¹¹ ʃɐi³³ tʃɐm⁵⁵ ha¹³ ŋɔ¹³ tei²² ke³³ jip²² mou²² hap²² tʃɔk³³ ʃi²² ji²².

（很感谢贵公司对我们业务的支持。我们老板非常希望可以跟你们的主管详细商议我们的业务合作事宜。）

185. 早晨！我系汇丰银行嘅张强。打电话嚟系想落实下，我哋寄畀贵公司嘅邀请函唔知收到未咧？

tʃou³⁵ ʃɐn¹¹! ŋɔ¹³ hɐi²² wui²² fuŋ⁵⁵ ŋɐn¹¹ hɔŋ¹¹ ke³³ tʃœŋ⁵⁵ kʻœŋ¹¹. ta³⁵ tin²² wa³⁵ lɐi¹¹ hɐi²² ʃœŋ²⁵ lɔk²² ʃɐt²² ha¹³, ŋɔ¹³ tei²² kei³³ pei³⁵ kwɐi³³ kuŋ⁵⁵ ʃi²⁵ kɛ³³ jiu⁵⁵ tʃʻiŋ¹¹ ham¹¹ m¹¹ tʃi²⁵ ʃɐu⁵⁵ tou³⁵ mei²² lɛ⁵⁵?

（早上好！我是汇丰银行的张强。打电话来是想落实一下，我们寄给贵公司的邀请函不知道收到没有？）

186. 阿刘小姐，你好吖！打电话嚟系想话你知，原定听晚8点喺帝都酒店嘅座谈会改咗喺九龙酒店。 (2)

a³³ lɐu¹¹ ʃiu³⁵ tʃɛ³⁵, nei¹³ hou³⁵ a³³! ta³⁵ tin²² wa⁻³⁵ lɐi¹¹ hɐi²² ʃœŋ³⁵ wa²² nei¹³ tʃi⁵⁵, jyn¹¹ tiŋ²² tʻiŋ⁵⁵ man⁻⁵⁵ pat³³ tim³⁵ hɐi³⁵ tɐi²² tou⁵⁵ tʃɐu³⁵ tim³³ kɛ³³ tʃɔ²² tʻam¹¹ wui⁻³⁵ kɔi³⁵ tʃɔ²² hɐi³⁵ kɐu³⁵ luŋ¹¹ tʃɐu³⁵ tim³³.

（刘小姐，您好！打电话来是想告诉您，原定明晚8点在帝都酒店举行的座谈会改在九龙酒店。）

187. 阿陈主任，今晚7点半喺帝都酒店举行宴会。到时酒店大堂有我公司嘅工作人员喺度恭候。

a³³ tʃʻɐn¹¹ tʃy³⁵ jɐm²², kɐm⁵⁵ man⁻⁵⁵ tʃʻɐt⁵⁵ tim³⁵ pun³³ hɐi³⁵ tɐi²² tou⁵⁵ tʃɐu³⁵ tim³³ kɵy³⁵ hɐŋ¹¹ jin³³ wui⁻³⁵. tou³³ ʃi¹¹ tʃɐu³⁵ tim³³ tai²² tʻɔŋ¹¹ jɐu¹³ ŋɔ¹³ kuŋ⁵⁵ ʃi⁵⁵ kɛ³³ kuŋ³⁵ tʃɔk³³ jɐn¹¹ jyn¹¹ hɐi³⁵ tou²² kuŋ⁵⁵ hɐu²².

（陈主任，今晚7点半在帝都酒店举行宴会，到时酒店大堂有我公司的工作人员在那儿恭候。）

188. 非常之多谢你哋嘅热情接待！你哋公司畀我留低咗好好嘅印象，我相信我哋实会合作愉快嘅。

fei⁵⁵ ʃœŋ¹¹ tʃi⁵⁵ tɔ⁵⁵ tʃɛ²² nei¹³ tei²² ke³³ jit²² tʃʻiŋ¹¹ tʃip³³ tɔi²²! nei¹³ tei²² kuŋ⁵⁵ ʃi⁵⁵

pei³⁵ ŋɔ¹³ lɐu¹¹ tɐi⁵⁵ tʃɔ³⁵ hou³⁵ hou³⁵ kɛ³³ jɐn³³ tʃœŋ²², ŋɔ¹³ ʃœŋ⁵⁵ ʃɵn³³ ŋɔ¹³ tei²² ʃɐt²² wui¹³ hap²² tʃɔk³³ jy¹¹ fai³³ kɛ³³.
（非常感谢你们的热情接待！你们公司给我留下了很好的印象，我相信我们肯定会合作愉快的。）

189. 祝我哋两间公司合作愉快！饮胜！⁽³⁾
tʃuk⁵⁵ ŋɔ¹³ tei²² lœŋ¹³ kan⁵⁵ kuŋ⁵⁵ ʃi⁵⁵ hap²² tʃɔk³³ jy¹¹ fai³³! jɐm³⁵ ʃiŋ³³!
（祝我们两家公司合作愉快！干杯！）

190. 呢次商务洽谈会嘅效果好唔错，希望我哋以后可以多啲交流，唔知阿李生点睇呢？
ni⁵⁵ tʃʻi³³ ʃœŋ⁵⁵ mou²² hap⁵⁵ tʻam¹¹ wui⁻³⁵ kɛ³³ hau²² kwɔ³⁵ hou³⁵ m¹¹ tʃʻɔ³³, hei⁵⁵ mɔŋ²² ŋɔ¹³ tei²² ji¹³ hɐu²² hɔ³⁵ ji¹³ tɔ⁵⁵ ti⁵⁵ kau⁵⁵ lɐu¹¹, m¹¹ tʃi⁵⁵ a³³ lei¹³ ʃaŋ⁵⁵ tim³⁵ tʻai³⁵ nɛ⁵⁵?
（这次商务洽谈会的效果很不错，希望我们以后可以多些交流，不知道李先生怎么看？）

191. 阿陈经理，我哋对贵公司提出嘅营销策略几有兴趣，不如就趁住呢个酒会嘅机会，顺便介绍下你哋嘅谂法咧？
a³³ tʃʻɐn¹¹ kiŋ⁵⁵ lei¹³, ŋɔ¹³ tei²² tɵy¹³ kwɐi³³ kuŋ⁵⁵ ʃi⁵⁵ tʻɐi¹¹ tʃɵt⁵⁵ kɛ³³ jiŋ¹¹ ʃiu⁵⁵ tʃʻak³³ lœk²² kei³⁵ jɐu¹³ hiŋ³³ tʃʻɵy³³, pɐt⁵⁵ jy¹¹ tʃɐu²² tʃʻɐn³³ tʃy²² ni⁵⁵ kɔ³³ tʃɐu³⁵ wui⁻³⁵ kɛ³³ kei⁵⁵ wui²², ʃɵn²² pin⁻³⁵ kai³³ ʃiu²² ha¹³ nei¹³ tei²² ti⁵⁵ nɐm³⁵ fat³³ lɛ¹¹?
（陈经理，我们对贵公司提出的营销策略挺有兴趣，不如就趁着这个酒会的机会，顺便介绍一下你们的一些想法。）

192. 阿张生，唔该同我CALL下公司吖几个代理商，约佢哋今晚食餐饭。家下你畀个电话海逸酒店，BOOK返间大啲嘅房先。
a³³ tʃœŋ⁵⁵ ʃaŋ⁵⁵, m¹¹ kɔi⁵⁵ tʻuŋ¹¹ ŋɔ¹³ kʻɔ⁻⁵⁵ ha¹³ kuŋ⁵⁵ ʃi⁵⁵ kɔ³⁵ kei³⁵ kɔ³³ tɔi²² lei¹³ ʃœŋ⁵⁵, jœk³³ kʻɵy¹³ tei²² kɐm³⁵ man⁻⁵⁵ ʃik²² tʃʻan⁵⁵ fan²². ka⁵⁵ ha¹³ nei¹³ pei³⁵ kɔ³³ tin²² wa⁻³⁵ hɔi³⁵ jɐt³³ tʃɐu³⁵ tim³³, puk⁵⁵ fan⁵⁵ kan⁵⁵ tai²² ti⁵⁵ kɛ³³ fɔŋ⁻³⁵ ʃin⁵⁵.
（张先生，请帮我打电话给公司那几个代理商，约他们今晚吃顿饭。现在你给海逸酒店去个电话，订一间大点儿的房间。）

193. 公司今年嘅业绩得以创新高，都系靠大家落力做嘢。我喺度代表公司敬大家一杯先。

kuŋ⁵⁵ ʃi⁵⁵ kɐm⁵⁵ nin⁻³⁵ kɛ³³ jip²² tʃik⁵⁵ tɐk⁵⁵ ji¹³ tʃʻɔŋ³³ ʃɐn⁵⁵ kou⁵⁵, tou⁵⁵ hɐi²² kʻau³³ tai²² ka⁵⁵ lɔk²² lik²² tʃou²² jɛ¹³. ŋɔ¹³ hɐi³³ tou²² tɔi²² piu³³ kuŋ⁵⁵ ʃi³³ kiŋ³³ tai²² ka²² jɐt⁵⁵ pui⁵⁵ ʃin⁵⁵.

（公司今年的业绩得以创新高，都是靠大家努力工作。我在这里代表公司先敬大家一杯。）

194. 阿林生今次介绍我哋嘅吖批货好好卖，多谢晒你吖，我喺度代表公司敬林生一杯，饮胜！

a³³ lɐm¹¹ ʃaŋ⁵⁵ kɐm⁵⁵ tʃʻi³³ kai³³ ʃiu²² ŋɔ¹³ tei²² kɛ³³ kɔ³⁵ pʻɐi⁵⁵ fɔ³³ hou³⁵ hou³⁵ mai²², tɔ⁵⁵ ʃɛ²² ʃai³³ nei¹³ a³³, ŋɔ¹³ hɐi³⁵ tou²² tɔi²² piu³⁵ kuŋ⁵⁵ ʃi⁵⁵ kiŋ³⁵ lɐm¹¹ ʃaŋ⁵⁵ jɐt⁵⁵ pui⁵⁵, jɐm³⁵ ʃiŋ³³!

（林先生这次介绍给我们的那批货很畅销，非常感谢您，我在这里代表公司敬林先生一杯，干杯！）

195. 阿王生，呢次多得你帮手。如果得闲嘅话，今晚就响中国大酒店度坐下啦！

a³³ wɔŋ¹¹ ʃaŋ⁵⁵, ni⁵⁵ tʃʻi³³ tɔ⁵⁵ tɐk⁵⁵ nei¹³ pɔŋ⁵⁵ ʃɐu³⁵. jy¹¹ kwɔ³⁵ tɐk⁵⁵ han¹¹ kɛ³³ wa⁻³⁵, kɐm⁵⁵ man⁻⁵⁵ tʃɐu²² hœŋ³⁵ tʃuŋ⁵⁵ kwɔk³³ tai²² tʃɐu³⁵ tim³³ tou²² tʃʻɔ¹³ ha¹³ la⁵⁵!

（王先生，这次多亏您的帮忙。如果有空的话，今晚就在中国大酒店坐会儿。）

196. 好多谢你哋公司对我哋工作嘅大力支持同帮助！呢餐饭系走唔甩鸡㗎喇，间酒店都BOOK好晒嘞。记得叫埋你哋嘅技术主管阿刘生，技术方面佢帮咗我哋好多，认真多谢！[4]

hou³⁵ tɔ⁵⁵ tʃɛ²² nei¹³ tei²² kuŋ⁵⁵ ʃi⁵⁵ tøy³³ ŋɔ¹³ tei²² kuŋ⁵⁵ tʃɔk³³ kɛ³³ tai²² lik²² tʃi⁵⁵ tʃʻi¹¹ tʻuŋ¹¹ pɔŋ⁵⁵ tʃɔ²²! ni⁵⁵ tʃʻan⁵⁵ fan²² hɐi²² tʃɐu³⁵ m¹¹ lɐt⁵⁵ kɐi⁵⁵ ka³³ la³³, kan⁵⁵ tʃɐu³⁵ tim³³ tou⁵⁵ puk⁵ hou³⁵ ʃai³³ lak³³. kei¹³ tɐk⁵⁵ kiu²² mai¹¹ nei¹³ tei²² kɛ³³ kei²² ʃɐt⁵⁵ tʃy³⁵ kun⁵⁵ a³³ lɐu¹¹ ʃaŋ⁵⁵, kei²² ʃɐt²² fɔŋ⁵⁵ min²² kʻøy¹³ pɔŋ⁵⁵ tʃɔ⁵⁵ ŋɔ¹³ tei²² hou⁻⁵⁵, jiŋ⁻³⁵ tʃɐn⁵⁵ tɔ⁵⁵ tʃɛ³³!

（非常感谢你们公司对我们工作的大力支持和帮助！这顿饭是请定了的，酒店也订好了。记得叫上你们的技术主管刘先生，技术方面他帮助了我们很多，真是感谢！）

197. 林生，好耐冇见，呢排几好嘛？好想同你倾下我哋两间公司合作嘅事，今晚出嚟坐下咧？

lam¹¹ ʃaŋ⁵⁵, hou³⁵ nɔi²² mou¹³ kin³³, ni¹³ pʻai¹¹ kei³⁵ hou³⁵ ma³³? hou³⁵ ʃœŋ³⁵ tʻuŋ¹¹ nei¹³ kʻiŋ⁵⁵ ha¹³ ŋɔ¹³ tei²² lœŋ¹³ kan⁵⁵ kuŋ⁵⁵ ʃi⁵⁵ hap²² tʃɔk³³ kɛ³³ ʃi²², kɐm⁵⁵ man⁻⁵⁵ tʃʻɵt⁵⁵ lɐi¹¹ tʃʻɔ¹³ ha¹³ lɛ¹¹?

（林先生，很久不见，这段时间还好吧？很想和您谈谈我们两家公司合作的事情，今晚出来坐坐吧！）

198. 阿小陈，等阵大家一齐去食晏啦，顺便同你倾下响东莞设厂嘅问题。

a³³ ʃiu³⁵ tʃʻɐn⁻³⁵, tɐŋ³⁵ tʃʻɐn²² tai²² ka⁵⁵ jɐt⁵⁵ tʃʻɐi¹¹ hɵy³³ ʃik²² an³³ la⁵⁵, ʃɵn²² pin⁻³⁵ tʻuŋ¹¹ nei¹³ kʻiŋ⁵⁵ ha¹³ hœŋ³⁵ tuŋ⁵⁵ kun³⁵ tʃʻit³³ tʃʻɔŋ³⁵ kɛ³³ mɐn²² tʻɐi¹¹.

（小陈，等会儿大家一块儿去吃午饭吧，顺便跟你聊聊在东莞设厂的问题。）

199. 林生，好高兴识得你！我系呢间厂嘅技术顾问。家下食饭先，歇一阵间，晏昼再同你去参观我哋嘅装配车间咧？

lɐm¹¹ ʃaŋ⁵⁵, hou³⁵ kou⁵⁵ hiŋ³³ ʃik⁵⁵ tɐk⁵⁵ nei¹³! ŋɔ¹³ hɐi²² ni¹³ kan⁵⁵ tʃʻɔŋ³⁵ kɛ³³ kei²² ʃɵt²² ku³³ mɐn². ka⁵⁵ ha¹³ ʃik²² fan³⁵ ʃin⁵⁵, tʻɐu⁵⁵ jɐt⁵⁵ tʃʻɐn⁵⁵ kan⁵⁵, an³³ tʃɐu³³ tʃɔi³³ tʻuŋ¹³ nei¹³ hɵy³³ tʃʻam⁵⁵ kun⁵⁵ ŋɔ¹³ tei²² kɛ³³ tʃɔŋ⁵⁵ pʻui³³ tʃʻɛ⁵⁵ kan⁵⁵ lɛ¹¹?

（林先生，很高兴认识您！我是这家工厂的技术顾问。现在先吃饭，歇一会，下午再带您去参观我们的装配车间。）

200. 阿老杨，大家老友鬼鬼，平时难得一聚，就唔好客气喇！你中意食乜就点乜，我唔拘㗎。⁽⁵⁾

a³³ lou¹³ jœŋ⁻³⁵, tai²² ka⁵⁵ lou¹³ jɐu¹³ kwɐi³⁵ kwɐi³⁵, pʻiŋ¹¹ ʃi¹¹ nan¹¹ tɐk⁵⁵ jɐt⁵⁵ tʃɵy²², tʃʻɐu²² m¹¹ hou³⁵ hak³³ hei³³ la³³! nei¹³ tʃuŋ⁵⁵ ji¹³ ʃik²² mɐt⁵⁵ tʃɐu²² tim³⁵ mɐt⁵⁵, ŋɔ¹³ m¹¹ kʻɵy⁵⁵ ka³³.

（老杨，大家朋友，平时难得一聚，就不要客气了！你喜欢吃什么就点什么，我无所谓的。）

201. 阿谭小姐，深圳有间厂想同我哋建立业务关系。你了解下佢哋嘅情况先，听日晏昼出嚟饮返餐茶，倾下呢单CASE。

a³³ t'am¹¹ ʃiu³⁵ tʃɛ³⁵, ʃem⁵⁵ tʃɐn²² jɐu¹³ kan⁵⁵ tʃ'ɔŋ³⁵ ʃœn³⁵ t'uŋ¹¹ ŋɔ¹³ tei²² kin³³ lɐp²² jip²² mou²² kwan⁵⁵ hei²². nei¹³ liu¹³ kai³⁵ ha¹³ k'ɵy¹³ tei²² kɛ³³ tʃ'iŋ¹¹ fɔŋ³³ ʃiŋ⁵⁵, tiŋ⁵⁵ jet²² an³³ tʃɐu⁵⁵ tʃ'ɵt³⁵ lɐi¹¹ jem¹³ fan³⁵ tʃ'an⁵⁵ tʃ'a¹¹, k'iŋ⁵⁵ ha¹³ ni⁵⁵ tan⁵⁵ kei⁵⁵ ʃi³⁵.
（谭小姐，深圳有家工厂想和我们建立业务关系。你先了解一下他们的情况，明天下午出来饮茶，谈谈这件事儿。）

202. 总部谂住要喺珠海设分公司，想调你去吤便。今晚喺白天鹅宾馆饮夜茶，顺便听下你嘅意见。⁽⁶⁾

tʃuŋ³⁵ pou²² nɐn³⁵ tʃy³⁵ jiu³³ hei³⁵ tʃy⁵⁵ hɔi³⁵ tʃ'it³³ fɐn⁵⁵ kuŋ³⁵ ʃi⁵⁵, ʃœn³⁵ tiu²² nei¹³ hɵy³³ kɔ³⁵ pin³⁵. kɐm⁵⁵ man⁻⁵⁵ hei³⁵ pak²² t'in⁵⁵ ŋɔ¹¹ pɐn⁵⁵ kun³⁵ jem¹³ jɛ²² tʃ'a¹¹, ʃɐn²² pin⁻³⁵ t'ɛŋ³⁵ ha¹³ nei¹³ kɛ³³ ji³³ kin³³.
（总部打算要在珠海设分公司，想调你到那边。今晚在白天鹅宾馆饮夜茶，顺便听听你的意见。）

203. 阿黄生，饮乌龙定菊普？⁽⁷⁾

a³³ wɔŋ¹¹ ʃaŋ⁵⁵, jem¹³ wu⁵⁵ luŋ⁻³⁵ tiŋ²² kuk⁵⁵ p'ou³⁵?
（黄先生，喝乌龙茶还是菊普茶？）

204. 林生，咿两日我哋公司就会将成套模具运过嚟喇，跟住就即刻安装。希望大家合作愉快。饮胜！

lɐm¹¹ ʃaŋ⁵⁵, ji⁵⁵ lœŋ¹³ jet²² ŋɔ¹³ tei²² kuŋ⁵⁵ ʃi⁵⁵ tʃɐu²² wui¹³ tʃœŋ⁵⁵ ʃeŋ¹¹ t'ou³³ mou¹¹ kɵy²² wɐn²² kwɔ³³ lɐi¹¹ la³³, kɐn⁵⁵ tʃy²² tʃɐu²² tʃik⁵⁵ hak⁵⁵ ɔn⁵⁵ tʃɔŋ⁵⁵. hei⁵⁵ mɔŋ²² tai²² ka⁵⁵ hap²² tʃɔk³³ jy¹¹ fai³³. jem³⁵ ʃiŋ³³!
（林先生，这两天我们公司就会把整套模具运过来了，跟着就马上安装。希望大家合作愉快。干杯！）

205. 你好，我系纺织公司嘅阿刘。寻口就约咗你哋公司嘅王经理今日一齐食饭嘅。等佢开完会之后，唔该话声佢知，我哋喺帝都酒店等紧佢。⁽⁸⁾

nei¹³ hou³⁵, ŋɔ¹³ hei³⁵ fɔŋ³⁵ tʃik⁵⁵ kuŋ⁵⁵ ʃi⁵⁵ kɛ³³ a³³ lɐu⁻³⁵. tʃ'ɐm¹¹ jɐt²² tʃɐu²² jœk³³ tʃɔ³⁵ nei¹³ tei²² kuŋ⁵⁵ ʃi⁵⁵ kɛ³³ wɔŋ¹¹ kiŋ⁵⁵ lei¹³ kɐm⁵⁵ jɐt²² jɐt⁵⁵ tʃ'ɐi¹¹ ʃik²² fan²² kɛ³⁵. tɐŋ³⁵ k'ɵy¹³ hɔi⁵⁵ jyn¹¹ wui⁻³⁵ tʃi⁵⁵ hɐu²², m¹¹ kɔi⁵⁵ wa²² ʃɛŋ⁵⁵ k'ɵy¹³ tʃi⁵⁵, ŋɔ¹³ tei²² hei³⁵ tei³³ tou⁵⁵ tʃɐu³⁵ tim³³ tɐŋ³⁵ kɐn³⁵ k'ɵy¹³.

(你好，我是纺织公司的老刘。昨天就约了你们公司的王经理今天一起吃饭。等他开完会后，请告诉他，我们正在帝都酒店等他。)

206. 今次真系多得你吖，咁快就送到货嚟。如果唔介意嘅话，一齐去花园酒店坐下咧？

kɐm⁵⁵ tʃ‘i³³ tʃɐn⁵⁵ hɐi²² tɔ⁵⁵ tɐk⁵⁵ nei¹³ a³³, kɐm³³ fai³³ tʃɐu²² ʃuŋ³³ tou³⁵ fɔ³³ lɐi¹¹. jy¹¹ kwɔ³⁵ m¹¹ kai³³ ji³³ kɛ³³ wa⁻³⁵, jɐt⁵⁵ tʃ‘ɐi¹¹ hɵy³³ fa⁵⁵ jyn¹¹ tʃɐu³⁵ tim³³ tʃ‘ɔ¹³ ha¹³ lɛ¹¹?

(这次真是多亏您，这么快就把货送到。如果不介意的话，一起去花园酒店坐坐？)

207. 林生，今次批货出咗噉嘅事，真系唔好意思！想同你倾下个赔偿问题，唔知你几时方便咧？

lɐm¹¹ ʃaŋ⁵⁵, kɐm⁵⁵ tʃ‘i³³ p‘ɐi⁵⁵ fɔ³³ tʃ‘ɵt³³ tʃɔ³⁵ kɐm³⁵ kɛ³³ ʃi²², tʃɐn⁵⁵ hɐi²² m¹¹ hou³⁵ ji³³ ʃi³³! ʃœŋ³⁵ t‘uŋ¹¹ nei¹³ k‘iŋ⁵⁵ ha¹³ kɔ³³ p‘ui¹¹ ʃœŋ¹¹ mɐn²² t‘ɐi¹¹, m¹¹ tʃi⁵⁵ nei¹³ kei³⁵ ʃi¹¹ fɔŋ⁵⁵ pin²² lɛ⁵⁵?

(林先生，这次货物出了这种事情，真是抱歉！想跟您谈谈赔偿问题，不知道您什么时候方便？)

208. 卒之清点晒所有嘅货尾喇，成身松晒，放工之后一定要去涮返餐劲嘅贺下先得。

tʃɵt²² ʃi⁵⁵ tʃ‘iŋ⁵⁵ tim³⁵ ʃai³³ ʃɔ³⁵ jɐu¹³ kɛ³³ fɔ³³ mei¹³ la³³, ʃɛŋ¹¹ ʃɐn⁵⁵ ʃuŋ⁵⁵ ʃai³³, fɔŋ³³ kuŋ⁵⁵ tʃi⁵⁵ hɐu²² jɐt⁵⁵ tiŋ²² jiu³³ hɵy³³ tʃ‘at³³ fan⁵⁵ tʃ‘an⁵⁵ kiŋ²² kɛ³³ hɔ²² ha¹³ ʃin⁵⁵ tɐk⁵⁵.

(终于把所有的存货全部清点完了，全身轻松，下班后一定要去吃个痛快来庆贺一下才行。)

209. 真系唔好意思喇，放咗工仲要你哋喺公司加班做嘢。辛苦晒大家喇，今晚我请大家去唱K。

tʃin⁵⁵ hɐi²² m¹¹ hou³⁵ ji³³ ʃi³³ la³³, fɔŋ³³ tʃɔ³⁵ kuŋ⁵⁵ tʃuŋ²² jiu³³ nei¹³ tei²² hɐi³⁵ kuŋ⁵⁵ ʃi⁵⁵ ka⁵⁵ pan⁵⁵ tʃou²² jɛ¹³. ʃɐn⁵⁵ fu⁵⁵ ʃai³³ tai²² ka⁵⁵ la³³, kɐm⁵⁵ man⁻⁵⁵ ŋɔ¹³ tʃ‘ɛŋ³⁵ tai²² ka⁵⁵ hɵy³³ tʃ‘œŋ³³ k‘ei⁵⁵.

(真是不好意思，下了班还要你们在公司加班干活。大家辛苦了，今晚我请大家去唱卡拉OK。)

210. 今季嘅利润大大噉超过咗上个季度。公司今晚喺花园酒店设庆功宴，大家HAPPY下。

kɐm⁵⁵ kwɐi³³ kɛ³³ lei²² jɵn²² tai²² tai²² kɐm³⁵ tʃʻiu⁵⁵ kwɔ³³ tʃɔ³⁵ ʃœŋ²² kɔ³³ kwɐi³³ tou²². kuŋ⁵⁵ ʃi⁵⁵ kɐm⁵⁵ man⁻⁵⁵ hɐi³⁵ fa³³ jyn¹¹ tʃɐu³⁵ tim³³ tʃʻit³³ hiŋ³³ kuŋ⁵⁵ jin³³, tai²² ka⁵⁵ hɛk⁵⁵ pʻi³⁵ ha¹³.

（这个季度的利润大大超过了上个季度。公司今晚在花园酒店设宴庆贺，大家开心一下。）

二、注释

（1）**我已经喺镛记酒家BOOK咗位**：广州人的口语经常夹杂英文单词，除了本单元的"BOOK、CALL、CASE、HAPPY"之外，还有"HIGH"（兴奋）、"CHECK"（检查）等等，这是广州方言词汇的一个特点。此外，这些英文单词又往往是按广州话的语音习惯来读的。例如：CANCER（癌症）读 kʻɐn⁵⁵ ʃa³⁵。以上所举词例均在各单元句子中注音。

（2）**听晚8点喺帝都酒店**："晚"除了本调 man¹³ 外，在口语中还常常变读成 man⁻⁵⁵。

（3）**祝我哋两间公司合作愉快！饮胜**：广州人喜欢以水喻钱财，"干"与水的"润"相悖，认为不吉利，因此席宴上常用"饮胜"代说"干杯"。也可单说成"胜"。例如：胜咗佢！（干了它！）

（4）**认真多谢**：广州话的"认真"如果读本调 jiŋ²² tʃɐn⁵⁵，跟普通话的"认真"意义相同；如果说成 jiŋ³⁵ tʃɐn⁵⁵，则表示"确实、真是"之义。例如：呢两日认真热！（这两天确实热！）

（5）**老友鬼鬼**：老朋友，"鬼鬼"无实际意义，只增加一些感情色彩。"老朋友"的其他口语词还有：老朋 lou¹³ pʻaŋ⁻³⁵、老友 lou¹³ jɐu¹³、老友记 lou¹³ jɐu¹³ kei³³ 等。

（6）**今晚喺白天鹅宾馆饮夜茶**：广州话的"饮茶"主要有两种意思：①表示"喝茶"，所用的量词是"杯"。例如：请饮杯茶先（请先喝杯茶）；②指一种生活习俗。当地人习惯到酒楼饭店喝茶、吃点心，会朋友、聊天。许多商务的或其他形式的活动也借此形式进行。一般有"三茶两饭"。"三茶"分别是"早茶"、"晏昼茶"（下午茶）和"夜茶"；"两饭"是午饭和晚饭。这个意义的量词用"餐"：请你饮餐茶。

（7）饮乌龙定菊普：乌龙和菊普都是茶叶名。乌龙是乌龙茶，菊普是菊花和普洱茶两种茶叶合泡。广州人称茶名时经常省略"茶"字。

（8）寻日就约咗你哋公司嘅王经理："寻日"口语中还可说成"琴日 k'em^{22} jet^{22}"。"寻"和"琴"都是记录广州方言口语的同音字。

三、生词

BOOK puk^{55}	英语book。预订	唔拘 m^{11} k'ey^{55}	无所谓；没关系
CALL k'ɔ^{55}	英语call。打电话	CASE kei^{55} ʃi^{35}	英语case。事情
饮胜 jem^{35} ʃiŋ^{33}	干杯	定 tiŋ^{22}	或者
落力 lok^{22} lik^{22}	努力	多得 tɔ^{55} tek^{55}	多亏
走甩鸡 tʃeu^{35} let^{55} kei^{55}	躲过；走脱	卒之 tʃet^{55} tʃi^{55}	终于；最终
食晏 ʃik^{22} an^{33}	吃午饭	唱K tʃ'œŋ^{33} k'ei^{55}	唱卡拉OK
敨 t'eu^{35}	歇；休息	HAPPY hek^{55} p'i^{35}	英语happy。快乐
中意 tʃuŋ^{55} ji^{33}	喜欢		

四、词语扩展

广州话常用称谓词			
波士 pɔ^{55} ʃi^{-35}	（boss译音词）老板	叻仔 lek^{55} tʃei^{35}	聪明能干人
老细 lou^{13} ʃei^{33}	老板	醒目仔 ʃiŋ^{35} muk^{22} tʃei^{35}	机灵人
事头 ʃi^{22} t'eu^{-35}	老板；掌柜	世界仔 ʃei^{33} kai^{33} tʃei^{35}	善于奉迎、面面俱到、八面玲珑的人
事头婆 ʃi^{22} t'eu^{21} p'ɔ^{21}	老板娘；女掌柜	熟客仔 ʃuk^{22} hak^{33} tʃei^{35}	熟客，老主顾
生意佬 ʃaŋ^{55} ji^{33} lou^{35}	生意人	打工仔 ta^{35} kuŋ^{55} tʃei^{35}	男雇工

商家佬 ʃœŋ⁵⁵ ka⁵⁵ lou³⁵	商人	打工妹 ta³⁵ kuŋ⁵⁵ mui⁻⁵⁵	女雇工
揸车佬 tʃa⁵⁵ tʃʰe⁵⁵ lou³⁵	司机	初哥 tʃʰɔ⁵⁵ kɔ⁵⁵	新手，不熟练者

- 订位 teŋ²² wɐi⁻³⁵
- 茶话会 tʃʰa¹¹ wa²² wui⁻³⁵
- 联谊会 lyn¹¹ ji¹¹ wui⁻³⁵
- 舞会 mou¹³ wui⁻³⁵
- 午餐会 m¹³ tʃʰan⁵⁵ wui⁻³⁵
- 酒会 tʃɐu³⁵ wui⁻³⁵
- 酒宴 tʃɐu³⁵ jin³³
- 工作餐 kuŋ⁵⁵ tʃɔk³³ tʃʰan⁵⁵
- 商务套餐 ʃœŋ⁵⁵ mou²² tʰou³³ tʃʰan⁵⁵
- 烛光晚餐 tʃuk⁵⁵ kwɔŋ⁵⁵ man¹³ tʃʰan⁵⁵
- 冷餐会 laŋ¹³ tʃʰan⁵⁵ wui⁻³⁵
- 热荤 jit²² fɐn⁵⁵
- 茶点 tʃʰa¹¹ tim³⁵
- 来宾 lɔi¹¹ pɐn⁵⁵
- 请柬 tʃʰɛŋ³⁵ kan³⁵
- 出席 tʃʰɵt⁵⁵ tʃit²²
- 延期 jin¹¹ kʰei¹¹
- 务必到场 mou²² pit⁵⁵ tou³³ tʃʰœŋ¹¹
- 祝贺 tʃuk⁵⁵ hɔ²²
- 庆祝 hiŋ³³ tʃuk⁵⁵
- 仪式 ji¹¹ ʃik⁵⁵
- 典礼 tin³⁵ lɐi¹³
- 隆重 luŋ¹¹ tʃuŋ²²

第8单元　　承　诺

一、课文

211. 我哋产品嘅生产管理同埋质检制度，完全照正国家规定嘅标准嚟做，质素保证一流。

ŋɔ¹³ tei²² tʃʻan³⁵ pɐn³⁵ kɛ³³ ʃɐŋ⁵⁵ tʃʻan³⁵ kun³⁵ lei¹³ tʻuŋ¹¹ mai¹¹ tʃɐt⁵⁵ kim³⁵ tʃɐi³³ tou²², jyn¹¹ tʃʻyn¹¹ tʃiu³³ tʃɐŋ³³ kwɔk³³ ka⁵⁵ kwʻɐi⁵⁵ tiŋ²² kɛ³³ piu⁵⁵ tʃɐn³⁵ lɐi¹¹ tʃou²², tʃɐt⁵⁵ ʃou³³ pou³⁵ tʃiŋ³³ jɐt⁵⁵ lɐu¹¹.

（我们产品的生产管理和质检制度，完全按照国家规定的标准来做，质量保证一流。）

212. 你哋对我哋产品嘅质量有咩唔满意嘅话，一周内包退。

nei¹³ tei²² tɵy³³ ŋɔ¹³ tei²² tʃʻan³⁵ pɐn³⁵ kɛ³³ tʃɐt⁵⁵ lœŋ²² jɐu¹³ mɛ⁵⁵ m¹¹ mun¹³ ji⁵⁵ kɛ³³ wa⁻³⁵, jɐt⁵⁵ tʃɐu⁵⁵ nɔi²² pao⁵⁵ tʻɵy³³.

（你们对我们产品的质量有什么不满意的话，一周内包退。）

213. 我哋保证做齐晒合同上承诺嘅所有条款。

ŋɔ¹³ tei²² pou³⁵ tʃiŋ⁵⁵ tʃou²² tʃʻɐi²² ʃai³³ hap²² tʻuŋ¹¹ ʃœŋ²² ʃiŋ¹¹ nɔk²² kɛ³³ ʃɔ³⁵ jɐu¹³ tʻiu¹¹ fun³⁵.

（我们保证全部做到合同上所承诺的所有条款。）

214. 我哋批货梗唔会系流嘢，质量亦绝冇问题。⁽¹⁾

ŋɔ¹³ tei²² pʻɐi⁵⁵ fɔ³³ kɐŋ³⁵ m¹¹ wui³⁵ hɐi²² lɐu¹¹ jɛ¹³, tʃɐt⁵⁵ lœŋ²² jik²² tʃyt²² mou¹³ mɐn²² tʻɐi¹¹.

（我们的货物肯定不会是假货，质量也绝无问题。）

215. 我敢同你哋写包单，呢批货肯定系行货。⁽²⁾

ŋɔ¹³ kɐm³⁵ tʻuŋ¹¹ nei¹³ tei²² ʃɛ³⁵ pau⁵⁵ tan⁵⁵, ni⁵⁵ pʻɐi¹³ fɔ³³ hɐŋ³⁵ tiŋ²² hɐi²² hɔŋ⁻³⁵ fɔ³³.

(我敢向你们保证，这批货物肯定是正货。)

216. 我哋产品嘅所有指标系全部达到国家质量标准嘅。

ŋɔ¹³ tei²² tʃʻan³⁵ pɐn³⁵ kɛ³³ ʃɔ³⁵ jeu¹³ tʃi³⁵ piu⁵⁵ hei²² tʃʻyn¹¹ pou²² tat²² tou³³ kwɔk³³ ka⁵⁵ tʃɐt⁵⁵ lœŋ²² piu⁵⁵ tʃɵn³⁵ kɛ³³.

(我们产品的所有指标是全部达到国家质量标准的。)

217. 我保证我哋公司嘅贷款会喺6月底之前清数。

ŋɔ¹³ pou³⁵ tʃiŋ³³ ŋɔ¹³ tei²² kuŋ⁵⁵ ʃi⁵⁵ kɛ³³ tʻai¹³ fun³⁵ wui¹³ hei³⁵ luk⁷⁵ jyt²² tei³⁵ tʃi⁵⁵ tʃʻin¹¹ tʃʻiŋ⁵⁵ ʃou³³.

(我保证我们公司的贷款会在6月底之前清还。)

218. 呢个问题我哋梗会CHECK清楚嘅，睇下究竟系质量问题定系人为损坏。

ni⁵⁵ kɔ³³ mɐn²² tei¹¹ ŋɔ¹³ tei²² kɐŋ³⁵ wui¹³ tʃʻɛk⁵⁵ tʃʻɔ³⁵ kɛ³³, tʻei¹³ ha¹³ keu³³ kiŋ³⁵ hei²² tʃɐt⁵⁵ lœŋ²² mɐn²² tʻei³⁵ tiŋ²² hei³⁵ jɐn¹¹ wei¹¹ ʃyn³⁵ wai²².

(这个问题我们肯定会查清楚的，看看究竟是质量问题还是人为损坏。)

219. 放心啦，梗会同你哋尽早发货嘅，兼且保证喺运输过程中唔会撞坏啲货。

fɔŋ³³ ʃɐm⁵⁵ la⁵⁵, kɐŋ³⁵ wui¹³ tʻuŋ¹¹ nei¹³ tei²² tʃɵn²² tʃou³⁵ fat³³ fɔ³³ kɛ³³, kim⁵⁵ tʃʻɛ³⁵ pou³⁵ tʃiŋ³³ hei³⁵ wɐn²² ʃy⁵⁵ kwɔ³³ tʃʻiŋ¹¹ tʃuŋ⁵⁵ m¹¹ wui¹³ tʃɔŋ²² wai²² ti⁵⁵ fɔ³³.

(放心吧，肯定会向你们尽早发货，并且保证在运输过程中不会碰坏货物。)

220. 只要啲机未过保修期嘅，我哋嘅保修承诺都仲系有效。

tʃi³⁵ jiu³³ ti⁵⁵ kei⁵⁵ mei²² kwɔ³³ pou³⁵ ʃeu⁵⁵ kʻei¹¹ kɛ³³, ŋɔ¹³ tei²² kɛ³³ pou³⁵ ʃeu⁵⁵ ʃiŋ¹¹ nɔk²² tou⁵⁵ tʃuŋ²² hei²² jeu¹³ hau⁵⁵.

(只要机器没过保修期，我们的保修承诺仍然有效。)

221. 对个啲已经整过嘅设备，我公司系会开过张单提供新嘅保证。

tɵy³³ kɔ³³ ti⁵⁵ ji¹³ kiŋ⁵⁵ tʃiŋ³⁵ kwɔ³³ kɛ³³ tʃʻit³³ pei²², ŋɔ¹³ kuŋ⁵⁵ ʃi⁵⁵ hei¹³ wui¹³ hɔi⁵⁵ kwɔ³³ tʃœŋ⁵⁵ tan⁵⁵ tʻei¹¹ kuŋ²² ʃɐn⁵⁵ kɛ³³ pou³⁵ tʃiŋ³³.

(对那些已经修理过的设备，我们公司会重新开单提供新的保证。)

222. 我哋产品嘅质量绝对有保证。喺成个生产过程中要过五道质检关，系国家信得过产品嚟㗎。

ŋɔ¹³ tei²² tʃʻan³⁵ pɐn³⁵ kɛ³³ tʃɐt⁵⁵ lœŋ²² tʃyt²² tøy³³ jɐu¹³ pou³⁵ tʃiŋ³³. hei³⁵ ʃɐŋ¹¹ kɔ³³ ʃɐŋ⁵⁵ tʃʻan³⁵ kwɔ³³ tʃʻiŋ¹¹ tʃuŋ⁵⁵ jiu³³ kwɔ³³ ŋ¹³ tou²² tʃɐt⁵⁵ kim³⁵ kwan⁵⁵, hei³⁵ kwɔk³³ kaʻ⁵⁵ ʃɐn³³ tɐk⁵⁵ kwɔ³³ tʃʻan³⁵ pɐn³⁵ lei¹¹ kaʻ³³.

(我们产品的质量绝对有保证。在整个生产过程中要过五道质检关，是国家信得过产品。)

223. 我而家即刻同维修部联系，保证喺3日之内整翻批主板。

ŋɔ¹³ ji¹¹ kaʻ⁵⁵ tʃik⁵⁵ hak⁵⁵ tʻuŋ¹¹ wei¹¹ ʃɐu⁵⁵ pou²² lyn¹¹ hei²², pou³⁵ tʃiŋ³³ hei³⁵ ʃam⁵⁵ jɐt²² tʃi⁵⁵ nɔi²² tʃiŋ³⁵ fan⁵⁵ pʻei⁵⁵ tʃy³⁵ pan³⁵.

(我现在马上和维修部联系，保证在3天内修好这批主板。)

224. 放心啦，如果批货系有质量问题，一周内包退，15日包换。

fɔŋ³³ ʃɐm⁵⁵ laʻ⁵⁵, jy¹¹ kwɔ³⁵ pʻei³³ fɔ³³ hei²² jɐu¹³ tʃɐt⁵⁵ lœŋ²² mɐn²² tʻei², jɐt⁵⁵ tʃou⁵⁵ nɔi²² pau⁵⁵ tʻøy³³, ʃɐp²² ŋ¹³ jɐt²² pau⁵⁵ wun²².

(放心吧，如果这批货是有质量问题，一周内包退，15天包换。)

225. 呢只空调制冷效果好，悭电、实用，绝对满足贵公司嘅需要。

ni⁵⁵ tʃɛk³³ huŋ⁵⁵ tʻiu¹¹ tʃɐi³³ laŋ¹³ hau³³ kwɔ³⁵ hou³⁵, han⁵⁵ tin²², ʃɐt²² juŋ²², tʃyt²² tøy³³ mun¹³ tʃuk⁵⁵ kwei³³ kuŋ⁵⁵ ʃi⁵⁵ kɛ³³ ʃøy⁵⁵ jiu³³.

(这种空调制冷效果好，省电、实用，绝对满足贵公司的需要。)

226. 唔好意思，呢批机嘅保修期已经过咗喇，如果系要整嘅话，要畀维修费个噃。

m¹¹ hou³⁵ ji¹³ ʃi³³, ni⁵⁵ pʻei⁵⁵ kei¹³ kɛ³³ pou³⁵ ʃɐu⁵⁵ kʻei¹¹ ji¹³ kiŋ⁵⁵ kwɔ³³ tʃɔ³⁵ laʻ³³, jy¹¹ kwɔ³⁵ hei²² jiu³³ tʃiŋ³⁵ kɛ³³ waʻ⁻³⁵, jiu³³ pei³³ wei¹¹ ʃɐu⁵⁵ fei³³ kɔ³³ pɔ³³.

(不好意思，这批机器的保修期已经过了，如果是要修理的话，要付维修费的。)

227. 我哋保证提供优质嘅售后服务。

ŋɔ¹³ tei²² pou³⁵ tʃiŋ³³ tʻei¹¹ kuŋ⁵⁵ jɐu⁵⁵ tʃɐt⁵⁵ kɛ³³ ʃɐu²² hɐu²² fuk²² mou²².

（我们保证提供优质的售后服务。）

228. 唔使担心，你公司呀批水晶吊灯实响3月底送到。
　　 m^{11} $ɕei^{35}$ tam^{55} $ʃɐm^{55}$, nei^{13} $kuŋ^{33}$ $ʃi^{55}$ ji^{55} $p'ɐt^{55}$ $ʃɵy^{35}$ $tʃiŋ^{55}$ tiu^{33} $tɐŋ^{55}$ $ʃɐt^{22}$ $hœŋ^{35}$ $ʃam^{55}$ jyt^{22} tei^{35} $ʃuŋ^{33}$ tou^{33}.
　　 （不用担心，你们这批水晶吊灯肯定在3月底送到。）

229. 罗生，多谢你嘅意见！我会尽快反映畀老细知嘅。
　　 $lɔ^{11}$ $ʃaŋ^{55}$, $tɔ^{55}$ $tʃɛ^{22}$ nei^{13} $kɛ^{33}$ ji^{33} kin^{33}! $ŋɔ^{13}$ wui^{13} $tʃɵn^{22}$ fai^{33} fan^{35} $jiŋ^{35}$ pei^{35} lou^{13} $ʃei^{33}$ $tʃi^{55}$ $kɛ^{33}$.
　　 （罗先生，谢谢您的意见！我会尽快反映给老板知道的。）

230. 如果CHECK出嚟嘅结果证明系产品质量问题嘅话，我哋公司按照"三包"承诺赔偿损失。
　　 jy^{11} $kwɔ^{35}$ $tʃ'ɛk^{55}$ $tʃ'ɐt^{55}$ lei^{11} $kɛ^{33}$ kit^{33} $kwɔ^{35}$ $tʃiŋ^{33}$ $miŋ^{11}$ $hɐi^{22}$ $tʃ'an^{35}$ $pɐn^{35}$ $tʃɐt^{55}$ $lœŋ^{22}$ $mɐn^{22}$ $t'ɐi^{11}$ $kɛ^{33}$ wa^{35}, $ŋɔ^{13}$ tei^{22} $kuŋ^{55}$ $ʃi^{55}$ $ɔn^{33}$ $tʃiu^{33}$ "$ʃam^{55}$ pao^{55}" $ʃiŋ^{11}$ $nɔk^{22}$ $p'ui^{11}$ $ʃœŋ^{11}$ $ʃyn^{35}$ $ʃit^{55}$.
　　 （如果查出来的结果证明是产品质量问题的话，我们公司按照"三包"承诺赔偿损失。）

231. 大家都知啦，做生意嘅最紧要个"信"字。我保证，啲替换件一定送埋畀你。
　　 tai^{22} ka^{55} tou^{55} $tʃi^{55}$ la^{55}, $tʃou^{22}$ $ʃaŋ^{55}$ ji^{33} $kɛ^{33}$ $tʃy^{22}$ $kɐn^{35}$ jiu^{33} $kɔ^{33}$ "$ʃɵn^{33}$" $tʃi^{22}$. $ŋɔ^{13}$ pou^{35} $tʃiŋ^{55}$, ti^{55} $t'ɐi^{33}$ wun^{22} kin^{35} $jɐt^{55}$ $tiŋ^{22}$ $ʃuŋ^{33}$ mai^{11} pei^{35} nei^{13}.
　　 （大家都知道，做生意的最重要一个"信"字。我保证，替换件一定送给你。）

232. 如果批货唔系由于意外衰咗个话，我哋保证照足合同条款帮你搞掂。[3]
　　 jy^{11} $kwɔ^{35}$ $p'ei^{55}$ $fɔ^{33}$ m^{11} $hɐi^{22}$ $jɐu^{11}$ jy^{55} ji^{22} $ŋɔi^{22}$ $ʃɵy^{55}$ $tʃɔ^{35}$ $kɔ^{33}$ wa^{35}, $ŋɔ^{13}$ tei^{22} pou^{35} $tʃiŋ^{33}$ $tʃiu^{33}$ $tʃuk^{55}$ $hɐp^{22}$ $t'uŋ^{11}$ $t'iu^{11}$ fun^{13} $pɔŋ^{55}$ nei^{13} kau^{35} tim^{22}.
　　 （如果货物不是由于意外造成损坏的话，我们保证完全按照合同条款帮您搞定。）

233. 只要你公司能够保证，喺月底之前换返晒批合格嘅货畀我哋，我哋就唔再追究。
tsi³⁵ jiu³³ nei¹³ kuŋ⁵⁵ ʃi⁵⁵ neŋ¹¹ kɐu²² pou³⁵ tʃiŋ⁵⁵, hɐi¹³ jyt² tɐi¹³ tʃi⁵⁵ tʃˑin¹¹ wun²² fan⁵⁵ ʃai³³ pˑɐi⁵⁵ hap²² kak³³ kɛ³³ fɔ³⁵ pei³⁵ ŋɔ¹³ tei²², ŋɔ¹³ tei²² tʃɐu²² m¹¹ tʃɔi¹³ tʃɵy⁵⁵ kɐu³³.
（只要你公司能够保证，在月底前全部换回合格的货物给我们，我们就不再追究。）

234. 你提出嘅𠮶啲额外条款，我要同老细倾倾先，之后再畀个准确答复你。
nei¹³ tˑɐi¹¹ tʃɵt⁵⁵ kɛ³³ kɔ³³ ti⁵⁵ ŋak²² ŋɔi²² tˑiu¹¹ fun³⁵, ŋɔ¹³ jiu³³ tˑuŋ¹¹ lou¹³ ʃɐi³³ kˑiŋ⁵⁵ kˑiŋ⁵⁵ ʃin⁵⁵, tʃi⁵⁵ hɐu²² tʃɔi¹³ pei³⁵ kɔ³³ tʃɵn³⁵ kˑɔk³³ tap³³ fuk⁵⁵ nei¹³.
（您提出的那些额外条款，我要先跟老板商量商量，然后再给您一个准确答复。）

235. 我哋公司保证唔会将你哋嘅技术泄露畀其他生产商嘅。
ŋɔ¹³ tei²² kuŋ⁵⁵ ʃi⁵⁵ pou³⁵ tʃiŋ³³ m¹¹ wui¹³ tʃœŋ⁵⁵ nei¹³ tei²² kɛ³³ kei²² ʃɵt²² ʃit³³ lou²² pei³⁵ kˑei¹¹ tˑa⁵⁵ ʃɐŋ⁵⁵ tʃˑan³⁵ ʃœŋ⁵⁵ kɛ³³.
（我们公司保证不会把你们的技术泄露给其他生产商的。）

236. 老细，放心啦！我哋保证今次批货嘅包装绝对唔会再出问题㗎喇。
lou¹³ ʃɐi³³, fɔŋ³³ ʃɐm⁵⁵ la⁵⁵! ŋɔ¹³ tei²² pou³⁵ tʃiŋ³³ kɐm⁵⁵ tʃˑi³³ pˑɐi³⁵ fɔ³³ kɛ³³ pau⁵⁵ tʃɔŋ⁵⁵ tʃyt²² tɵy³³ m¹¹ wui¹³ tʃɔi¹³ tʃˑɵt⁵⁵ mɐn²² tˑɐi¹¹ ka³³ la³³.
（老板，放心吧！我们保证这一批货物的包装绝对不会再出问题了。）

237. 唔使担心，我哋嘅产品按正国家安全标准嚟做嘅。
m¹¹ ʃɐi³⁵ tam⁵⁵ ʃɐm³⁵, ŋɔ¹³ tei²² kɛ³³ tʃˑan³⁵ pɐn³⁵ ɔn³³ tʃɛŋ³³ kwɔk³³ ka⁵⁵ ɔn⁵⁵ tʃˑyn¹¹ piu⁵⁵ tʃɵn³⁵ lɐi¹¹ tʃou²² kɛ³³.
（不用担心，我们的产品完全按照国家安全标准来做的。）

238. 无论点，你哋都要保证我哋批货可以喺月底之前装柜上船。
mou¹¹ lɵn²² tim³⁵, nei¹³ tei²² tou⁵⁵ jiu³³ pou³⁵ tʃiŋ³³ ŋɔ¹³ tei²² pˑɐi³⁵ fɔ³³ hɔ³⁵ ji¹³ hɐi¹³ jyt²² tɐi³⁵ tʃi⁵⁵ tʃˑin¹¹ tʃɔŋ⁵⁵ kwɐi²² ʃœŋ¹³ ʃyn¹¹.
（不管怎样，你们都要保证我们的货可以在月底前装柜上船。）

239. 呢批机运到之后，我哋仲会提供技术支持，亦即系话，会提供埋安装指导、调试同技术培训嘅服务。

ni⁵⁵ pʻɐi⁵⁵ kei²² wɐn²² tou³³ tʃi¹⁵ hou²²，ŋɔ¹³ tei²² tʃuŋ²² wui¹³ tʻɐi¹¹ kuŋ⁵⁵ kei²² ʃɵt²² tʃi⁵⁵ tʃʻi¹¹，jik²² tʃik⁵⁵ hɐi²² wa²²，wui¹³ tʻɐi¹¹ kuŋ⁵⁵ mai¹¹ ɔn⁵⁵ tʃɔŋ⁵⁵ tʃi³⁵ tou²²、tʻiu¹¹ ʃi³³ tʻuŋ¹¹ kei²² ʃɵt²² pʻui¹¹ fɐn³³ kɛ³³ fuk²² mou²².

（这批机器运到后，我们还会提供技术支持，也就是说，提供安装指导、调试和技术培训的服务。）

240. 凡系喺我哋公司购买设备嘅，包送货兼包安装。

fan¹¹ hɐi²² hɐ³⁵ ŋɔ¹³ tei²² kuŋ⁵⁵ ʃi⁵⁵ kʻɐu³³ mai¹³ tʃʻit³³ pei²² kɛ³³，pau⁵⁵ ʃuŋ³³ fɔ³³ kim⁵⁵ pau⁵⁵ ɔn⁵⁵ tʃɔŋ⁵⁵.

（凡是在我们公司购买设备的，负责送货还负责安装。）

二、注释

（1）**我哋批货梗唔会系流嘢**：广州话的"流"，一指差、劣、次：只表好流，戴咗两日就坏嘞（这个手表很次，戴了两天就坏了）；二指假的：呢件嘢系唔系流㗎？（这个东西是不是假的？）

（2）**呢批货肯定系行货**："行货"指从正规厂商采购并提供包换、包退、包修"三包"服务的货物。普通话没有相对应的词，译作"正货"。

（3）**如果批货唔系由于意外衰咗个话**：假设句式"如果……个话"等于"如果……嘅话"。

三、生词

流嘢 lɐu¹¹ jɛ¹³	劣质货、假货的俗称	悭 han⁵⁵	节约；节俭
写包单 ʃɛ³⁵ pau⁵⁵ tan⁵⁵	保证	衰 ʃɵy⁵⁵	坏
清数 tʃʻiŋ⁵⁵ ʃou³³	互不相欠，无债务关系	搞掂 kau³⁵ tim²²	搞定；办妥
整 tʃiŋ³⁵	修理；做		

四、词语扩展

- 保质保量 pou³⁵ tʃɐt⁵⁵ pou³⁵ lœŋ²²
- 见货付款 kin³³ fɔ³³ fu²² fun³⁵
- 三日内到账 ʃam⁵⁵ jɐt²² nɔi²² tou³³ tʃœŋ³³
- 百分百 pak³³ fɐn²² pak³³
- 假一赔十 ka³⁵ jɐt⁵⁵ pʻui¹¹ ʃɐp²²
- 没效退款 mut²² hau²² tʻɵy³³ fun³⁵
- 保质期 pou³⁵ tʃɐt⁵⁵ kʻei¹¹
- 原产地 jyn¹¹ tʃʻan³⁵ tei²²
- 组装 tʃou³⁵ tʃɔŋ⁵⁵
- 标准 piu⁵⁵ tʃɵn³⁵
- 担保 tam⁵⁵ pou³⁵
- 讲信誉 kɔŋ³⁵ ʃɵn³³ jy²²
- 公正 kuŋ⁵⁵ tʃiŋ³³

附：广州话的称呼标记"阿"

称呼标记"阿"也写作"亚"，意义和普通话的"阿"大体相同，但使用范围远比普通话的要广。在亲属称谓、姓、名、绰号甚至职务名称等前面，都可加上"阿"构成表示称呼的名词。请见下表所列：

广州话和普通话比较表			
广州话	普通话	广州话	普通话
阿爷 a³³ jɛ¹¹	爷爷	阿明哥 a³³ miŋ¹¹ kɔ⁵⁵	明哥
阿嫲 a³³ ma¹¹	奶奶	阿主任 a³³ tʃy³⁵ jɐm²²	主任
阿婆 a³³ pʻɔ¹¹	外婆	阿厂长 a³³ tʃʻɔŋ³⁵ tʃœŋ³⁵	厂长
阿爸 a³³ pa¹¹	爸爸	阿经理 a³³ kiŋ⁵⁵ lei¹³	经理
阿妈 a³³ ma⁵⁵	妈妈	阿边个 a³³ pin⁵⁵ kɔ³³	那个谁（忘记某人名字或称呼时用）

第9单元

询　盘

一、课文

241. 你哋手工制作嘅皮手套喺我哋省有比较稳定嘅市场。呢张系询盘单，我想知道你哋嘅最低报价。

nei¹³ tei²² ʃɐu³⁵ kuŋ⁵⁵ tʃɐi³³ tʃɔk³³ kɛ³³ pʻei¹¹ ʃɐu³⁵ tʻou³³ hɐi³⁵ ŋ¹³ tei²² ʃaŋ³⁵ jɐu¹³ pei³⁵ kau³³ wɐn³⁵ tiŋ²² kɛ³³ ʃi¹³ tʃʻœn¹¹. ni⁵⁵ tʃœŋ⁵⁵ hɐi²² ʃɐn⁵⁵ pʻun⁻³⁵ tan⁵⁵, ŋɔ¹³ ʃœŋ³⁵ tʃi⁵⁵ tou³³ nei¹³ tei²² kɛ³³ tʃɐy³⁵ tɐi⁵⁵ pou³³ ka³³.

（你们手工制作的皮手套在我们省有比较稳定的市场。这张是询盘单，我想知道你们的最低报价。）

242. 多谢晒你嘅询盘。为咗方便我哋计出报价，你可唔可以话我知，贵公司想订几多货咧？

tɔ⁵⁵ tʃɛ²² ʃai³³ nei¹³ kɛ³³ ʃɐn⁵⁵ pʻun⁻³⁵.wɐi²² tʃɔ³⁵ fɔŋ⁵⁵ pin²² ŋɔ¹³ tei²² kɐi³³ tʃʻɵt⁵⁵ pou³³ ka³³, nei¹³ hɔ³⁵ m¹¹ hɔ³⁵ ji¹³ wa²² ŋɔ¹³ tʃi⁵⁵, kwɐi³³ kuŋ⁵⁵ ʃi⁵⁵ ʃœŋ³⁵ tɐŋ²² kei³⁵ tɔ⁵⁵ fɔ³³ lɛ⁵⁵?

（谢谢您的询盘。为了便于我们算出报价，您能告诉我贵公司想订多少货吗？）

243. 冇问题。不过，我想知到你哋可以接受嘅最低价位系几多咧？

mou¹³ mɐn²² tʻei¹¹. pɐt⁵⁵ kwɔ³³, ŋɔ¹³ ʃœŋ³⁵ tʃi⁵⁵ tou³³ nei¹³ tei²² hɔ³⁵ ji¹³ jip³³ ʃɐu²² kɛ³³ tʃɐy³³ tɐi⁵⁵ ka³³ wɐi⁻³⁵ hɐi²² kei³⁵ tɔ⁵⁵ lɛ⁵⁵?

（没问题。不过，我想知道你们可以接受的最低价位是多少呢？）

244. 我对抽纱制品好感兴趣。呢个系询价单，所需要嘅品种、规格同数量，冚唪唥写晒喺度。

ŋɔ¹³ tɐy²³ tsʻɐu⁵⁵ ʃa⁵⁵ tʃɐi³³ pɐn³⁵ hou³⁵ kɐm³⁵ hiŋ³³ tʃʻɐy³³. ni⁵⁵ kɔ³³ hɐi²² ʃɐn⁵⁵ ka³³ tan⁵⁵, ʃɔ³⁵ ʃœy⁵⁵ jiu³³ kɛ³³ pɐn³⁵ tʃuŋ³³、kwʻɐi⁵⁵ kak³³ tʻuŋ¹¹ ʃou³³ lœŋ²², hɐm²² paŋ²²

73

laŋ²² ʃɛ³⁵ ʃai³³ hɐi³⁵ tou²².

（我对抽纱制品很感兴趣。这是询价单，所需要的品种、规格和数量全都写在上面了。）

245. 多谢晒！我哋研究下先，听日报个实盘你。

tɔ⁵⁵ tʃɛ²² ʃai³³. ŋɔ¹³ tei²² jin¹¹ kɐu³³ ha¹³ ʃin⁵⁵, tiŋ⁵⁵ jɐt²² pou³³ kɔ³³ ʃɐt²² pʻun⁻³⁵ nei¹³.

（谢谢。我们研究一下，明天给您报实盘。）

246. 唔好意思，你哋询盘嘅光盘录像机家阵冇货。迟啲返嚟批新货，个价位可能会唔同，等批货到咗再话你知啊。好嘛？

m¹¹ hou³⁵ ji³³ ʃi³³, nei¹³ tei²² ʃɵn⁵⁵ pʻun⁻³⁵ kɛ³³ kwɔŋ⁵⁵ pʻun⁻³⁵ luk²² tʃœŋ⁵⁵ kei⁵⁵ ka³³ tʃɐn⁻³⁵ mou¹³ fɔ³³. tʃʻi¹¹ ti⁵⁵ fan⁵⁵ lɐi¹³ pʻɐi⁵⁵ ʃɐn⁵⁵ fɔ³³, kɔ³³ ka³³ wɐi⁻³⁵ hɔ³⁵ nɐŋ¹¹ hui²³ m¹¹ tʻuŋ¹¹, tɐŋ³⁵ pʻɐi⁵⁵ fɔ³³ tou³³ tʃɔ³⁵ tʃɔi²³ wa²² nei¹³ tʃi⁵⁵ a⁵⁵. hou³⁵ ma³³?

（抱歉，你们询盘的光盘录像机现在没货。稍后运来一批新货，价位可能会不同，等货到了再告诉您吧。好吗？）

247. 唔该报下包埋保险费同到我哋港口嘅运费后嘅价位啦。

m¹¹ kɔi⁵⁵ pou³³ ha¹³ pau⁵⁵ mai¹¹ pou³⁵ him³⁵ fɐi³³ tʻuŋ¹¹ tou³³ ŋɔ¹³ tei²² kɔŋ³⁵ hou³⁵ kɛ³³ wɐn⁶⁵ fɐi³³ hɐu²² kɛ³³ ka³³ wɐi⁻³⁵ la⁵⁵.

（请报包括保险费和到我们港口的运费后的价位。）

248. 呢个价位已经系实盘喇咩？

ni⁵⁵ kɔ³³ ka³³ wɐi⁻³⁵ ji¹³ kiŋ⁵⁵ hɐi²² ʃɐt²² pʻun⁻³⁵ la³³ mɛ⁵⁵?

（这个价位已经是实盘了吗？）

249. 我哋认为呢个价格系非常之有竞争力㗎。

ŋɔ¹³ tei²² jiŋ¹¹ wɐi¹¹ ni⁵⁵ kɔ³³ ka³³ kak³³ hɐi²² fɐi⁵⁵ ʃœŋ¹¹ tʃi⁵⁵ jɐu¹³ kiŋ²² tʃɐŋ⁵⁵ lik²² ka³³.

（我们认为这个价格是很有竞争力的。）

250. 唔好意思，我公司家阵暂时未报得出实盘，下星期一再试同你哋报过啦。

m¹¹ hou³⁵ ji¹³ ʃi³³, ŋɔ¹³ kuŋ⁵⁵ ʃi⁵⁵ ka⁵⁵ tʃɐn⁻³⁵ tʃam²² ʃi¹¹ mei²² pou³³ tɐk⁵⁵ tʃʻɐt⁵⁵ ʃɐt²² pʻun⁻³⁵, ha²² ʃiŋ⁵⁵ kʻei¹³ jɐt⁴ tʃɔi³³ ʃi³³ tʻuŋ¹¹ nei¹³ tei²² pou³³ kwɔ³³ la⁵⁵.

（很抱歉，我公司现在暂时不能报出实盘。下星期一再向您报吧。）

251. 对你哋嘅DVD播放机亦好感兴趣，唔该单价系几多？

tɵy³³ nei¹³ tei²² kɛ³³ DVD pɔ³³ fɔŋ³³ kei²² jik²² hou³⁵ kɐm³⁵ hiŋ³³ tʃʻɵy³³, m¹¹ kɔi⁵⁵ tan⁵⁵ ka³³ hɐi²² kei³⁵ tɔ⁵⁵?

（对你们的DVD播放机也很感兴趣，请问单价是多少？）

252. 报价系每台480文。若果啱嘅话，请尽快落定，呢个报价5日之后可能有变。⁽¹⁾

pou³³ ka³³ hɐi²² mui¹³ tʻɔi¹¹ ʃei¹³ pak³³ pat³³ ʃɐp²² mɐn⁻⁵⁵. jœk²² kwɔ³³ ŋam⁵⁵ kɛ³³ wa⁻³⁵, tʃʻɛŋ²³ tʃɐn²² fai³³ lɔk¹³ teŋ²², ni⁵⁵ kɔ⁵⁵ pou³³ ka³³ ŋ¹³ jɐt² tʃi⁵⁵ hɐu²² hɔ³⁵ nɐŋ¹¹ jɐu¹³ pin³³.

（报价是每台480元。如果合适的话，请尽快给定金，这个报价5天后可能会变。）

253. 唔该请及时话我知你哋嘅最新报价。喺决定入货之前，我要同我嘅老细倾下先。

m¹¹ kɔi⁵⁵ tʃʻiŋ³⁵ kʻɐp²² ʃi¹¹ wa²² ŋɔ¹³ tʃi⁵⁵ nei¹³ tei²² kɛ³³ tʃɐy³³ ʃɐn⁵⁵ pou³³ ka³³. hɐi³⁵ kʻyt³³ tiŋ²² jɐp²² fɔ³³ tʃi⁵⁵ tʃʻin¹¹, ŋɔ¹³ jiu³³ tʻuŋ¹¹ ŋɔ¹³ kɛ³³ lou¹³ ʃɐi³³ kʻiŋ⁵⁵ ha¹³ ʃin⁵⁵.

（请及时告诉我你们的最新报价。在决定进货之前，我得先和我的老板商量一下。）

254. 唔该报下张询价单上嘅货嘅价位，我哋需要香港到岸价。

m¹¹ kɔi⁵⁵ pou³³ ha¹³ tʃœŋ³³ ʃɐn⁵⁵ ka³³ tan⁵⁵ ʃœŋ²² ti⁵⁵ fɔ³³ kɛ³³ ka³³ wɐi⁻³⁵, ŋɔ¹³ tei²² ʃɵy⁵⁵ jiu³³ hœŋ⁵⁵ kɔŋ³⁵ tou³⁵ ŋɔn²² ka³³.

（请报询价单上货物的价位，我们需要香港到岸价。）

255. 唔该，我想了解下贵公司嘅供货能力、付款方式，仲有装运同埋折头等等问题。

m¹¹ kɔi⁵⁵, ŋɔ¹³ ʃœŋ³⁵ liu¹³ kai³⁵ ha¹³ kwɐi³³ kuŋ⁵⁵ ʃi⁵⁵ kɛ³³ kuŋ⁵⁵ fɔ³³ nɐŋ¹¹ lik²²、fu²² fun³⁵ fɔŋ⁵⁵ ʃik⁵⁵, tʃuŋ²² jɐu¹³ tʃɔŋ⁵⁵ wɐn²² tʻuŋ¹¹ mai¹¹ tʃit³³ tʻɐu¹³ tɐŋ³⁵ tɐŋ³⁵ mɐn²² tʻɐi¹¹.

（打扰一下，我想了解一下贵公司的供货能力、付款方式，还有装运和折扣等等问题。）

256. 唔该报100箱核桃仁嘅最低CIF香港价格。
m¹¹ kɔi⁵⁵ pou³³ jɐt⁵⁵ pak²² ʃœŋ⁵⁵ hɐt²² t'ou¹¹ jɐn¹¹ kɛ³³ tʃɵy³³ tɐi⁵⁵ CIF hœŋ⁵⁵ kɔŋ³⁵ ka³³ kak³³.
（请报100箱核桃仁的最低CIF香港价格。）

257. 唔该报100令优质铜版广告纸嘅香港离岸价。
m¹¹ kɔi⁵⁵ pou³³ jɐt⁵⁵ pak³³ liŋ²² jɐu⁵⁵ tʃɐt⁵⁵ t'uŋ¹¹ pan³⁵ kwɔŋ³⁵ kou⁵⁵ tʃi³⁵ kɛ³³ hœŋ⁵⁵ kɔŋ³⁵ lɐi¹¹ ŋɔn²² ka³³.
（请报100令优质铜版广告纸的香港离岸价。）

258. 唔该报下最优惠嘅价位同埋每张订单必需嘅最少订购量。
m¹¹ kɔi⁵⁵ pou³³ ha¹³ tʃɵy³³ jɐu⁵⁵ wɐi²² kɛ³³ ka³³ wɐi³⁵ t'uŋ¹¹ mai¹¹ mui¹³ tʃœŋ⁵⁵ tɛŋ²² tan⁵⁵ pit⁵⁵ ʃɵy⁵⁵ kɛ³³ tʃɵy³³ ʃiu³⁵ tɛŋ²² k'ɐu³³ lœŋ²².
（请报最优惠的价位和每张订单必需的最少订购量。）

259. 如果贵公司可以及时提供产品报盘嘅话，我哋仲会更之乐意同你哋合作㗎。
jy¹¹ kwɔ³⁵ kwɐi³³ kuŋ⁵⁵ ʃi⁵⁵ hɔ³⁵ ji¹³ k'ɐp²² ʃi¹¹ t'ɐi¹¹ kuŋ¹¹ tʃ'an⁵⁵ pɐn³⁵ pou³³ p'un⁻³⁵ kɛ³³ wa⁻³⁵, ŋɔ¹³ tei²² tʃuŋ²² wui¹³ kɐŋ³³ tʃi⁵⁵ lɔk²² ji³³ t'uŋ¹¹ nei¹³ tei²² hap²² tʃɔk³³ ka³³.
（如果贵公司可以及时提供产品报盘的话，我们会更加乐意跟你们合作。）

260. 顺便问下，你哋系报离岸价抑或系到岸价？
ʃɵn²² pin⁻³⁵ mɐn²² ha¹³, nei¹³ tei²² hɐi²² pou³³ lɐi¹¹ ŋɔn²² ka³³ jit⁵⁵ wak²² hɐi²² tou³³ ŋɔn²² ka³³?
（顺便问一下，你们是报离岸价还是到岸价？）

261. 报边个都得。不过我哋一般报到岸价。
pou³³ pin⁵⁵ kɔ³³ tou⁵⁵ tɐk⁵⁵. pɐt³³ kwɔ⁵³ ŋɔ¹³ tɐi²² jɐt⁵⁵ pun⁵⁵ pou³³ tou³³ ŋɔn²² ka³³.
（报哪个都行。不过我们一般报到岸价。）

262. 我哋已经对你哋嘅产品做咗询价，请喺月底之前报价。

ŋɔ¹³ tei²² ji¹³ kiŋ⁵⁵ tɵy³³ nei¹³ tei²² kɛ³³ tʃˈan³⁵ pɐn³⁵ tʃou²² tʃɔ³⁵ ʃɵn⁵⁵ ka³³, tʃˈiŋ³⁵ hɐi³⁵ jyt²² tɐi³⁵ tʃi⁵⁵ tʃˈin³¹ pou³³ ka³³.

（我们已经对你们的产品做了询价，请在月底前报价。）

263. 唔好意思，我公司急住想知呢只数码相机嘅报盘，你哋可以尽快话畀我知啦嘛？

m¹¹ hou³⁵ ji³³ ʃi³³, ŋɔ¹³ kuŋ⁵⁵ ʃi⁵⁵ kɐp⁵⁵ tʃy³³ ʃœŋ³⁵ tʃi¹³ ni⁵⁵ tʃɛk³³ ʃou²² ma¹³ ʃœŋ³⁵ kei⁵⁵ kɛ³³ pou²² pˈun⁻³⁵, nei¹³ tei²² hɔ³⁵ ji¹³ tʃɵn²² fai³³ wa²² pei³⁵ ŋɔ¹³ tʃi⁵⁵ la⁵⁵ ma¹³?

（不好意思，我公司急着想知道这种数码相机的报盘，你们可以尽快告诉我吗？）

264. 唔该羊毛15%、棉花85%、尺寸为71×84、用人造丝包边嘅双面毛毡嘅报价系几多？

m¹¹ kɔi⁵⁵ jœŋ¹¹ mou¹¹ pak³³ fɐn²² tʃi⁵⁵ ʃɐp²² ŋ¹³、min¹¹ fa⁵⁵ pak³³ fɐn²² tʃi⁵⁵ pat³³ ʃɐp²² ŋ¹³、tʃˈɛk³³ tʃˈyn³³ wɐi¹¹ tʃˈɐt⁵⁵ ʃɐp²² jɐt⁵⁵ ʃiŋ¹¹ pat³³ ʃɐp²² ʃei¹³、juŋ²² jɐn¹¹ tʃou²² ʃi⁵⁵ pau⁵⁵ pin⁵⁵ kɛ³³ ʃœŋ⁵⁵ min⁻³⁵ mou¹¹ tʃin⁵⁵ kɛ³³ pou³³ ka³³ hɐi²² kei³⁵ tɔ⁵⁵?

（请问羊毛15%、棉花85%、尺寸为71×84、用人造丝包边的双面毛毯的报价是多少？）

265. 呢只牌子嘅领呔订5000条嘅话，唔该报价系几多？

ni⁵⁵ tʃɛk³³ pˈai¹¹ tʃi³⁵ kɛ³³ lɛŋ¹³ tˈai⁵⁵ tɛŋ²² ŋ¹³ tʃˈin⁵⁵ tˈiu¹¹ kɛ³³ wa⁻³⁵, m¹¹ kɔi⁵⁵ pou³³ ka³³ hɐi²² kei³⁵ tɔ⁵⁵?

（这种牌子的领带订5000条的话，请问报价是多少？）

266. 我哋畀出嘅价位已经系实价。

ŋɔ¹³ tei²² pei³⁵ tʃˈɐt⁵⁵ kɛ³³ ka³³ wɐi⁻³⁵ ji¹³ kiŋ⁵⁵ hɐi²² ʃɐt²² ka³³.

（我们开出的价位已经是实价。）

267. 如果啲货捋得多嘅话，你哋可以比标价平几多成？

jy¹¹ kwɔ³⁵ ti⁵⁵ fɔ¹³ lɔ³⁵ tɐk³³ tɔ⁵⁵ kɛ³³ wa⁻³⁵, nei¹³ tei²² hɔ³⁵ ji¹³ pei³⁵ piu⁵⁵ ka³³ pˈɛŋ¹¹ kei³⁵ tɔ⁵⁵ ʃiŋ¹¹?

（如果货订得多的话，你们可以比标价便宜多少成？）

268. 咁大宗交易贵公司可以畀几多折头咧？
kɐm³³ tai²² tʃuŋ⁵⁵ kau³⁵ jik²² kwɐi³³ kuŋ⁵⁵ ʃi⁵⁵ hɔ³⁵ ji¹³ pei³⁵ kei³⁵ tɔ⁵⁵ tʃik³³ t'ɐu¹¹ lɛ⁵⁵?
（这么大宗的生意贵公司可以给多少折扣？）

269. 唔该话我知你哋可以接受嘅最低价位。
m¹¹ kɔi⁵⁵ wa²² ŋɔ¹³ tʃi⁵⁵ nei¹³ tei²² hɔ³⁵ ji¹³ tʃip³³ ʃɐu²² kɛ³³ tʃɵy³³ tɐi⁵⁵ ka³³ wɐi⁻³⁵.
（请告诉我你们可以接受的最低价位。）

270. 我系你公司嘅熟客，可唔可以再畀多啲折头咧？
ŋɔ¹³ hɐi²² nei¹³ kuŋ⁵⁵ ʃi⁵⁵ kɛ³³ ʃuk²² hak³³, hɔ³⁵ m¹¹ hɔ³⁵ ji¹³ tʃɔi³³ pei³⁵ tɔ⁵⁵ ti⁵⁵ tʃit³³ t'ɐu¹¹ lɛ³³?
（我是你们公司的熟客，能再给多些折扣吗？）

二、注释

（1）报价系每台480文："文 men¹¹" 作为表示钱的单位"元"时，不读本调而要变读成55调值 men⁻⁵⁵。"蚊子"广州话也单说成 men⁻⁵⁵，与变调的"文"同音，因此，民间常把表示钱单位的"文"写作"蚊"。例如：5蚊（5元）。

三、生词

冚唪呤 hɐm²² paŋ²² laŋ²²	全部	抑或 jit⁵⁵ wak²²	或是，或者
落定 lɔk²² tɛŋ²²	下定金	毡 tʃim⁵⁵	毯子
折头 tʃit³³ t'ɐu¹¹	折扣		

四、词语扩展

询盘人 ʃɵn⁵⁵ p'un⁻³⁵ jɐn¹¹   报盘人 pou³³ p'un⁻³⁵ jɐn¹¹

受盘人 ʃɐu²² pʻun⁻³⁵ jɐn¹¹   亏本价 kwʻɐi⁵⁵ pun³⁵ ka³³
收集样本 ʃɐu⁵⁵ tʃap²² jœŋ²² pun³⁵   出厂价 tʃʻɵt⁵⁵ tʃʻɔŋ³⁵ ka³³
展示室 tʃin³⁵ ʃi²² ʃɐt⁵⁵   员工价 jyn¹¹ kuŋ⁵⁵ ka³³
差价 tʃʻa⁵⁵ ka³³   零售价 liŋ¹¹ ʃɐu²² ka³³
特优价 tɐk²² jɐu⁵⁵ ka³³   船边交货价 ʃyn¹¹ pin⁵⁵ kau⁵⁵ fɔ³³ ka³³
最高价 tʃɵy³³ kou⁵⁵ ka³³   批发价 pʻɐi⁵⁵ fat³³ ka³³
折后价 tʃit³³ hɐu²² ka³³   货物供应 fɔ³³ mɐt²² kuŋ⁵⁵ jiŋ³³
最终报价 tʃɵy³³ tʃuŋ⁵⁵ pou³³ ka³³   报价单 pou³³ ka³³ tan⁵⁵
时价 ʃi¹¹ ka³³   开价表 hɔi⁵⁵ ka³³ piu³⁵

附：广州话的人称代词

广州话的人称代词和普通话比较，有如下特点：
(1) 第三人称说"佢"不说"他"；
(2) 第二人称没有普通话的敬称"您"；
(3) 人称的复数形式用"哋"，但同志、学生、工人、教师……非人称代词的一般名词，复数仍用"们"；
(4) 普通话的"我们"和"咱们"，广州话都用"我哋"；
(5) 没有相当于普通话"别人"的专用代词。

广州话和普通话的人称代词比较表	
广州话	普通话
我 ŋɔ¹³	我
你 nei¹³	你、您
佢 kʻɵy¹³	他、她、它
我哋 ŋɔ¹³ tei²²	我们、咱们
你哋 nei¹³ tei²²	你们
佢哋 kʻɵy¹³ tei²²	他们、她们、它们
人哋 jɐn¹¹ tei²²	人家、别人
大家 tai²² ka⁵⁵	大家
自己 tʃi²² kei³⁵/⁵⁵	自己

第10单元 报盘

一、课文

271. 希望贵公司可以畀个最低价位我。如果个价啱嘅话，我会即时落单。

hei⁵⁵ mɔŋ²² kwɐi³³ kuŋ⁵⁵ ʃi⁵⁵ hɔ³⁵ ji¹³ pei³⁵ kɔ³³ tʃɵy³³ tɐi⁵⁵ ka³³ wɐi⁻³⁵ ŋɔ¹³. jy¹¹ kwɔ³⁵ kɔ³³ ka³³ ŋam⁵⁵ kɛ³³ wa⁻³⁵, ŋɔ¹³ wui¹³ tʃik⁵⁵ ʃi¹¹ lɔk²² tan⁵⁵.

（希望贵公司能够给我一个最低价位。如果价格合适的话，我会马上下定单。）

272. 我哋嘅报价系噉：1000台美的空调，一匹嘅单价2300文。家下四围起价，我谂呢个价系最优惠㗎喇。

ŋɔ¹³ tei²² kɛ³³ pou³³ ka³³ hɐi²² kɐm³⁵: jɐt⁵⁵ tʃ'in⁵⁵ t'ɔi²² mei¹³ tik⁵⁵ huŋ⁵⁵ t'iu¹¹, jɐt⁵⁵ p'ɐt⁵⁵ kɛ³³ tan⁵⁵ ka³³ ji²² tʃ'in⁵⁵ ʃam⁵⁵ pak³³ mɐn⁻⁵⁵. ka⁵⁵ ha¹³ ʃei³³ wɐi¹¹ hei³⁵ ka³³, ŋɔ¹³ nɐm³⁵ ni⁵⁵ kɔ³³ ka³³ hɐi²² tʃɵy³³ jɐu⁵⁵ wɐi²² ka³³ la³³.

（我们的报价是这样：1000台美的空调，一匹的单价2300元。目前到处涨价，我想这个价是最优惠的。）

273. 如果喺10日内落定，我哋可以以咿个优惠价交易。

jy¹¹ kwɔ³⁵ hɐi³⁵ ʃɐp²² jɐt⁵⁵ nɔi²² lɔk²² tɛŋ²², ŋɔ¹³ tei²² hɔ³⁵ ji¹³ ji¹³ ji⁵⁵ kɔ³³ jɐu⁵⁵ wɐi²² ka³³ kau⁵⁵ jik²².

（如果在10天内给定金，我们可以以这个优惠价交易。）

274. 唔该贵公司几时可以话个实盘我知吖？

m²¹ kɔi⁵⁵ kwɐi³³ kuŋ⁵⁵ ʃi⁵⁵ kei³⁵ ʃi¹¹ hɔ³⁵ ji¹³ wa²² kɔ³³ ʃɐt²² p'un⁻³⁵ ŋɔ¹³ tʃi⁵⁵ a³³?

（请问贵公司什么时候可以告诉我实盘？）

275. 我哋今晚将个实盘整出嚟，听朝报畀你哋。⁽¹⁾

ŋɔ¹³ tei²² kɐm⁵⁵ man⁻⁵⁵ tʃœŋ⁵⁵ kɔ³³ ʃɐt²² p'un⁻³⁵ tʃiŋ³⁵ tʃɵt⁵⁵ lɐi¹¹, t'iŋ⁵⁵ tʃiu⁵⁵ pou³³ pei³⁵ nei¹³ tei²².

（我们今晚把实盘弄出来，明天上午报给你们。）

276. 我哋嘅实盘系：3989号商品100吨，每吨香港到岸价为1800文，7月初交货。⁽²⁾

ŋɔ¹³ tei²² kɛ³³ ʃɐt²² pʻun⁻³⁵ hɐi²²: ʃam⁵⁵ kɐu³⁵ pat³³ kɐu³⁵ hou²² ʃœŋ⁵⁵ pɐn³⁵ jɐt⁵⁵ pak³³ tɐn⁵⁵, mui¹³ tɐn⁵⁵ hœŋ⁵⁵ kɔŋ³⁵ tou³³ ŋɔn²² ka³³ wɐi¹¹ tʃʻin⁵⁵ pat³³ mɐn⁻⁵⁵, tʃʻɐt⁵⁵ jyt²² tʃʻɔ⁵⁵ kau⁵⁵ fɔ³³.

（我们的实盘是：3989号商品100吨，每吨香港到岸价为1800元，7月初交货。）

277. 呢个价系实价定系仲有得倾嘅？

ni⁵⁵ kɔ³³ ka³³ hɐi²² ʃɐt²² ka³³ tiŋ²² hɐi²² tʃuŋ²² jɐu¹³ tɐk⁵⁵ kʻiŋ⁵⁵ kɛ³³?

（这个价是实价还是可以再商谈的？）

278. 我哋伊个报盘已经系低过市场价位㗎喇。

ŋɔ¹³ tei²² ji⁵⁵ kɔ³³ pou³³ pʻun⁻³⁵ ji¹³ kiŋ⁵⁵ hɐi²² tɐi⁵⁵ kwɔ³³ ʃi¹³ tʃʻœŋ¹¹ ka³³ wɐi⁻³⁵ ka³³ la³³.

（我们这个报盘已经是低于市场价位了。）

279. 我报嘅系实盘，有效期为3日。

ŋɔ¹³ pou³³ kɛ³³ hɐi²² ʃɐt²² pʻun⁻³⁵, jɐu¹³ hau²² kʻei¹¹ wɐi¹¹ ʃam⁵⁵ jɐt²².

（我报的是实盘，有效期为3天。）

280. 若果我哋嘅订货量好大，比如讲800箱，噉你可以畀到几多折头咧？

jœk²² kwɔ³⁵ ŋɔ¹³ tei²² kɛ³³ tɛŋ²² fɔ³³ lœŋ²² hou³⁵ tai²², pei³⁵ jy¹¹ kɔŋ³⁵ pat³³ pak³³ ʃœŋ⁵⁵, kɐm³⁵ nei¹³ hɔ³⁵ ji³⁵ pei³⁵ tou³⁵ kei³⁵ tɔ⁵⁵ tʃit³³ tʻɐu¹¹ lɛ⁵⁵?

（如果我们的订货量很大，比如说800箱，那您能给多少折扣呢？）

281. 你哋熟行㗎啦，呢几年啲硬件嘅价位飙得好快，我哋都唔算点起价㗎喇。冇计啦，生意难做，赚个鸡嗉咁多㗎咋。⁽³⁾

nei¹³ tei²² ʃuk²² hɔŋ¹¹ ka³³ la⁵⁵, ni⁵⁵ kei³⁵ nin¹¹ ti⁵⁵ ŋaŋ²² kin⁻³⁵ kɛ³³ ka³³ wɐi⁻³⁵ piu⁵⁵

tɐk⁵⁵ hou³⁵ fai³³, ŋɔ¹³ tei²² tou⁵⁵ m¹¹ ʃyn²² tim³⁵ hei³⁵ ka³³ ka³³ la³³. mou¹³ kɐi⁻³⁵ la⁵⁵, ʃaŋ²² ji³³ nan¹¹ tʃou²², tʃan²² kɔ³⁵ kɐi⁵⁵ ʃɵy³³ kɐm³³ tœ³³ tʃa³³.
（你们知道行情的，近几年硬件的价位升得很快，我们也算是没怎么提价了。没办法，生意难做，赚得很少。）

282. 唔该你哋公司目录度列出嘅商品家阵可以报价啊嘛？
m¹¹ kɔi⁵⁵ nei¹³ tei²² kuŋ⁵⁵ ʃi⁵⁵ muk²² luk²² tou²² lit²² tʃʻɵt⁵⁵ kɛ³³ ʃœŋ⁵⁵ pɐn⁵⁵ ka⁵⁵ tʃɐn⁻³⁵ hɔ³⁵ ji¹³ pou³³ ka³³ a⁵⁵ ma¹³?
（请问你们公司目录上列出的商品现在可以报价了吧？）

283. 冇问题。呢个系我哋嘅报价清单，所有价位都冇下限。如果订货多，啲价仲有得倾㗎。
mou¹³ mɐn²² tʻɐi¹¹. ni⁵⁵ kɔ³³ hɐi²² ŋɔ¹³ tei²² ke³³ pou³³ ka³³ tʃʻiŋ⁵⁵ tan⁵⁵, ʃɔ³⁵ jɐu¹³ ka³³ wɐi⁻³⁵ tou⁵⁵ mou¹³ ha²² han²². jy¹¹ kwɔ³⁵ tɛŋ²² fɔ³³ tɔ⁵⁵, ti⁵⁵ ka³³ tʃuŋ²² jɐu¹³ tɐk⁵⁵ kʻiŋ⁵⁵ ka³³.
（没问题。这个是我们的报价清单，所有价位都没有下限。如果订货多，价格还可以商谈的。）

284. 我哋可以帮你保留呢个报盘到下周一。
ŋɔ¹³ tei²² hɔ³⁵ ji¹³ pɔŋ⁵⁵ nei¹³ pou³⁵ lɐu¹¹ ni⁵⁵ kɔ³³ pou³³ pʻun⁻³⁵ tou³³ ha²² tʃɐu⁵⁵ jɐt⁵⁵.
（我们可以帮您保留这个报盘到下周一。）

285. 呢个报价有效期自6月1日起再续延10日，即系至6月10日为止。⁽⁴⁾
ni⁵⁵ kɔ³³ pou³³ ka³³ jɐu¹³ hau²² kʻei¹¹ tʃi⁵⁵ luk²² jyt²² jɐt⁵⁵ jɐt²² hei³⁵ tʃɔi³³ tʃuk²² jin¹¹ ʃɐp²² jɐt⁵⁵, tʃik³³ hɐi²² tʃi³³ luk²² jyt²² ʃɐp²² jɐt²² wɐi¹³ tʃi³⁵.
（这个报价有效期自6月1日起再延续10天，也就是至6月10日为止。）

286. 我想提醒下你哋，如果到下周一仲未落定嘅话，呢个报盘就可能会变。
ŋɔ¹³ ʃœŋ³⁵ tʻɐi¹¹ ʃɐŋ³⁵ ha¹³ nei¹³ tei²², jy¹¹ kwɔ³⁵ tou³³ ha²² tʃɐu⁵⁵ jɐt⁵⁵ tʃuŋ²² mei¹³ lɔk²² tɛŋ²² kɛ³³ wa⁻³⁵, ni⁵⁵ kɔ³³ pou³³ pʻun⁻³⁵ tʃɐu²² hɔ³⁵ nɐŋ¹¹ wui¹³ pin³³.
（我想提醒一下你们，如果下周一还未下定金的话，这个报盘可能会变化。）

第10单元 报 盘

287. 我哋嘅报盘比你喺第度得到嘅价格仲有竞争力。
 ŋɔ¹³ tei²² kɛ³³ pou³³ pʻun³⁵ pei³⁵ nei¹³ hɐi³⁵ tɐi²² tou²² tɐk⁵⁵ tou⁵⁵ kɛ³³ ka³³ kak³³ tʃuŋ²² jɐu¹³ kiŋ²³ tʃɐn⁵⁵ lik²².
 （我们的报盘比您从别处得到的价格更有竞争力。）

288. 唔好意思，我唔系噉睇嘢。你嘅报价仲高过市场价啦!
 m¹¹ hou³⁵ ji²³ ʃi²³, ŋɔ¹³ m¹¹ hɐi²² kɐm³⁵ tʻɐi³⁵ pɔ³³. nei¹³ kɛ³³ pou³³ ka³³ tʃuŋ²² kou⁵⁵ kɔ³³ ʃi¹³ tʃʻœŋ¹¹ ka³³ la⁵⁵!
 （很抱歉，我不这样认为。您的报价比市场价还高。）

289. 但系你要睇埋个质量问题喎。做呢行嘅个个都知我哋啲货正。讲真吖句啦，大家唔系老友记嘅话，我哋边有可能畀到咁低嘅价位你吖？⁽⁵⁾
 tan²² hɐi²² nei¹³ jiu¹³ tʻɐi³⁵ mai¹³ kɔ³³ tʃɐt⁵⁵ lœŋ²² mɐn²² tʻɐi¹¹ wɔ³³. tʃou²² ni⁵⁵ hɔŋ¹¹ kɛ³³ kɔ³³ kɔ³³ tou⁵⁵ tʃi⁵⁵ ŋɔ¹³ tei²² ti⁵⁵ fɔ³³ tʃɐŋ³³. kɔŋ³⁵ tʃɐn⁵⁵ kɛ³⁵ kɵy³³ la⁵⁵, tai²² ka⁵⁵ m¹¹ hɐi²² lou¹³ jɐu¹³ kei²² kɛ³³ wa³⁵, ŋɔ¹³ tei²² pin⁵⁵ jɐu¹³ hɔ³⁵ nɐŋ¹¹ pei³⁵ tou³⁵ kɐm³³ tɐi⁵⁵ kɛ³³ ka³³ wɐi³⁵ nei¹³ a³³?
 （但是您要把质量问题也考虑进去才行。做这行的个个都知道我们的货好。说句老实话，大家不是老朋友的话，我们哪有可能给您这样低的价位？）

290. 如果你觉得咿个报盘可以接受嘅话，最好快手啲落单，免至价格又变。
 jy¹¹ kwɔ³⁵ nei¹³ kɔk³³ tɐk⁵⁵ ji⁵⁵ kɔ³³ pou³³ pʻun³⁵ hɔ³³ ji¹³ tʃip³³ ʃɐu²² kɛ³³ wa³⁵, tʃɵy³³ hou³⁵ fai³³ ʃɐu³⁵ ti⁵⁵ lɔk²² tan⁵⁵, min¹³ tʃi³³ ka³³ kak³³ jɐu²² pin³³.
 （如果您觉得这个报盘可以接受的话，最好快点儿下订单，免得价格又变动。）

291. 好荣幸可以就我哋嘅产品同你哋报价。呢只产品喺海外市场好受欢迎嘅。
 hou³⁵ wiŋ¹¹ hɐŋ²² hɔ³⁵ ji¹³ tʃɐu²² ŋɔ¹³ tei²² kɛ³³ tʃʻan³⁵ pɐn³⁵ tʻuŋ¹¹ nei¹³ tei²² pou³⁵ ka³³. ni⁵⁵ tʃɐk³³ tʃʻan³⁵ pɐn³⁵ hɐi³⁵ hɔi³⁵ ŋɔi²² ʃi¹³ tʃʻœŋ¹¹ hou³⁵ ʃɐu²² fun⁵⁵ jiŋ¹¹ kɛ³³.
 （很荣幸能够就我们的产品向您们报价。这种产品在海外市场上很受欢迎。）

292. 全铜制嘅防盗门锁，每打嘅报价系336文，使唔使我哋同你哋留货咧？

tʃʻyn¹¹ tʻuŋ¹¹ tʃɐi³³ kɛ³³ fɔŋ³³ tou²² mun¹¹ ʃɔ³⁵, mui¹³ ta⁵⁵ kɛ³³ pou³³ ka³³ hei²² ʃam⁵⁵ pak³³ ʃam⁵⁵ ʃɐp²² luk²² mɐn⁻⁵⁵, ʃɐi³⁵ m¹¹ ʃei³⁵ ŋɔ¹³ tei²² tʻuŋ¹¹ nei¹³ tei²² lɐu¹¹ fɔ³³ lɛ⁵⁵?
(全铜制的防盗门锁，每打的报价是336元，需不需要我们给你们留货？)

293. 按照之前寄畀你哋嘅板报1500打男装袖衫嘅价格，每件香港到岸价25文，即刻发货。⁽⁶⁾

ɔŋ³³ tʃiu²² tʃi²² tʃʻin¹¹ kei³³ pei³⁵ nei¹³ tei²² kɛ³³ pan³⁵ pou³³ tʃʻin⁵⁵ ŋ¹³ ta⁵⁵ nam¹¹ tʃɔŋ⁵⁵ ʃɵt⁵⁵ ʃam⁵⁵ kɛ³³ ka³³ kak³³, mui¹³ kin²² hœŋ⁵⁵ kɔŋ³⁵ tou³³ ŋɔn²² ka³³ ji²² ʃɐp²² ŋ¹³ mɐn⁻⁵⁵, tʃik⁵⁵ hak³³ fat³³ fɔ³³.
(按照先前邮寄给你们的样品报1500打男式衬衫的价格，每件香港到岸价25元，立即发货。)

294. 呢个报盘系一个综合报盘，一系㗎嗨晌爱晒，或者你去第度睇睇先啦。⁽⁷⁾

ni⁵⁵ kɔ³³ pou³³ pʻun⁻³⁵ hei²² jɐt⁵⁵ kɔ³³ tʃuŋ⁵⁵ hap²² pou³³ pʻun⁻³⁵, jɐt⁵⁵ hei²² tʃɐu²² ham²² paŋ²² laŋ²² ɔi³³ ʃai³³, wak³³ tʃɛ³⁵ nei¹³ høy³³ tɐi²² tou²² tʻɐi³⁵ tʻɐi³⁵ ʃin⁵⁵ la⁵⁵.
(这是一个综合报盘，要不就全都接受，或者您先去其他地方看看。)

295. 我哋可以做到最低400文台打印机，运输方面可以畀到10%嘅折头。⁽⁸⁾

ŋɔ¹³ tei²² hɔ³⁵ ji¹³ tʃou²² tou³³ tʃøy³³ tɐi⁵⁵ ʃei³³ pak³³ mɐn⁻⁵⁵ tʻɔi¹¹ ta³⁵ jɐn³³ kei⁵⁵ wɐn²² ʃy⁵⁵ fɔŋ³⁵ min²² hɔ³⁵ ji¹³ pei³⁵ tou³³ pak³³ fɐn²² tʃi⁵⁵ ʃɐp²² kɛ³³ tʃit³³ tʻɐu¹¹.
(我们可以做到最低400元一台打印机，运输方面可以给10%的折扣。)

296. 我哋恢复11月10号嘅报盘。

ŋɔ¹³ tei²² fui⁵⁵ fuk²² ʃɐp²² jɐt⁵⁵ jyt²² ʃɐp²² hou²² kɛ³³ pou³³ pʻun⁻³⁵.
(我们恢复11月10日的报盘。)

297. 我哋向贵公司报出2000吨化肥实盘CIF云南价，每吨2100文，4月发货。

ŋɔ¹³ tei²² hœŋ³³ kwɐi³³ kuŋ⁵⁵ ʃi⁵⁵ pou³⁵ tʃʻɵt⁵⁵ ji²² tʃʻin⁵⁵ tɐn⁵⁵ fa³³ fei¹¹ ʃɐt²² pʻun⁻³⁵ CIF wɐn¹¹ nam¹¹ ka³³, mui¹³ tɐn⁵⁵ ji²² tʃʻin⁵⁵ jɐt⁵⁵ pɐk⁵⁵ mɐn⁻⁵⁵, ʃei³³ jyt²² fat³³ fɔ³³.
(我们向贵公司报出2000吨化肥实盘CIF云南价，每吨2100元，4月发货。)

第10单元 报 盘

298. 我哋嘅呢个确定报价，你公司最好要喺5月31日前回复。

ŋɔ¹³ tei²² kɛ³³ ni⁵⁵ kɔ³³ k'ɔk³³ tiŋ²² pou³³ ka³³, nei¹³ kuŋ⁵⁵ ʃi⁵⁵ tʃɐy³³ hou³⁵ jiu³³ hɐi³⁵ ŋ¹³ jyt²² ʃam⁵⁵ ʃɐp²² jɐt⁵⁵ jɐt²² tʃ'in¹¹ wui¹¹ fuk⁵⁵.

（我们的这个确定报价，你公司最好要在5月31日前回复。）

299. 家下批货系从美国空运返嚟㗎，做到咿个价位已经好尽㗎喇。

ka⁵⁵ ha¹³ p'ɐi⁵⁵ fɔ⁵⁵ hɐi²² tʃ'uŋ¹¹ mei¹³ kwɔk³³ huŋ⁵⁵ wɐn²² fan⁵⁵ lɐi¹¹ ka³³, tʃou²² tou³⁵ ji³⁵ kɔ³³ ka³³ wɐi⁻³⁵ ji¹³ kiŋ⁵⁵ hou³⁵ tʃɐn³³ ka³³ la³³.

（现在这批货是从美国空运回来的，做到这个价位已经是底线了。）

300. 如果贵公司可以响2月1号之前答复嘅话，我哋可以以咿个实价成交。

jy¹¹ kwɔ³⁵ kwɐi³³ kuŋ⁵⁵ ʃi⁵⁵ hɔ³⁵ ji¹³ hœŋ³² ji²² jyt²² jɐt²² hou³³ tʃi⁵⁵ tʃ'in¹¹ tap³³ fuk⁵⁵ kɛ³³ wa³⁵, ŋɔ¹³ tei²² hɔ³⁵ ji¹³ ji¹³ ji⁵⁵ kɔ³³ ʃɐt²² ka³³ ʃiŋ¹¹ kau⁵⁵.

（如果贵公司可以在2月1日前答复的话，我们可以以这个实价成交。）

二、注释

（1）将个实盘整出嚟："整"在广州话是多义词。可以表示"弄、做"，例如：整饺tʃiŋ³⁵ ʃyŋ³³（做菜）；可以表示修理，例如：整车（修车）、整路（修路）。

（2）每吨香港到岸价为1800文："1800文"读tʃ'in⁵⁵ pat³³ mɐn⁻⁵⁵，省略了千位上的"一"。百位或千位以上的数字，如果为"一"的话，口语中均可省略。

（3）赚吓鸡嗉咁多㗎咋："多"口语里变韵读作tœ⁵⁵，词义也就转为反义表示"少"。例如：咁多多kɐm³³ tœ³⁵ tœ⁵⁵（这么少）；啲咁多ti⁵⁵ kɐm³³ tœ⁵⁵（一丁点儿）。

（4）呢个报价有效期自6月1日起再续延10日：广州话的一些词语常用反序。"续延"普通话说"延续"。再如：取录（录取）、欢喜（喜欢）、齐整（整齐）、挤拥（拥挤）、宵夜（夜宵）、紧要（要紧）等。

（5）大家唔系老友记嘅话：广州话的"记"除了和普通话一样表示"记得"之外，还有自己的特殊用法。 它可以放在名词后面作词缀，例如：哥记、老友记。 如果放在人名后往往是表示亲热，如：坚记、祥记。 此外，"记"还可以做店铺名称的末字，如：卖烧腊的"陈兴记"，修理钟表的"李占记"和著名的"李

85

锦记"等等。

（6）1500打男装裇衫嘅价格：英语shirt广州话译为 ʃɵt55 ʃam55，并造俗字"裇"，成为"裇衫"。这个外来词进入普通话后写作"恤衫"。因为"裇"已在当地流行，故本书从俗用"裇"。

（7）冚唪呤爱晒：广州话的"爱"不表示对人对事物有很深的感情，而是表示"要"，与普通话所表示的意思完全不同。

（8）400文台打印机：量词"台"的前面省略了数词"一"。这在广州方言口语中极常见。

三、生词

即时 tʃik55 ʃi11	立即	冇计 mou13 kei-35	没办法
熟行 ʃuk22 hɔŋ11	在行	即系 tʃi55 hɐi22	就是
飙 piu55	升	第度 tɐi22 tou22	其他地方
鸡嗉咁多 kei55 ʃɵy33 kɐm33 tœ55/		快手 fai33 ʃɐu35	迅速；麻利
鸡嗉咁啲 kei55 ʃɵy33 kɐm33 ti35	比喻极少	爱 ɔi33	要

四、词语扩展

- 实盘 ʃɐt22 pʻun-35
- 虚盘 hɵy55 pʻun-35
- 卖方报盘 mai22 fɔŋ55 pou33 pʻun-35
- 变更报盘 pin33 kɐŋ55 pou33 pʻun-35
- 延长报盘 jin11 tʃʻœŋ11 pou33 pʻun-35
- 恢复报盘 fui55 fuk22 pou33 pʻun-35
- 买方报盘 mai23 fɔŋ55 pou33 pʻun-35
- 考虑报盘 hau35 lɵy22 pou33 pʻun-35
- 比较报盘 pei35 kau33 pou33 pʻun-35
- 撤销报盘 tʃʻit33 ʃiu55 pou33 pʻun-35
- 寄送报盘 kei33 ʃuŋ33 pou33 pʻun-35
- 接受报盘 tʃip33 ʃɐu22 pou33 pʻun-35
- 谢绝报盘 tʃɛ22 jyt22 pou33 pʻun-35
- 报盘价格 pou33 pʻun-35 ka33 kak33
- 留盘 lɐu11 pʻun-35
- 有效时间 jɐu13 hau22 ʃi11 kan33
- 确实报价 kʻɔk33 ʃɐt22 pou33 ka33
- 价格公道 ka33 kak33 kuŋ55 tou22

附：广州话的指示代词和处所词

广州话的指示代词和普通话的不同，近指用"呢"，远指用"吖"，其对应见下表：

广州话	普通话
呢 ni^{55}	这
吖 kɔ^{35}	那

"呢"除了读ni^{55}之外，还有nei^{55}和ji^{55}的读音。由于现代广州话的口语大多n、l不分，因此口语里还流行li^{55}、lei^{55}的读音（详见第2单元注释10）。"呢"和"吖"这两个指示代词虽然可对译成普通话的"这"和"那"，但是它们都不能单独使用，后面必须要有量词或数量词才行，这是与普通话不相同的地方。

广州话的处所词也和普通话的有不同。见下表所示：

指示内容	广州话	普通话
近指	呢度 ni^{55} tou^{22}、呢处 ni^{55} ʃy^{33}	这
远指	吖度 kɔ^{35} tou^{22}、吖处 kɔ^{35} ʃy^{33}	那
中性指	度 tou^{22}；处 ʃy^{33}	

广州话的处所词，除了近指和远指，还有一种中性指。中性指用于无需区分或者区分不出远近的处所。例如：

文件喺佢呢度。（文件在他这儿。近指）

文件喺佢吖度。（文件在他那儿。远指）

文件喺佢度。（文件在他<这、那>儿。中性指）

第11单元　还　盘

一、课文

301. 我哋产品嘅质素喺市场度一直有好好嘅口碑，考虑埋质量嘅因素，呢个价系好合理嘅。

ŋɔ¹³ tei²² tʃʻan³⁵ pɐn³⁵ kɛ³³ tʃɐt⁵⁵ ʃou³³ hɐi³⁵ ʃi¹³ tʃʻœŋ¹¹ tou²² jɐt⁵⁵ tʃik²² jɐu¹³ hou³⁵ hou³⁵ kɛ³³ hɐu³⁵ pei⁵⁵, hau³⁵ lɵy²² mai¹¹ tʃɐt⁵⁵ lœŋ²² kɛ³³ jɐn⁵⁵ ʃou³³, ni¹³ kɔ¹³ ka³³ hɐi²² hou³⁵ hap²² lei¹³ kɛ³³.

（我们产品的质量在市场上一直有很好的口碑，考虑上质量的因素，这个价是很合理的。）

302. 你哋产品系靓，但系个价都唔使因为噉就抬到咁高啊！照直讲啦，咿个报价嘅水分唔少㗎。

nei¹³ tei²² tʃʻan³⁵ pɐn³⁵ hɐi²² lɛŋ³³, tan²² hɐi²² kɔ³³ ka³³ tou⁵⁵ m¹¹ ʃɐi³⁵ jɐn⁵⁵ wɐi²² kɐm³⁵ tʃɐu²² tʻɔi¹¹ tou³³ kɐm³³ kou⁵⁵ a⁵³! tʃiu³³ tʃik²² kɔŋ³⁵ la⁵⁵, ji⁵⁵ kɔ³³ pou⁵⁵ ka³³ kɛ³³ ʃɵy³⁵ fɐn²² m¹¹ ʃiu³⁵ ka³³.

（你们的产品是好，但是价格不能因为这样就抬得这么高啊！直说了吧，这个报价水分不少。）

303. 唔系噉讲嘅，阿生！我哋公司畀到噉嘅价位，已经冇咩赚喇！你都知啦，原材料一年涨几次，啲价有咩理由唔变吖？

m¹¹ hɐi²² kɐm³⁵ kɔŋ³⁵ kɛ³⁵, a³³ ʃaŋ⁵⁵! ŋɔ¹³ tei²² kuŋ⁵⁵ ʃi⁵⁵ pei³⁵ tou³³ kɐm³⁵ kɛ³³ ka³³ wɐi⁻³⁵, ji¹³ kiŋ⁵⁵ mou¹³ mɛ⁵⁵ tʃan²² la³³! nei¹³ tou⁵⁵ tʃi⁵⁵ la⁵⁵, jyn¹¹ tʃʻɔi¹¹ liu⁻³⁵ jɐt⁵⁵ nin¹¹ tʃœŋ³³ kei³⁵ tʃʻi³³, ti⁵⁵ ka³³ jɐu¹³ mɛ⁵⁵ lei¹³ jɐu¹¹ m¹¹ pin³³ a³³?

（话不能这么说，先生！我们公司给出这样的价位，已经没什么赚了。您也知道，材料一年涨几次，价格有什么理由不变呢？）

304. 我哋嘅报价系羊毛毡每张900文，天津离岸价。

ŋɔ¹³ tei²² kɛ³³ pou³³ ka³³ hɐi²² jœŋ¹¹ mou¹¹ tʃin⁵⁵ mui¹³ tʃœŋ⁵⁵ kɐu³⁵ pak³³ mɐn⁻⁵⁵, t'in⁵⁵ tʃɐn⁵⁵ lɐi¹¹ ŋɔn²² ka³³.

(我们的报价是羊毛毡每张900元，天津离岸价。)

305. 只价好似有啲离谱喎，点都打返多少折头我哋啩？⁽¹⁾

tʃɛ³³ ka³³ hou³⁵ tʃ'i¹³ jɐu¹³ ti⁵⁵ lɐi¹¹ p'ou³⁵ wɔ³³, tim³⁵ tou⁵⁵ ta³⁵ fan⁵⁵ tɔ⁵⁵ ʃiu³⁵ tʃit³³ t'ɐu¹¹ ŋɔ¹³ tei²² kwa³³?

(价格似乎有点离谱，怎么也得给我们打点儿折扣吧？)

306. 我哋嘅报价唔系立乱嚟嘅，佢有合理嘅利润为依据。羊毛价格喺旧年就起得好紧要，所以呢个价系唔高㗎喇。

ŋɔ¹³ tei²² kɛ³³ pou³³ ka³³ m¹¹ hɐi²² lɐp²² lyn⁻³⁵ lɐi¹¹ kɛ³³, k'ɵy¹³ jɐu¹³ hap²² lei¹³ kɛ³³ lei²² jɐn²² wɐi¹¹ ji³⁵ kɵy³³. jœŋ¹¹ mou¹¹ ka³³ kak³³ hɐi³⁵ kɐu²² nin⁻³⁵ tʃɐu²² hei³⁵ tɐk⁵⁵ hou³⁵ kɐn³⁵ jiu³³, ʃɔ³⁵ ji¹³ ni⁵⁵ kɔ³³ ka³³ hɐi²² m¹¹ kou⁵⁵ ka³³ la³³.

(我们的报价不是乱来的，它有合理的利润为依据。羊毛价格在去年就涨得很厉害，所以这个价是不高的。)

307. 讲真吖句，我对咿个报价都系感到遗憾。

kɔŋ³⁵ tʃɐn⁵⁵ kɔ³⁵ kɵy³³, ŋɔ¹³ tɵy³³ ji⁵⁵ kɔ³³ pou³³ ka³³ tou⁵⁵ hɐi²² kɐm³⁵ tou³³ wɐi¹¹ hɐm²².

(说实话，我对这个报价还是感到遗憾。)

308. 以噉嘅价位交易，我哋会蚀得好犀利个㗎。⁽²⁾

ji¹³ kɐm³⁵ kɛ³³ ka³³ wɐi⁻³⁵ kau⁵⁵ jik²², ŋɔ¹³ tei²² wui¹³ ʃit²² tɐk⁵⁵ hou³⁵ ʃɐi⁵⁵ lei²² kɔ³³ pɔ³³.

(以这样的价格交易，我们会亏得很厉害。)

309. 哗，个价认真高得紧要！我啲客好难接受㗎。⁽³⁾

wa³³, kɔ³³ ka³³ jiŋ⁻³⁵ tʃɐn⁵⁵ kou⁵⁵ tɐk⁵⁵ kɐn³⁵ jiu³³! ŋɔ¹³ ti⁵⁵ hak³³ hou³⁵ nan¹¹ tʃip³³ ʃɐu²² ka³³.

(喔！这个价确实太高了！我的客户很难接受的。)

310. 真系唔怕话畀你知啊，呢种质素嘅货我哋响第度都可以买到，而且个价仲低过你哋好多添。

tʃɐn⁵⁵ hɐi²² m¹¹ pʻa³³ wa²² pei³⁵ nei¹³ tʃi¹³ a⁵⁵, ni⁵⁵ tʃuŋ³⁵ tʃɐt⁵⁵ ʃou³³ kɛ³³ fɔ³³ ŋɔ¹³ tei²² hœn³⁵ tɐi²² tou²² tou⁵⁵ hɔ³⁵ ji¹³ mai¹³ tou³⁵, ji¹¹ tʃʻɛ³⁵ kɔ³³ ka³³ tʃuŋ²² tɐi²² kwɔ³³ nei¹³ tɐi²² hou³⁵ tɔ⁵⁵ tʻim⁵⁵.

（真的不怕跟您说，这种质量的货物我们在其他地方也能买到，而且价格还比你们的低很多。）

311. 点解你哋嘅标价同你哋同行嘅报价争咁远喋？按正嚟讲，你哋系有相同嘅成本结构先啱喋？

tim³⁵ kai³⁵ nei¹³ tei²² kɛ³³ piu⁵⁵ ka³³ tʻuŋ¹¹ nei¹³ tei²² tʻuŋ¹¹ hɔŋ¹¹ kɛ³³ pou³³ ka³³ tʃaŋ⁵⁵ kɐm³⁵ jyn¹³ ka³³? ɔn³³ tʃɐŋ³³ lɐi¹¹ kɔŋ³⁵, nei¹³ tei²² hɐi²² jeu¹³ ʃœŋ⁵⁵ tʻuŋ¹¹ kɛ³³ ʃiŋ¹¹ pun³⁵ kit³³ kʻɐu³³ ʃin⁵⁵ ŋam⁵⁵ ka³⁵?

（为什么你们的标价跟你们同行的报价差这么远？按理说，你们是有相同的成本结构才对呀。）

312. 开明车马同你讲喇，你哋嘅报价高得滞，我哋可以运你公司嘅同行度买到仲平嘅货。(4)

hɔi⁵⁵ miŋ¹¹ kɵy⁵⁵ ma¹³ tʻuŋ¹¹ nei¹³ kɔŋ³⁵ la³³, nei¹³ tei²² kɛ³³ pou³³ ka³³ kou⁵⁵ tɐk⁵⁵ tʃɐi²², ŋɔ¹³ tei²² hɔ³⁵ ji¹³ wɐn²² nei¹³ kuŋ⁵⁵ ʃi⁵⁵ kɛ³³ tʻuŋ¹¹ hɔŋ¹¹ tou²² mai¹³ tou³⁵ tʃuŋ²² pʻɛŋ¹¹ kɛ³³ fɔ³³.

（打开天窗说亮话，你们的报价太高了，我们可以从你们公司的同行那儿买到更便宜的货。）

313. 你哋嘅报价高过市价咁多，接受得嚟，我哋公司即系唔使做喋啦。

nei¹³ tei²² kɛ³³ pou³³ ka³³ kou⁵⁵ kwɔ³³ ʃi¹³ ka³³ kɐm³³ tɔ⁵⁵, tʃip³³ ʃɐu²² tɐk⁵⁵ lɐi¹¹, ŋɔ¹³ tei²² kuŋ⁵⁵ ʃi⁵⁵ tʃik⁵⁵ hɐi²² m¹¹ ʃɐi³⁵ tʃou²² ka³³ la⁵⁵.

（你们的报价比市价高这么多，接受的话，我们公司就是别做了。）

314. 我哋好难接受你哋嘅价位。同其他供应商嘅报价比起身，你哋嘅价格完全冇优势。

ŋɔ¹³ tei²² hou³⁵ nan¹¹ tʃip³³ ʃɐu²² nei¹³ tei²² kɛ³³ ka³³ wɐi⁻³⁵. tʻuŋ¹¹ kʻei¹¹ tʻa⁵⁵

kuŋ⁵⁵ jiŋ³³ ʃœŋ⁵⁵ kɛ³³ pou³³ ka³³ pei³⁵ hei³⁵ ʃɐn⁵⁵, nei¹³ tei¹¹ kɛ³³ ka³³ kak³³ jyn¹¹ tʃʻyn¹¹ mou¹³ jɐu⁵⁵ ʃɐi³³.
（我们很难接受你们的价位。跟其他供应商的报价相比，你们的价格完全没有优势。）

315. 如果呢个系你哋所讲嘅实价，噉大家好难合作嘞。
jy¹¹ kwɔ³⁵ ni⁵⁵ kɔ³³ hei²² nei¹³ tei²² ʃɔ³⁵ kɔŋ³⁵ kɛ³³ ʃɐt²² ka³³, kɐm³⁵ tai²² ka⁵⁵ hou³⁵ nan¹¹ hɐp²² tʃɔk³³ lak³³.
（如果这个是你们所说的实价，那大家很难合作了。）

316. 你哋可以喺价格度作出啲让步嘅话，我公司就好有可能继续落单。
nei¹³ tei²² hɔ³⁵ ji¹³ hei³⁵ ka³³ kak³³ tou²² tʃɔk³³ tʃʻɵt³³ ti⁵⁵ jœŋ²² pou²² kɛ³³ wa⁻³⁵, ŋɔ¹³ kuŋ⁵⁵ ʃi⁵⁵ tʃɐu²² hou³⁵ jɐu³⁵ hɔ³⁵ nɐŋ¹¹ kɐi³³ tʃuk²² lɔk²² tan⁵⁵.
（你们能够在价格上作出些让步的话，我公司就很有可能继续下订单。）

317. 我哋嘅利润已经好微，如果仲要再低嘅话，我哋唔使再做喇。
ŋɔ¹³ tei²² ti³³ lei²² jɐn²² ji¹³ kiŋ⁵⁵ hou³⁵ mei¹¹, jy¹¹ kwɔ³⁵ tʃuŋ²² jiu³³ tʃɔi³³ tɐi⁵⁵ kɛ³³ wa⁻³⁵, ŋɔ¹³ tei²² m¹¹ ʃɐi³⁵ tʃɔi³³ tʃou²² la³³.
（我们的利润已经很少，如果还要再低的话，我们不必再做了。）

318. 冇谂到啲折头畀到咁低，我哋而家唯有同其他公司合作㗎喇。
mou¹³ n̥ɐm³⁵ tou³³ ti⁵⁵ tʃit²² tʻɐu¹¹ pei³⁵ tou³³ kɐm³³ tɐi⁵⁵, ŋɔ¹³ tei²² ji¹¹ ka⁵⁵ wɐi¹¹ jɐu¹³ tʻuŋ¹¹ kʻei¹¹ tʻa⁵⁵ kuŋ⁵⁵ ʃi⁵⁵ hɐp²² tʃɔk²² ka³³ la³³.
（没想到折扣给得这么低，我们现在只有和其他公司合作了。）

319. 同样嘅嘅产品，第间厂嘅价低过你哋好多，所以我哋好难同你哋交易。
tʻuŋ¹¹ jœŋ¹³ kɐm³⁵ kɛ³³ tʃʻan³⁵ pɐn³⁵, tɐi²² kan⁵⁵ tʃʻɔŋ³⁵ kɛ³³ ka³³ tɐi⁵⁵ kwɔ³³ nei¹³ tei²² hou³⁵ tɔ⁵⁵, ʃɔ³⁵ ji¹³ ŋɔ¹³ tei²² hou³⁵ nan¹¹ tʻuŋ¹¹ nei¹³ tei²² kau⁵⁵ jik²².
（同样的产品，别的厂的价格比你们低很多，所以我们很难和你们交易。）

320. 你哋嘅报价高出其他供货商8个百分点，同而家嘅市场价争得太远喇。

nei¹³ tei²² kɛ³³ pou³³ ka³³ kou⁵⁵ tʃˈɵt⁵⁵ kˈei¹¹ ta⁵⁵ kuŋ⁵⁵ fɔ³³ ʃœŋ⁵⁵ pat³³ kɔ³³ pak³³ fɐn²² tim³⁵, tˈuŋ¹¹ ji¹¹ ka⁵⁵ kɛ³³ ʃi¹³ tʃˈœŋ¹¹ ka³³ tʃaŋ⁵⁵ tɐk⁵⁵ tˈai²² jyn¹³ la³³.

（你们的报价高出其他供货商8个百分点，和现在的市场价差得太远了。）

321. 呢个报价超出咗我哋嘅预算。就算啲货好靓，呢个价都仲系高得滞。

ni⁵⁵ kɔ³³ pou³³ ka³³ tʃˈiu⁵⁵ tʃɵt⁵⁵ tʃɔ³⁵ ŋɔ¹³ tei²² kɛ³³ jy²² ʃyn³³. tʃɐu²² ʃyn³³ ti⁵⁵ fɔ³³ hou³⁵ lɛŋ³⁵, ni¹¹ kɔ³³ ka³³ tou⁵⁵ tʃuŋ²² hɐi²² kou⁵⁵ tɐk⁵⁵ tʃɐi²².

（这个报价超出了我们的预算。就算是货物质量很好，这个价格也还是太高了。）

322. 你哋嘅报价咁高，我哋真系好难说服啲客接受㗎。噉嘅话大家点再倾落去咧?

nei¹³ tei²² kɛ³³ pou³³ ka³³ kɐm³³ kou⁵⁵, ŋɔ¹³ tei²² tʃɐn⁵⁵ hɐi²² hou³⁵ nan¹¹ ʃyt³³ fuk²² ti⁵⁵ hak³³ tʃip³³ ʃɐu²² ka³³. kɐm³⁵ kɛ³³ wa⁻³⁵ tai²² ka⁵⁵ tim³⁵ tʃɔi³³ kˈiŋ⁵⁵ lɔk²² hɵy³³ lɛ⁵⁵?

（你们的报价这么高，我们真的是很难说服客户接受的。这样的话大家怎么再谈下去呢?）

323. 虽然你哋啲货好啱我哋心水，好遗憾，我哋冇办法接受你哋嘅供货条件。

ʃɵy⁵⁵ jin¹¹ nei¹³ tei²² ti⁵⁵ fɔ³³ hou³⁵ ŋam⁵⁵ ŋɔ¹³ tei²² ʃɐm⁵⁵ ʃɵy³⁵, hou³⁵ wɐi¹¹ hɐm²², ŋɔ¹³ tei²² mou¹³ pan²² fat³³ tʃip³³ ʃɐu²² nei¹³ tei²² kɛ³³ kuŋ⁵⁵ fɔ³³ tˈiu¹¹ kin³³.

（虽然你们的货很合我们心意，很遗憾，我们没办法接受你们的供货条件。）

324. 我哋都知啲货喺唔同嘅地区，个价格梗有偏差。但系你哋嘅价位点睇都系高得滞喇。

ŋɔ¹³ tei²² tou⁵⁵ tʃi⁵⁵ ti⁵⁵ fɔ³³ hɐi³⁵ m¹¹ tˈuŋ¹¹ kɛ³³ tei²² kˈɵy⁵⁵, kɔ³³ ka³³ kak³³ kɐŋ³⁵ jɐu¹¹ pˈin⁵⁵ tʃˈa⁵⁵. tan²² hɐi²² nei¹³ tei²² kɛ³³ ka³³ wɐi⁻³⁵ tim³⁵ tˈɐi³⁵ tou⁵⁵ hɐi²² kou⁵⁵ tɐk⁵⁵ tʃɐi²² la³³.

（我们都知道货物在不同的地区，价格肯定有偏差。但是你们的价位怎么看都是太高了。）

325. 讲真句嘞，见你系熟客，我哋先至畀到嗷嘅价位你。家阵生意难做，你唔系唔知㗎？

koŋ³⁵ tʃɐn⁵⁵ køy²² lak³³, kin³³ nei¹³ hɐi²² ʃuk²² kak³³, ŋɔ¹³ tei²² ʃin⁵⁵ tʃi³³ pei³⁵ tou³⁵ kɐm³⁵ kɛ³³ ka³³ wɐi⁻³⁵ nei¹³. ka⁵⁵ tʃɐn⁻³⁵ ʃaŋ⁵⁵ ji³³ nan¹¹ tʃou²², nei¹³ m¹¹ hɐi²² m¹¹ tʃi⁵⁵ ka³⁵?

（说句老实话，看到您是熟客，我们才给您这样的价位。现在生意难做，您不是不知道吧？）

326. 喺我哋度，同类嘅产品好多，价格亦都好低，你哋啲价咁离谱，会吓走晒啲客嘅。

hɐi³⁵ ŋɔ¹³ tei²² tou²², t'uŋ¹¹ løy²² kɛ⁵⁵ tʃ'an³⁵ pɐn³⁵ hou³⁵ tɔ⁵⁵, ka³³ kak³³ jik²² tou⁵⁵ hou³⁵ tɐi⁵⁵, nei¹³ tei²² ti⁵⁵ ka³³ kɐm³³ lei¹¹ p'ou³⁵, hui¹³ ha²² tʃɐu³⁵ ʃai³³ ti⁵⁵ hak³³ kɛ³³.

（在我们这儿，同类的产品很多，价格也都很低，你们的价格这么离谱，会把客户吓跑的。）

327. 我都知你啲货好靓。不过咧，家下搵食艰难，嗷嘅价位点顶得顺吖？

ŋɔ¹³ tou⁵⁵ tʃi⁵⁵ nei¹³ ti⁵⁵ fɔ³³ hou³⁵ lɛŋ³³. pɐt⁵⁵ kwɔ³³ lɛ³³, ka⁵⁵ ha¹³ wɐn³⁵ ʃik²² kan⁵⁵ nan¹¹, kɐm³⁵ kɛ³³ ka³³ wɐi⁻³⁵ tim³⁵ tiŋ³⁵ tɐk⁵⁵ ʃɵn²² a³³?

（我也知道您的货很好。不过呢，现在赚钱不易，这样的价位怎么接受得了？）

328. 我哋双方都坚持自己嘅价格似乎唔系几明智个噃。不如嗷啦，大家都抵谂啲，一人一步，嗷咪可以做成啰！唔知你哋嘅意见点咧？

ŋɔ¹³ tei²² ʃœŋ⁵⁵ fɔŋ³³ tou³³ kin⁵⁵ tʃ'i¹¹ tʃi²² kei³⁵ kɛ³³ ka³³ kak³³ tʃ'i¹³ fu¹¹ m¹¹ hɐi²² kei³⁵ miŋ¹¹ tʃi¹³ kɔ³³ pɔ³³. pɐt⁵⁵ jy¹¹ kɐm³⁵ la⁵⁵, tai²² ka⁵⁵ tou⁵⁵ tɐi³⁵ nɐm³⁵ ti⁵⁵, jɐt⁵⁵ jɐn¹¹ jɐt⁵⁵ pou²², kɐm³⁵ mɐi²² hɔ³⁵ ji¹³ tʃou²² ʃɵŋ¹¹ lɔ⁵⁵! m¹¹ tʃi⁵⁵ nei¹³ tei²² kɛ³³ ji³³ kin³³ tim³⁵ lɛ⁵⁵?

（我们双方都坚持自己的价格似乎不是很明智。不如这样，大家都想开点儿，一人让一步，那不就可以成交了！不知道你们的意见怎么样？）

329. 噉好啊，大家各让一半，5%得唔得？

kɐm³⁵ hou³⁵ a⁵⁵, tai²² ka³⁵ kɔk³³ jœŋ²² jɐt⁵⁵ pun³³, pak³³ fɐn²² tʃi⁵⁵ ŋ¹³ tɐk⁵⁵ m¹¹ tɐk⁵⁵?

（那好啊！大家各让一半，5%行不行？）

330. 多谢晒。为咗照顾啲熟客，成交啦！

tɔ⁵⁵ tʃɛ²² ʃai³³. wɐi²² tʃɔ³⁵ tʃiu³³ ku³³ ti⁵⁵ ʃuk²² hak³³, ʃiŋ³³ kau⁵⁵ la⁵⁵!

（谢谢。为了照顾熟客，成交！）

二、注释

（1）点都打返多少折头我哋啩：这句"我哋"前面省略了"畀"，这在口语里极为常见。

（2）我哋会蚀得好犀利个嘑：广州人亏本不说"蚀ʃik²²"而说"贴ʃit²²"，并自造方言俗字"贴ʃit²²"。

（3）哗，个价认真高得紧要："哗"是极为常用的叹词，口语中有三种读音：wa¹¹/ wa³⁵/wa⁵⁵，读音虽有不同，但都是表示惊讶。

（4）你哋嘅报价高得滞："得滞"，助词，用于形容词后，常表示程度过分。例如：贵得滞（太贵了）、流得滞（太差了）。

三、生词

立乱 lɐp²² lyn⁻³⁵	乱；随便	揾食 wɐn³⁵ ʃik²²	谋生；挣钱
贴 ʃit²²	亏损；损耗	顶得顺 tiŋ³⁵ tɐk⁵⁵ ʃɵn²²	受得了；支撑得了
争 tʃaŋ⁵⁵	差欠		
开明车马 hai⁵⁵ miŋ¹¹ kœy⁵⁵ ma¹³		抵 tɐi³⁵	值得；便宜
	开宗明义	抵谂 tɐi³⁵ nɐm³⁵	相让；想得开

94

四、词语扩展

- 重新发盘 tʃʻuŋ¹¹ ʃɐn⁵⁵ fat³³ pʻun⁻³⁵
  专门发盘 tʃyn⁵⁵ mun¹¹ fat³³ pʻun⁻³⁵
- 以未出售为准的发盘 ji¹³ mei²² tʃʻɵt⁵⁵ ʃɐu²² wɐi¹¹ tʃɐn³⁵ tik⁵⁵ fat³³ pʻun⁻³⁵
  以有舱位为准的发盘 ji¹³ jɐu¹³ tʃʻɔŋ⁵⁵ wɐi²² wɐi¹¹ tʃɐn³⁵ tik⁵⁵ fat³³ pʻun⁻³⁵
- 有权先售的发盘 jɐu¹³ kʻyn¹¹ ʃin⁵⁵ ʃɐu²² tik⁵⁵ fat³³ pʻun⁻³⁵
  暂停发盘 tʃam²² tʻiŋ¹¹ fat³³ pʻun⁻³⁵
- 综合发盘 tʃuŋ⁵⁵ hap²² fat³³ pʻun⁻³⁵
  以美元开价 ji¹³ mei¹³ jyn¹¹ hɔi⁵⁵ ka³³
- 以人民币开价 ji¹³ jɐn¹¹ mɐn¹¹ pei²² hɔi⁵⁵ ka³³
  有竞争力的开价 jɐu¹³ kiŋ³³ tʃɐŋ⁵⁵ lik²² tik⁵⁵ hɔi⁵⁵ ka³³

附:广州话的疑问代词

广州话的疑问代词和普通话有很多不同。其比较见下表:

疑问内容	广州话	普通话
事物	乜 mɐt⁵⁵ / 乜嘢 mɐt⁵⁵ jɛ¹³ / 咩 mɛ⁵⁵ / 咩嘢 mɛ⁵⁵ jɛ¹³	什么
确指的人	边个 pin⁵⁵ kɔ³³	谁
处所	边 pin⁵⁵ / 边度 pin⁵⁵ tou²² / 边处 pin⁵⁵ ʃy³³	哪儿
数量	几 kei³⁵ / 几多 kei³⁵ tɔ⁵⁵	多少
程度	几 kei³⁵	多
时间	几时 kei³⁵ ʃiʳ¹	什么时候
性状、方式	点 tim³⁵ / 点样 tim³⁵ jœŋ⁻³⁵	怎么、怎样
原因、目的	点解 tim³⁵ kai³⁵ / 为乜 wɐi²² mɐt⁵⁵ / 为乜嘢 wɐi²² mɐt⁵⁵ jɛ¹³	为什么
	做乜 tʃou²² mɐt⁵⁵ / 做乜嘢 tʃou²² mɐt⁵⁵ jɛ¹³	干什么

需要注意下面两个问题:

(1)关于"边"。广州话问人的"边",虽然可译成普通话的"谁",但是和普通话的用法不同。这个"边"不能单独使用，后面一定要有量词，而普通话的"谁"是可以单用的。例如：你揾边个 nei^{13} wɐn^{35} pin^{55} kɔ^{33}（您找谁)？而问处所的"边"，译成普通话是"哪儿"，其实是"边度"、"边处"的省说。例如：你去边 nei^{13} hey^{33} pin^{55}（你去哪儿）？另外，"边处"的"处"，本音读 tsʻy^{33}，口语变读为 ʃy^{33}。

（2）关于"几"。广州话问数量的"几"和"几多"在语法功能上有差异。"几"不直接修饰名词，只和量词结合。例如：几只船 kei^{35} tʃek^{33} ʃyn^{11}（几艘船）；"几多"可直接修饰名词，也可和量词结合。例如：几多货 kei^{35} tɔ^{55} fɔ^{33}（多少货）？也可说成几多箱货 kei^{35} tɔ^{55} ʃœŋ^{55} fɔ^{33}（多少箱货）？

第12单元　对还盘的反应

一、课文

331. 唔好意思，呢个价位已经好合理㗎喇。但系我认为你哋嘅还盘同市场价争得太远嘞。

m¹¹ hou³⁵ ji³³ ʃi³³, ji⁵⁵ kɔ³³ ka³³ wei⁻³⁵ ji¹³ kiŋ⁵⁵ hou³⁵ hap²² lei¹³ ka³³ la³³. tan²² hei²² ŋɔ¹³ jiŋ²² wei¹¹ nei¹³ tei²² ke³³ wan¹¹ pʻun⁻³⁵ tʻuŋ¹¹ ʃi¹³ tʃʻœŋ¹¹ ka³³ tʃaŋ⁵⁵ tɐk⁵⁵ tʻai³³ jyn¹³ lak³³.

（不好意思，这个价位已经很合理了。但是我认为你们的还盘和市场价相差得太远了。）

332. 啲货订得咁少，仲要捞10%嘅折头，噉真系唔好意思嘞，阿生！我哋公司系好难做到个嘛。

ti⁵⁵ fɔ³³ tɛŋ²² tɐk⁵⁵ kɐm³³ ʃiu³⁵, tʃuŋ²² jiu³³ lɔ³⁵ pak³³ fɐn²² tʃi⁵⁵ ʃɐp²² ke³³ tʃit³³ tʻɐu¹¹, kɐm²² tʃɐn⁵⁵ hei²² m¹¹ hou³⁵ ji³³ ʃi³³ lak³³, a³³ ʃaŋ⁵⁵! ŋɔ¹³ tei²² kuŋ⁵⁵ ʃi⁵⁵ hei²² hou³⁵ nan¹¹ tʃou²² tou³³ kɔ³³ pɔ³³.

（货订得这么少，还要拿10%的折扣，那真是不好意思，先生！我们公司是很难做到的。）

333. 噉当然啦，假如你哋至少订到10000套以上嘅话，啱先你哋提出嘅价位都仲有得倾下。

kɐm³⁵ tɔŋ⁵⁵ jin⁻³⁵ la³⁵, ka³⁵ jy¹¹ nei¹³ tei²² tʃi³³ ʃiu³⁵ tɛŋ²² tou³³ jɐt⁵⁵ man²² tʻou³³ ji¹³ ʃœŋ²² ke³³ wa⁻³⁵, ŋam³³ ʃin⁵⁵ nei¹³ tei²² tʻɐi¹¹ tʃʻɵt⁵⁵ ke³³ ka³³ wei⁻³⁵ tou⁵⁵ tʃuŋ²² jɐu¹³ tɐk⁵⁵ kʻiŋ⁵⁵ ha¹³.

（那当然了，假如你们至少订到10000套以上的话，刚才你们提出的价位还有可能谈谈。）

334. 你哋订啲货咁少，我哋真系好难畀到噉低嘅价位你㗎。

nei¹³ tei²² teŋ²² ti⁵⁵ fɔ³³ kɐm³³ ʃiu³⁵, ŋɔ¹³ tei²² tʃɐn⁵⁵ hei²² hou³⁵ nan¹¹ pei³⁵ tou³⁵ kɐm³³ tɐi⁵⁵ kɛ³³ ka³³ wɐi⁻³⁵ nei¹³ ka³³.

(你们订的货这么少，我们真的很难给你们这么低的价位。)

335. 唔使讲第样嘞，就系啲原材料家阵都冚唪呤贵晒啦。所以，我哋呢个价已经非常之合理喇，真系好难降到贵公司想要嘅价位嘞。

m¹¹ ʃɐi³⁵ kɔŋ³⁵ tɐi²² jœŋ⁻³⁵ lak³³, tʃɐu²² hei²² ti⁵⁵ jyn¹¹ tʃʰɔi¹¹ liu⁻³⁵ ka⁵⁵ tʃɐn⁻³⁵ tou⁵⁵ hɐm²² paŋ²² laŋ²² kwɐi³³ ʃai³³ la⁵⁵. ʃɔ³⁵ ji¹³, ŋɔ¹³ tei²² ni⁵⁵ kɔ³³ ka³³ ji¹³ kiŋ⁵⁵ fei⁵⁵ ʃœŋ¹¹ tʃi⁵⁵ hap²² lei¹³ la³³, tʃɐn⁵⁵ hei²² hou³⁵ nan¹¹ kɔŋ³³ tou³³ kwɐi³³ kuŋ⁵⁵ ʃi⁵⁵ ʃœŋ³⁵ jiu³³ kɛ³³ ka³³ wɐi⁻³⁵ lak³³.

(不用说别的，就是原材料现在全都贵了。所以，我们这个价已经很合理的了，真的很难降到贵公司想要的价位。)

336. 阿余生，你都格过好多间公司嘅价位㗎啦，冇话唔知呢个价已经优惠到极，你仲要捞折头，叫人点做吖？⁽¹⁾

a³³ jy¹¹ ʃaŋ⁵⁵, nei¹³ tou⁵⁵ kak³³ kwɔ³³ hou³⁵ tɔ⁵⁵ kan⁵⁵ kuŋ⁵⁵ ʃi⁵⁵ kɛ³³ ka³³ wɐi⁻³⁵ ka³³ la⁵⁵, mou¹³ wa²² m¹¹ tʃi⁵⁵ ni⁵⁵ kɔ³³ ka³³ ji¹³ kiŋ⁵⁵ jɐu⁵⁵ wɐi³³ tou³³ kik²², nei¹³ tʃuŋ²² jiu³⁵ lɔ³⁵ tʃit³³ tʰou¹¹, kiu³³ jɐn¹¹ tin³⁵ tʃou²² a³³?

(余先生，您已经比较过很多家公司的价格了，不能说不知道这个价已经很优惠了，您还要拿折扣，叫人怎么做呢？)

337. 你哋嘅还盘同我哋嘅实价争得远得滞，呢单生意睇嚟真系比较难倾得成嘞。

nei¹³ tei²² kɛ³³ wan¹¹ pʰun⁻³⁵ tʰuŋ¹¹ ŋɔ¹³ tei²² kɛ³³ ʃɐt²² ka³³ tʃaŋ⁵⁵ tɐk⁵⁵ jyn¹³ tɐk⁵⁵ tʃɐi²², ni⁵⁵ tan⁵⁵ ʃaŋ⁵⁵ ji³³ tʰɐi³⁵ lɐi¹¹ tʃɐn⁵⁵ hei²² pei³⁵ kau³³ nan¹¹ kʰiŋ³⁵ tɐk⁵⁵ ʃeŋ¹¹ lak³³.

(你们的还盘和我们的实价相差得太远，这笔生意看来真的比较难谈成了。)

338. 真系好荣幸，你哋对我哋产品咁感兴趣！家下生意难做，我哋的利润已经好微㗎喇，唔好意思，点都冇办法畀到啱你哋心水嘅价位啰。

tʃɐn⁵⁵ hɐi²² hou³⁵ wiŋ¹¹ hɐŋ²², nei¹³ tei²² tɵy³³ ŋɔ¹³ tei²² tʃʻan³³ pɐn³⁵ kɐm³³ kɐm³⁵ hiŋ³³ tʃʻɵy³³! ka⁵⁵ ha¹³ ʃaŋ⁵⁵ ji³³ nan¹¹ tʃou²², ŋɔ¹³ tei²² ti⁵⁵ lei²² jɐn²² ji¹³ kiŋ³⁵ hou³⁵ mei¹¹ ka³³ la³³, m¹¹ hou³⁵ ji³³ ʃi³³, tim³⁵ tou⁵⁵ mou¹³ pan²² fat³³ pei¹³ tou³⁵ ŋam⁵⁵ nei¹³ tei²² ʃɐm⁵⁵ ʃɵy³⁵ kɛ³³ ka³³ wɐi⁻³⁵ lɔ³³.

（真是很荣幸，你们对我们的产品这么感兴趣！现在生意难做，我们的利润已经很少，不好意思，怎么都没有办法给出合你们要求的价位了。）

339. 唔好意思，我哋为咗薄利多销，哋价已经加得好尽㗎喇。

m¹¹ hou³⁵ ji³³ ʃi³³, ŋɔ¹³ tei²² wɐi²² tʃɔ³⁵ pɔk²² lei²² tɔ⁵⁵ ʃiu⁵⁵, ti⁵⁵ ka³³ ji¹³ kiŋ⁵⁵ kɐi³³ tɐk³⁵ hou³⁵ tʃɐn²² ka³³ la³³.

（不好意思，我们为了薄利多销，价格已经是极优惠了。）

340. 只价减到噉已经尽㗎喇，唔好意思，我哋真系好难做到你所希望更低嘅价位。

tʃɛk³³ ka³³ kam³⁵ tou³³ kɐm³⁵ ji¹³ kiŋ⁵⁵ tʃɐn²² ka³³ la³³, m¹¹ hou³⁵ ji³³ ʃi³³, ŋɔ¹³ tei²² tʃɐn⁵⁵ hɐi²² hou³⁵ nan¹¹ tʃou²² tou³⁵ nei¹³ ʃɔ³⁵ hei⁵⁵ mɔŋ²² kɐŋ¹³ tɐi⁵⁵ kɛ³³ ka³³ wɐi⁻³⁵.

（不好意思，价格已经减至最低限度了，我们真是很难做到你所希望更低的价位。）

341. 大家合作咗咁耐，其实我哋都好想益你㗎，但系我公司嘅呢只价，已经好难再有降价嘅空间喇。真系唔好意思嘑。

tai²² ka⁵⁵ hɐp²² tʃɔk³³ tʃɔ³⁵ kɐm³³ nɔi²², kʻei¹¹ ʃɐt²² ŋɔ¹³ tei²² tou⁵⁵ hou³⁵ ʃœŋ³⁵ jik¹¹ nei¹³ ka³³, tan²² hɐi²² ŋɔ¹³ kuŋ⁵⁵ ʃi⁵⁵ kɛ²² ni⁵⁵ tʃɛk³³ ka³³, ji¹³ kiŋ⁵⁵ hou³⁵ nan¹¹ tʃɔi²² jɐu¹³ kɔŋ³³ ka³³ kɛ³³ huŋ⁵⁵ kan⁵⁵ lak³³. tʃɐn⁵⁵ hɐi²² m¹¹ hou³⁵ ji³³ ʃi³³ pɔ³³.

（大家合作了这么久，其实我们也很想给您更大的实惠，但是我公司的这个价，已经很难再有降价的空间了。真的抱歉。）

342. 咿家促销期间个价位已经好优惠嘞，好多客户都落咗订单。或者先生你考虑下再倾啦!

ji^{55} ka^{55} tʃʻuk^{22} ʃiu^{55} kʻei^{11} kan^{55} kɔ^{33} ka^{33} wɐi^{-35} ji^{13} kiŋ^{55} hou^{35} jɐu^{55} wɐi^{22} lak^{33}, hou^{35} tɔ^{55} hak^{33} wu^{22} tou^{55} lɔk^{22} tʃɔ^{35} tɛŋ^{22} tan^{55}. wak^{22} tʃɛ^{35} ʃin^{55} ʃaŋ^{55} nei^{13} hau^{35} lɵy^{22} ha^{13} tʃɔi^{33} kʻiŋ^{55} la^{55}!

(现在促销期价位已经很优惠,很多客户都下了订单。要不先生您考虑考虑再谈吧!)

343. 唔好意思吖,我哋嘅报盘已经系实价,好难再打折头。

m^{22} hou^{35} ji^{13} ʃi^{33} a^{33}, ŋɔ^{13} tei^{22} kɛ^{33} pou^{33} pʻun^{35} ji^{13} kiŋ^{55} hɐi^{22} ʃɐt^{22} ka^{33}, hou^{35} nan^{11} tʃɔi^{33} ta^{35} tʃit^{33} tʻɐu^{11}.

(很抱歉,我们的报盘已经是实价,很难再打折扣。)

344. 呢批货我哋唔想再降低个价嘞,迟啲要返新货,家阵系为咗清仓,咿个价系好难再平喇。

ni^{55} pʻɐi^{55} fɔ^{33} ŋɔ^{13} tei^{22} m^{11} ʃœŋ^{35} tʃɔi^{33} kɔŋ^{33} tɐi^{55} kɔ^{33} ka^{33} lak^{33}, tʃʻi^{11} ti^{55} jiu^{33} fan^{55} ʃɐn^{55} fɔ^{33}, ka^{55} tʃɐn^{35} hɐi^{22} wɐi^{22} tʃɔ^{35} tʃʻiŋ^{55} tʃʻɔŋ^{55}, ji^{55} kɔ^{33} ka^{33} hɐi^{22} hou^{35} nan^{11} tʃɔi^{33} pʻɛŋ^{11} la^{33}.

(这批货我们不想再降价了,稍后要运新货来,现在是为了清仓,这个价是很难再便宜了。)

345. 阿生可以格多两间公司嘅价,就知我哋畀出嘅已经系地板价喇。[2]

a^{33} ʃaŋ^{55} hɔ^{35} ji^{13} kak^{33} tɔ^{55} lœŋ^{13} kan^{55} kuŋ^{55} ʃi^{55} kɛ^{33} ka^{33}, tʃɐu^{22} tʃi^{55} ŋɔ^{13} tei^{22} pei^{35} tʃʻɵt^{55} kɛ^{33} ji^{13} kiŋ^{55} hɐi^{22} tei^{22} pan^{35} ka^{33} la^{33}.

(先生可以多比较两家公司的价格,就知道我们给出的已经是最低价了。)

346. 如果我哋接受你嘅还盘,真系要贴本㗎。

jy^{11} kwɔ^{35} ŋɔ^{13} tei^{22} tʃip^{33} ʃɐu^{22} nei^{13} kɛ^{33} wan^{11} pʻun^{-35}, tʃɐn^{55} hɐi^{22} jiu^{33} ʃit^{22} pun^{35} ka^{33}.

(如果我们接受您的还盘,真是要亏本的。)

347. 如果批货你愿意再订多啲嘅话,我哋一定会尽量畀多啲优惠你。

jy¹¹ kwɔ³⁵ pʻei⁵⁵ fɔ³³ nei¹³ jyn²² ji¹³ tʃɔi³³ tɐŋ²² tɔ⁵⁵ ti⁵⁵ kɛ³³ waˑ⁻³⁵, ŋɔ¹³ tei²² jɐt⁵⁵ tiŋ²² wui¹³ tʃɐn²² lœŋ²² pei³⁵ tɔ⁵⁵ ti⁵⁵ jɐu⁵⁵ wɐi²² nei¹³.

（如果您愿意再多订些货的话，我们一定会尽量给您多点儿优惠。）

348. 林生，我都知你系我哋嘅熟客嘞，乜你唔觉得呢批红茶已经平过往年好多咩？

lɐm¹¹ ʃaŋ⁵⁵, ŋɔ¹³ tou⁵⁵ tʃi⁵⁵ nei¹³ hɐi²² ŋɔ¹³ tei²² kɛ³³ ʃuk²² hak³³ lak³³, mɐt⁵⁵ nei¹³ m¹¹ kɔk³³ tɐk⁵⁵ ni⁵⁵ pʻei³⁵ huŋ¹¹ tʃʻa¹¹ ji¹³ kiŋ⁵⁵ pʻɛŋ¹¹ kwɔ²² wɔŋ¹³ nin⁻³⁵ hou³⁵ tɔ⁵⁵ mɛ⁵⁵?

（林先生，我也知道您是我们的熟客了，怎么您不觉得这批红茶已经比往年便宜很多了吗？）

349. 唔好意思，唔系我哋冇心做呷单生意，你哋嘅还盘仲低过我哋嘅入货价，个价争咁多，想倾掂睇嚟真系好难吖。不如你哋再谂下，搵过时间大家再倾过咧？⁽³⁾

m¹¹ hou³⁵ ji³³ ʃi¹³, m¹¹ hɐi²² ŋɔ¹³ tei²² mou¹³ ʃɐm⁵⁵ tʃou²² ji⁵⁵ tan⁵⁵ ʃaŋ³³ ji¹³, nei¹³ tei²² kɛ³³ wan¹¹ pʻun⁻³⁵ tʃuŋ²² tɐi⁵⁵ kwɔ³³ ŋɔ¹³ tei²² kɛ³³ jɐp²² fɔ³³ ka³³, kɔ³³ ka³³ tʃaŋ⁵⁵ kɐm²² tɔ⁵⁵, ʃœn³⁵ kʻiŋ⁵⁵ tim²² tʻɐi³⁵ lɐi¹¹ tʃɐn⁵⁵ hɐi²² hou³⁵ nan¹¹ a³³. pɐt⁵⁵ jy¹¹ nei¹³ tei²² tʃɔi³³ nɐm¹¹ ha⁴³, wɐn³⁵ kwɔ³³ ʃi¹¹ kan³³ tai²² ka⁵⁵ tʃɔi³³ kʻiŋ⁵⁵ kwɔ³³ lɛ¹¹?

（不好意思，不是我们没有诚意做这笔生意，你们的还盘比我们的入货价还低，价格相差这么多，想谈妥看来真的很难啊。不如你们再想想，另找时间大家再谈吧？）

350. 好遗憾，我哋倾咗咁耐都未能达成一致。我公司系好难接受噉嘅价位嘅。

hou³⁵ wɐi¹¹ hɐm²², ŋɔ¹³ tei²² kʻiŋ⁵⁵ tʃɔ³⁵ kɐm³³ nɔi²² tou⁵⁵ mei⁵⁵ nɐŋ¹¹ tat³³ ʃiŋ¹¹ jɐt⁵⁵ tʃi³³. ŋɔ¹³ kuŋ⁵⁵ ʃi⁵⁵ hɐi²² hou³⁵ nan¹¹ tʃip³³ ʃɐu²² kɐm³⁵ kɛ³³ ka³³ wai⁻³⁵ kɛ³³.

（很遗憾，我们谈了这么久都没能达成一致。我公司是很难接受这样的价位的。）

351. 公司内部已经响度尽力协商可以满足你哋要求嘅价位。一旦定咗，我哋梗会即刻通知嘅。

kuŋ⁵⁵ ʃi⁵⁵ nɔi²² pou²² ji¹³ kiŋ⁵⁵ hœŋ³⁵ tou²² tʃɐn²² lik²² hip³³ ʃœŋ⁵⁵ hɔ³⁵ ji¹³ mun¹³ tʃuk⁵⁵ nei¹³ tei²² jiu⁵⁵ k'ɐu¹¹ kɛ³³ ka³³ wɐi⁻³⁵. jɐt⁵⁵ tan²² tiŋ³³ tʃɔ³⁵, ŋɔ¹³ tei²² kɐŋ³⁵ wui¹³ tʃik⁵⁵ hɐk³⁵ t'uŋ¹¹ tʃi⁵⁵ kɛ³⁵.

（公司内部已经在尽力协商能够满足你们要求的价位。一旦定下，我们当然会立刻通知的。）

352. 唔好意思，你哋嘅还盘我哋好难接受喎。建议你哋系咪先去第度格下价之后再试嚟倾咧？

m¹¹ hou³⁵ ji¹³ ʃi³³, nei¹³ tei²² kɛ³³ wan¹¹ p'un⁻³⁵ ŋɔ¹³ tei²² hou³⁵ nan¹¹ tʃip³³ ʃɐu²² wɔ³³. kin³³ ji¹³ nei¹³ tei²² hɐi²² mɐi²² ʃin⁵⁵ hɵy³³ tɐi²² tou²² kak³³ ha¹³ ka³³ tʃi⁵⁵ hɐu²² tʃɔi³³ ʃi¹³ lɛi¹¹ k'iŋ⁵⁵ lɛ¹¹?

（不好意思，你们的还盘我们很难接受。建议你们是不是先去其他地方比较一下价格之后再来谈呢？）

353. 或者先生你睇多几间供应商，就知我哋畀出嘅价位平过佢哋多多声喇。

wak²² tʃɛ³⁵ ʃin⁵⁵ ʃaŋ⁵⁵ nei¹³ kɐp²² tɔ⁵⁵ kei³⁵ kan⁵⁵ kuŋ⁵⁵ jiŋ³³ ʃœŋ⁵⁵, tʃɐu²² tʃi⁵⁵ ŋɔ¹³ tei²² pei³⁵ tʃ'ɵt⁵⁵ kɛ³³ ka³³ wɐi⁻³⁵ p'ɛŋ¹¹ kwɔ³³ k'ɵy¹³ tei²² tɔ⁵⁵ tɔ⁵⁵ ʃɐŋ⁵⁵ la³³.

（或者先生您多看几家供应商，就知道我们给出的价位比他们便宜多了。）

354. 家下生意难做，我哋嘅价位同其他公司嘅比起身，已经好有吸引力嘞。阿生，你都运其他公司度格过价㗎啦！

ka⁵⁵ ha¹³ ʃaŋ⁵⁵ ji³³ nan¹¹ tʃou²², ŋɔ¹³ tei²² kɛ³³ ka³³ wɐi⁻³⁵ t'uŋ¹¹ k'ei¹¹ ta⁵⁵ kuŋ⁵⁵ ʃi⁵⁵ kɛ³³ pei³⁵ hei³⁵ ʃɐn⁵⁵, ji¹³ kiŋ⁵⁵ hou³⁵ jɐu¹³ k'ɐp⁵⁵ jɐn¹³ lik²² lak³³. a³³ ʃaŋ⁵⁵, nei¹³ tou⁵⁵ wɐn²² k'ei¹¹ t'a⁵⁵ kuŋ⁵⁵ ʃi⁵⁵ tou²² kak³³ kwɔ³³ ka³³ ka³³ la⁵⁵!

（现在生意难做，我们的价位跟其他公司的相比，已经很有吸引力了。先生，您都从其他公司那儿比较过价格了吧？）

355. 阿生，虽然第间公司嘅价可能比我哋更低，不过，你都要考虑埋个质量问题㗎。

a³³ ʃaŋ⁵⁵, ʃɵy³³ jin¹¹ tɐi²² kan⁵⁵ kuŋ⁵⁵ ʃi⁵⁵ kɛ³³ ka³³ hɔ³⁵ nɐŋ¹¹ pei³⁵ ŋɔ¹³ tei²² kɐŋ³³ tei⁵⁵, pɐt⁵⁵ kwɔ²², nei¹³ tou⁵⁵ jiu³³ hau³⁵ lɵy²² mai¹¹ kɔ³³ tʃɐt⁵⁵ lœŋ²² mɐn²² tʻɐi¹¹ pɔ³³.

（先生，虽然其他公司的价格可能比我们更低，不过，您还得考虑个质量问题呀。）

356. 咿个价同往年嘅比起身可能升咗少少，噉都系因为啲原材料贵咗好多，我哋真系冇乜嘢赚㗎喇。

ji⁵⁵ kɔ³³ ka³³ tʻuŋ¹¹ wɔŋ¹³ nin⁻³⁵ kɛ³³ pei³⁵ hei³⁵ ʃɐn⁵⁵ hɔ³⁵ nɐŋ¹¹ ʃiŋ⁵⁵ tʃɔ³⁵ ʃiu³⁵ ʃiu³⁵, kɐm³⁵ tou⁵⁵ hei²² jɐn⁵⁵ wei²² ti⁵⁵ jyn¹¹ tʃʻɔi¹¹ liu⁻³⁵ kwɐi³³ tʃɔ³⁵ hou³⁵ tɔ⁵⁵, ŋɔ¹³ tei²² tʃɐn⁵⁵ hei²² mou¹³ mɐt⁵⁵ jɛ¹³ tʃan²² ka³³ la³³.

（这个价和往年的相比可能涨了点儿，这都是因为原材料贵了很多，我们真的没什么赚的。）

357. 你要嘅货喺好多地方都已经卖到断晒市，所以，你唔使担心啲货冇客爱㗎。

nei¹³ jiu³³ kɛ³³ fɔ³³ hɐi³⁵ hou³⁵ tɔ⁵⁵ tei²² fɔŋ⁵⁵ tou⁵⁵ ji¹³ kiŋ⁵⁵ mai¹¹ tou³³ tʻyn¹³ ʃai³³ ʃi³³, ʃɔ³⁵ ji¹³, nei¹³ m¹¹ ʃɐi³⁵ tan³⁵ ʃɐm⁵⁵ ti⁵⁵ fɔ²² mou¹³ hak³⁵ ɔi³³ ka³³.

（您要的货在很多地方都已经卖得脱销了。所以，您不用担心货没有客户要。）

358. 阿林小姐，你都知啦，家下乜嘢都贵晒，我哋嘅价位同往年相比，个涨幅远冇成本嘅涨幅犀利吖。

a³³ lɐm¹¹ ʃiu³⁵ tʃɛ³⁵, nei¹³ tou⁵⁵ tʃi⁵⁵ la⁵⁵, ka⁵⁵ ha¹³ mɐt⁵⁵ jɛ¹³ tou⁵⁵ kwɐi³³ ʃai³³, ŋɔ¹³ tei²² kɛ³³ ka³³ wei⁻³⁵ tʻuŋ¹¹ wɔŋ¹³ nin⁻³⁵ ʃœŋ⁵⁵ pei³⁵, kɔ³³ tʃœŋ³³ fuk⁵⁵ jyn¹³ mou¹³ ʃiŋ¹¹ pun³⁵ kɛ³³ tʃœŋ³³ fuk⁵⁵ ʃɐi⁵⁵ lei²² a³³.

（林小姐，您也知道的，现在什么都贵，我们的价位跟往年相比，涨幅远没有成本的涨幅厉害呢！）

359. 我都好想同阿黄生你合作嘅。不过咧，你亦要体谅下我哋嘅难处，而家几乎所有嘅生产环节都起晒价，我哋嘅价仲同往年一样嘅话，会蚀得好犀利㗎。边有人蚀本做生意㗎，你话系咪？

ŋɔ¹³ tou⁵⁵ hou³⁵ ʃœŋ³⁵ tʻuŋ¹¹ a³³ wɔŋ¹¹ ʃaŋ⁵⁵ nei¹³ hap²² tʃɔk³³ kɛ³³. pɐt⁵⁵ kwɔ³³ lɛ^{55}, nei^{13} jik^{22} jiu^{33} tʻɐi^{35} lœŋ^{22} ha^{13} ŋɔ^{13} tei^{22} kɛ^{33} nan^{11} tʃʻy^{33}, ji^{11} ka^{55} kei^{55} fu^{11} ʃɔ^{35} jɐu^{13} kɛ^{33} ʃɐŋ^{55} tʃʻan^{35} wan^{11} tʃit^{33} tou^{55} hei^{35} ʃai^{33} ka^{33}, ŋɔ^{13} tei^{22} kɛ^{33} ka^{33} tʃuŋ^{33} tʻuŋ^{11} wɔŋ^{13} nin^{-35} jɐt^{55} jœŋ^{22} kɛ^{33} wa^{-35}, wui^{13} ʃit^{22} tɐk^{22} hou^{35} ʃɐi^{55} lei^{22} ka^{33}. pin^{55} jɐu^{13} jɐn^{11} ʃit^{22} pun^{35} tʃou^{22} ʃaŋ^{55} ji^{33} ka^{35}, nei^{13} wa^{22} hɐi^{22} mɐi^{13}?

(我也很想和黄先生您合作的。不过，您也要体谅一下我们的难处，现在几乎所有的生产环节都涨价了，我们的价还和往年一样的话，会亏得很厉害。哪有人亏本做生意的呢，您说是不？)

360. 汤小姐，我哋合作咗咁耐嘞，为咗答谢老客户多年嚟对我公司嘅支持，我哋决定大幅度噉让利，畀返个心水价你。

tʻɔŋ^{55} ʃiu^{35} tʃɛ^{35}, ŋɔ^{13} tei^{22} hap^{22} tʃɔk^{33} tʃɔ^{13} kɐm^{33} nɔi^{22} lak^{33}, wɐi^{22} tʃɔ^{35} tap^{33} tʃɛ^{22} lou^{13} hak^{33} wu^{22} tɔ^{55} nin^{11} lɐi^{11} tøy^{33} ŋɔ^{13} kuŋ^{55} ʃi^{55} kɛ^{33} tʃi^{55} tʃʻi^{11}, ŋɔ^{13} tei^{22} kʻyt^{33} tiŋ^{22} tai^{22} fuk^{55} tou^{22} kɐm^{35} jœŋ^{22} lei^{22}, pei^{35} fan^{55} kɔ^{33} ʃɐm^{55} ʃøy^{35} ka^{33} nei^{13}.

(汤小姐，我们合作了这么久，为了答谢老客户多年来对我公司的支持，我们决定大幅度让利，给您一个合心意的价格。)

二、注释

（1）冇话唔知呢个价已经优惠到极："极"放在形容词或者是一些表示心理活动的动词后面，说明某种情形到了极点。例如：靓到极 lɛŋ^{33} tou^{33} kik^{22}（漂亮极了）、衰到极 ʃøy^{55} tou^{33} kik^{22}（坏极了）、欢喜到极 fun^{55} hei^{35} tou^{33} kik^{22}（喜欢极了）。

（2）格多两间公司嘅价：广州话说"格价"是了解行情，比较价格，与词序相反的另一个词"价格"意义完全不同。

（3）揾过时间大家再倾过："时间"本应读作 ʃi^{11} kan^{55}，"间"是55调值。但现在的口语，绝大多数人都把"间"说成33调值。而"期间"一词，"间"读成55或33调值的都有。

三、生词

格价 kak³³ ka³³	冇心 mou¹³ ʃɐm⁵⁵	无诚意
探问行情，打听价格，互相比较	朅 kɐp²²	看
益 jik⁵⁵　　（对……）有利、有益处	心水价 ʃɐm⁵⁵ ʃɵy³⁵ ka³³	合心意的价格
地板价 tei²² pan³⁵ ka³³		
无法再降的最低价格		

四、词语扩展

- 讨价还价 tʻou³⁵ ka³³ wan¹¹ ka³³
- 调整价格 tʻiu¹¹ tʃiŋ³⁵ ka³³ kak³³
- 改变价格 kɔi³⁵ pin³³ ka³³ kak³³
- 议定价 ji¹³ tiŋ²² ka³³
- 计算价 kei³³ ʃyn³³ ka³³
- 压低价 ŋat²² tei⁵⁵ ka³³
- 零售价 liŋ¹¹ ʃɐu²² ka³³
- 批发价 pʻɐi⁵⁵ fat²² ka³³
- 卖方价 mai²² fɔŋ⁵⁵ ka³³
- 成本价 ʃiŋ¹¹ pun²² ka³³
- 净价 tʃiŋ²² ka³³
- 毛价 mou¹¹ ka³³

- 商谈价格 ʃœŋ⁵⁵ tʻam¹¹ ka³³ kak³³
- 决定价 kʻyt³³ tiŋ²² ka³³'
- 确认价 kʻɔk³³ jiŋ²² ka³³
- 定价 tiŋ²² ka³³
- 削价 ʃœk³³ ka³³
- 市价 ʃi¹³ ka³³
- 中等价格范围 tʃuŋ⁵⁵ tɐŋ³⁵ ka³³ kak³³ fan²² wɐi¹¹
- 单位成本 tan⁵⁵ wɐi³⁵ ʃiŋ¹¹ pun³⁵
- 分歧 fɐn⁵⁵ kʻei¹¹
- 超出 tʃʻiu⁵⁵ tʃʻɵt⁵⁵
- 下降 ha²² kɔŋ³³

附：广州话的"噉"和"咁"

    广州话的"噉"和"咁"这两个词，都可以做指示代词，但在用法上有区别。"噉 kɐm³⁵"主要是指示方式，相当于普通话的"这样"、"那样"；而"咁 kɐm³³"则主要是指示程度，相当于普通话的"这么"、"那么"。

    噉做唔啱嘅 kɐm³⁵ tʃou²² m¹¹ ŋam⁵⁵ kɛ³³（这样做不对的）。

佢哋货咁水皮嘅 k'ɐy¹³ ti⁵⁵ fɔ³³ kɐm³³ ʃɵy³⁵ p'ɐi¹¹ kɛ³⁵（他的东西这么差劲的）?

这两个指示代词还可以做结构助词，分别构成"噉"字结构和"咁"字结构。"噉"字结构相当于普通话的"地"或"的"；"咁"字结构类似于副词，修饰形容词和动词。例如：

银纸要一张张噉数至清楚㗎 ŋɐn¹¹ tʃi³⁵ jiu³³ jɐt⁵⁵ tʃœŋ⁵⁵ tʃœŋ⁵⁵ kɐm³⁵ ʃou³⁵ tʃi³³ tʃ'iŋ⁵⁵ tʃ'ɔ³⁵ ka³³（钱要一张一张地数才清楚的）。

当一声噉跌咗落嚟 tɔŋ⁵⁵ jɐt⁵⁵ ʃɐŋ⁵⁵ kɐm³⁵ tit²² tʃɔ³⁵ lɔk²² lɐi¹¹（当的一声跌了下来）。

搏命咁搵钱 pɔk³³ mɐŋ²² kɐm³³ wɐn³⁵ tʃ'in⁻³⁵（拼命地挣钱）。

第13单元 要求优惠

一、课文

361. 大家合作咗咁耐，我哋亦都使惯咗你哋嘅产品嘞，可唔可以再畀多少折头吖？

tai^{22} ka^{55} hap^{22} tʃɔk^{33} tʃɔ^{35} kɐm^{33} nɔi^{22}, ŋɔ^{13} tei^{22} jik^{22} tou^{55} ʃɐi^{35} kwan^{33} tʃɔ^{35} nei^{13} tei^{22} kɛ^{33} tʃʻan^{35} pɐn^{35} lak^{33}, hɔ^{35} m^{11} hɔ^{35} ji^{13} tʃɔi^{33} pei^{35} tɔ^{55} ʃiu^{35} tʃit^{33} tʻɐu^{11} a^{33}？

（大家合作了这么久，我们也用惯了你们的产品，可不可以再给点儿折扣呢？）

362. 只货不溜都好好市㗎，做都做唔切，先吖排仲断咗市添。如果阿生你唔系熟客嘅话，我哋都畀唔到咁优惠嘅价你㗎。(1)

tʃɛk^{33} fɔ^{33} pɐt^{55} lɐu^{55} tou^{55} hou^{35} hou^{35} ʃi^{13} kak^{33}, tʃou^{22} tou^{55} tʃou^{55} m^{11} tʃʻit^{33}, ʃin^{55} kɔ^{35} pʻai^{-35} tʃuŋ^{22} tʻyn^{13} tʃɔ^{35} ʃi^{13} tim^{55}. jy^{11} kwɔ^{35} a^{33} ʃaŋ^{55} nei^{13} m^{11} hɐi^{22} ʃuk^{22} hak^{33} kɛ^{33} wa^{-35}, ŋɔ^{13} tei^{22} tou^{55} pei^{35} m^{11} tou^{35} kɐm^{33} jɐu^{55} wɐi^{22} kɛ^{33} ka^{33} nei^{13} ka^{33}.

（这种产品向来都很畅销，做都做不过来，早一段时间还脱销了呢。如果先生您不是熟客的话，我们也给不了您这么优惠的价。）

363. 我哋响其他省市新开嘅好多分销点正陆续开市，所以，会有一个稳定嘅购买量，希望个入货价低啲。老细你肯同我哋建立长久合作关系嘅话，相信你哋嘅利润会仲大添。

ŋɔ^{13} tei^{22} hœŋ^{35} kʻei^{11} tʻa^{35} ʃaŋ^{35} ʃi^{13} ʃɐn^{55} hɔi^{55} kɛ^{33} hou^{35} tɔ^{55} fɐn^{55} ʃiu^{55} tim^{35} tʃiŋ^{33} luk^{22} tʃuk^{22} hɔi^{55} ʃi^{13}, ʃɔ^{35} ji^{13}, wui^{13} jɐu^{55} jɐt^{55} kɔ^{33} wɐn^{35} tiŋ^{22} kɛ^{33} kʻɐu^{22} mai^{13} lœŋ^{22}, hei^{55} mɔŋ^{22} kɔ^{33} jɐp^{22} fɔ^{33} ka^{33} tɐi^{55} ti^{55}. lou^{13} ʃɐi^{33} nei^{13} hɐŋ^{35} tʻuŋ^{11} ŋɔ^{13} tei^{22} kin^{33} lɐp^{22} tʃʻœŋ^{11} kɐu^{35} hap^{22} tʃɔk^{33} kwan^{55} hɐi^{22} kɛ^{33} wa^{-35}, ʃœŋ^{55} ʃɵn^{33} nei^{13} tei^{22} kɛ^{33} lei^{22} jɵn^{22} wui^{13} tʃuŋ^{22} tai^{22} tʻim^{55}.

（我们在其他省市新开的很多分销点正陆续开市，所以，会有一个稳定的购买量，希望进货价低些。老板您愿意和我们建立长久合作关系的话，相信你们的利润会更大。）

364. 学人话斋：失个客易过得多个客。大家初次交易，如果啲价倾得埋嘅话，我会考虑长期订货，仲会推介埋我哋其他合作伙伴共同参与添。(2)
hɔk²² jɐn¹¹ wa²² tʃai⁵⁵: ʃɐt⁵⁵ kɔ³³ hak³³ ji²² kwɔ³⁵ tɐk⁵⁵ tɔ⁵⁵ kɔ³³ hak³³. tai²² ka⁵⁵ tʃʻɔ⁵⁵ tʃʻi²² kau⁵⁵ jik³³, jy¹¹ kwɔ³⁵ ti⁵⁵ ka³³ kʻiŋ³⁵ tɐk⁵⁵ mai¹¹ kɛ³³ wa⁻³⁵, ŋɔ¹³ wui¹³ hau³⁵ lɵy²² tʃʻœŋ¹¹ kʻei¹¹ tɛŋ²² fɔ³³, tʃuŋ²² wui¹³ tʻɵy⁵⁵ kai³³ mai¹¹ ŋɔ¹³ tei²² kʻei¹¹ tʻa⁵⁵ hap²² tʃɔk³³ fɔ³⁵ pun²² kuŋ²² tʻuŋ¹¹ tʃam⁵⁵ jy²² tim⁵⁵.
（正如人们所说：失去一个客户比得到多一个客户更容易。大家初次交易，如果价钱谈得拢的话，我会考虑长期订货，还会推介我们其他合作伙伴共同参与呢。）

365. 噉好啊！如果你哋嘅订货总额喺15万以上，我哋会考虑畀3%嘅优惠。
kɐm³⁵ hou³⁵ a⁵⁵! jy¹¹ kwɔ³⁵ nei¹³ tei²² kɛ³³ tɛŋ²² fɔ³³ tʃuŋ³⁵ ŋak⁻³⁵ hei³⁵ ʃɐp²² ŋ¹³ man²² ji¹³ ʃœŋ²², ŋɔ¹³ tei²² wui¹³ hau³⁵ lɵy²² pei³⁵ pak³³ fɐn²² tʃi⁵⁵ ʃam⁵⁵ kɛ³³ jɐu⁵⁵ wɐi²².
（那好啊！如果你们的订货总额在15万以上，我们可以考虑给3%的优惠。）

366. 如果想续多两个季度订单嘅话，贵公司系咪应该重新考虑下你哋家下畀出嘅价位咧？
jy¹¹ kwɔ³⁵ ʃœŋ³⁵ tʃuk²² tɔ⁵⁵ lœŋ¹³ kɔ³³ kwɐi³³ tou²² tɛŋ²² tan⁵⁵ kɛ³³ wa⁻³⁵, kwɐi³³ kuŋ⁵⁵ ʃi⁵⁵ hɐi²² mɐi²² jiŋ³⁵ kɔi⁵⁵ tʃʻuŋ¹¹ ʃɐn⁵⁵ hau³⁵ lɵy²² ha¹³ nei¹³ tei²² ka⁵⁵ ha¹³ pei³⁵ tʃʻɵt⁵⁵ kɛ³³ ka³³ wɐi⁻³⁵ lɛ⁵⁵?
（如果想多续两个季度订单的话，贵公司是否应该重新考虑一下你们现在给出的价位呢？）

367. 我哋初次入货，虽然个货量唔算好多，都系想睇下市场嘅反应点嘛。啱嘅话，大家可以建立长期嘅合作关系，你咪当做次广告啰！
ŋɔ¹³ tei²² tʃʻɔ⁵⁵ tʃʻi³³ jɐp²² fɔ³³, ʃɵy⁵⁵ jin¹¹ kɔ³³ fɔ³³ lœŋ²² m¹¹ ʃyn³³ hou³⁵ tɔ⁵⁵,

tou⁵⁵ hɐi²² ʃœŋ³⁵ tʻei³⁵ ha¹³ ʃi¹³ tʃʻœŋ¹¹ kɛ³³ fan⁵⁵ jiŋ¹³ tim³³ tʃɛ⁵⁵. ŋam⁵⁵ kɛ³³ wa⁻³⁵, tai²² ka⁵⁵ hɔ³⁵ ji¹³ kin³³ lɐp²² tʃʻœŋ¹¹ kʻei¹¹ kɛ³³ hap²² tʃɔk³³ kwan⁵⁵ hɐi¹³, nei¹³ mei²² tɔŋ²³ tʃou⁵⁵ tʃʻi¹³ kwɔŋ³⁵ kou³³ lɔ⁵⁵!

（我们初次进货，虽然货量不算很多，也是想看看市场的反应怎样。合适的话，大家可以建立长期的合作关系，你就当做一次广告吧！）

368. 得吖！你哋即时落单嘅话，就畀多啲优惠你。

tɐk⁵⁵ a³³! nei¹³ tei²² tʃik³⁵ ʃi¹¹ lɔk²² tan⁵⁵ kɛ³³ wa⁻³⁵, tʃɐu²² pei³⁵ tɔ⁵⁵ ti⁵⁵ jɐu⁵⁵ wɐi²² nei¹³.

（行啊！你们现在下单的话，就给您多点儿优惠。）

369. 倾咗咁耐，都系只价位度大家有啲分歧嘞。不如一人行步，我哋订多期，老细你平返啲，又点睇？

kʻiŋ⁵⁵ tʃɔ³⁵ kɐm³³ nɔi²², tou⁵⁵ hɐi²² tʃɛk³⁵ ka³³ wɐi⁻³⁵ tou²² ta²² ka⁵⁵ jɐu¹³ ti⁵⁵ fɐn⁵⁵ kʻei¹¹ tʃɛ⁵⁵. pɐt⁵⁵ jy¹¹ jɐt⁵⁵ jɐn¹¹ haŋ¹¹ pou²², ŋɔ¹³ tei²² tɛŋ²² tɔ⁵⁵ kʻei¹¹, lou¹³ ʃɐi³³ nei¹³ pʻɛŋ¹¹ fan⁵⁵ ti⁵⁵, jɐu²² tim³⁵ tʻei³⁵?

（谈了这么久，还是价位方面大家有些分歧。不如一人让一步，我们多订一期，老板您便宜点儿，怎么样？）

370. 大家合作咗咁耐，老细你都唔介意畀熟客我哋多啲鼓励啩？再平啲添啦。⁽³⁾

tai²² ka⁵⁵ hap²² tʃɔk³³ tʃɔ³⁵ kɐm³³ nɔi²², lou¹³ ʃɐi³³ nei¹³ tou⁵⁵ m¹¹ kai³³ ji³³ pei³⁵ ʃuk²² hak³³ ŋɔ¹³ tei²² tɔ⁵⁵ ti⁵⁵ ku³³ lɐi²² kwa³³? tʃɔi³³ pʻɛŋ¹¹ ti⁵⁵ tʻim⁵⁵ la⁵⁵.

（大家合作了这么久，老板您不介意给熟客我们多点儿鼓励吧？再便宜些吧。）

371. 真系唔好意思嘞，阿黄生！唔系我哋冇心同你做，老实讲啊，呢个价位我哋真系好难承受个嘛。

tʃɐn⁵⁵ hɐi²² m¹¹ hou³⁵ ji³³ ʃi³³ lak³³, a³³ wɔŋ¹¹ ʃaŋ⁵⁵! m¹¹ hɐi²² ŋɔ¹³ tei²² mou¹³ ʃɐm⁵⁵ tʻuŋ¹¹ nei¹³ tʃou²², lou¹³ ʃɐt²² kɔŋ³³ a⁵⁵, ni⁵⁵ kɔ³³ ka³³ wɐi⁻³⁵ ŋɔ¹³ tei²² tʃɐn⁵⁵ hɐi²² hou³⁵ nan¹¹ ʃiŋ¹¹ ʃɐu²² kɔ³³ pɔ³³.

(真的不好意思了，黄先生！不是我们没有诚意跟您做，老实说，这个价位我们真的很难承受啊。)

372. 啲货板咁正，我哋真系好想即时落定嘅。每件平多3文咧，点啊，阿陈生？

ti⁵⁵ fɔ³³ pan³⁵ kɐm³³ tʃɛŋ³³, ŋɔ¹³ tei²² tʃɐn⁵⁵ hɐi²² hou³⁵ ʃœŋ³⁵ tʃik⁵⁵ ʃi¹¹ lɔk²² tɛŋ²² kɛ³⁵. mui¹³ kin²² p'ɐŋ¹¹ tɔ⁵⁵ ʃam⁵⁵ mɐn⁻⁵⁵ lɛ¹¹, tim³⁵ a⁵⁵, a³³ tʃ'ɐn¹¹ ʃaŋ⁵⁵?

(货物样品这么好，我们真的很想马上下定金。每件多便宜3元，怎么样，陈先生？)

373. 人哋重复订购都系为咗捞多啲折头嘛，你哋先折吖2%咁少，好似冇咩吸引力喎。

jɐn¹¹ tei²² tʃ'uŋ¹³ fuk⁵⁵ tɛŋ²² k'ɐu³⁵ tou⁵⁵ hɐi²² wɐi²² tʃɔ³⁵ lɔ³⁵ tɔ⁵⁵ ti⁵⁵ tʃit³³ t'ou¹¹ tʃ⁵⁵, nei¹³ tei²² ʃin⁵⁵ tʃit³³ kɔ³⁵ pak³³ fɐn²² tʃi⁵⁵ ji²² kɐm³³ ʃiu³⁵, hou³⁵ tʃ'i¹³ mou¹³ mɛ⁵⁵ k'ɐp⁵⁵ jɐn¹³ lik²² wɔ³³.

(别人重复订购都是为了多拿点儿折扣，你们才折那2%这么少，好像没什么吸引力呀。)

374. 家下个市咁淡，阿陈生你都考虑下我哋有几难做吖。个价优惠啲咪当益下啲老客户啰。

ka⁵⁵ ha¹³ kɔ³³ ʃi¹³ kɐm³³ tam²², a³³ tʃ'ɐn¹¹ ʃaŋ⁵⁵ nei¹³ tou⁵⁵ hau³⁵ lɵy²² ha¹³ ŋɔ¹³ tei²² jɐu¹³ kei³⁵ nan¹¹ tʃou²² a³³. kɔ³³ ka³³ jɐu⁵⁵ wɐi²² ti⁵⁵ mɐi²² tɔŋ³³ jik¹³ ha¹³ ti⁵⁵ lou¹³ hak³³ wu²² lɔ⁵⁵.

(现在市场这么不景气，陈先生您也考虑一下我们有多难做啊。价格优惠点儿就当是关照一下老客户吧。)

375. 我哋都好想畀你赚返多啲㗎，阿林生，但系只价位我哋真系顶唔顺吖。冇办法，唔好意思吖！

ŋɔ¹³ tei²² tou⁵⁵ hou³⁵ ʃœŋ³⁵ pei³⁵ nei¹³ tʃan²² fan⁵⁵ tɔ⁵⁵ ti⁵⁵ ka³³, a³³. lɐm¹¹ ʃaŋ⁵⁵ tan²² hɐi²² tʃɛk³³ ka¹³ wɐi⁻³⁵ ŋɔ¹³ tei²² tʃɐn⁵⁵ hɐi²² tiŋ³⁵ m¹¹ ʃɵn²² a³³. mou¹³ pan³³ fat³³, m¹¹ hou³⁵ ji³³ ʃi³³ a³³!

(林先生，我们也很想让您多赚点儿，但是这个价位我们真是无法承受。没办法，抱歉啊！)

376. 不如噉啦，阿陈生，你平返两成我哋，我哋咧亦落多几张单，咪当帮你清仓啰。

pet⁵⁵ jy¹¹ kɐm³⁵ la⁵⁵, a³³ tʃˈɐn¹¹ ʃaŋ⁵⁵, nei¹³ pˈɛŋ¹¹ fan⁵⁵ lœŋ¹³ ʃiŋ¹¹ ŋɔ¹³ tei²², ŋɔ¹³ tei²² lɛ²² jik²² lɔk²² tɔ⁵⁵ kei³⁵ tʃœn⁵⁵ tan⁵⁵, mɐi²² tɔŋ³³ pɔŋ⁵⁵ nei¹³ tʃˈiŋ¹⁵⁵ tʃˈɔŋ⁵⁵ lɔ⁵⁵.

(要不这样吧，陈先生，您便宜两成给我们，我们呢也多下几宗订单，就当作是帮您清仓啰！)

377. 噉嘅价大家系好难倾得埋个喎。睇下我哋订嘅货量咁大，畀多两点嘅折头都唔算太过啩？

kɐm³⁵ kɛ³³ ka³³ tai⁵⁵ hɐi²² hou³⁵ nan¹¹ kˈiŋ⁵⁵ tɐk⁵⁵ mai¹¹ kɔ³³ wɔ³³. tˈɐi³⁵ ha¹³ ŋɔ¹³ tei²² tɛŋ³³ kɛ³³ fɔ³³ lœŋ²² kɐm³⁵ tai²², pei³⁵ tɔ⁵⁵ lœŋ¹³ tim³⁵ kɛ³³ tʃit³³ tˈɐu¹¹ tou⁵⁵ m¹¹ ʃyn¹¹ tˈai³³ kwɔ³³ kwa³³?

(这样的价格大家是很难谈得拢的。看看我们订的货量这么大，多给2%的折扣也不算过分吧？)

378. 唔好意思吖，我哋仲想提个要求，你哋畀嘅折头期短得滞，先得吖5日，改为10日咧，得啩？

m¹¹ hou³⁵ ji³³ ʃi³³ a³³, ŋɔ¹³ tei²² tʃuŋ²² ʃœŋ³⁵ tˈɐi¹¹ kɔ³³ jiu⁵⁵ kˈɐu¹¹, nei¹³ tei²² pei³⁵ kɛ³³ tʃit³³ tˈɐu¹¹ kˈei¹¹ tyn³⁵ tɐk⁵⁵ tʃɐi²², ʃin⁵⁵ tɐk⁵⁵ kɔ³⁵ ŋ¹³ jɐt²², kɔi³⁵ wɐi¹¹ ʃɐp²² jɐt²² lɛ¹¹, tɐk⁵⁵ kwa³³?

(不好意思，我们还想提个要求，你们给的折扣期太短，才5天，改为10天，行吧？)

379. 我哋再订多2000件添，贵公司可唔可以考虑畀返个仲优惠啲嘅价格咧？

ŋɔ¹³ tei²² tʃɔi³³ tɛŋ²² tɔ⁵⁵ lœŋ¹³ tʃˈin⁵⁵ kin²² tˈim⁵⁵, kwɐi³³ kuŋ⁵⁵ ʃi⁵⁵ hɔ³⁵ mˈ¹¹ hɔ³⁵ ji¹³ hɐu³⁵ lɵy²² pei³⁵ fan⁵⁵ kɔ³³ tʃuŋ²² jɐu³⁵ wɐi²² tiˈ⁵⁵ kɛ³³ ka³³ kak³³ lɛ⁵⁵?

(我们再多订2000件，贵公司可不可以考虑给个更优惠些的价格呢？)

380. 我哋一直同你哋入货，大家都合作咗咁耐嘞，先畀吖啲啲折头，好似唔

系几妥喎。(4)

ŋɔ¹³ tei²² jɐt⁵⁵ tʃik²² t'uŋ¹¹ nei¹³ tei²² jɐp²² fɔ³³, tai¹³ ka⁵⁵ tou⁵⁵ hap²² tʃɔk³³ tʃɔ³⁵ kɐm³³ nɔi²² lak³⁵, ʃin⁵⁵ pei³⁵ kɔ³⁵ ti⁵⁵ ti⁵⁵ tʃit³³ t'ɐu¹¹, hou³⁵ tʃ'i¹³ m¹¹ hɐi²² kei³⁵ t'ɔ¹³ wɔ³³.

（我们一直跟你们进货，大家都合作了这么久，才给那一丁点儿的折扣，似乎不大妥当吧。）

381. 有冇搞错吖，阿王生，咁大批货先至优惠吖少少，系咪考虑下畀个有吸引力啲嘅价格我哋吖？(5)

jɐu¹³ mou¹³ kau³⁵ tʃ'ɔ³³ a³³, a³³ wɔŋ¹¹ ʃaŋ⁵⁵, kɐm³³ tai²² p'ei¹⁵ fɔ³³ ʃin⁵⁵ tʃi³³ jɐu⁵⁵ wɐi²² kɔ³⁵ ʃiu³⁵ ʃiu³⁵, hɐi²² mɐi²² hau³⁵ løy²² ha¹³ pei³⁵ kɔ³³ jɐu¹³ k'ɐp⁵⁵ jɐn¹³ lik²² ti⁵⁵ kɛ³³ ka³³ kak³³ ŋɔ¹³ tei²² a³³?

（不会吧，王先生，这么大批货才优惠一点儿，是不是考虑一下给我们一个有吸引力些的价格呢？）

382. 有冇搞错吖，我哋一次过捞咁多货，老细你有心做都系畀我哋咁少折头嘅咩？

jɐu¹³ mou¹³ kau³⁵ tʃ'ɔ³³ a³³, ŋɔ¹³ tei²² jɐt⁵⁵ tʃ'i³³ kwɔ³³ lɔ³⁵ kɐm³³ tɔ⁵⁵ fɔ³³, lou¹³ ʃɐi³³ nei¹³ jɐu¹³ ʃɐm⁵⁵ tʃou²² tou⁵⁵ hɐi²² pei³⁵ ŋɔ¹³ tei²² kɐm³³ ʃiu³⁵ tʃit³³ t'ɐu¹¹ kɛ³³ mɛ⁵⁵?

（不会吧，我们一次就拿这么多货物，老板您有诚意做也就给我们这么点儿折扣的吗？）

383. 大家又唔系初次合作，订咁大批货先至优惠吖鸡噙咁多，老老实实哋，我哋点倾得埋吖？(6)

tai²² ka⁵⁵ jɐu¹¹ m¹¹ hɐi²² tʃ'ɔ⁵⁵ tʃ'i³³ hɐp²² tʃɔk³³, tɛŋ²² kɐm³³ tai²² p'ei¹⁵ fɔ³³ ʃin⁵⁵ tʃi³³ jɐu⁵⁵ wɐi²² kɔ³⁵ kei³⁵ ʃøy³³ kɐm³³ tɔ⁵⁵, lou¹³ lou¹³ ʃɐt²² ʃɐt²² lak³⁵, ŋɔ¹³ tei²² tim³⁵ k'iŋ⁵⁵ tɐk⁵⁵ mai¹¹ a³³?

（大家又不是初次合作，订这么多货才优惠那一丁点儿，老实说，我们怎么能谈得拢呢？）

384. 横掂我哋又唔系好赶，家阵先去第间公司睇下先，畀多啲时间你考虑下我哋啱提出嘅折头啊。

waŋ¹¹ tim²² ŋɔ¹³ tei²² jɐu²² m¹¹ hɐi²² hou³⁵ kɔn⁵⁵, ka⁵⁵ tʃɐn³⁵ ʃin⁵⁵ hɵy³³ tɐi²² kan⁵⁵ kuŋ⁵⁵ ʃi⁵⁵ hɐu⁵⁵ ha¹³ ʃin⁵⁵, pei³⁵ tɔ⁵⁵ ti⁵⁵ ʃi¹¹ kan³³ nei¹³ hau³⁵ lɵy²² ha¹³ ŋɔ¹³ tei²² ŋam⁵⁵ tʻɐi¹¹ tʃʻɵt⁵⁵ kɛ³³ tʃit³³ tʻɐu¹¹ a⁵⁵.

（反正我们也不急，现在先去其他公司看看，给多点儿时间您考虑一下我们刚才提出的折扣吧。）

385. 我哋之前未曾入过呢只货，唔知卖唔卖得，如果你哋肯打个八折，家下就订批试下先。

ŋɔ¹³ tei²² tʃi⁵⁵ tʃʻin¹¹ mei²² tʃʻɐŋ¹¹ jɐp²² kwɔ³³ ni⁵⁵ tʃɛk³³ fɔ³³, m¹¹ tʃi⁵⁵ mai²² m¹¹ mai²² tɐk⁵⁵, jy¹¹ kwɔ³⁵ nei¹³ tei²² hɐŋ³⁵ ta³⁵ kɔ³³ pat³³ tʃit³³, ka⁵⁵ ha¹³ tʃɐu²² tɐŋ²² pʻɐi⁵⁵ ʃi³³ ha¹³ ʃin⁵⁵.

（我们以前没进过这种货，不知道好不好卖，如果你们愿意打个八折，现在就先订一批试试。）

386. 唔系我哋冇心做，主要系谂唔到个折头少成噉，真系冇咩兴趣倾落去嘞。

m¹¹ hɐi²² ŋɔ¹³ tei²² mou¹³ ʃɐm⁵⁵ tʃou²², tʃy³⁵ jiu³³ hɐi²² nɐm³⁵ m¹¹ tou³⁵ kɔ³³ tʃit³³ tʻɐu¹¹ ʃiu³⁵ ʃiŋ¹¹ kɐm³⁵, tʃɐn³⁵ hɐi²² mou¹³ mɛ⁵⁵ hiŋ³³ tʃɵy³³ kʻin⁵⁵ lɔk²² hɵy³³ lak³³.

（不是我们没有诚意做，主要是想不到折扣少成这样，真是没有什么兴趣谈下去了。）

387. 呢只系你哋嘅新产品，未曾卖过。为咗打开我哋个度嘅市场，你哋系咪可以考虑畀多啲嘅折头咧？

ni⁵⁵ tʃɛk³³ hɐi²² nei¹³ tei²² kɛ³³ ʃɐn⁵⁵ tʃʻan³⁵ pɐn³⁵, mei²² tʃʻɐŋ¹¹ mai²² kwɔ³³. wei²² tʃɔ³⁵ ta³⁵ hɔi⁵⁵ ŋɔ¹³ tei²² kɔ³⁵ tou²² kɛ³³ ʃi¹¹ tʃʻœŋ¹¹, nei¹³ tei²² hɐi²² mɐi²² hɔ³⁵ ji¹³ hau³⁵ lɵy²² pei³⁵ tɔ⁵⁵ ti⁵⁵ tʃit³³ tʻɐu¹¹ lɛ⁵⁵?

（这是你们的新产品，从未卖过。为了打开我们那儿的市场，你们是不是可以考虑多给些折扣呢？）

388. 上次订都仲有九折，今次点解得吓九五折吖？

ʃœŋ²² tʃʻi³³ tɐŋ²² tou⁵⁵ tʃuŋ²² jɐu¹³ kɐu³⁵ tʃit³³, kɐm⁵⁵ tʃʻi³³ tim³⁵ kai³⁵ tɐk⁵⁵ kɔ³⁵ kɐu³⁵ ŋ¹³ tʃit³³ a³³?

（上回订还有九折，这次怎么只有九五折呢？）

389. 如果今次肯畀个八折个话，第日我哋仲会有更多嘅合作。[7]
jy^{11} kwɔ^{35} kɐm^{55} tʃʻi^{33} hɐŋ^{35} pei^{33} kɔ^{33} pat^{55} tʃit^{33} kɔ^{33} wa^{-35}, tɐi^{22} jɐt^{22} ŋɔ^{13} tei^{22} tʃuŋ^{22} wui^{13} jɐu^{13} kɐŋ^{33} tɔ^{55} kɛ^{33} hap^{22} tʃɔk^{33}.
（如果这次可以给个八折的话，以后我们还会有更多的合作。）

390. 虽然话质量方面嘅问题都好重要，但系个价位咁高都会失晒吸引力㗎。
ʃɵy^{55} jin^{11} wa^{22} tʃɐt^{55} lœŋ^{22} fɔŋ^{55} min^{22} kɛ^{33} mɐn^{22} tʻɐi^{11} tou^{55} hou^{35} tʃuŋ^{22} jiu^{33}, tan^{22} hɐi^{22} kɔ^{33} ka^{33} wɐi^{-35} kɐm^{33} kou^{55} tou^{55} wui^{13} ʃɐt^{55} ʃai^{33} kʻɐp^{55} jɐn^{13} lik^{22} ka^{33}.
（虽然说质量方面的问题也很重要，但是价位这么高也会失去吸引力的。）

二、注释

（1）只货不溜都好好市略，做都做唔切：广州话表示程度非常高，说"好"而不说"很"。如：好多（很多）、好靓（很美）。

（2）失个客易过得多个客：量词"个"之前省略了"一"；"过"作介词，表示比较。例如：呢件衫平过吶件 ni^{55} kin^{33} ʃam^{55} pʻɐŋ^{11} kwɔ^{33} kɔ^{35} kin^{35}（这件衣服比那件便宜）。

（3）老细你都唔介意畀熟客我哋多啲鼓励啩：句中"熟客我哋"是同位语，主要是为了加重语气。

（4）先畀吓啲啲的折头："啲"，单用时往往表示不定数量，如：呢啲（这些），吶啲（那些）。但叠用为"啲啲"是表示数量很少。

（5）有冇搞错：惯用语，口语多用于表示怀疑和不满。

（6）老老实实嘞，我哋点倾得埋吖：广州话的"老实"叠用为"老老实实"，意义有了变化，表示"实话实说"或"照实说"，和普通话的用法是不同的。

（7）如果今次肯畀个八折个话："个话"等于"嘅话"，常与"如果"搭配使用，表示假设。

三、生词

使惯 ʃei³⁵ kwan³³	用惯	顶唔顺 tiŋ³⁵ m¹¹ ʃɵn²²	吃不消
不溜 pet⁵⁵ leu⁵⁵	经常；向来	太过 t'ai³³ kwɔ³³	过分
学人话斋 hɔk²² jen¹¹ wa²² tʃai³⁵		啲啲 ti⁵⁵ ti⁵⁵	一丁点儿
	正如别人所说	睩 heu⁵⁵	张望、看

四、词语扩展

- 价格减让 ka³³ kak³³ kam³⁵ jœŋ²²
- 减价 kam³⁵ ka³³
- 高价 kou⁵⁵ ka³³
- 折扣价 tʃit³³ k'eu³³ ka³³
- 佣金 juŋ³⁵ kɐm⁵⁵
- 一般折扣 jɐt⁵⁵ pun⁵⁵ tʃit³³ k'eu³³
- 数量折扣 ʃou³³ lœŋ²² tʃit³³ k'eu³³
- 特别折扣 tɐk²² pit²² tʃit³³ k'eu³³
- 现金折扣 jin²² kɐm⁵⁵ tʃit³³ k'eu³³
- 季节性折扣 kwɐi³³ tʃit³³ ʃiŋ³³ tʃit³³ k'eu³³
- 例外折扣 lɐi²² ŋɔi³³ tʃit³³ k'eu³³
- 合理的折扣 hap²² lei¹³ tik⁵⁵ tʃit³³ k'eu³³
- 额外 ŋak²² ŋɔi²²
- 超出 tʃ'iu⁵⁵ tʃ'ɵt⁵⁵
- 供应商 kuŋ⁵⁵ jiŋ³³ ʃœŋ⁵⁵
- 制造商 tʃɐi³³ tʃou²² ʃœŋ⁵⁵
- 中间商 tʃuŋ⁵⁵ kan⁵⁵ ʃœŋ⁵⁵
- 经销商 kiŋ⁵⁵ ʃiu⁵⁵ ʃœŋ⁵⁵

附：广州话名词的一些特点（一）

广州话许多名词以单音节为主。所以，普通话词带"子"词尾的，在广州话除少数的词如"筷子"之外，一般是不带"子"的。请见下表：

广州话	普通话	广州话	普通话
枱 t'ɔi⁻³⁵	桌子	裙 kw'ɐn¹¹	裙子
凳 tɐŋ²²	凳子	裤 fu³³	裤子
椅 ji¹³	椅子	袜 mɐt²²	袜子
盒 hɐp⁻³⁵	盒子	帽 mou⁻³⁵	帽子
绳 ʃiŋ⁻³⁵	绳子	钩 ŋɐu⁵⁵	钩子

第14单元　给予优惠

一、课文

391. 虽然平吓2%睇起身唔算好多，但系林生你谂下啦，我哋嘅出货量咁大，计计埋埋就优惠咗好多㗎喇。

$\int œy^{55} jin^{11} p'eŋ^{11} ko^{35} pak^{33} fen^{22} t\int i^{55} ji^{22} t'ei^{35} hei^{35} \int en^{55} m^{11} \int yn^{33} hou^{35} to^{55},$
$tan^{22} hei^{22} lem^{11} \int aŋ^{55} nei^{13} nem^{35} ha^{13} la^{55}, ŋo^{13} tei^{22} ke^{33} t\int' et^{55} fo^{33} lœŋ^{22} kem^{33}$
$tai^{22}, kei^{33} kei^{33} mai^{11} mai^{11} t\int eu^{22} jeu^{55} wei^{22} t\int o^{35} hou^{35} to^{55} ka^{33} la^{33}.$

（虽然便宜那2%看起来不算很多，但是林先生您想想，我们的出货量这么大，都算起来就优惠很多了。）

392. 凡系我公司嘅老客户都可以享受订购5000台以上即打8折嘅优惠。

$fan^{11} hei^{22} ŋo^{13} kuŋ^{55} \int i^{55} ke^{33} lou^{13} hak^{33} wu^{22} tou^{55} ho^{35} ji^{13} hœŋ^{35} \int eu^{22} teŋ^{22}$
$k'eu^{33} ŋ^{13} t\int' in^{55} t'oi^{11} ji^{13} \int œŋ^{22} t\int ik^{55} ta^{35} pat^{33} t\int it^{33} ke^{33} jeu^{55} wei^{22}.$

（凡是我公司的老客户都可以享受订购5000台以上即打8折的优惠。）

393. 我公司决定再平多3%，以表示我哋有心做成呢单生意，希望以后多啲合作。

$ŋo^{13} kuŋ^{55} \int i^{55} k'yt^{33} tiŋ^{22} t\int oi^{33} p'eŋ^{11} to^{55} pak^{33} fen^{22} t\int i^{55} \int am^{55}, ji^{13} piu^{35} \int i^{22}$
$ŋo^{13} tei^{22} jeu^{13} \int em^{55} t\int ou^{22} \int iŋ^{13} ni^{55} tan^{55} \int aŋ^{55} ji^{33}, hei^{55} moŋ^{22} ji^{13} heu^{22} to^{55} ti^{55}$
$hap^{22} t\int ok^{33}.$

（我公司决定再多便宜3%，以表示我们有诚意做成这笔生意，希望以后多合作。）

394. 如果你哋即时落定嘅话，我哋会畀个折上折你。[1]

$jy^{11} kwo^{35} nei^{13} tei^{22} t\int ik^{55} \int i^{11} lok^{22} teŋ^{22} ke^{33} wa^{-35}, ŋo^{13} tei^{22} wui^{13} pei^{35} ko^{33}$
$t\int it^{33} \int œŋ^{22} t\int it^{33} nei^{13}.$

（如果你们立即下定金的话，我们会给您一个折上折。）

395. 你哋公司要订几多先至有更大嘅优惠吖?

nei¹³ tei²² kuŋ⁵⁵ ʃi⁵⁵ jiu³³ tɛŋ²² kei³⁵ tɔ⁵⁵ ʃin⁵⁵ tʃi²² jɐu¹³ kɐŋ³³ tai²² kɛ³³ jɐu⁵⁵ wɐi²² a³³?

(你们公司要订多少才有更大的优惠呢?)

396. 呢个要睇你哋具体要几多喇。本公司系按订货量调整折头,订购1000台折头系5%,如果2000台或者仲多啲嘅话,可以畀个折上折你。

ni⁵⁵ kɔ³³ jiu³³ tʻɐi³⁵ nei¹³ tei²² køy²² tʻɐi³³ jiu³³ kei³⁵ tɔ⁵⁵ la³³. pun³⁵ kuŋ⁵⁵ ʃi⁵⁵ hɐi²² ɔn³³ tɛŋ²² fɔ³³ lœŋ²² tʻiu¹¹ tʃiŋ³⁵ tʃit³³ tʻɐu¹¹, tɛŋ²² kʻɐu³³ jɐt⁵⁵ tʃʻin⁵⁵ tʻɔi¹¹ tʃit³³ tʻɐu¹¹ hɐi²² pak³³ fɐn²² tʃi⁵⁵ ŋ¹³, jy¹¹ kwɔ³⁵ lœŋ¹³ tʃʻin⁵⁵ tʻɔi¹¹ wak²² tʃɛ³⁵ tʃuŋ²² tɔ⁵⁵ ti²² tʻim⁵⁵ kɛ³³ wa⁻³⁵, hɔ³⁵ ji¹³ pei³⁵ kɔ³³ tʃit³³ ʃœŋ²² tʃit³³ nei¹³.

(这个要看你们具体要多少了。本公司是按订货量调整折扣,订购1000台折扣是5%,如果2000台或更多些的话,可以给您个折上折。)

397. 不如大家一人行步,你订多400台,我再畀返两点优惠你。⁽²⁾

pɐt⁵⁵ jy¹¹ tai²² kа⁵⁵ jɐt⁵⁵ jɐn¹¹ haŋ¹¹ pou²², nei¹³ tɛŋ²² tɔ⁵⁵ ʃei³³ pak³³ tʻɔi¹¹, ŋɔ¹³ tʃɔi¹¹ pei³⁵ fan⁵⁵ lœŋ¹³ tim³⁵ jɐu⁵⁵ wɐi²² nei¹³.

(不如大家一人退一步,您多订400台,我再给您2%的优惠。)

398. 林生,我都想畀个你啱心水嘅价位。等我同总部联系下再畀个明确答复你,得嘛?

lɐm¹¹ ʃaŋ⁵⁵, ŋɔ¹³ tou⁵⁵ ʃœŋ³⁵ pei³⁵ kɔ³³ nei¹³ ŋam⁵⁵ ʃɐm⁵⁵ ʃøy³⁵ kɛ³³ ka³³ wɐi⁻³⁵. tɐŋ³⁵ ŋɔ¹³ tʻuŋ¹¹ tʃuŋ³⁵ pou²² lyn¹¹ hɐi¹¹ ha¹³ tʃɔi³³ pei³⁵ kɔ³³ miŋ¹¹ kʻɔk³³ tap³³ fuk⁵⁵ nei¹³, tɐk⁵⁵ ma³⁵?

(林先生,我也想给您一个合心意的价位。等我和总部联系一下再给您一个明确答复,行吗?)

399. 我哋头话,睇在林生你系我公司熟客嘅份上,批货嘅加工费每件再平多两毫子添啦。⁽³⁾

ŋɔ¹³ tei²² tʻɐu⁻³⁵ wa²², tʻɐi³⁵ tʃɔi²² lɐm¹¹ ʃaŋ⁵⁵ nei¹³ hɐi¹³ ŋɔ¹³ kuŋ⁵⁵ ʃi⁵⁵ ʃuk²² hak³³ kɛ³³ fɐn²² ʃœŋ²², pʻei³⁵ fɔ³³ kɛ³³ ka⁵⁵ kuŋ⁵⁵ fɐi³³ mui¹³ kin²² tʃɔi³³ pʻɐŋ¹¹ tɔ⁵⁵ lœŋ¹³ hou¹¹ tʃi³⁵ tʻim⁵⁵ la⁵⁵.

（我们头儿说，看在林先生您是我公司熟客的份上，这批货的加工费每件再多便宜两毛钱。）

400. 如果你哋可以喺廿日内清晒数嘅话，可以免去你哋一部分嘅运费。

jy¹¹ kwɔ³⁵ nei¹³ tei²² hɔ³⁵ ji¹³ ɐi³⁵ ja²² jɐt²² nɔi²² tʃʻin⁵⁵ ʃai³³ ʃou³³ kɛ³³ wa⁻³⁵, hɔ³⁵ ji¹³ min¹³ hɐy³³ nei¹³ tei²² jɐt⁵⁵ pou²² fɐn²² kɛ³³ wɐn²² fei³³.

（如果你们可以在20天内付清货款的话，可以免去你们一部分的运费。）

401. 如果订多1000台嘅话，你哋想要嘅价位都有得倾下嘅。

jy¹¹ kwɔ³⁵ tɛŋ²² tɔ⁵⁵ jɐt⁵⁵ tʃʻin⁵⁵ tʻɔi¹¹ kɛ³³ wa⁻³⁵, nei¹³ tei²² ʃœŋ³⁵ jiu¹³ kɛ³³ ka³³ wei⁻³⁵ tou⁵⁵ jɐu¹³ tɐk⁵⁵ kʻiŋ⁵⁵ ha¹³ kɛ³⁵.

（如果多订1000台的话，你们想要的价位还是可以谈谈的。）

402. 订单超过3吨嘅话，我哋可以再降价2%添。

tɛŋ²² tan⁵⁵ tʃʻiu⁵⁵ kwɔ³³ ʃam⁵⁵ tɐn⁵⁵ kɛ³³ wa⁻³⁵, ŋɔ¹³ tei²² hɔ³⁵ ji¹³ tʃɔi³³ kɔŋ³³ ka³³ pak³³ fɐn²² tʃi⁵⁵ ji²² tʻim⁵⁵.

（订单超过3吨的话，我们可以再优惠2％。）

403. 如果你哋肯一次过清数嘅话，我哋会同你哋免费装货。

jy¹¹ kwɔ³⁵ nei¹³ tei²² hɐŋ³⁵ jɐt⁵⁵ tʃʻi³³ kwɔ³³ tʃʻin⁵⁵ ʃou³³ kɛ³³ wa⁻³⁵, ŋɔ¹³ tei²² wui¹³ tʻuŋ¹¹ nei¹³ tei²² min¹³ fei³³ tʃɔŋ⁵⁵ fɔ³³.

（如果你们愿意一次性付清货款的话，我们可以替你们免费装运。）

404. 我哋平多2％嘅话，个利已经系让到尽嚓喇。

ŋɔ¹³ tei²² pʻɛŋ¹¹ tɔ⁵⁵ pak³³ fɐn²² tʃi⁵⁵ ji²² kɛ³³ wa⁻³⁵, kɔ³³ lei²² ji¹³ kiŋ⁵⁵ hɐi²² jœŋ²² tou³³ tʃɐn²² ka³³ la³³.

（我们多便宜2％的话，让利已经是到极限了。）

405. 我哋做出咁大嘅让步，都系界面老客户嘛，换咗第个都咪使指拟有咁平啦。

ŋɔ¹³ tei²² tʃou²² tʃʻɐt³⁵ kɐm³³ tai²² kɛ³³ jœŋ²² pou²², tou⁵⁵ hɐi²² pei³⁵ min⁻³⁵ lou¹³ hak³³ wu²² tʃe⁵⁵, wun²² tʃɔ³⁵ tei²² kɔ³³ tou⁵⁵ mɐi¹³ ʃɐi³⁵ tʃi³⁵ ji¹³ jɐu¹³ kɐm³³ pʻɛŋ¹¹ la⁵⁵.

（我们做出这么大的让步，都是给老客户面子，换了别人冇指望有这么便宜。）

406. 大家初次合作，畀贵公司噉嘅优惠，就当搏个好意头啦。希望合作愉快。⁽⁴⁾

tai²² ka⁵⁵ tʃʻɔ⁵⁵ tʃʻi³³ hap²² tʃɔk³³, pei³⁵ kwɐi³³ kuŋ⁵⁵ ʃi⁵⁵ kɐm³⁵ kɛ³³ jɐu⁵⁵ wɐi²², tʃɐu²² tɔŋ³³ pɔk³³ kɔ³³ hou³⁵ ji²² tʻɐu¹¹ la⁵⁵. hei⁵⁵ mɔŋ²² hap²² tʃɔk³³ jy¹¹ fai³³.

（大家第一次合作，给贵公司这样的优惠，就当搏个好兆头吧。希望合作愉快。）

407. 噉就按林生头先讲嘅价位啦。如果啱嘅话，咪建议你哋老细叫埋第间分公司嚟我哋度落定啦。⁽⁵⁾

kɐm³⁵ tʃɐu²² ɔn³³ lɐm¹¹ ʃaŋ⁵⁵ tʻɐu¹¹ ʃin⁵⁵ kɔŋ³⁵ kɛ³³ ka³³ wɐi⁻³⁵ la⁵⁵. jy¹¹ kwɔ³⁵ ŋam⁵⁵ kɛ³³ wa⁻³⁵, mei²² kin³³ ji¹³ nei¹³ tei²² lou¹³ ʃɐi³³ kiu³³ mai¹¹ tei²² kan⁵⁵ fɐn⁵⁵ kuŋ⁵⁵ ʃi⁵⁵ lɐi¹¹ ŋɔ¹³ tei²² tou²² lɔk²² tɛŋ²² la⁵⁵.

（那就按林先生刚才说的价位吧。如果合适的话，建议你们老板叫上另一家分公司来我们这儿下订单吧。）

408. 欢迎贵公司参加我哋建厂5周年嘅酬宾活动，即时落定，可以享受更大嘅优惠。⁽⁶⁾

fun⁵⁵ jiŋ¹¹ kwɐi³³ kuŋ⁵⁵ ʃi⁵⁵ tʃʻam⁵⁵ ka⁵⁵ ŋɔ¹³ tei²² kin³³ tʃʻɔŋ³⁵ ŋ¹³ tʃɐu⁵⁵ nin¹¹ kɛ³³ tʃʻɐu¹¹ pɐn⁵⁵ wut²² tuŋ²², tʃik⁵⁵ ʃi¹¹ lɔk²² tɛŋ²², hɔ³⁵ ji¹³ hœŋ³⁵ ʃɐu²² kɐŋ³³ tai²² kɛ³³ jɐu⁵⁵ wɐi²².

（欢迎贵公司参加我们建厂5周年的酬宾活动，现在下订单，可以享受更大的优惠。）

409. 如果你哋肯订购超过2000台设备嘅话，我哋会响一年内派工程师对呢批设备免费进行安装调试及技术指导。

jy¹¹ kwɔ³⁵ nei¹³ tei²² hɐŋ³⁵ tɛŋ²² kʻɐu³³ tʃʻiu⁵⁵ kwɔ³³ ji²² tʃin⁵⁵ tʻɔi¹¹ tʃʻit³³ pei²² kɛ³³ wa⁻³⁵, ŋɔ¹³ tei²² wui¹³ hœŋ³⁵ jet⁵⁵ nin¹¹ nɔi²² pʻai³³ kuŋ⁵⁵ tʃʻiŋ¹¹ ʃi⁵⁵ tøy³³ ni⁵⁵ p'ei⁵⁵ tʃˀit³³ pei²² min¹³ fɐi³³ tʃɐn³³ hɐŋ¹¹ ɔn⁵⁵ tʃɔŋ⁵⁵ t'iu¹¹ ʃi³³ k'ɐp²² kei²² ʃɵt²² tʃi³⁵ tou²².

（如果你们愿意订购超过2000台设备的话，我们会在一年内派工程师对这批设备免费进行安装调试和技术指导。）

410. 贵公司系我哋喺西南地区嘅首个代理商。为咗感谢你哋嘅加盟，我哋再平多2%供货。⁽⁷⁾

kwɐi³³ kuŋ⁵⁵ ʃi⁵⁵ hɐi²² ɔ¹³ tei²² hɐi³⁵ ʃɐi⁵⁵ nan¹¹ tei²² k'ɵy⁵⁵ kɐ³³ ʃeu⁵⁵ kɔ³³ tɔi⁵⁵ lei¹³ ʃœŋ⁵⁵. wɐi²² tʃɔ³⁵ kɐm³⁵ tʃɐ²² nei¹³ tei²² kɐ³³ ka⁵⁵ mɐŋ¹¹, ŋɔ¹³ tei²² tʃɔi³³ p'ɐŋ¹¹ tɔ⁵⁵ pak³³ fɐn²² tʃi⁵⁵ ji²² kuŋ⁵⁵ fɔ³³.

（贵公司是我们在西南地区的首个代理商。为了感谢你们的加盟，我们再便宜2%供货。）

411. 如果贵公司肯将呢批货嘅加工业务冚唪吟畀晒我哋做，本公司会对其中1%嘅货进行免费加工。

jy¹¹ kwɔ³⁵ kwɐi³³ kuŋ⁵⁵ ʃi⁵⁵ hɐŋ³⁵ tʃœŋ⁵⁵ ni¹³ p'ɐi¹¹ fɔ³³ kɐ³³ ka⁵⁵ kuŋ⁵⁵ jip²² mou²² hɐm²² paŋ²² laŋ²² pei¹³ ʃai³³ ŋɔ¹³ tei²² tʃou²², pun³⁵ kuŋ⁵⁵ ʃi⁵⁵ wui¹³ tɵy³³ k'ei¹¹ tʃuŋ⁵⁵ pak³³ fɐn²² tʃi¹³ jɐt²² kɐ³³ fɔ³³ tʃɐn³³ hɐŋ¹¹ min¹³ fɐi³³ ka⁵⁵ kuŋ⁵⁵.

（如果贵公司愿意把这批货的加工业务全部交给我们来做，本公司将对其中1%的货进行免费加工。）

412. 从我哋响价位方面嘅一再让步，贵公司就可以睇出，我哋系好有心做成呢单生意嘅。

tʃuŋ²¹ ŋɔ¹³ tei²² hœŋ³⁵ ka³³ wɐi³⁵ fɔŋ⁵⁵ min²² kɐ³³ jɐt⁵⁵ tʃɔi³³ jœŋ²² pou²², kwɐi³³ kuŋ⁵⁵ ʃi⁵⁵ tʃɐu²² hɔ³⁵ ji¹³ t'ɐi³⁵ tʃ'ɵt⁵⁵, ŋɔ¹³ tei²² hɐi²² hou³⁵ jɐu¹³ ʃɐm⁵⁵ tʃou²² ʃɐŋ¹¹ ni¹³ tan⁵⁵ ʃaŋ⁵⁵ ji³³ kɐ³³.

（从我们在价位方面的一再让步，贵公司就可以看到，我们是很有诚意做这笔生意的。）

413. 贵公司同我哋合作咗咁耐，都知我哋嘅价位系比较合理㗎啦。你哋先至订1000台就享受到嗰嘅优惠，响业界都算比较难揾㗎喇。

kwɐi³³ kuŋ⁵⁵ ʃi⁵⁵ t'uŋ¹¹ ŋɔ¹³ tei²² hap²² tʃɔk³³ tʃɔ³⁵ kɐm³³ nɔi²², tou⁵⁵ tʃi³³ ŋɔ¹³ tei²² kɛ³³ ka³³ wɐi⁻³⁵ hɐi²² pei³⁵ kau³³ hap²² lei¹³ ka³³ la⁵⁵. nei¹³ tei²² ʃin⁵⁵ tʃi³³ tɐŋ²² jɐt⁵⁵ tʃʻin⁵⁵ tʻɔi¹¹ tʃɐu²² hœn³⁵ ʃɐu²² tou³³ kɐm³⁵ kɛ³³ jɐu⁵⁵ wɐi²², hœn³⁵ jip²² kai³³ tou⁵⁵ ʃyn³³ pei³⁵ kau³³ nan¹¹ wɐn³⁵ ka³³ la³³.

（贵公司跟我们合作了这么久，也知道我们的价位是比较合理的。你们才订1000台就享受到这样的优惠，在业界也算比较难找了。）

414. 贵公司肯订多三成货嘅话，我哋会畀返3%嘅折头，围到每台先至580文咋。唔使计都知啦，咁靓嘅机卖到咁平嘅价，边度都难搵吖！

kwɐi²² kuŋ⁵⁵ ʃi⁵⁵ hɐŋ³⁵ tɐŋ²² tɔ⁵⁵ ʃam⁵⁵ ʃiŋ¹¹ fɔ³³ kɛ³³ wa⁻³⁵, ŋɔ¹³ tei²² wui¹³ pei³⁵ fan⁵⁵ pak³³ fɐn²² tʃi⁵⁵ ʃam⁵⁵ kɛ³³ tʃit³³ tʻɐu¹¹, wɐi¹¹ tou³³ mui¹³ tʻɔi¹¹ ʃin⁵⁵ tʃi³³ ŋ¹³ pak³³ pat³³ ʃɐp²² mɐn⁻⁵⁵ tʃa³³. m¹¹ ʃɐi³⁵ kɐi¹³ tou⁵⁵ tʃi⁵⁵ la⁵⁵, kɐm³³ lɛŋ³³ kɛ³³ kei⁵⁵ mai²² tou³³ kɐm³³ pʻɛŋ¹¹ kɛ³³ ka³³, pin⁵⁵ tou²² tou⁵⁵ nan¹¹ wɐn³⁵ a³³!

（贵公司愿意多订三成货的话，我们会给3%的折扣，平均每台才580元。不用计算也知道，这么好的机子卖到这么便宜的价格，哪儿都难找啊！）

415. 今年雨水多，啲荔枝嘅收成大受影响，畀到咁优惠嘅价，呢单生意你哋系有数为㗎喇。

kɐm⁵⁵ nin⁻³⁵ jy¹³ ʃɵy³³ tɔ³³, ti⁵⁵ lɐi²² tʃi⁵⁵ kɛ³³ ʃɐu⁵⁵ ʃiŋ¹¹ tai²² ʃɐu²² jiŋ³⁵ hœn³⁵, pei³⁵ tou³³ kɐm³³ jɐu⁵⁵ wɐi²² kɛ³³ ka³³, ni⁵⁵ tan⁵⁵ ʃaŋ⁵⁵ ji⁵⁵ nei¹³ tei²² hɐi²² jɐu¹³ ʃou³³ wɐi¹¹ ka³³ la³³.

（今年雨水多，荔枝的收成大受影响，给这优惠的价，这桩生意你们是很合算的了。）

416. 阿张生，本公司系为咗感谢贵方长期以嚟嘅支持先至做出咁大幅度嘅让利。

a¹³ tʃœŋ⁵⁵ ʃaŋ⁵⁵, pun³⁵ kuŋ⁵⁵ ʃi⁵⁵ hɐi²² wɐi²² tʃɔ³⁵ kɐm³⁵ tʃɛ²² kwɐi³³ fɔŋ⁵⁵ tʃœŋ¹¹ kʻei¹¹ ji¹³ lɐi¹¹ kɛ³³ tʃi³⁵ tʃʻi¹¹ ʃin⁵⁵ tʃi³³ tʃou²² tʃʻɵt⁵⁵ kɐm³³ tai²² fuk⁵⁵ tou²² kɛ³³ jœŋ²² lei²².

（张先生，本公司是为了感谢贵方长期以来的支持才做出这么大幅度的让利。）

417. 我哋可以畀到贵公司噉嘅优惠，就已经意味着我哋将利润空间压缩到极限。唔好意思，我哋冇可能做到你公司要求嘅𠮶步。

ŋɔ¹³ tei²² hɔ³⁵ ji¹³ pei³⁵ tou³⁵ kwɐi³³ kuŋ⁵⁵ ʃi⁵⁵ kɐm³⁵ kɛ³³ jɐu³⁵ wɐi²², tʃɐu²² ji¹³ kiŋ⁵⁵ ji³³ mei²² tʃœk²² ŋɔ¹³ tei²² tʃɐŋ⁵⁵ lei²² jɐn²² huŋ⁵⁵ kan⁵⁵ ŋat³⁵ ʃuk⁵⁵ tou³³ kik²² han². m¹¹ hou³⁵ ji³³ ʃi³³, ŋɔ¹³ tei²² mou¹³ hɔ³⁵ nɐŋ¹¹ tʃou²² tou³³ nei¹³ kuŋ⁵⁵ ʃi⁵⁵ jiu⁵⁵ k'ɐu¹¹ kɛ³³ kɔ³⁵ pou²².

（我们能够给到贵公司这样的优惠，就已经意味着我们把利润空间压缩到极限。不好意思，我们没有可能做到你公司要求的那一步。）

418. 为咗我哋嘅新产品可以获得更大嘅市场份额，本公司会同贵方提供一个极其优惠嘅市场推广价。

wɐi²² tʃɔ³³ ŋɔ¹³ tei²² kɛ³³ ʃɐn⁵⁵ tʃ'an³⁵ pɐn³⁵ hɔ³⁵ ji¹³ wɔk²² tɐk⁵⁵ kɐŋ³¹ tai²² kɛ³³ ʃi¹³ tʃ'œŋ¹¹ fɐn²² ŋak³⁵, pun³⁵ kuŋ⁵⁵ ʃi⁵⁵ wui¹³ t'uŋ¹¹ kwɐi³³ fɔŋ⁵⁵ t'ɐi¹¹ kuŋ⁵⁵ jɐt⁵ kɔ³³ kik²² k'ei¹¹ jɐu⁵⁵ wɐi²² kɛ³³ ʃi¹³ tʃ'œŋ¹¹ t'ɵy⁵⁵ kwɔŋ³⁵ ka³³.

（为了我们的新产品可以获得更大的市场份额，本公司将向贵方提供一个极其优惠的市场推广价。）

419. 我哋会畀多一成嘅折头贵公司，以尽力达成呢宗交易。希望我哋可以携手进一步开拓西南地区嘅市场。

ŋɔ¹³ tei²² wui¹³ pei³⁵ tɔ⁵⁵ jɐt⁵ ʃiŋ¹¹ kɛ³³ tʃit³³ t'ɐu¹¹ kwɐi³³ kuŋ⁵⁵ ʃi⁵⁵, ji¹³ tʃɐn²² lik²² tat²² ʃiŋ¹¹ ni⁵⁵ tʃuŋ⁵⁵ kau⁵⁵ jik²². hei⁵⁵ mɔŋ²² ŋɔ¹³ tei²² hɔ³⁵ ji¹³ kw'ɐi¹¹ ʃɐu⁵⁵ tʃɐn³³ jɐt⁵⁵ pou²² hɔi⁵⁵ t'ɔk³³ ʃɐi⁵⁵ nam¹¹ tei²² k'ɵy⁵⁵ kɛ³³ ʃi¹³ tʃ'œŋ¹¹.

（我们会多给贵公司一成的折扣，以尽力达成这宗交易。希望我们可以携手进一步开拓西南地区的市场。）

420. 为咗进一步打造本公司响全国嘅销售网络，我哋会畀贵方首次入货只需先付40%货款嘅优惠，以降低你哋嘅投资风险。

wɐi²² tʃɔ³⁵ tʃɐn³³ jɐt⁵⁵ pou²² ta³⁵ tʃɐu²² pun³⁵ kuŋ⁵⁵ ʃi⁵⁵ hœŋ³⁵ tʃ'yn¹¹ kwɔk³³ kɛ³³ ʃiu⁵⁵ ʃɐu²² mɔŋ¹³ lɔk²², ŋɔ¹³ tei²² wui¹³ pei³⁵ kwɐi³³ fɔŋ⁵⁵ ʃɐu⁵⁵ tʃ'i³⁵ jɐp²² fɔ³³ tʃi³⁵ ʃɵy⁵⁵ ʃin⁵⁵ fu²² pak³³ fɐn²² tʃi⁵⁵ ʃei³³ ʃɐp²² fɔ³³ fun³⁵ kɛ³³ jɐu⁵⁵ wɐi²², ji¹³ kɔŋ³³ tɐi⁵⁵ nei¹³ tei²² kɛ³³ t'ɐu¹¹ tʃi⁵⁵ fuŋ⁵⁵ him³⁵.

（为了进一步打造本公司在全国的销售网络，我们会给贵方首次进货只需先付40%货款的优惠，以降低你们的投资风险。）

二、注释

（1）如果你哋即时落定嘅话："即时"一词在普通话主要用于书面语，而在广州话这是一个常用的口语词。

（2）我再畀返两点优惠你："两点"表示两个百分点。"两点"还可以说成"两个点 lœŋ¹³ kɔ³³ tim³⁵"。

（3）我哋头话：广州话的"头"变调读成35调值的话，相当于普通话的"头儿"，表示"头目"、"上司"之义。

（4）就当搏个好意头：广州人说话、做事都十分讲究"意头"。过年买桃花，象征宏图（"红桃"广州话同"宏图"），家里摆年桔寓意"大吉大利"；新年宴席上的菜名更是讲究。人们相信，做事如果碰上了"好意头"就预示着这件事情将是顺利的。

（5）第间分公司嚟我哋度落定啦：这里的"第"是"第二"的合音字，省去了"二"。与时间词结合表示将来或以后，例如：第日、第时、第世（来世）等词。与其他词结合则表示"其他的、另外的"，例如：第个、第间、第种、第啲（另外一些）。

（6）我哋建厂5周年嘅酬宾活动：数字"5"在很多人的口语里不读 ŋ¹³ 而读 m¹³。

（7）我哋再平多2%供货：表示便宜的"平"已在课文里多处出现，注意：这个"平 pʻɐŋ¹¹"和表示"和平"的"平 pʻiŋ¹¹"只是字形相同，读音和词义都不同。

三、生词

第个 tei²² kɔ³³	另外的，别的	好意头 hou³⁵ ji³³ tʻɐu¹¹	好兆头
指拟 tʃi³⁵ ji¹³	指望	围 wɐi¹¹	平均
毫子 hou¹¹ tʃi³⁵	（钱的单位）角，毛	有数为 jɐu¹³ ʃou³³ wɐi²²	合算，划得来
意头 ji³³ tʻɐu¹¹	兆头		

四、词语扩展

- 库存商品 fu³³ tʃʻyn¹¹ ʃœŋ⁵⁵ pɐn³⁵
- 特惠价 tɐk²² wɐi²² ka³³
- 减让 kam³⁵ jœŋ²²
- 削减 ʃœk³³ kam³⁵
- 通融 tʻuŋ⁵⁵ juŋ¹¹
- 付款交单 fu²² fun³⁵ kau⁵⁵ tan⁵⁵
- 免收 min¹³ ʃɐu⁵⁵
- 分期付款 fɐn⁵⁵ kʻei¹¹ fu²² fun³⁵
- 即期付款交单 tʃik⁵⁵ kʻei¹¹ fu²² fun³⁵ kau⁵⁵ tan⁵⁵
- 远期付款交单 jyn¹³ kʻei¹¹ fu²² fun³⁵ kau⁵⁵ tan⁵⁵
- 承兑交单 ʃiŋ¹¹ tey³³ kau⁵⁵ tan⁵⁵
- 贵宾 kwei³³ pɐn⁵⁵
- VIP卡 VIP kʻa⁵⁵

附：广州话名词的一些特点（二）

广州话的"仔 tʃɐi³⁵"意思是儿子或泛指子女，也可指少年或青年，除了大家都知道的打工仔之外，还有：叻仔 lɐk⁵⁵ tʃɐi³⁵（能干的小孩或小伙子）/电工仔 tin²² kuŋ⁵⁵ tʃɐi³⁵（小电工）/后生仔 hɐu²² ʃaŋ⁵⁵ tʃɐi³⁵（小后生）/肥仔 fei¹¹ tʃɐi³⁵（胖小子）/女仔 ney¹³ tʃɐi³⁵（女孩子）。"仔"附在名词后表示"小"义，例如：刀仔 tou⁵⁵ tʃɐi³⁵（小刀）/袋仔 tɔi⁻³⁵ tʃɐi³⁵（小口袋）/樽仔 tʃɵn⁵⁵ tʃɐi³⁵（小瓶子）。

但是，"仔"有时候并没有明显的附加意义，只相当于一个词缀，附着在名词后面。例如：歌仔 kɔ⁵⁵ tʃɐi³⁵（歌儿）/古仔 ku³⁵ tʃɐi³⁵（故事）/烟仔 jin⁵⁵ tʃɐi³⁵（香烟）/耳仔 ji¹³ tʃɐi³⁵（耳朵）/银仔 ŋɐn⁻³⁵ tʃɐi³⁵（钢镚儿）/妹仔 mui⁻⁵⁵ tʃɐi³⁵（丫头）。

第15单元 双方让步

一、课文

421. 你哋嘅价位相比往年涨幅高达两成，大大噉超过咗我哋可以承受嘅能力。

nei¹³ tei²² kɛ³³ ka³³ wɐi⁻³⁵ ʃœŋ⁵⁵ pei³⁵ wɔŋ¹³ nin⁻³⁵ tʃœŋ³³ fuk⁵⁵ kou⁵⁵ tat²² lœŋ¹³ ʃiŋ¹¹, tai²² tai²² kɐm³⁵ tʃʻiu²² kwɔ³³ tʃɔ³⁵ ŋɔ¹³ tei²² hɔ³⁵ ji¹³ ʃiŋ¹¹ ʃɐu²² kɛ³³ nɐŋ¹¹ lik²².

（你们的价位与往年相比涨幅高达两成，大大超过了我们能够承受的能力。）

422. 呢只货嘅价位虽然系一路走高，但系贵公司都要考虑埋个原材料已经全面起价嘅问题㗎。其实真系唔怕话埋畀你知，我哋嘅利润空间比往年仲有所缩减添。

ni⁵⁵ tʃɐk²³ fɔ³³ kɛ³³ ka³³ wɐi⁻³⁵ ʃøy⁵⁵ jin¹¹ hɐi²² jɐt⁵⁵ lou²² tʃɐu³⁵ kou⁵⁵, tan²² hɐi²² kwɐi³³ kuŋ⁵⁵ ʃi⁵⁵ tou⁵⁵ jiu³³ hau³⁵ løy²² mai¹¹ kɔ³³ jyn¹¹ tʃʻɔi²² liu⁻³⁵ ji¹³ kiŋ⁵⁵ tʃʻyn¹¹ min⁻³⁵ hei³⁵ ka³³ kɛ³³ mɐn²² tʻɐi¹¹ pɔ³³. kʻei¹³ ʃɐt²² tʃɐn⁵⁵ hɐi²² m¹¹ pʻa³³ wa²² mai¹¹ pei³⁵ nei¹³ tʃi⁵⁵, ŋɔ¹³ tei²² kɛ³³ lei²² jøn²² huŋ⁵⁵ kan⁵⁵ pei³⁵ wɔŋ¹³ nin⁻³⁵ tʃuŋ²² jɐu¹³ ʃɔ³⁵ ʃuk⁵⁵ kam³⁵ tim⁵⁵.

（这种货物的价位虽然是一路走高，但是贵公司也要考虑下原材料已经全面涨价的问题。其实真的不怕告诉你们，我们的利润空间比往年还有所缩减呢。）

423. 虽然你公司啲货好正，但系咁高嘅价位，令到我哋好难下决心落定吖。

ʃøy⁵⁵ jin¹¹ nei¹³ kuŋ⁵⁵ ʃi⁵⁵ ti⁵⁵ fɔ³³ hou³⁵ tʃɛŋ³³, tan²² hɐi²² kɐm³³ kou⁵⁵ kɛ³³ ka³³ wɐi⁻³⁵, liŋ²² tou³⁵ ŋɔ¹³ tei²² hou³⁵ nan¹¹ ha²² kʻyt³³ ʃɐm⁵⁵ lɔk²² tɛŋ²² a³³.

（虽然你们的货很好，但是这么高的价位，使我们很难下决心付定金。）

424. 阿生，你都识话我哋嘅货正啊，系人都明一分钱一分货嘅道理啩！[1]

a³³ ʃaŋ⁵⁵, nei¹³ tou⁵⁵ ʃik⁵⁵ wa²² ŋɔ¹³ tei²² ti⁵⁵ fɔ³³ tʃɛŋ³³, hei²² jɐn¹¹ tou⁵⁵ miŋ¹¹ jɐt⁵⁵ fɐn⁵⁵ tʃʻin¹¹ jɐt⁵⁵ fɐn⁵⁵ fɔ³³ kɛ³³ tou²² lei¹³ kwa³³!

（先生，您也知道说我们的货好，大凡人都明白一分钱一分货的道理啊！）

425. 做生意梗明呢个道理嘅。不过哋货咁正，都要畀个吸引啲嘅价位至有竞争力㗎嘛。

tʃou²² ʃaŋ⁵⁵ ji³³ kɐŋ³⁵ miŋ¹¹ ni⁵⁵ kɔ³³ tou²² lei¹³ kɛ³³. pɐt⁵⁵ kwɔ³³ ti⁵⁵ fɔ³³ kɐm³³ tʃɛŋ³³, tou⁵⁵ jiu²² pei³⁵ kɔ³³ kʻɐp⁵⁵ jɐn¹³ ti⁵⁵ kɛ³³ ka³³ wɐi⁻³⁵ tʃi³³ jɐu¹³ kiŋ²² tʃɐŋ³³ lik²² ka⁵⁵ ma³⁵.

（做生意当然是明白这个道理的。不过货物这么好也要给个有吸引的价位才有竞争力嘛。）

426. 阿生讲嘅都几啱听嘅。不如噉啊，你哋订多一个季度嘅货，我就畀返优惠啲嘅价位你啊。

a³³ ʃaŋ⁵⁵ kɔŋ³⁵ kɛ³³ tou⁵⁵ kei³⁵ ŋam⁵⁵ tʻɛŋ⁵⁵ kɛ³⁵. pɐt⁵⁵ jy¹¹ kɐm³⁵ a⁵⁵, nei¹³ tei²² tɐŋ²² tɔ⁵⁵ jɐt⁵⁵ kɔ³³ kwɐi³³ tou⁵⁵ kɛ³³ fɔ³³, ŋɔ¹³ tʃɐu²² pei³⁵ fan⁵⁵ jɐu⁵⁵ wɐi²² ti⁵⁵ kɛ³³ ka³³ wɐi⁻³⁵ nei¹³ a⁵⁵.

（先生说得挺有道理的。不如这样，你们多订一个季度的货，我就给您稍优惠点儿的价。）

427. 如果贵公司真系畀只实价我哋嘅话，我唔介意即时落多一个季度嘅订单。

jy¹¹ kwɔ³⁵ kwɐi³³ kuŋ⁵⁵ ʃi⁵⁵ tʃɐn⁵⁵ hei²² pei³⁵ tʃɛk²² ʃɐt²² ka³³ ŋɔ¹³ tei²² kɛ³³ wa⁻³⁵, ŋɔ¹³ m¹¹ kai²² ji³³ tʃik⁵⁵ ʃi¹¹ lɔk²² tɔ⁵⁵ jɐt⁵⁵ kɔ³³ kwɐi³³ tou²² kɛ³³ tɐŋ²² tan⁵⁵.

（如果贵公司真的给我们实价的话，我不介意马上多下一个季度的订单。）

428. 好，一于噉话啊！

hou³⁵, jɐt⁵⁵ jy⁵⁵ kɐm³⁵ wa²² a⁵⁵!

（好，就这么定了！）

429. 我哋公司非常感谢贵方畀我哋嘅优惠。非常希望以后有机会进行长期稳定嘅合作。

ŋɔ¹³ tei²² kuŋ⁵⁵ ʃi⁵⁵ fei³⁵ ʃœŋ¹¹ kɐm³⁵ tʃɛ²² kwɐi³³ fɔŋ⁵⁵ pei³⁵ ŋɔ¹³ tei²² kɛ³³ jɐu⁵⁵ wɐi²². fei⁵⁵ ʃœŋ¹¹ hei⁵⁵ mɔŋ²² ji¹³ hɐu²² jɐu¹³ kei⁵⁵ wui²² tʃɐn³³ hɐŋ¹¹ tʃʻœŋ¹¹ kʻei¹¹ wɐn³⁵ tiŋ²² kɛ³³ hap²² tʃɔk³³.

（我们公司非常感谢贵方给我们的优惠。非常希望以后有机会进行长期稳定的合作。）

430. 陈生，我哋好有心同贵方合作，希望可以畀个有吸引力嘅价位我哋啊。

tʃʻɐn¹¹ ʃaŋ⁵⁵, ŋɔ¹³ tei²² hou³⁵ jɐu¹³ ʃɐm⁵⁵ tʻuŋ¹¹ kwɐi³³ fɔŋ⁵⁵ hap²² tʃɔk³³, hei⁵⁵ mɔŋ²² hɔ³⁵ ji¹³ pei³⁵ kɔ³³ jɐu¹³ kʻɐp⁵⁵ jɐn¹³ lik²² ti⁵⁵ kɛ³³ ka³³ wɐi³⁵ ŋɔ¹³ tei²² a⁵⁵.

（陈先生，我们很有诚意跟贵方合作，希望能给我们一个有吸引力的价位吧。）

431. 噉你哋不妨讲下点样嘅价位先至比较啱心水？

kɐm³⁵ nei¹³ tei²² pɐt⁵⁵ fɔŋ¹¹ kɔŋ³⁵ ha¹³ tim³⁵ jœŋ⁻³⁵ kɛ³³ ka³³ wɐi⁻³⁵ ʃin⁵⁵ tʃi³³ pei³⁵ kau³³ ŋam⁵⁵ ʃɐm⁵⁵ ʃɵy³⁵?

（那你们不妨说说怎样的价位才比较合心意？）

432. 如果我哋连落三个季度订单嘅话，你哋介唔介意同我哋打返九五折啊？

jy¹¹ kwɔ³⁵ ŋɔ¹³ tei²² lin¹¹ lɔk²² ʃam⁵⁵ kɔ³³ kwɐi³³ tou²² tɛŋ²² tan⁵⁵ kɛ³³ wa⁻³⁵, nei¹³ tei²² kai³³ m¹¹ kai³³ ji³³ tʻuŋ¹¹ ŋɔ¹³ tei²² ta³⁵ fan⁵⁵ kɐu³⁵ ŋ¹³ tʃit³³ a⁵⁵?

（如果我们连下三个季度订单的话，你们不会介意跟我们打个九五折吧？）

433. 我哋都知你公司嘅入货量好大。为咗感谢贵方对我公司产品嘅信任同支持，我哋会考虑你哋提出嘅折头。

ŋɔ¹³ tei²² tou⁵⁵ tʃi⁵⁵ nei¹³ kuŋ⁵⁵ ʃi⁵⁵ kɛ³³ jɐp²² fɔ³³ lœŋ²² hou³⁵ tai²². wɐi²² tʃɔ⁵⁵ kɐm³⁵ tʃɛ²² kwɐi³³ fɔŋ⁵⁵ tɵy³³ ŋɔ¹³ kuŋ⁵⁵ ʃi⁵⁵ tʃʻan³⁵ pɐn³⁵ kɛ³³ ʃɐn³³ jɐm⁵⁵ tʻuŋ¹¹ tʃi³³ tʃʻi¹¹, ŋɔ¹³ tei²² wui³⁵ hau³⁵ lɵy²² nei¹³ tei²² tʻɐi¹¹ tʃʻɵt⁵⁵ kɛ³³ tʃit³³ tʻɐu¹¹.

（我们也知道你公司的进货量很大。为了感谢贵方对我公司产品的信任和支持，我们会考虑你们提出的折扣。）

434. 由于你哋系我公司嘅老客户，合作咗咁耐，今次批货再打低啲折头，都唔系完全冇得倾啊！

jɐu¹¹ jy⁵⁵ nei¹³ tei²² hɐi²² ŋɔ¹³ kuŋ⁵⁵ ʃi⁵⁵ kɛ⁵⁵ lou¹³ hak³³ wu²², hap²² tʃɔk³³ tʃɔ³⁵ kɐm³³ nɔi²², kɐm⁵⁵ tʃʰi³³ pʰɐi⁵⁵ fɔ³³ tʃɔi³³ ta³⁵ tei¹³ ti⁵⁵ tʃit³³ tʰɐu¹¹, tou⁵⁵ m¹¹ hɐi²² jyn¹¹ tʃʰyn¹¹ mou¹³ tɐk⁵⁵ kʰiŋ⁵⁵ a⁵⁵!

（由于你们是我公司的老客户，合作了这么久，这批货再给低些的折扣，也不是完全没可能的。）

435. 我哋嘅折头系要睇贵方具体嘅订货量而定㗎。订得货多，优惠自然会更多。

ŋɔ¹³ tei²² kɛ⁵⁵ tʃit³³ tʰɐu¹¹ hɐi²² jiu³³ tʰɐi³⁵ kwɐi³³ fɔŋ⁵⁵ kɵy²² tʰɐi³⁵ kɛ³³ tɛŋ²² fɔ³³ lœŋ²² ji¹¹ tiŋ²² ka³³. tɛŋ²² tɐk⁵⁵ fɔ³³ tɔ⁵⁵, jɐu⁵⁵ wɐi²² tʃi²² jin¹¹ wui¹³ kɐŋ³³ tɔ⁵⁵.

（我们的折扣是要看贵方具体的订货量来定的。货订得多，优惠自然会更多。）

436. 阿林生，不如噉啦，我哋再落多批货嘅订单，你哋打多啲折头，大家咪都有得赚啰！

a³³ lɐm¹¹ ʃaŋ⁵⁵, pɐt⁵⁵ jy¹¹ kɐm³⁵ la⁵⁵, ŋɔ¹³ tei²² tʃɔi³³ lɔk²² tɔ⁵⁵ pʰɐi⁵⁵ fɔ³³ kɛ³³ tɛŋ²² tan⁵⁵, nei¹³ tei³⁵ ta³⁵ tɔ⁵⁵ ti⁵⁵ tʃit³³ tʰɐu¹¹, tai²² ka⁵⁵ mɐi²² tou⁵⁵ jɐu¹³ tɐk⁵⁵ tʃan²² lɔ⁵⁵.

（林先生，不如这样吧，我们再多下一批货的订单，你们就多打点儿折扣，大家不就都能赚了嘛。）

437. 梁生，按你提出嘅打九折嘅话，我哋真系好难做。不过见你订货咁多，我哋畀返个来回运费全包嘅优惠你，又点睇咧？

lœŋ¹¹ ʃaŋ⁵⁵, ɔn³³ nei¹³ tʰɐi¹¹ tʃʰɵt⁵⁵ kɛ³³ ta³⁵ kɐu³⁵ tʃit³³ kɛ³³ wa⁻³⁵, ŋɔ¹³ tei²² tʃɐn⁵⁵ hɐi²² hou²⁵ nan¹¹ tʃou²². pɐt⁵⁵ kwɔ³³ kin³³ nei¹³ tɛŋ²² fɔ³³ kɐm³³ tɔ⁵⁵, ŋɔ¹³ tei²² pei³⁵ fan⁵⁵ kɔ³³ lɔi¹¹ wui¹¹ wɐn²² fɐi³³ tʃʰyn¹¹ pau⁵⁵ kɛ³³ jɐu⁵⁵ wɐi²² nei¹³, jɐu²² tim³⁵ tʰɐi³⁵ lɛ⁵⁵?

（梁先生，按照您提出的打九折的话，我们真的很难做。不过看您订货这么多，我们给您来回运费全包的优惠，怎么样？）

438. 都睇得出，贵方系好有心同我哋做呢单生意嘅。为咗大家以后嘅合作，噉我哋点都打返多少折头你哋啦。

tou^{55} t'ɐi^{35} tɐk^{55} tʃ'ɐt^{35}, kwɐi^{33} fɔŋ^{55} hɐi^{22} hou^{35} jɐu^{13} ʃɐm^{55} t'uŋ^{11} ŋɔ^{13} tei^{22} tʃou^{22} ni^{55} tan^{55} ʃaŋ^{55} ji^{33} kɛ^{35}. wɐi^{22} tʃɔ^{35} tai^{22} ka^{55} ji^{13} hɐu^{22} kɛ^{33} hɐp^{22} tʃɔk^{33}, kɐm^{35} ŋɔ^{13} tei^{22} tim^{35} tou^{55} ta^{35} fan^{55} tɔ^{55} ʃiu^{35} tʃit^{55} t'ɐu^{11} nei^{13} tei^{22} la^{55}.

（看得出来，贵方是很有诚意跟我们做这笔生意的。为了大家以后的合作，那我们怎么着也给你们打点儿折扣吧。）

439. 任小姐，我哋呢个价位已经最低㗎喇，如果系想呢单嘢成嘅话，你哋可唔可以亦做啲的让步呢？

jɐm^{22} ʃiu^{35} tʃɛ^{35}, ŋɔ^{13} tei^{22} ni^{55} kɔ^{33} ka^{33} wɐi^{-35} ji^{13} kiŋ^{55} tʃɵy^{33} tɐi^{55} ka^{33} la^{33}, jy^{11} kwɔ^{35} hɐi^{22} ʃœŋ^{35} ni^{55} tan^{55} jɛ^{13} ʃɛŋ^{11} kɛ^{33} wa^{-35}, nei^{13} tei^{11} hɔ^{35} m^{11} hɔ^{35} ji^{13} jik^{22} tʃou^{22} ti^{55} jœŋ^{22} pou^{22} lɛ^{55}?

（任小姐，我们这个价位已经最低了，如果是希望这件事成的话，你们可不可以也做些让步呢？）

440. 常规丝袜嘅市场价每打20文，家下我哋搞紧促销，一打系十八个八。攞货多嘅话，仲有折上折添。

ʃœŋ^{11} kw'ɐi^{55} ʃi^{55} mɐt^{22} kɛ^{33} ʃi^{13} tʃ'œŋ^{11} ka^{33} mui^{13} ta^{55} ji^{22} ʃɐp^{22} mɐn^{-55}, ka^{55} ha^{55} ŋɔ^{13} tei^{22} kau^{35} kɐn^{35} tʃ'uk^{55} ʃiu^{55}, jɐt^{55} ta^{55} hɐi^{22} ʃɐp^{22} pat^{33} kɔ^{33} pat^{33}. lɔ^{35} fɔ^{55} tɔ^{55} kɛ^{33} wa^{-35}, tʃuŋ^{22} jɐu^{13} tʃit^{33} ʃœŋ^{22} tʃit^{33} tim^{55}.

（常规丝袜的市场价每打20元，现在我们正在搞促销，一打是18.8元。拿货多的话，还有折上折。）

441. 而家市道咁淡，生意难做，睇嚟都冇咩拣择㗎喇，我哋唯有接受噉嘅价位。

jy^{11} ka^{55} ʃi^{13} tou^{22} kɐm^{33} tam^{22}, ʃaŋ^{55} ji^{33} nan^{11} tʃou^{22}, t'ɐi^{35} lɐi^{11} tou^{55} mou^{13} mɛ^{55} kan^{35} tʃak^{22} ka^{33} la^{33}, ŋɔ^{13} tei^{22} wɐi^{11} jɐu^{13} tʃip^{33} ʃɐu^{22} kɐm^{35} kɛ^{33} ka^{33} wɐi^{-35}.

（现在市场冷清，生意难做，看来也没有什么选择的了，我们只有接受这样的价位。）

442. 边个都知家下啲生产成本日噉咁贵晒㗎啦，我哋呢个价位已经低到尽嘞。

129

或者你去第度睇下先，返转头再试倾过，好嘛？我哋唔介意嘅。
pin⁵⁵ kɔ³³ tou⁵⁵ tʃi⁵⁵ ka⁵⁵ ha¹³ ti⁵⁵ ʃeŋ⁵⁵ tʃʻan³⁵ ʃiŋ¹¹ pun³⁵ hɐm²² paŋ²² laŋ²² kwɐi³³ ʃai²² ka³³ la⁵⁵, ŋɔ¹³ tei²² ni⁵⁵ kɔ³³ ka³³ wɐi³⁵ ji¹³ kiŋ⁵⁵ tei⁵⁵ tou³³ tʃɵn⁵⁵ lak³³.wak²² tʃɛ³⁵ nei¹³ hɵy³³ tei²² tou²² tʻɐi³⁵ ha¹³ ʃin⁵⁵, fan⁵⁵ tʃyn³³ tʻɐu¹¹ tʃɔi³³ ʃi³³ kʻiŋ⁵⁵ kwɔ³³, hou³⁵ ma³³? ŋɔ¹³ tei²² m¹¹ kai¹³ ji³³ kɛ³⁵.
（谁都知道现在的生产成本全部都贵了，我们这个价位已经极低。或者您先去其他地方看看，回头再谈好吗？我们不介意的。）

443. 你哋啱先畀出嘅条件咁有吸引力，我哋嘅价冇话唔可以再斟下嘅。
nei¹³ tei²² ŋam⁵⁵ ʃin⁵⁵ pei³⁵ tʃʻɵt⁵⁵ kɛ³³ tʻiu¹¹ kin⁻³⁵ kɐm³³ jɐu¹³ kʻɐp⁵⁵ jɐn¹³ lik²², ŋɔ¹³ tei²² kɛ³³ ka³³ mou¹³ wa² m¹¹ hɔ³⁵ ji¹³ tʃɔi³³ tʃɐm⁵⁵ ha¹³ kɛ³⁵.
（你们刚才给出的条件这么有吸引力，我们的价没有说不可以再商议一下的。）

444. 阿方生，经过慎重考虑，我公司可以接受你哋嘅价位。
a³³ fɔŋ⁵⁵ ʃaŋ⁵⁵, kiŋ⁵⁵ kwɔ³³ ʃɐn²² tʃuŋ²² hau³⁵ lɵy²², ŋɔ¹³ kuŋ⁵⁵ ʃi⁵⁵ hɔ³⁵ ji¹³ tʃip³³ ʃɐu²² nei¹³ tei²² kɛ³³ ka³³ wɐi³⁵.
（方先生，经过慎重考虑，我公司可以接受你们的价位。）

445. 欧生，为咗今后大家嘅合作，我公司会尽力畀个最优价你哋。
ɐu⁵⁵ ʃaŋ⁵⁵, wɐi²² tʃɔ³⁵ kɐm⁵⁵ hɐu²² tai²² ka⁵⁵ kɛ³³ hap²² tʃɔk³³, ŋɔ¹³ kuŋ⁵⁵ ʃi⁵⁵ wui¹³ tʃɵn²² lik²² pei³⁵ kɔ³³ tʃɵy³³ jɐu⁵⁵ ka³³ nei¹³ tei²².
（欧先生，为了今后大家的合作，我公司会尽力给你们一个最优惠价格。）

446. 大家拍档咗咁耐，熟口熟面，讲咁多数口做乜？就按啱先倾嘅价成交啦。呢个正式老朋价，我哋冇咩点赚㗎。
tai²² ka⁵⁵ pʻak³³ tɔŋ³³ tʃɔ³⁵ kɐm³³ nɔi², ʃuk⁵⁵ hɐu³⁵ ʃuk²² min²², kɔŋ³⁵ kɐm³³ tɔ⁵⁵ ʃou³³ hɐu²⁵ tʃou²² mɐt⁵⁵? tʃɐu²² ɔn³³ ŋam⁵⁵ ʃin⁵⁵ kʻiŋ⁵⁵ kɛ³³ ka³³ ʃiŋ¹¹ kau⁵⁵ la⁵⁵. ji⁵⁵ kɔ³³ tʃiŋ³³ ʃik⁵⁵ lou¹³ pʻɐŋ⁻³⁵ ka³³, ŋɔ¹³ tei²² mou¹³ mɛ⁵⁵ tim³⁵ tʃan²² ka³³.
（大家合作了这么久，老相识，讨价还价干什么？就按刚才谈的成交了。这个真是老友价，我们没有怎么赚的了。）

447. 呢只产品好好市㗎，成日断货，做都做唔切。所以，我哋一般冇折头畀嘅。不过大家初次合作，又谂住做大个市场，畀个2%嘅优惠，顶晒栊喇。

ni⁵⁵ tʃɛk²² tʃʰan³⁵ pɐn³⁵ hou³⁵ hou³⁵ ʃi¹³ ka³³, ʃɛŋ¹¹ jɐt²² tʰyn¹³ fɔ³³, tʃou²² tou⁵⁵ tʃou²² m¹¹ tʃʰit³³. ʃɔ³⁵ ji¹³, ŋɔ¹³ tei²² jɐt⁵⁵ pun⁵⁵ mou¹³ tʃit³³ tʰɐu¹¹ pei³⁵ ke³³. pɐt⁵⁵ kwɔ³³ tai²² ka⁵⁵ tʃʰɔ⁵⁵ tʃʰi³³ hap²² tʃɔk³³, jɐu²² nɐm³⁵ tʃy²² tʃou²² tai²² kɔ²² ʃi¹³ tʃʰœŋ¹¹, pei³⁵ kɔ³³ pak³³ fɐn²² tʃi⁵⁵ ji²² kɛ³³ jɐu⁵⁵ wɐi¹¹, tiŋ³⁵ ʃai³³ luŋ⁻³⁵ la³³.

（这种产品很畅销，经常脱销，做都做不过来。所以，我们一般不给折扣的。不过大家第一次合作，又考虑着要扩大这个市场，给2%的优惠，到顶了。）

448. 今次情况特殊，我公司决定可以按照你哋提出嘅方式付费。不过，就得呢次，下不为例。

kɐm⁵⁵ tʃʰi²² tʃʰiŋ¹¹ fɔŋ³³ tɐk²² ʃy¹¹, ŋɔ¹³ kuŋ⁵⁵ ʃi⁵⁵ kʰɵy³³ tiŋ²² hɔ³⁵ ji¹³ ɔn³³ tʃiu³³ nei¹³ tei²² tʰɐi¹¹ tʃʰɵt⁵⁵ kɛ³³ fɔŋ⁵⁵ ʃik⁵⁵ fu²² fɐi³³. pɐt⁵⁵ kwɔ³³, tʃɐu²² tɐk⁵⁵ ni⁵⁵ tʃʰi¹³, ha²² pɐt⁵⁵ wɐi¹¹ lɐi²².

（这次情况特殊，我公司决定可以按照你们提出的方式付费。不过，就这一次，下不为例。）

449. 你哋同意增加订货量嘅话，我哋就按原始报价嘅5%嘅折头畀你哋。一于系噉话嘞。

nei¹³ tei²² tʰuŋ¹¹ ji³³ tʃɐŋ⁵⁵ ka⁵⁵ tɛŋ²² fɔ³³ lœŋ²² kɛ³³ wa⁻³⁵, ŋɔ¹³ tei²² tʃɐu²² ɔn³³ jyn¹¹ tʃʰi³⁵ pou³³ ka³³ kɛ³³ pak³³ fɐn²² tʃi⁵⁵ ŋ¹³ kɛ³³ tʃit³³ tʰɐu¹¹ pei³⁵ nei¹³ tei²². jɐt⁵⁵ jy⁵⁵ hɐi²² kɐm³⁵ wa²² lak³³.

（你们同意增加订货量的话，我们就按原始报价的5%的折扣给你们。就这么定了。）

450. 多谢晒。为咗成功交易，我接受呢个价格。

tɔ⁵⁵ tʃɛ²² ʃai³³. wɐi²² tʃɔ³⁵ ʃiŋ¹¹ kuŋ⁵⁵ kau⁵⁵ jik²², ŋɔ¹³ tʃip³³ ʃɐu²² ni⁵⁵ kɔ³³ ka³³ kak³³.

（非常感谢。为了成功交易，我接受这个价格。）

二、注释

（1）系人都明一分钱一分货嘅道理啩："明白"这个词，广州话只单说一个"明"，口语里有两种读音，一读本调，如本句和425句；另一个是变调读35，即：明 min^{11}/min^{-35}。

三、生词

啱听 ŋam^{55} t'ɛŋ^{55}	有道理	讲数口 kɔŋ^{35} ʃou^{33} hɐu^{35}	讨价还价
熟口熟面 ʃuk^{22} hɐu^{35} ʃuk^{22} min^{22}	非常熟悉	顶栊 tiŋ^{35} luŋ$^{-35}$	满；到顶

四、词语扩展

- 深表遗憾 ʃɐm^{55} piu^{35} wɐi^{11} hɐm^{22}
  替代 t'ɐi^{33} tɔi^{22}
- 谅解 lœŋ^{22} kai^{35}
  互利互让 wu^{22} lei^{22} wu^{22} jœŋ^{22}
  调解 t'iu^{11} kai^{35}
  转让业务 tʃyn^{35} jœŋ^{22} jip^{22} mou^{22}
- 价值最大化 ka^{33} tʃik^{22} tʃøy^{33} tai^{22} fa^{33}

- 加强合作 ka^{55} k'œŋ^{11} hap^{22} tʃɔk^{33}
  大批量入货 tai^{22} p'ɐi^{55} lœŋ^{22} jɐp^{22} fɔ^{33}
- 协商 hip^{33} ʃœŋ^{55}
  贸易补偿 mɐu^{33} jik^{33} pou^{35} ʃœŋ^{11}
  原价 jyn^{11} ka^{33}
  超低价 tʃ'iu^{55} tɐi^{55} ka^{33}
- 拓展业务 t'ɔk^{33} tʃin^{35} jip^{22} mou^{22}

附：广州话名词的一些特点（三）

广州话的"佬 lou^{35}"一般指成年男性，经常粘附在表示某些职业名词之后，指从事这种职业的人，例如：收买佬 ʃɐu^{55} mai^{13} lou^{35}（收购废物的）/飞发佬 fei^{55} fat^{33} lou^{35}（理发匠）/斗木佬 tɐu^{22} muk^{22} lou^{35}（木匠）/猪肉佬 tʃy^{55} juk^{22} lou^{35}（卖猪肉的）/生意佬 ʃaŋ^{55} ji^{33} lou^{35}（做生意的），等等。也有一些是不表示职业的，如：鬼佬 kwɐi^{35} lou^{35}（洋鬼子）/肥佬 fei^{11} lou^{35}（胖子）/高佬 kou^{55} lou^{35}（高个子），等等。

广州话的名词后粘附"佬"，大多带有不大恭敬或调侃的意味。

第16单元　订货与确认

一、课文

451. 阿赵总吖，我系太平洋电脑公司嘅小何吖，今日中午一齐去广州酒家食饭啦，顺便倾下订货嘅嘢，好嘛？[1]

a^{33} tʃiu^{22} tʃuŋ^{35} a^{33}, ŋɔ^{13} hɐi^{22} tʻai^{22} pʻiŋ^{11} jœŋ^{11} tin^{22} nou^{13} kuŋ^{55} ʃi^{55} kɛ^{33} ʃiu^{35} hɔ^{11} a^{33}, kɐm^{55} jɐt^{22} tʃuŋ^{55} ŋ^{13} jɛt^{55} tʃʻei^{55} hɵy^{33} kwɔŋ^{35} tʃɐu^{55} tʃɐu^{35} ka^{55} ʃik^{22} fan^{22} la^{55}, ʃɵn^{22} pin^{35} tʃɐm^{55} ha^{13} tɛŋ^{22} fɔ^{33} kɛ^{13} jɛ^{13}, hou^{35} ma^{33}?

（赵总，我是太平洋电脑公司的小何，今天中午一起去广州酒家吃饭，顺便谈谈订货的事情，好吗？）

452. 我哋公司倾过喇，你哋嘅天麻质量确实唔错，我哋要入大批量嘅货，价格上仲有冇得倾下吖？

ŋɔ^{13} tei^{22} kuŋ^{55} ʃi^{55} kʻiŋ^{55} kwɔ^{33} la^{33}, nei^{13} tei^{22} kɛ^{33} tʻin^{55} ma^{11} tʃɐt^{55} lœŋ^{22} kʻɔk^{33} ʃɐt^{22} m^{11} tʃʻɔ^{33}, ŋɔ^{13} tei^{22} jiu^{33} jɐp^{22} tai^{22} pʻɐi^{55} lœŋ^{22} kɛ^{33} fɔ^{33}, ka^{33} kak^{33} ʃœŋ^{22} tʃuŋ^{22} jɐu^{13} mou^{13} tɐk^{55} kʻiŋ^{55} ha^{13} a^{33}?

（我们公司商量过了，你们的天麻质量确实不错，我们想进大量的货，价格上还能不能再考虑一下呢？）

453. 就按你哋寻日嘅报价订货啦，不过我哋要求畀现货，得唪？

tʃɐu^{22} ɔn^{33} nei^{13} tei^{22} tʃʻɐm^{11} jɐt^{22} kɛ^{33} pou^{33} ka^{33} tɛŋ^{22} fɔ^{33} la^{55}, pɐt^{55} kwɔ^{33} ŋɔ^{13} tei^{22} jiu^{55} kʻɐu^{11} pei^{13} jin^{22} fɔ^{33}, tɐk^{55} kwa^{33}?

（就按你们昨天的报价订货吧，但我们要求给现货，可以吧？）

454. 就按睇板吤日倾嘅价，帮我落单订5000只玻璃樽先啦。

tʃɐu^{22} ɔn^{33} tʻɐi^{35} pan^{35} kɔ^{35} jɐt^{22} kʻiŋ^{55} kɛ^{33} ka^{33}, pɔŋ^{55} ŋɔ^{13} lɔk^{22} tan^{55} tɛŋ^{22} ŋ^{13} tʃʻin^{55} tʃɛk^{33} pɔ^{55} lei^{13} tʃɵn^{55} ʃin^{55} la^{55}.

（就按看样品那天谈的价，先帮我下订单订5000个玻璃瓶子。）

133

455. 你哋寄嚟嘅货板我哋已经睇咗喇，觉得都几OK啦，经理话先落住2000打嘅订单先喎。

nei¹³ tei²² kei³³ lɐi¹¹ ke³³ fɔ³³ pan³⁵ ŋɔ¹³ tei²² ji¹³ kiŋ⁵⁵ tʻɐi³⁵ tʃɔ³³ la³³, kɔk⁵⁵ tɐk⁵⁵ tou⁵⁵ kei³⁵ ou⁵⁵ kʻei⁵⁵ la⁵⁵, kiŋ⁵⁵ lei¹³ wa²² ʃin⁵⁵ lɔk²² tʃy²² lœŋ¹¹ tʃʻin⁵⁵ ta⁵⁵ kɛ³³ tɛŋ²⁵ tan⁵⁵ ʃin⁵⁵ wɔ¹³.

（你们寄来的货物样品我们已经看了，觉得还挺好的，经理说先下着2000打的订单。）

456. 我哋公司而家想捞30万码A33嘅货，而且要即期付运，可以嘛？

ŋɔ¹³ tei²² kuŋ⁵⁵ ʃi⁵⁵ ji¹¹ ka⁵⁵ ʃœŋ³⁵ lɔ³⁵ ʃam⁵⁵ ʃɐp²² man²² ma¹³ A ʃam⁵⁵ ʃam⁵⁵ kɛ³³ fɔ²², ji¹¹ tʃʻɛ³⁵ jiu³³ tʃik³³ kʻei¹¹ fu²² wɐn²², hɔ³⁵ ji¹³ ma³³?

（我们公司现在想订购30万码A33货物，而且要即期付运，可以吗？）

457. 我哋要订1500米牛仔布，枱布5000条，啲货急需，要求喺20日之内交货至得嘛。

ŋɔ¹³ tei²² jiu³³ tɛŋ²² jɐt⁵⁵ tʃʻin⁵⁵ ŋ¹³ pak²² mɐi⁵⁵ ŋɐu¹¹ tʃei³⁵ pou³³, tʻɔi³⁵ pou³³ ŋ¹³ tʃʻin⁵⁵ tʻiu¹¹, ti⁵⁵ fɔ³³ kɐp⁵⁵ sɵy⁵⁵, jiu³⁵ kʻɐu¹¹ hɐi³⁵ ji²² ʃɐp²² jɐt²² tʃi⁵⁵ nɔi²² kau³³ fɔ²² tʃi³³ tɐk⁵⁵ pɔ⁵⁵.

（我们要订1500米牛仔布，桌布5000条，这些货物急需，要求在20天内交货才行。）

458. 呢批童装唔错，就按呢只款、呢种色、呢个价，大细一样，做住10000套先啦。

ni⁵⁵ pʻɐi⁵⁵ tʻuŋ¹¹ tʃɔŋ⁵⁵ m¹¹ tʃʻɔ³³, tʃɐu²² ɔn³³ ni⁵⁵ tʃɛk³³ fun³⁵、ni⁵⁵ tʃuŋ³⁵ ʃik⁵⁵、ni⁵⁵ kɔ³³ ka³³, tai²² ʃɐi³³ jɐt⁵⁵ jœŋ²², tʃou²² tʃy²² jɐt⁵⁵ man²² tʻou²² ʃin⁵⁵ la⁵⁵.

（这批童装不错，就按这种款式、这种颜色、这个价格，大小一样，先做它10000套吧。）

459. 我哋想订3000盏型号为J120嘅节能枱灯，3月20号交货，有冇问题呐？[2]

ŋɔ¹³ tei²² ʃœŋ³⁵ tɛŋ²² ʃam⁵⁵ tʃʻin⁵⁵ tʃam³⁵ jiŋ¹¹ hou²² wɐi¹¹ J jɐt⁵⁵ ji²² liŋ¹¹ kɛ³³ tʃit³³ nɐŋ¹¹ tʻɔi¹¹ tɐŋ⁵⁵, ʃam⁵⁵ jyt²² ji²² ʃɐp²² hou²² kau³³ fɔ³³, jɐu¹³ mou¹³ mɐn²² tʻɐi¹¹ lɛ⁵⁵?

第16单元　订货与确认

（我们打算订3000盏型号为J120的节能台灯，3月20日交货，有没有问题呢？）

460. 我哋订5000公斤嘅特级冬菇，你哋家下有冇现货畀咧？

ŋɔ¹³ tei²² tɛŋ²² ŋ¹³ tʃʻin⁵⁵ kuŋ⁵⁵ kɐn⁵⁵ kɛ³³ tɛk²² kʻɐp⁵⁵ tuŋ⁵⁵ ku⁵⁵, nei¹³ tei²² ka⁵⁵ ha¹³ jɐu¹³ mou¹³ jin²² fɔ³³ pei³⁵ lɛ⁵⁵?

（我们要订5000公斤的特级冬菇，你们目前有没有现货供应呢？）

461. 若果你哋有现货嘅话，我哋即刻落定6000公斤嘅雪耳。

jœk²² kwɔ³⁵ nei¹³ tei²² jɐu¹³ jin²² fɔ³³ kɛ³³ wa⁻³⁵, ŋɔ¹³ tei²² tʃik⁵⁵ hak⁵⁵ lɔk²² tɛŋ²² luk²² tʃʻin⁵⁵ kuŋ⁵⁵ kɐn⁵⁵ kɛ³³ ʃyt³³ ji¹³.

（如果你们有现货的话，我们马上下订单订6000公斤银耳。）

462. 我哋公司订开吓只货，而家系咩嘢价位吖？如果冇升价嘅话，我哋就再订3000件啦。

ŋɔ¹³ tei²² kuŋ⁵⁵ ʃi⁵⁵ tɛŋ²² hɔi⁵⁵ kɔ³⁵ tʃɛk³³ fɔ³³, ji¹¹ ka⁵⁵ hɐi²² mɛ³⁵ jɛ³³ ka³³ wɐi⁻³⁵ a³³? jy¹¹ kwɔ³⁵ mou¹³ ʃiŋ⁵⁵ ka³³ kɛ³³ wa⁻³⁵, ŋɔ¹³ tei²² tʃɐu²² tʃɔi⁷³ tɛŋ²² ʃam⁵⁵ tʃʻin⁵⁵ kin²² la⁵⁵.

（我们公司一直订的那种货，现在报价是多少？如果没有涨价的话，我们就再订3000件吧。）

463. 今次系试订货，如果好卖嘅话，我哋仲会继续落订单㗎。

kɐm⁵⁵ tʃʻi³³ hɐi²² ʃi³³ tɛŋ²² fɔ³³, jy¹¹ kwɔ³⁵ hou³⁵ mai²² kɛ³³ wa⁻³⁵, ŋɔ¹³ tei²² tʃuŋ²² wui¹³ kei³³ tʃuk²² lɔk²² tɛŋ²² tan⁵⁵ ka³³.

（这次是试订货，如果销路好的话，我们还会继续下订单的。）

464. 阿小李，你打份同正佳公司订货嘅合同畀我，我晏昼要搣去同佢哋老总倾落定。

a³³ ʃiu³⁵ lei¹³, nei¹³ ta³⁵ fɐn²² tʻuŋ¹¹ tʃiŋ³³ kai⁵⁵ kuŋ⁵⁵ ʃi⁵⁵ tɛŋ²² fɔ³³ kɛ³³ hap²² tʻuŋ²² pei³⁵ ŋɔ¹³, ŋɔ¹³ an³³ tʃɐu³³ jiu³³ nik⁵⁵ hɵy³³ tʻuŋ¹¹ kʻɵy¹³ tei²² lou¹³ tʃuŋ³⁵ kʻiŋ⁵⁵ lɔk²² tɛŋ²².

（小李，你打一份和正佳公司订货的合同给我，我下午要拿去跟他们老板谈下定金的事情。)

465. 吖批货啱好赶正个秋季销售旺季,啲货梗系拎得多。今次批货暂时唔使咁多嘞。

kɔ³⁵ pʻɐi⁵⁵ fɔ³³ ŋam⁵⁵ hou³⁵ kɔn³⁵ tʃɛŋ³³ kɔ³³ tʃʻɐu⁵⁵ kwɐi³³ ʃiu⁵⁵ ʃɐu²² wɔŋ²² kwɐi³³, ti⁵⁵ fɔ³³ kɐŋ³⁵ hɐi²² lɔ³⁵ tɐk⁵⁵ tɔ⁵⁵. kɐm⁵⁵ tʃʻi³³ pʻɐi⁵⁵ fɔ³³ tʃam²² ʃi¹¹ m²² ʃɐi²² kɐm²² tɔ⁵⁵ lak³³.

(那批货正好赶上秋季销售旺季,货物当然就拿得多。这次这批货暂时不用这么多了。)

466. 你要边只货,机袖、波袖定T袖?

nei¹³ jiu³³ pin⁵⁵ tʃɛk³³ fɔ³³, kei⁵⁵ ʃɐt⁵⁵, pɔ⁵⁵ ʃɐt⁵⁵ tiŋ²² tʻi⁵⁵ ʃɐt⁵⁵?

(您要哪种货物,夹克、球衣还是有领子的短袖套头衫?)

467. 如果我哋要订货,几时可以交货咧?

jy¹¹ kwɔ³⁵ ŋɔ¹³ tei²² jiu³³ tɛŋ²² fɔ³³, kei³⁵ ʃi¹¹ hɔ³⁵ ji¹³ kau⁵⁵ fɔ³³ lɛ⁵⁵?

(如果我们要订货,什么时候可以交货呢?)

468. 我哋会喺接到订单后嘅一个月内交货。

ŋɔ¹³ tei²² wui²² hɐi³⁵ tʃip³³ tou³³ tɛŋ²² tan⁵⁵ hɐu²² kɛ³³ jɐt⁵⁵ kɔ³³ jyt²² nɔi²² kau⁵⁵ fɔ³³.

(我们会在接到订单后的一个月内交货。)

469. 请问你哋收到我哋嘅订单未吖?

tʃʻiŋ³⁵ mɐn²² nei¹³ tei²² ʃɐu⁵⁵ tou³⁵ ŋɔ¹³ tei²² kɛ³³ tɛŋ²² tan⁵⁵ mei²² a³³?

(请问你们收到我们的订单了吗?)

470. 我哋收到你哋寄来嘅订单嘞,而家打电话再同你哋确认下。

ŋɔ¹³ tei²² ʃɐu⁵⁵ tou³³ nei¹³ tei²² kei³³ lɐi¹¹ kɛ³³ tɛŋ²² tan⁵⁵ lak³³, ji¹¹ ka⁵⁵ ta³⁵ tin²² wa²² tʃʻɔi³³ tʻuŋ¹¹ nei¹³ tei²² kʻɔk³³ jiŋ²² ha⁵³.

(我们收到你们寄来的订单了,现在打电话再和你们确认一下。)

471. 请确认一下,你哋订咗4000件真丝睡衣,5月20号交货,啱嘛?

tʃ·iŋ³⁵ k·ɔk³³ jiŋ²² jɐt⁵⁵ ha³³, nei¹³ tei²² tɛŋ²² tʃɔ³⁵ ʃei²² tʃ·in⁵⁵ kin²² tʃɐn⁵⁵ ʃi⁵⁵ ʃɵy²² ji⁵⁵, ŋ¹³ jyt²² ji²² ʃɐp²² hou²² kau⁵⁵ fɔ³³, ŋam⁵⁵ ma³³?

(请确认一下，你们订了4000件真丝睡衣，5月20日交货，对吗？)

472. 呢个系我公司嘅订单，请准时起货，唔好误咗货期。⁽³⁾

ni⁵⁵ kɔ³³ hei²² ŋɔ¹³ kuŋ⁵⁵ ʃi⁵⁵ kɛ³³ tɛŋ²² tan⁵⁵, tʃ·ɛŋ³⁵ tʃɵn³⁵ ʃi¹¹ hei³⁵ fɔ³³, m¹¹ hou³⁵ m²² tʃɔ³⁵ fɔ²² k·ei¹¹.

(这是我公司的订单，请准时起货，不要误了货期。)

473. 唔好意思，我CHECK过嘞，你哋要订嘅浴帘已经冇现货。若果而家落定嘅话，要两周后先至交得货嘞。

m¹¹ hou³⁵ ji¹³ ʃi³³, ŋɔ¹³ tʃ·ɛk⁴⁵⁵ kwɔ³³ lak³³, nei¹³ tei²² jiu¹³ tɛŋ²² kɛ³³ juk²² lin¹¹ ji¹³ kiŋ⁵⁵ mou²³ jin¹² fɔ³³. jœk²² kwɔ³⁵ ji¹¹ ka⁵⁵ lɔk²² tɛŋ²² kɛ³⁵ wa·³⁵, jiu¹³ lœŋ¹³ tʃɐu³⁵ hɐu²² ʃin³³ tʃi³³ kau⁵⁵ tɐk³⁵ fɔ³³ pɔ⁵⁵.

(抱歉，我查过了，你们要订的浴帘已经没有现货。如果现在下订单的话，要两周后才能交货。)

474. 真系唔好意思，家阵同我哋订货嘅客户实在太多嘞，春节前唔再接受新嘅订单。

tʃɐn⁵⁵ hei²² m¹¹ hou³⁵ ji³³ ʃi³³, ka⁵⁵ tʃɐn·³⁵ t·uŋ¹¹ ŋɔ¹³ tei²² tɛŋ²² fɔ³³ kɛ³³ hak³³ wu²² ʃɐt²² tʃɔi²² t·ai²² tɔ⁵⁵ lak³³, tʃ·ɵn⁵⁵ tʃit³³ tʃ·in¹¹ m¹¹ tʃɔi³³ tʃip³³ ʃɐu²² ʃɐn⁵⁵ kɛ³³ tɛŋ²² tan⁵⁵.

(真的很抱歉，现在跟我们订货的客户实在太多了，春节前不再接受新的订单。)

475. 我哋而家接咗好多订单，不过你系熟客，点都会帮你搞掂。

ŋɔ¹³ tei²² ji¹¹ ka⁵⁵ tʃip³³ tʃɔ³⁵ hou³⁵ tɔ⁵⁵ tɛŋ²² tan⁵⁵, pɐt⁵⁵ kwɔ³³ nei¹³ hei²² ʃuk²² hak³³, tim³⁵ tou⁵⁵ hui¹¹ pɔŋ³⁵ nei¹³ kau³⁵ tim²².

(我们现在接了很多订单，不过你是老客户，我们无论如何都会替您办妥的。)

476. 收到你哋嘅订单喇，啲货月底一定会准时交畀你哋公司㗎喇，一万条毛巾对我哋公司嚟讲湿湿碎啦。[4]

ʃɐu⁵⁵ tou³³ nei¹³ tei²² ke³³ tɛŋ²² tan⁵⁵ la³³, ti⁵⁵ fɔ³³ jyt²² tɐi³⁵ jɐt²² tiŋ²² hui¹³ tʃɵn³⁵ ʃi¹¹ kau⁵⁵ pei³⁵ nei¹³ tei²² kuŋ⁵⁵ ʃi⁵⁵ ka³³ la³³, jɐt⁵⁵ man²² t'iu¹¹ mou¹¹ kɐn⁵⁵ tɵy³³ ŋɔ¹³ tei²² kuŋ⁵⁵ ʃi⁵⁵ lɐi¹¹ kɔŋ³⁵ ʃɐp⁵⁵ ʃɐp⁵⁵ ʃɵy³³ la⁵⁵.

（收到你们的订单了，这些货月底一定会准时交给你们公司的，一万条毛巾对我们公司来说是小事一桩。）

477. 若果订货量大嘅话，我哋可以按你哋提供嘅板接受订单。

jœk²² kwɔ³⁵ tɛŋ²² fɔ³³ lœŋ²² tai²² ke³³ wa⁻³⁵, ŋɔ¹³ tei²² hɔ³⁵ ji¹³ ɔn³³ nei¹³ tei²² t'ɐi¹¹ kuŋ⁵⁵ ke³³ pan³⁵ tʃip³³ ʃɐu²² tɛŋ²² tan⁵⁵.

（如果订货量大的话，我们可以按你们提供的样品接受订单。）

478. 唔好意思，唔系唔想同你订货，而系旧年就冇呢只货出嘞。

m¹¹ hou³⁵ ji³³ ʃi³³, m¹¹ hɐi²² m¹¹ ʃœŋ³⁵ t'uŋ¹¹ nei¹³ tɛŋ²² fɔ³³, ji¹¹ hɐi²² kɐu²² nin⁻³⁵ tʃɐu²² mou¹³ ni⁵⁵ tʃɛk³³ fɔ³³ tʃɵt⁵⁵ lak³³.

（抱歉，不是不想跟您订货，而是去年就没有这种货出产了。）

479. 迟啲我哋会FAX张柯打畀你，一于系噉话啦。

tʃi¹¹ ti⁵⁵ ŋɔ¹³ tei²² wui²² fɛk⁵⁵ ʃi¹¹ tʃœŋ⁵⁵ ɔ⁵⁵ ta³⁵ pei³⁵ nei¹³, jɐt⁵⁵ jy⁵⁵ hɐi²² kɐm³⁵ wa²² la⁵⁵.

（稍后我们会电传那张订单给你，就这么定了。）

480. 做生意最讲个"信"字。我哋公司系守信用嘅，希望我哋合作愉快。

tʃou²² ʃaŋ⁵⁵ ji³³ tʃɵy³³ kɔŋ³⁵ kɔ³³ "ʃɵn³³" tʃi²². ŋɔ¹³ tei²² kuŋ⁵⁵ ʃi⁵⁵ ʃɐu³⁵ ʃɵn³³ juŋ²² ke³³, hei⁵⁵ mɔŋ²² ŋɔ¹³ tei²² hɐp²² tʃɔk³³ jy¹¹ fai³³.

（做生意最讲究信用。我们公司是守信用的，希望我们合作愉快。）

二、注释

（1）顺便㪐下订货嘅嘢：广州话的口语词"㪐"表示"倒（茶水等）"的意

思，例如：揗茶、揗酒；还表示合计和商谈，例如：揗生意 tʃɐm⁵⁵ ʃaŋ⁵⁵ ji³³、揗盘 tʃɐm⁵⁵ pʻun⁻³⁵（商量生意）。

（2）J120嘅节能枱灯："桌子"广州话说"枱 tʻɔi³⁵"，"枱"是广州人造的俗字。"餐桌、圆桌"等词写成"餐枱、圆枱"，普通话的"台灯、写字台、梳妆台、乒乓球台"等词语，广州人也习惯性地把"台"字写成"枱"。但是"演讲台"和"舞台"等词的写法和普通话相同。

（3）请准时起货："请"，文读音 tʃʻiŋ³⁵；口语音 tʃʻɐŋ³⁵，均为敬词。正式场合多用 tʃʻiŋ³⁵。

（4）一万条毛巾对我哋公司嚟讲湿湿碎啦："湿湿碎"也可说成"湿碎"，口语常用于表示小事一桩，算不了什么。

三、生词

樽 tʃɐn⁵⁵	瓶子	CHECK tʃʻɛp⁵⁵	查验、复查。英语词 check 的译音
搦 nik⁵⁵	拿；提	湿湿碎 ʃɐp⁵⁵ ʃɐp⁵⁵ ʃøy³³	零碎；小意思
机褛 kei⁵⁵ ʃɐt⁵⁵	夹克。因其外形与飞行服相似，称"飞机褛"。"机褛"是"飞机褛"的简称	FAX fɛk⁵⁵ ʃi¹¹	电传。英语 facsimile telegraph，简作 FAX
波褛 pɔ⁵⁵ ʃɐt⁵⁵	球衣；运动服	柯打 ɔ⁵⁵ ta³⁵	外来词，订单。英语词 order 的译音
T 褛 tʻi⁵⁵ ʃɐt⁵⁵	有领子的短袖套头衫		

四、词语扩展

- 商品目录 ʃœŋ⁵⁵ pɐn³⁵ muk²² luk²² 扩大供应 kwʻɔŋ³³ tai²² kuŋ⁵⁵ jiŋ¹¹
  购买意愿 kʻɐu³³ mai¹³ ji³³ jyn²² 业务员 jip²² mou²² jyn¹¹
  订购函 tɐŋ²² kʻɐu³³ ham¹¹ 采购员 tʃʻɔi³⁵ kʻɐu³³ jyn¹¹
  订购合同 tɐŋ²² kʻɐu³³ hap²² tʻuŋ¹¹ 儿童玩具 ji¹¹ tʻuŋ¹¹ wun²² køy²²

- 传真单 tʃ'yn¹¹ tʃen⁵⁵ tan⁵⁵ 棉织品 min¹¹ tʃik⁵⁵ pɐn³⁵
- 网上购物单 mɔŋ¹³ ʃœŋ²² k'ɐu³³ mɐt²² tan⁵⁵ 针织品 tʃɐm⁵⁵ tʃik⁵⁵ pɐn³⁵
- 确认购物 k'ɔk³³ jiŋ²² k'ɐu³³ mɐt²²

附：广州话名词的一些特点（四）

本节主要讨论作词尾的"妹"和"婆"。

"妹mui²²"作词尾时读音是mui⁻⁵⁵，这时的意义并非表示妹妹mui⁻¹¹ mui⁻³⁵，而是指女孩子或年轻姑娘，所构的词语大多带有轻慢、戏谑的意味，有些甚至是不友好的称呼。例如：打工妹 ta³⁵ kuŋ⁵⁵ mui⁻⁵⁵ / 捞妹 lau⁵⁵ mui⁻⁵⁵（外地女孩子）/ 傻妹 ʃɔ¹¹ mui⁻⁵⁵（傻姑娘）/ 肥妹 fei¹¹ mui⁻⁵⁵（胖姑娘）/ 乡下妹 hœŋ⁵⁵ ha¹³ mui⁻⁵⁵（乡下姑娘）/ 死衰妹 ʃei³⁵ ʃøy⁵⁵ mui⁻⁵⁵（死丫头）……

"婆p'ɔ¹¹"，说"阿婆 a³³ p'ɔ¹¹"是尊称，但是如果作词尾的话就是其他意思了，不仅指成年女子，还指从事某种职业的女性。如：事头婆 ʃi²² t'ɐu¹¹ p'ɔ¹¹（女掌柜）/ 卖菜婆 mai²² tʃ'ɔi³³ p'ɔ⁻³⁵（卖菜女人）/ 卖鱼婆 mai²² jy¹¹ p'ɔ¹¹（卖鱼的女人）。有的还带有不恭色彩：肥婆 fei¹¹ p'ɔ¹¹（胖女人）/ 鬼婆 kwɐi³⁵ p'ɔ¹¹（外国女人）/ 颠婆 tin⁵⁵ p'ɔ⁻³⁵（疯女人）/ 傻婆 ʃɔ¹¹ p'ɔ⁻³⁵（傻女人）/ 八卦婆 pat³³ kwa³³ p'ɔ⁻³⁵（长舌妇）……这些读音的变化都是由当地的语言习惯来决定。

第17单元 请求代理

一、课文

481. 你好！唐先生，好高兴再试见到你！今日嚟系想搵你倾下做你公司丝绸产品代理嘅吓单事。唔知你睇咗吖封表明我哋意思嘅信未咧?⁽¹⁾

nei³⁵ hou³⁵! tʻɔŋ¹¹ ʃin⁵⁵ ʃaŋ⁵⁵, hou³⁵ kou⁵⁵ hiŋ³³ tʃɔi³³ ʃi³⁵ kin³³ tou³⁵ nei¹³! kɐm⁵⁵ jɐt²² lɐi¹¹ hɐi²² ʃœŋ³⁵ wɐn³⁵ nei¹³ kʻiŋ³⁵ ha¹³ tʃou²² nei¹³ kuŋ²² ʃi⁵⁵ ʃi⁵⁵ tʃʻɐu¹¹ tʃʻan³⁵ pɐn³⁵ tɔi²² lei¹³ kɛ³³ kɔ³⁵ tan⁵⁵ ʃi²². m¹¹ tʃi⁵⁵ nei¹³ tʻɐi¹³ tʃɔ³⁵ kɔ³⁵ fuŋ⁵⁵ piu³⁵ miŋ¹¹ ŋɔ¹³ tei²² ji³³ ʃi⁵⁵ kɛ³³ ʃɵn³³ mei²² lɛ⁵⁵?

（您好！唐先生，很高兴再次看到您！今天来是想找您谈谈做您公司丝绸产品代理的那件事。不知道您看了那封表明我们意思的信没有?）

482. 信我已经睇咗嘞，多谢晒你哋嘅良好愿望。

ʃɵn³³ ŋɔ¹³ ji¹³ kiŋ⁵⁵ tʻɐi³⁵ tʃɔ³⁵ lak³³, tɔ⁵⁵ tʃɛ²² ʃai³³ nei¹³ tei²² kɛ³³ lœŋ¹¹ hou³⁵ jyn²² mɔŋ²².

（信我已经看了，谢谢你们的良好愿望。）

483. 啲客户对你哋啲产品几满意。佢哋觉得啲质素同埋色水都几啱心水。因此，我方愿意做你哋产品嘅独家代理。唔知你哋嘅意见点咧?⁽²⁾

ti⁵⁵ hak³³ wu²² tɵy³³ nei¹³ tei²² ti⁵⁵ tʃʻan³⁵ pɐn³⁵ kei³⁵ mun¹³ ji³³. kʻɵy¹³ tei²² kɔk³³ tɐk⁵⁵ ti⁵⁵ tʃɐt⁵⁵ ʃou³³ tʻuŋ¹¹ mai¹¹ ʃik³⁵ ʃɵy³⁵ tou⁵⁵ kei³⁵ ŋam⁵⁵ ʃɐm⁵⁵ ʃui⁵⁵. jɐn²² tʃʻi³⁵, ŋɔ¹³ fɔŋ²⁵ jyn²² ji³³ tʃou²² nei¹³ tei²² tʃʻan³⁵ pɐn³⁵ kɛ³³ tuk⁵⁵ ka⁵⁵ tɔi²² lei³⁵. m¹¹ tʃi⁵⁵ nei¹³ tei²² kɛ³³ ji³³ kin³³ tim³⁵ lɛ⁵⁵?

（客户对你们的产品挺满意。他们觉得质量和颜色都挺合心意。因此，我方愿意做你们产品的独家代理。不知道你们的意见怎么样呢?）

141

484. 多谢晒贵公司喺推销我哋产品方面所做嘅努力。呢只产品唔单止国内市场抢手，即使喺国际市场亦都好有口碑㗎。(3)

tɔ⁵⁵ tʃɛ²² ʃai³³ kwɐi³³ kuŋ⁵⁵ ʃi⁵⁵ hɐi³⁵ tʻɵy⁵⁵ ʃiu⁵⁵ ŋɔ¹³ tei²² tʃʻan³⁵ pɐn³⁵ fɔŋ⁵⁵ min²² ʃɔ³⁵ tʃou²² kɛ³³ lou¹³ lik²². ni⁵⁵ tʃɛk³³ tʃʻan³⁵ pɐn³⁵ m¹¹ tan⁵⁵ tʃi³⁵ kwɔk³³ nɔi²² ʃi¹³ tʃʻœŋ¹¹ tʃʻœŋ³⁵ ʃɐu³⁵, tʃik⁵⁵ ʃɐi³⁵ hɐi³⁵ kwɔk³³ tʃɐi³³ ʃi¹³ tʃʻœŋ¹¹ jik²² tou⁵⁵ hou³⁵ jɐu¹³ hɐu³⁵ pei⁵⁵ ka³³.

（谢谢贵公司在推销我们产品方面所做的努力。这种产品不但国内市场热销，就是在国际市场也都很有口碑的。）

485. 如果贵公司指定我哋做代理嘅话，相信个销售额仲会上升添。

jy¹¹ kwɔ³⁵ kwɐi³³ kuŋ⁵⁵ ʃi⁵⁵ tʃi³⁵ tiŋ²² ŋɔ¹³ tei²² tʃou²² tɔi²² lei¹³ kɛ³³ wa⁻³⁵, ʃœŋ⁵⁵ ʃɐn³³ kɔ³⁵ ʃiu⁵⁵ ʃɐu²² ŋak⁻³⁵ tʃuŋ²² wui¹³ ʃœŋ²² ʃiŋ⁵⁵ tʻim⁵⁵.

（如果贵公司指定我们做代理的话，相信销售额还会上升呢。）

486. 如果贵公司考虑喺呢度搵代理嘅话，我哋好有兴趣做你哋嘅独家代理。

jy¹¹ kwɔ³⁵ kwɐi³³ kuŋ⁵⁵ ʃi⁵⁵ hau³⁵ lɵy²² hɐi³⁵ ni⁵⁵ tou²² wɐn³⁵ tɔi²² lei¹³ kɛ³³ wa⁻³⁵, ŋɔ¹³ tei²² hou³⁵ jɐu¹³ hiŋ³³ tʃʻɵy³³ tʃou²² nei¹³ tei²² kɛ³³ tuk²² ka⁵⁵ tɔi²² lei¹³.

（如果贵公司考虑在这儿找代理的话，我们很有兴趣做你们的独家代理。）

487. 希望贵公司考虑下我哋代销服装嘅申请。

hei⁵⁵ mɔŋ²² kwɐi³³ kuŋ⁵⁵ ʃi⁵⁵ hau³⁵ lɵy²² ha¹³ ŋɔ¹³ tei²² tɔi²² ʃiu⁵⁵ fuk²² tʃɔŋ⁵⁵ kɛ³³ ʃɐn⁵⁵ tʃʻiŋ³⁵.

（希望贵公司考虑考虑我们代销服装的申请。）

488. 我喺啲客户度了解到，你哋计划喺我哋地区拓宽业务，家下仲未曾搵到代理，我觉得我公司系你哋嘅最佳选择。

ŋɔ¹³ hɐi³⁵ ti⁵⁵ hak³³ wu²² tou²² liu¹³ kai³⁵ tou³⁵, nei¹³ tei²² kɐi³³ wak²² hɐi³⁵ ŋɔ¹³ tei²² tei²² kʻɵy⁵⁵ tʻɔk³³ fun⁵⁵ jip²² mou²², ka⁵⁵ ha¹³ tʃuŋ²² mei²² tʃʻɐŋ¹¹ wɐn³⁵ tou³⁵ tɔi²² lei¹³, ŋɔ¹³ kɔk³³ tɐk⁴³ ŋɔ¹³ kuŋ⁵⁵ ʃi⁵⁵ hɐi²² nei¹³ tei²² kɛ³³ tʃɵy³³ kai⁵⁵ ʃyn³⁵ tʃak²².

（我在客户那儿了解到，你们计划在我们地区拓展业务，现在还未找到代理，我觉得我公司是你们的最佳选择。）

489. 我公司请求喺我哋市场度代理你哋TOUGH系列嘅牛仔裤。[4]

ŋɔ¹³ kuŋ⁵⁵ ʃi⁵⁵ tʃʰiŋ³⁵ kʰɐu¹¹ hei³⁵ ŋɔ¹³ tei²² ʃi¹³ tʃʰœŋ¹¹ tou²² tɔi²² lei¹³ nei¹³ tei²² TOUGH hɐi²² lit²² kɛ³³ ŋɐu¹¹ tʃɐi³⁵ fu³³.

（我公司请求在我们市场这里代理你们TOUGH系列的牛仔裤。）

490. 希望贵公司指定我哋为TantPourElle喺深圳嘅独家经销商。

hei⁵⁵ mɔŋ²² kwei³³ kuŋ⁵⁵ ʃi⁵⁵ tʃi³⁵ tiŋ²² ŋɔ¹³ tei²² wei¹¹ TantPourElle hɐi³³ ʃɐm⁵⁵ tʃɐn³³ kɛ³³ tuk²² ka⁵⁵ kiŋ⁵⁵ ʃiu⁵⁵ ʃœŋ⁵⁵.

（希望贵司指定我们为TantPourElle在深圳的独家经销商。）

491. 贵公司可以授予我哋喺珠海销售LALTRAMODA呢只服饰嘅独家代理权。

kwei²² kuŋ⁵⁵ ʃi⁵⁵ hɔ³⁵ ji¹³ ʃɐu²² jy¹³ ŋɔ¹³ tei²² hɐi³⁵ tʃy⁵⁵ hɔi³⁵ ʃiu⁵⁵ ʃɐu²² LALTRAMODA ni⁵⁵ tʃɛk³³ fuk²² ʃik⁵⁵ kɛ³³ tuk²² ka⁵⁵ tɔi²² lei¹³ kʰyn¹¹.

（贵公司可以授予我们在珠海销售LALTRAMODA这款服饰的独家代理权。）

492. 我哋有好多优势可以成为贵公司嘅独家代理，希望唔好拒绝我哋嘅请求。

ŋɔ¹³ tei²² jɐu¹³ hou³⁵ tɔ⁵⁵ jɐu⁵⁵ ʃɐi³³ hɔ³⁵ ji¹³ ʃiŋ¹¹ wei¹¹ kwei³³ kuŋ⁵⁵ ʃi³³ kɛ³³ tuk²² ka⁵⁵ tɔi²² lei¹³, hei⁵⁵ mɔŋ²² m¹¹ hou³⁵ kʰɵy¹³ tʃyt²² ŋɔ¹³ tei²² kɛ³³ tʃʰiŋ³⁵ kʰɐu¹¹.

（我们有很多优势可以成为贵公司的独家代理，希望不要拒绝我们的请求。）

493. 我哋有一个完善嘅销售机构，完全具备咗做独家代理嘅条件。

ŋɔ¹³ tei²² jɐu¹³ jɐt³³ kɔ³³ jyn¹¹ ʃin³³ kɛ³³ ʃiu⁵⁵ ʃɐu²² kei⁵⁵ kʰɐu³³, jyn¹¹ tʃʰyn¹¹ kɵy²² pei²² tʃou²² tuk²² ka⁵⁵ tɔi²² lei¹³ kɛ³³ tʰiu¹¹ kin³⁵.

（我们有一个完善的销售机构，完全具备了做独家代理的条件。）

494. 我哋非常之熟悉当地嘅销售环境，仲有好多同行圈内嘅业务关系，完全可以胜任贵公司嘅代理。

ŋɔ¹³ tei²² fei⁵⁵ ʃœŋ¹¹ tʃi⁵⁵ ʃuk²² ʃik⁵⁵ tɔŋ⁵⁵ tei²² ke³³ ʃiu⁵⁵ ʃɐu²² wan¹¹ kiŋ³⁵, tʃuŋ²² jɐm¹³ hou³⁵ tɔ⁵⁵ tʻuŋ¹¹ hɔŋ¹¹ hyn⁵⁵ nɔi²² ke³³ jip²² mou²² kwan⁵⁵ hɐi²², jyn¹¹ tʃʻyn¹¹ hɔ²⁵ ji¹³ ʃiŋ³³ jɐm²² kwei³³ kuŋ⁵⁵ ʃi⁵⁵ ke³³ tɔi²² lei¹³.

（我们很熟悉当地的销售环境，还有很多同行圈内的业务关系，完全可以胜任贵公司的代理。）

495. 我哋经营服饰已经廿几年喇，捞呢个区嘅订单同埋建立销售网点都好在行。做代理嘅话，应该讲冇咩问题嘅。

ŋɔ¹³ tei²² kiŋ⁵⁵ jiŋ¹¹ fuk²² ʃik⁵⁵ ji¹³ kiŋ⁵⁵ ja²² kei³⁵ nin¹¹ la³³, lɔ³⁵ ni⁵⁵ kɔ³³ kʻɵy⁵⁵ ke³³ tɐŋ²² tan⁵⁵ tʻuŋ¹¹ mai¹¹ kin³³ lap²² ʃiu⁵⁵ ʃɐu²² mɔŋ¹³ tim³⁵ tou⁵⁵ hou³⁵ tʃɔi³³ hɔŋ¹¹. tʃou²² tɔi²² lei¹³ ke³³ wa⁻³⁵, jiŋ⁵⁵ kɔi⁵⁵ kɔŋ³⁵ mou¹³ mɛ⁵⁵ mɐn²² tʻɐi¹¹ ke³⁵.

（我们经营服饰已经二十几年了，拿这个区的订单和建立销售网点都很在行。做代理的话，应该说是没什么问题的。）

496. 我哋系有信誉嘅公司，好了解当地客户嘅需求，如果成为贵公司嘅代理，我哋实会同你哋嘅产品开拓一个好市场。⁽⁵⁾

ŋɔ¹³ tei²² hɐi²² jɐu¹³ ʃɵn³³ jy²² ke³³ kuŋ⁵⁵ ʃi⁵⁵, hou³⁵ liu¹³ kai³⁵ tɔŋ⁵⁵ tei²² hak³³ wu²² ke³³ ʃɵy⁵⁵ kʻɐu¹¹, jy¹¹ kwɔ²² ʃiŋ¹¹ wɐi¹¹ kwei²² kuŋ⁵⁵ ʃi⁵⁵ ke³³ tɔi²² lei¹³, ŋɔ¹³ tei²² ʃɐt²² wui¹³ tʻuŋ¹¹ nei¹³ tei²² ke³³ tʃʻan³⁵ pɐn³⁵ hɔi⁵⁵ tʻɔk³³ jɐt²² kɔ³³ hou³⁵ ʃi¹³ tʃʻœŋ¹¹.

（我们是有信誉的公司，很了解当地客户的需求，如果成为贵公司的代理，我们肯定会为你们的产品开拓一个好市场。）

497. 我公司绝对会系一间好好嘅代理机构，因为我哋有一班训练有素嘅推销员。

ŋɔ¹³ kuŋ⁵⁵ ʃi⁵⁵ tʃyt²² tɵy³³ wui²² hɐi²² jɐt⁵⁵ kan⁵⁵ hou³⁵ hou³⁵ ke³³ tɔi²² lei¹³ kei⁵⁵ kʻɐu³³, jɐn⁵⁵ wɐi²² ŋɔ¹³ tei²² jɐu¹³ jɐt⁵⁵ pan⁵⁵ fɐn³³ lin²² jɐu¹³ ʃou³³ ke³³ tʻɵy⁵⁵ ʃiu⁵⁵ jyn¹¹.

（我公司绝对会是一家很好的代理机构，因为我们有一班训练有素的推销员。）

498. 如果喺珠海嘅DORIAN HO系列晚装由我哋独家代理销售嘅话，是必有助于我哋之间嘅合作。

jy¹¹ kwɔ³⁵ hɐi²² tʃy⁵⁵ hɔi³⁵ kɛ³³ DORIAN HO hɐi²² lit²² man¹³ tʃɔŋ⁵⁵ jɐu¹¹ ŋɔ¹³ tei²² tuk²² ka⁵⁵ tɔi²² lei¹³ ʃiu⁵⁵ ʃɐu²² kɛ³³ wa⁻³⁵, ʃi²² pit⁵⁵ jɐu¹³ tʃɔ²² jy⁵⁵ ŋɔ¹³ tei²² tʃi⁵⁵ kan⁵⁵ kɛ³³ hɐp²² tʃɔk²².

（如果在珠海的 DORIAN HO 系列晚装由我们独家代理销售的话，肯定有助于我们之间的合作。）

499. 我公司做呢行好多年嘞。如果做贵公司代理嘅话，我哋将会充分利用本公司同当地批发商、零售商良好嘅业务关系，扩大产品嘅销售网点。

ŋɔ¹³ kuŋ⁵⁵ ʃi⁵⁵ tʃou²² ni⁵⁵ hɔŋ¹¹ hou²² tɔ⁵⁵ nin¹¹ lak³³. jy¹¹ kwɔ³⁵ tʃou²² kwɐi³³ kuŋ⁵⁵ ʃi⁵⁵ tɔi²² lei¹³ kɛ³³ wa⁻³⁵, ŋɔ¹³ tei²² tʃœn⁵⁵ wui²² tʃʰuŋ⁵⁵ fɐn²² lei¹³ juŋ²² pun³⁵ kuŋ⁵⁵ ʃi⁵⁵ tʰuŋ¹¹ tɔŋ⁵⁵ tei²² pʰɐi⁵⁵ fat³³ ʃœŋ⁵⁵、liŋ¹¹ ʃɐu²² ʃœŋ⁵⁵ lœŋ¹¹ hou³⁵ kɛ³³ jip²² mou²² kwan⁵⁵ hɐi²², kwʰɔŋ³³ tai²² tʃʰan³⁵ pɐn³⁵ kɛ³³ ʃiu⁵⁵ ʃɐu²² mɔŋ¹³ tim³⁵.

（我公司从事这行很多年了。如果做贵公司代理的话，我们将充分利用本公司和当地批发商、零售商良好的业务关系，扩大产品的销售网点。）

500. 如果指定我哋公司做深圳代理嘅话，我哋将会落力噉推销同宣传你哋嘅产品。

jy¹¹ kwɔ³⁵ tʃi³⁵ tiŋ²² ŋɔ¹³ tei²² kuŋ⁵⁵ ʃi⁵⁵ tʃou²² ʃɐm⁵⁵ tʃɐn³³ tɔi²² lei¹³ kɛ³³ wa⁻³⁵, ŋɔ¹³ tei²² tʃœn⁵⁵ wui²² lɔk²² lik²² kɐm³⁵ tʰɵy⁵⁵ ʃiu⁵⁵ tʰuŋ¹¹ ʃyn⁵⁵ tʃʰyn¹¹ nei¹³ tei²² kɛ³³ tʃʰan³⁵ pɐn³⁵.

（如果指定我们公司做深圳代理的话，我们将会努力推销和宣传你们的产品。）

501. 我哋喺外贸同埋推销方面嘅经验相信可以满足贵方嘅要求。

ŋɔ¹³ tei²² hɐi⁵⁵ ŋɔi²² mɐu²² tʰuŋ¹¹ mai¹¹ tʰɵy⁵⁵ ʃiu⁵⁵ fɔŋ⁵⁵ min²² kɛ³³ kiŋ⁵⁵ jim³⁵ ʃœŋ⁵⁵ ʃɐn³³ hɔ⁵⁵ ji¹³ mun⁵⁵ tʃuk⁵⁵ kwɐi³³ fɔŋ⁵⁵ kɛ³³ jiu⁵⁵ kʰɐu¹¹.

（我们在外贸和推销方面的经验相信可以满足贵方的要求。）

502. 我公司嘅职员都受过系统培训，具有丰富嘅推销经验。

ŋɔ¹³ kuŋ⁵⁵ ʃi⁵⁵ kɛ³³ tʃik⁴³ jyn¹¹ tou⁵⁵ ʃɐu²² kwɔ³³ hɐi²² tʻuŋ⁵⁵ pʻui¹¹ fɐn³³, køy²² jɐu¹³ fuŋ⁵⁵ fu³³ kɛ³³ tʻui⁴³ ʃiu⁵⁵ kiŋ⁵⁵ jim³³.

(我公司的职员都受过系统培训，具有丰富的推销经验。)

503. 希望你哋喺了解咗我哋嘅销售能力之后，会考虑畀Tassels晚装嘅独家经销权我哋。

hei⁵⁵ mɔŋ²² nei¹³ tei²² hɐi³⁵ liu¹³ kai³⁵ tʃɔ³⁵ ŋɔ¹³ tei²² kɛ³³ ʃiu⁵⁵ ʃɐu²² nɐŋ¹¹ lik²² tʃi²² hɐu²², wui¹³ hau³⁵ lɵy²² pei³⁵ Tassels man¹³ tʃɔŋ³⁵ kɛ³³ tuk²² ka⁵⁵ kiŋ⁵⁵ ʃiu⁵⁵ kʻyn¹¹ ŋɔ¹³ tei²².

(希望你们在了解了我们的销售能力后，会考虑给我们Tassels晚装的独家经销权。)

504. 喺代理方面我哋有成30年嘅经验，相信喺推销贵公司产品方面，我哋会有令人满意嘅结果。⁽⁶⁾

hɐi³⁵ tɔi²² lei¹³ fɔŋ⁵⁵ min²² ŋɔ¹³ tei²² jɐu¹³ ʃɛŋ¹¹ ʃam⁵⁵ ʃɐp²² nin¹¹ kɛ³³ kiŋ⁵⁵ jim²², ʃœŋ⁵⁵ ʃɵn³³ hɐi³⁵ tʻɵy³⁵ ʃiu⁵⁵ kwɐi³³ kuŋ⁵⁵ ʃi⁵⁵ tʃʻan³⁵ pɐn³⁵ fɔŋ⁵⁵ min²², ŋɔ¹³ tei²² wui¹³ jɐu¹³ liŋ²² jɐn¹¹ mun¹³ ji³³ kɛ³³ kit³³ kwɔ³⁵.

(在代理方面我们有30年的经验，相信在推销贵公司产品方面，我们会有令人满意的结果。)

505. 本公司代理过各式唔同类产品，完全有能力做贵公司嘅代理。

pun³⁵ kuŋ⁵⁵ ʃi⁵⁵ tɔi²² lei¹³ kwɔ³³ kɔk³³ ʃik⁵⁵ m¹¹ tʻuŋ¹¹ lɵy²² tʃʻan³⁵ pɐn³⁵, jyn¹¹ tʃʻyn¹¹ jɐu¹³ nɐŋ¹¹ lik²² tʃou²² kwɐi²² kuŋ⁵⁵ ʃi⁵⁵ kɛ³³ tɔi²² lei¹³.

(本公司代理过各式不同类产品，完全有能力做贵公司的代理。)

506. 喺珠海推销服装方面，我哋有丰富嘅经验，所以我哋有能力将销售额提高到10万文。

hɐi³⁵ tʃy⁵⁵ hɔi³⁵ tʻɵy⁵⁵ ʃiu⁵⁵ fuk²² tʃɔŋ⁵⁵ fɔŋ⁵⁵ min²², ŋɔ¹³ tei²² jɐu¹³ fuŋ³³ fu³³ kɛ³³ kiŋ⁵⁵ jim²², ʃɔ³⁵ ji¹³ ŋɔ¹³ tei²² jɐu¹³ nɐŋ¹¹ lik²² tʃœŋ⁵⁵ ʃiu⁵⁵ ʃɔ³³ ŋak³⁵ tʻɐi¹¹ kou⁵⁵ tou³³ ʃɐp²² man²² mɐn⁻⁵⁵.

(在珠海推销服装方面，我们有丰富的经验，所以我们有能力将销售额提高到10万元。)

507. 作为呢个地区比较有名嘅电器经销商，我哋会利用喺当地嘅各种业务关系，为贵公司开拓一个好有发展前景嘅销售巾场。

tʃɔk^{33} wei^{11} ni^{55} kɔ^{33} tei^{22} kʻɵy^{35} pei^{35} kau^{33} jeu^{13} meŋ$^{-35}$ kɛ^{33} tin^{22} hei^{33} kiŋ^{55} ʃiu^{55} ʃœŋ^{55}, ŋɔ^{13} tei^{22} wui^{13} lei^{22} juŋ^{35} hei^{35} tɔŋ^{55} tei^{22} kɛ^{33} kɔk^{33} tʃuŋ^{35} jip^{22} mou^{22} kwan^{55} hei^{22}, wei^{22} kwei^{33} kuŋ^{55} ʃi^{55} hɔi^{55} tʻɔk^{33} jɐt^{55} kɔ^{33} hou^{35} jeu^{13} fat^{33} tʃin^{35} tʃʻin^{11} kiŋ^{35} kɛ^{33} ʃiu^{55} ʃɐu^{22} ʃi^{13} tʃʻœŋ^{11}.

（作为这个地区比较有名的电器经销商，我们会利用在当地的各种业务关系，为贵公司开拓一个很有发展前景的销售市场。）

508. 希望贵公司同意我哋代理销售X-one嘅服饰。

hei^{55} mɔŋ^{22} kwei^{33} kuŋ^{55} ʃi^{55} tʻuŋ^{11} ji^{33} ŋɔ^{13} tei^{22} tɔi^{22} lei^{13} ʃiu^{55} ʃɐu^{22} X-one kɛ^{33} fuk^{22} ʃik^{55}.

（希望贵公司同意我们代理销售 X-one 的服饰。）

509. 我哋有做代理嘅经验，同各行业又有广泛嘅联系，手下仲有班经验丰富嘅推销职员，做贵公司嘅代理系好有优势㗎。

ŋɔ^{13} tei^{22} jeu^{13} tʃou^{22} tɔi^{22} lei^{13} kɛ^{33} kiŋ^{55} jim^{22}, tʻuŋ^{11} kɔk^{33} hɔŋ^{11} jip^{22} jeu^{13} jeu^{13} kwɔŋ^{35} fan^{22} kɛ^{33} lyn^{11} hei^{22}, ʃɐu^{35} ha^{22} tʃuŋ^{22} jeu^{13} pan^{55} kiŋ^{35} jim^{22} fuŋ^{55} fu^{33} kɛ^{33} tʻɵy^{55} ʃiu^{55} tʃik^{55} jyn^{11}, tʃou^{22} kwei^{33} kuŋ^{55} ʃi^{55} kɛ^{33} tɔi^{22} lei^{13} hei^{22} hou^{35} jeu^{13} jeu^{55} ʃei^{33} ka^{33}.

（我们有做代理的经验，和各行业又有广泛的联系，手下还有一班经验丰富的推销职员，做贵公司的代理是很有优势的。）

510. 我哋长期喺内地做红茶推销，熟悉市场环境，好啱做个度嘅代理。所以，我建议双方签订一份为期两年嘅代理协议，唔知你哋意见点呢？

ŋɔ^{13} tei^{22} tʃʻœŋ^{11} kʻei^{11} hei^{35} nɔi^{13} tei^{22} tʃou^{22} huŋ^{11} tʃʻa^{11} tʻɵy^{55} ʃiu^{55}, ʃuk^{22} ʃik^{55} ʃi^{13} tʃʻœŋ^{11} wan^{11} kiŋ^{35}, hou^{35} ŋam^{55} tʃou^{22} kɔ^{35} tou^{22} kɛ^{33} tɔi^{22} lei^{13}. ʃɔ^{35} ji^{13}, ŋɔ^{13} kin^{33} ji^{13} ʃœŋ^{55} fɔŋ^{55} tʃʻim^{55} tiŋ^{22} jɐt^{55} fɐn^{22} wei^{11} kʻei^{11} lœŋ^{13} nin^{11} kɛ^{33} tɔi^{22} lei^{13} hip^{33} ji^{13}, m^{11} tʃi^{55} nei^{13} tei^{22} ji^{33} kin^{33} tim^{35} nɛ^{55}?

（我们长期在内地做红茶推销，熟悉市场环境，很合适做那儿的代理。所以，我建议双方签订一份为期两年的代理协议，不知道你们意见怎么样？）

二、注释

（1）好高兴再试见到你："再试"即"再次"的意思，可能是"再次 tʃɔi³³ tʃˊi³³"的变音。

（2）唔知你哋嘅意见点咧：语气词"咧 le⁵⁵"有些人读作 nɛ⁵⁵，又把这个音写成"呢"字。因此，"呢"这个字既表示指示代词"呢"，又作语气词"呢"。

（3）唔单止国内市场抢手："唔单止"，在粤语区也写作"唔单只"，表示"不但，不仅"的意思，"只"不读 tʃɛk³³ 而读 tʃi³⁵。这是广州话的口语词，其词形也是当地人的通行写法。

（4）TOUGH系列嘅牛仔裤：牛仔的"牛"声母是舌根鼻音 ŋ，广州现在绝大多数年轻人的口语，凡是带有"ŋ"声母音节的，ŋ大多脱落。因此，牛读作 ɐu¹¹。其他的如：我 ŋɔ¹³、牙 ŋa¹¹、熬 ŋau¹¹、啱 ŋam⁵⁵、眼 ŋan¹³、硬 ŋaŋ²² 等词都读作 ɔ¹³、a¹¹、au¹¹、am⁵⁵、an¹³、aŋ²²。

（5）我哋实会同你哋嘅产品开拓一个好市场：这里的"实"是副词，表示肯定、一定的意思。例如：我实嚟 ŋɔ¹³ ʃɛt²² lei¹¹（我肯定来）；实系噉嘅 ʃɛt²² hei²² kɐm³⁵ kɛ³³（一定是如此）。普通话没有这种用法。

（6）代理方面我哋有成30年嘅经验："成"，可读作 ʃɛŋ¹¹ 或 ʃiŋ¹¹，表示将近或快。例如：成3点嘞（快3点了）。这种用法普通话没有。

三、词语扩展

- 代理商 tɔi²² lei¹³ ʃœŋ⁵⁵
- 购货代理 kˊɐu³³ fɔ³³ tɔi²² lei¹³
- 运输代理 wɐn²² ʃy⁵⁵ tɔi²² lei¹³
- 储货代理 tʃˊy¹³ fɔ³³ tɔi²² lei¹³
- 寄售代理 kei³³ ʃɐu²² tɔi²² lei¹³
- 检验代理 kim³⁵ jim³³ tɔi²² lei³⁵
- 代理店 tɔi²² lei¹³ tim³³
- 承包商 ʃiŋ¹¹ pau⁵⁵ ʃœŋ⁵⁵
- 委托方 wɐi³⁵ tˊɔk³³ fɔŋ⁵⁵
- 总代理 tʃuŋ³⁵ tɔi²² lei¹³
- 代理协议 tɔi²² lei¹³ hip³³ ji¹³
- 独家专营权 tuk²² ka⁵⁵ tʃyn⁵⁵ jiŋ¹¹ kˊyn¹¹
- 全球代理 tʃˊyn¹¹ kˊɐu¹¹ tɔi²² lei¹³
- 全国代理 tʃˊyn¹¹ kwɔk³³ tɔi²² lei¹³
- 地区代理 tei²² kˊɵy⁵⁵ tɔi²² lei¹³
- 独家代理许可证 tuk²² ka⁵⁵ tɔi²² lei¹³ hɵy³⁵ hɔ³⁵ tʃiŋ³³

附：广州话量词和名词的直接组合（一）

广州话可以单用量词来直接修饰名词，这时的量词有表示"这"或"那"的意思。例如：

条裙好靓 $t'iu^{11}$ $kw'en^{11}$ hou^{35} $leŋ^{33}$（这条裙子很漂亮）。

件衫长过头 kin^{22} $ʃam^{55}$ $tʃ'œŋ^{11}$ $kwɔ^{-35}$ $t'ɐu^{11}$（这件衣服太长了）。

把刀仔唔利 pa^{35} tou^{55} $tʃɐi^{35}$ m^{11} lei^{22}（这把小刀不利）。

第18单元　对代理请求的回应

一、课文

511. 为咗喺呢度打开条销路，我公司正考虑紧揾销售代理嘅事。

wei²² tʃɔ³⁵ hei³⁵ ni⁵⁵ tou²² ta³⁵ hɔi⁵⁵ tʻiu¹¹ ʃiu⁵⁵ lou²², ŋɔ¹³ kuŋ⁵⁵ ʃi⁵⁵ tʃiŋ³³ hau³⁵ lɐy²² kɐn³⁵ wɐn³⁵ ʃiu⁵⁵ ʃɐu²² tɔi²² lei¹³ kɛ³³ ʃi²².

（为了在这儿打开销路，我公司正在考虑找销售代理的事情。）

512. 已经睇咗你哋嘅申请，公司亦都研究咗你哋嘅销售计划，觉得大家嘅想法都几合。⁽¹⁾

ji¹³ kiŋ⁵⁵ tʻei³⁵ tʃɔ³⁵ nei¹³ tei¹³ kɛ³³ ʃɐn⁵⁵ tʃʻiŋ³⁵, kuŋ⁵⁵ ʃi⁵⁵ jik²² tou⁵⁵ jin¹¹ kɐu³³ tʃɔ³⁵ nei¹³ tei²² kɛ³³ ʃiu⁵⁵ ʃɐu²² kɐi³³ wak²², kɔk³³ tɐk⁵⁵ tai⁵⁵ ka⁵⁵ kɛ³³ ʃœŋ³⁵ fat³³ tou⁵⁵ kei³⁵ kap³³.

（已经看了你们的申请，公司也都研究了你们的销售计划，觉得大家的想法挺相合。）

513. 我哋喺西南地区市场嘅产品，你公司提议希望能够独家代理，几时得闲详细倾下咧？

ŋɔ¹³ tei²² hei³⁵ ʃei⁵⁵ nam¹¹ tei²² kʻɵy⁵⁵ ʃi¹³ tʃʻœŋ¹¹ kɛ³³ tʃʻan³⁵ pɐn³⁵, nei¹³ kuŋ⁵⁵ ʃi⁵⁵ tʻei¹¹ ji¹³ hei⁵⁵ mɔŋ²² nɐŋ¹¹ kɐu³³ tuk²² ka⁵⁵ tɔi²² lei¹³, kei⁵⁵ ʃi¹¹ tɐk⁵⁵ han¹¹ tʃʻœŋ¹¹ ʃei³³ kʻiŋ⁵⁵ ha¹³ lɛ⁵⁵?

（我们在西南地区市场的产品，你公司提议希望能够独家代理，什么时候有空详细谈谈呢？）

514. 非常之赞赏你哋喺推销我方产品方面嘅努力。不过喺明确答复之前，仲系需要了解下贵方促销产品嘅能力与及有啲咩特别嘅优势。

fei⁵⁵ ʃœŋ¹¹ tʃi⁵⁵ tʃan³³ ʃœŋ³⁵ nei¹³ tei²² hei³⁵ tʻui⁵⁵ ʃiu⁵⁵ ŋɔ¹³ fɔŋ⁵⁵ tʃʻan³⁵ pɐn³⁵

150

fɔŋ⁵⁵ min²² kɛ³³ nou¹³ lik²². pɐt⁵⁵ kwɔ³³ hɐi³⁵ miŋ¹¹ kʻɔk³³ tap³³ fuk⁵⁵ tʃi⁵⁵ tʃʻin¹¹, tʃuŋ²² hui²² ʃoy⁵⁵ jiu³³ liu¹³ kai³⁵ ha¹³ kwui³³ fɔŋ⁵⁵ tʃʻuk⁵⁵ ʃiu⁵⁵ tʃʻan³⁵ pɐn³⁵ kɛ³³ nɐŋ¹¹ lik²² jy¹³ kʻɐp²² jɐu¹³ ti⁵⁵ mɛ⁵⁵ tɐk²² pit²² kɛ³³ jɐu⁵⁵ ʃɐi³³.

(很赞赏你们在推销我方产品方面的努力。不过在明确答复之前，还是需要了解一下贵方促销产品的能力以及有些什么特别的优势。)

515. 贵公司希望做代理嘅提议已经收到咗嘞。喺正式回复之前，请将你哋嘅销售计划尽快FAX过嚟，我哋呢几日要讨论嘞。

kwei³³ kuŋ⁵⁵ ʃi⁵⁵ hei⁵⁵ mɔŋ²² tʃou²² tɔi²² lei¹³ kɛ³³ tʻɐi¹¹ ji¹³ ji¹³ kiŋ⁵⁵ ʃɐu⁵⁵ tou³³ tʃɔ³⁵ lak³³. hɐi³⁵ tʃiŋ³³ ʃik⁵⁵ wui¹¹ fuk⁵⁵ tʃi⁵⁵ tʃʻin¹¹, tʃʻiŋ³⁵ tʃœŋ⁵⁵ nei¹³ tei²² kɛ³³ ʃiu⁵⁵ ʃɐu²² kei³³ wak²² tʃɐn²² fai³³ fɐk⁵⁵ ʃi¹¹ kwɔ³³ lɐi¹¹, ŋɔ¹³ tei²² ni⁵⁵ kei³⁵ jɐt²² jiu³³ tʻou³⁵ lɐn²² lak³³.

(贵公司希望做代理的提议已经收到了。在正式回复之前，请把你们的销售计划尽快传真过来，我们这几天要讨论了。)

516. 做我哋产品嘅代理人，首先要应嗽嘅条件，就系贵公司每年嘅最低销售额至少要系1000箱。

tʃou²² ŋɔ¹³ tei²² tʃʻan³⁵ pɐn³⁵ kɛ³³ tɔi²² lei¹³ jɐn¹¹, ʃɐu³⁵ ʃin⁵⁵ jiu³³ jiŋ³³ ʃiŋ¹¹ kɐm³⁵ kɛ³³ tʻiu¹¹ kin³⁵, tʃɐu²² hɐi²² kwɐi³³ kuŋ⁵⁵ ʃi⁵⁵ mui¹³ nin¹¹ kɛ³³ tʃœy³³ tɐi⁵⁵ ʃiu⁵⁵ ʃɐu²² ŋak⁻³⁵ tʃi¹³ ʃiu³⁵ jiu³³ hɐi²² jɐt⁵⁵ tʃʻin⁵⁵ ʃœŋ⁵⁵.

(做我们产品的代理人，首先要答应这样的条件，就是贵公司每年的最低销售额至少要1000箱。)

517. 我哋认真嗽了解咗你哋嘅详细情况，认为非常之符合我公司嘅条件。所以，决定委托贵公司为我哋产品嘅独家代理。

ŋɔ¹³ tei²² jiŋ²² tʃɐn³⁵ kɐm³⁵ liu¹³ kai³⁵ tʃɔ³⁵ nei¹³ tei²² kɛ³³ tʃʻœŋ¹¹ ʃɐi¹³ tʃʻiŋ¹¹ fɔŋ³³, jiŋ²² wɐi¹¹ fei⁵⁵ ʃœŋ¹¹ tʃi⁵⁵ fu¹¹ hap²² ŋɔ¹³ kuŋ⁵⁵ ʃi⁵⁵ kɛ³³ tʻiu¹¹ kin⁻³⁵. ʃɔ³⁵ ji¹³, kʻyt³³ tiŋ²² wɐi³⁵ tʻɔk³³ kwɐi³³ kuŋ⁵⁵ ʃi⁵⁵ wɐi¹¹ ŋɔ¹³ tei²² tʃʻan³⁵ pɐn³⁵ kɛ³³ tuk²² ka⁵⁵ tɔi²² lei¹³.

(我们认真地了解了你们的详细情况，认为很符合我们公司的条件。所以，决定委托贵公司为我们产品的独家代理。)

518. 我哋而家明确噉答复你，我公司正式委托贵公司喺汕头独家代理我哋嘅产品。希望合作愉快。

ŋɔ¹³ tei²² ji¹¹ kɑ⁵⁵ miŋ¹¹ kʻɔk³³ kɐm³⁵ tɑp³³ fuk⁵⁵ nei¹³, ŋɔ¹³ kuŋ⁵⁵ ʃi⁵⁵ tʃiŋ³³ ʃik⁵⁵ wɐi³⁵ tʻɔk³³ kwɐi³³ kuŋ⁵⁵ ʃi⁵⁵ hɐi³⁵ ʃɑn³³ tʻɐu¹¹ tuk²² kɑ⁵⁵ tɔi¹³ lei¹³ ŋɔ¹³ tei²² kɛ³³ tʃʻɑn³⁵ pɐn³⁵. hei⁵⁵ mɔŋ²² hɑp²² tʃɔk³³ jy¹¹ fɑi³³.

（我们现在明确地答复您，我公司正式委托贵公司在汕头独家代理我们的产品。希望合作愉快。）

519. 非常之感谢你哋嘅合作。睇得出你哋好识同顾客沟通。所以，我哋建议喺独家代理协议上，将个年销售额定为500箱。

fei⁵⁵ ʃœŋ¹¹ tʃi⁵⁵ kɐm³⁵ tʃɛ²² nei¹³ tei²² kɛ³³ hɑp¹¹ tʃɔk⁵⁵. tʻɐi³⁵ tɐk⁵⁵ tʃʻɵt⁵⁵ nei¹³ tei²² hou³⁵ ʃik⁵⁵ tʻuŋ¹¹ ku³³ hɑk³³ kʻɐu⁵⁵ tʻuŋ⁵⁵. ʃɔ³⁵ ji¹³, ŋɔ¹³ tei²² kin¹³ ji¹³ hɐi³⁵ tuk²² kɑ⁵⁵ tɔi¹³ lei¹³ hip³³ ji¹³ ʃœŋ²², tʃœŋ⁵⁵ kɔ³³ nin¹¹ ʃiu⁵⁵ ʃɐu³³ ŋɑk⁻³⁵ tiŋ²² wɐi¹¹ ŋ¹³ pɑk²³ ʃœŋ⁵⁵.

（非常感谢你们的合作。看得出来你们很善于和顾客沟通，所以，我们建议在独家代理协议上，把年销售额定为500箱。）

520. 我哋决定委托贵公司为我哋喺珠海嘅独家代理。相信你哋今后嘅销售会更好。

ŋɔ¹³ tei²² kʻyt³³ tiŋ²² wɐi³⁵ tʻɔk³³ kwɐi³³ kuŋ⁵⁵ ʃi⁵⁵ wɐi¹¹ ŋɔ¹³ tei³³ hɐi³⁵ tʃy⁵⁵ hɔi³⁵ kɛ³³ tuk²² kɑ⁵⁵ tɔi²² lei¹³. ʃœŋ⁵⁵ ʃɵn³³ nei¹³ tei²² kɐm⁵⁵ hɐu²² kɛ³³ ʃiu⁵⁵ ʃɐu²² wui¹³ kɐŋ³³ hou³⁵.

（我们决定委托贵公司作为我们在珠海的独家代理。相信你们今后的销售会更好。）

521. 我哋相信贵公司嘅能力，你哋梗会系一个称职嘅代理商。

ŋɔ¹³ tei²² ʃœŋ⁵⁵ ʃɵn³³ kwɐi³³ kuŋ⁵⁵ ʃi⁵⁵ kɛ³³ nɐŋ²² lik²², nei¹³ tei²² kɐŋ³⁵ wui¹³ hɐi¹³ jɐt⁵⁵ kɔ³³ tʃʻɐn³³ tʃik⁵⁵ kɛ³³ tɔi²² lei¹³ ʃœŋ⁵⁵.

（我们相信贵公司的能力，你们肯定会是一个称职的代理商。）

522. 我哋同意贵方代理我哋嘅产品。

ŋɔ¹³ tei²² tʻuŋ¹¹ ji¹³ kwɐi³³ fɔŋ⁵⁵ tɔi²² lei¹³ ŋɔ¹³ tei²² kɛ³³ tʃʻan²² pɐn¹³.

(我们同意贵方代理我们的产品。)

523. 讨论咗你哋嘅提议同埋了解咗个业务情况之后，决定委托贵公司做我哋
嘅香港嘅代理商。

tʻou³⁵ lɐn²² tʃɔ³⁵ nei¹³ tei²² kɛ³³ tʻɐi¹¹ ji¹³ tʻuŋ¹¹ mai¹¹ liu¹³ kai³⁵ tʃɔ³⁵ kɔ³³ jip²²
mou²² tʃʻiŋ¹¹ fɔŋ³³ tʃi⁵⁵ hɐu²², kʻyt³³ tiŋ²² wɐi¹³ tʻɔk¹³ kwɐi³³ kuŋ⁵⁵ ʃi⁵⁵ tʃou²² ŋɔ¹³
tei²² hœŋ³⁵ hœŋ⁵⁵ kɔŋ³⁵ kɛ³³ tɔi²² lei¹³ ʃœŋ⁵⁵.

(讨论了你们的提议和了解了业务情况后，决定委托贵公司作为我们
在香港的代理商。)

524. 考虑到你哋具有推销我哋FELIX系列服饰方面嘅经验，决定你哋为我公司
喺东莞嘅独家代理。

hau³⁵ lɵy²² tou³³ nei¹³ tei²² kɵy²² jɐu¹³ tʻui⁵⁵ ʃiu⁵⁵ ŋɔ¹³ tei²² FELIX hɐi²² lit²² fuk²²
ʃik⁵⁵ fɔŋ⁵⁵ min²² kɛ³³ kiŋ⁵⁵ jim²², kʻyt³³ tiŋ²² nei¹³ tei²² wɐi¹¹ ŋɔ¹³ kuŋ⁵⁵ ʃi⁵⁵ hɐi³⁵
tuŋ⁵⁵ kun³⁵ kɛ³³ tuk²² kaˀ³⁵ tɔi²² lei¹¹.

(考虑到你们具有推销我们FELIX系列服饰方面的经验，决定你们为
我公司在东莞的独家代理。)

525. 贵公司提出嘅喺香港代理我哋呢只瓷器嘅建议，我哋认真嘅讨论咗，同
意你公司做我哋嘅代理。

kwɐi³³ kuŋ⁵⁵ ʃi⁵⁵ tʻɐi³⁵ tʃʻɵt⁵⁵ kɛ³³ hɐi³⁵ hœŋ⁵⁵ kɔŋ³⁵ tɔi²² lei¹³ ŋɔ¹³ tei²² ni⁵⁵ tʃɛk³³
tʃʻi¹¹ hei³³ kɛ³³ kin³³ ji¹³, ŋɔ¹³ tei²² jiŋ²² tʃɐn⁵⁵ kɐm³⁵ tʻou³⁵ lɐn²² tʃɔ³⁵, tʻuŋ¹¹ ji³³
nei¹³ kuŋ⁵⁵ ʃi⁵⁵ tʃou²² ŋɔ¹³ tei²² kɛ³³ tɔi²² lei¹³.

(贵公司提出的在香港代理我们这款瓷器的建议，我们认真地讨论
了，同意你公司做我们的代理。)

526. 真系遗憾吖，我哋已经喺深圳指定咗代理嘞！希望以后有机会合作。

tʃɐn⁵⁵ hei²² wɐi¹¹ ham²² aˀ³³, ŋɔ¹³ tei²² ji¹³ kiŋ⁵⁵ hɐi³⁵ ʃɐm²² tʃɐn⁵⁵ tʃi³⁵ tiŋ²² tʃɔ³⁵
tɔi²² lei¹³ lakˀ³³! hei⁵⁵ mɔŋ²² ji¹³ hɐu²² jɐu¹³ kei⁵⁵ wui²² hap²² tʃɔk³³.

(真是遗憾，我们已经在深圳指定了代理！希望以后有机会合作。)

527. 我哋已经揾咗代理商嘞，暂时唔再考虑授权代理嘅事。多谢晒对我公司嘅信任！

ŋɔ¹³ tei²² ji¹³ kiŋ⁵⁵ wɐn³⁵ tʃɔ³⁵ tɔi²² lei¹³ ʃœŋ⁵⁵ lak³³, tʃam²² ʃi¹¹ m¹¹ tʃɔi¹³ hau³⁵ lɵy²² ʃɐu²² k'yn¹¹ tɔi²² lei¹³ kɛ³³ ʃi². tɔ⁵⁵ tʃɛ²² ʃai³³ tɵy³³ ŋɔ¹³ kuŋ⁵⁵ ʃi⁵⁵ kɛ³³ ʃɐn²² jɐm²²!

（我们已经找了代理商了，暂时不再考虑授权代理的事儿。谢谢对我公司的信任！）

528. 我哋仲需要慎重噉考虑你哋关于代理嘅建议。

ŋɔ¹³ tei²² tʃuŋ²² ʃɵy⁵⁵ jiu³³ ʃɐn²² tʃuŋ²² kɐm³⁵ hau³⁵ lɵy²² nei¹³ tei²² kwan⁵⁵ jy⁵⁵ tɔi²² lei¹³ kɛ³³ kin³³ ji¹³.

（我们还需要慎重地考虑你们关于代理的建议。）

529. 关于贵公司做我哋深圳市场代理商嘅问题，唔好意思，目前我哋仲未曾有呢个打算。

kwan⁵⁵ jy⁵⁵ kwɐi³³ kuŋ⁵⁵ ʃi⁵⁵ tʃou²² ŋɔ¹³ tei²² ʃɐm⁵⁵ tʃɐn³³ ʃi¹³ tʃ'œŋ¹¹ tɔi²² lei¹³ ʃœŋ⁵⁵ kɛ³³ mɐn²² t'ɐi¹¹, m¹¹ hou³⁵ ji³³ ʃi³³, muk²² tʃ'in¹¹ ŋɔ¹³ tei²² tʃuŋ²² mei²² tʃ'ɐŋ¹¹ jɐu¹³ ni⁵⁵ kɔ³³ ta³⁵ ʃyn³³.

（关于贵公司做我们深圳市场代理商的问题，很抱歉，目前我们还没有这个打算。）

530. 唔好意思，我哋仲唔系咁了解呢便市场嘅状况，暂时唔考虑代理嘅问题。(2)

m¹¹ hou³⁵ ji³³ ʃi³³, ŋɔ¹³ tei²² tʃuŋ²² m¹¹ hɐi²² kɐm³³ liu¹³ kai³⁵ ni⁵⁵ pin²² ʃi¹³ tʃœŋ¹¹ kɛ³³ tʃɔŋ²² fɔŋ³³, tʃam²² ʃi¹¹ m¹¹ hau³⁵ lɵy²² tɔi²² lei¹³ kɛ³³ mɐn²² t'ɐi¹¹.

（不好意思，我们还不大了解这边市场的状况，暂时不考虑代理的问题。）

531. 由于公司嘅营销策略有变动，代理嘅问题第日至倾啦。

jɐu¹¹ jy⁵⁵ kuŋ⁵⁵ ʃi⁵⁵ kɛ³³ jiŋ¹¹ ʃiu⁵⁵ tʃ'ak³³ lœk²² jɐu¹³ pin³³ tuŋ²², tɔi²² lei¹³ kɛ³³ mɐn²² t'ɐi¹¹ tei²² jɐt²² tʃi³³ k'iŋ⁵⁵ la⁵⁵.

（由于公司的营销策略有变动，代理的问题以后再谈吧。）

532. 对我公司嚟讲，家阵讨论代理嘅问题仲系为时过早。
tøy³³ ŋɔ¹³ kuŋ⁵⁵ ʃi⁵⁵ lei¹¹ kɔŋ³⁵, ka⁵⁵ tʃen⁻³⁵ tʻou³⁵ lɵn²² tɔi²² lei¹³ kɛ³³ mɐn²² tʻei¹¹ tʃuŋ²² hei²² wei¹¹ ʃi¹¹ kwɔ³³ tʃou³⁵.
（对我公司来说，现在讨论代理的问题还是为时过早。）

533. 大家仲唔系好了解，代理嘅问题先放低下先，等条件成熟咗之后再倾咧。
tai²² ka⁵⁵ tʃuŋ²² m¹¹ hei²² hou³⁵ liu¹³ kai³⁵, tɔi²² lei¹³ kɛ³³ mɐn²² tʻei¹¹ ʃin⁵⁵ fɔŋ³³ tei⁵⁵ ha¹³ ʃin⁵⁵, tɐŋ³⁵ tʻiu¹¹ kin⁻³⁵ ʃiŋ¹¹ ʃuk²² tʃɔ³⁵ tʃi⁵⁵ hɐu²² tʃɔi³³ kʻiŋ⁵⁵ lɛ¹¹.
（大家还不是很了解，代理的问题先放一放，等条件成熟了以后再谈好吧。）

534. 唔好意思，我公司喺你哋呢处嘅发展规划都仲未定落嚟。等考虑代理问题吖时，再试同你联系啊。
m¹¹ hou³⁵ ji³³ ʃi³³, ŋɔ¹³ kuŋ⁵⁵ ʃi⁵⁵ hei³⁵ nei¹³ tei²² ni⁵⁵ ʃy³³ kɛ³³ fat³³ tʃin³⁵ kwʻei⁵⁵ wak²² tou⁵⁵ tʃuŋ²² mei²² tiŋ²² lɔk²² lei¹¹. tɐŋ³⁵ hau³⁵ lɵy²² tɔi²² lei¹³ mɐn²² tʻei¹¹ kɔ³⁵ ʃi⁻³⁵, tʃɔi³³ ʃi¹³ tʻuŋ¹¹ nei¹³ lyn¹¹ hei²² a⁵⁵.
（抱歉，我公司在你们这儿的发展规划还未定下来。等考虑代理问题的时候，再跟您联系吧。）

535. 根据我哋所知到嘅情况，我公司认为家下喺你哋个市场度推销我哋嘅产品，睇怕都仲未得住。
kɐn⁵⁵ køy³³ ŋɔ¹³ tei²² ʃɔ³⁵ tʃi⁵⁵ tou³³ kɛ³³ tʃʻiŋ¹¹ fɔŋ³³, ŋɔ¹³ kɔŋ⁵⁵ ʃi⁵⁵ jiŋ²² wei¹¹ ka⁵⁵ ha¹³ hei³⁵ nei¹³ tei²² kɔ³³ ʃi¹³ tʃʻœŋ¹¹ tou²² tʻɵy⁵⁵ ʃiu⁵⁵ ŋɔ¹³ tei²² kɛ³³ tʃʻan³⁵ pɐn³⁵, tʻei⁴³ pʻa³³ tou⁵⁵ tʃuŋ²² mei²² tɐk⁵⁵ tʃy²².
（根据我们所知道的情况，我公司认为现在在你们市场那儿推销我们的产品，看来还不行。）

536. 到目前为止，我哋暂时未有搵代理商嘅计划。
tou³³ muk²² tʃʻin¹¹ wei¹¹ tʃi³⁵, ŋɔ¹³ tei²² tʃam²² ʃi¹¹ mei²² jɐu¹³ wɐn³⁵ tɔi²² lei¹³ ʃœŋ⁵⁵ kɛ³³ kɐi³³ wak²².

（到目前为止，我们暂时没有找代理商的计划。）

537. 到今日都仲未曾达成任何协议，好遗憾，我哋唯有拒绝贵公司申请代理嘅要求。以后有机会个话，希望能够再合作。

tou³³ kɐm⁵⁵ jɐt²² tou⁵⁵ tʃuŋ²² mei²² tʃʻɐŋ¹¹ tat²² ʃiŋ¹¹ jɐm²² hɔ¹¹ hip³³ ji¹³, hou³⁵ wɐi¹¹ hɐm²², ŋɔ¹³ tei²² wɐi¹¹ jɐu¹³ kʻɵy¹³ tʃyt²² kwɐi³³ kuŋ⁵⁵ ʃi⁵⁵ ʃɐn⁵⁵ tʃʻiŋ³⁵ tɐi²² lei¹³ kɛ³³ jiu⁵⁵ kʻɐu¹¹. ji¹³ hɐu²² jɐu¹³ kei⁵⁵ wui²² kɔ³³ wa⁻³⁵, hei⁵⁵ mɔŋ²² nɐŋ¹¹ kɐu³³ tʃɔi³³ hap²² tʃɔk³³.

（到今天还未达成任何协议，很遗憾，我公司只有拒绝贵公司申请代理的要求。以后有机会的话，希望能够再合作。）

538. 代理方面嘅一啲细节问题，我哋仲喺度考虑紧，希望贵公司喺现阶段继续落力噉推销我哋嘅产品。

tɔi²² lei¹³ fɔŋ⁵⁵ min²² kɛ³³ jɐt⁵⁵ ti⁵⁵ ʃɐi³³ tʃit³³ mɐn²² tʻɐi¹¹, ŋɔ¹³ tei²² tʃuŋ²² hɐi³⁵ tou²² hau³⁵ lɵy²² kɐn³⁵, hei⁵⁵ mɔŋ²² kwɐi³³ kuŋ⁵⁵ ʃi⁵⁵ hɐi³⁵ jin²² kai⁵⁵ tyn²² kɐi³³ tʃuk²² lɔk²² lik²² kɐm³⁵ tʻɵy⁵⁵ ʃiu¹³ ŋɔ¹³ tei²² kɛ³³ tʃʻan³⁵ pɐn³⁵.

（代理方面的一些细节问题，我们还在考虑中，希望贵公司在现阶段继续尽力推销我们的产品。）

539. 代理方面啲事点可以空口噉讲嘅咧？要拎出销售方面嘅业绩，证明自己系有代理嘅能力，噉大家先至倾得埋㗎嘛！你话系咪？⁽³⁾

tɔi²² lei¹³ fɔŋ⁵⁵ min²² ti⁵⁵ ʃi²² tim³⁵ hɔ³⁵ ji¹³ huŋ⁵⁵ hɐu³⁵ kɐm³⁵ kɔŋ³⁵ kɛ³³ lɛ⁵⁵? jiu³³ lɔ³⁵ tʃʻɵt⁵⁵ ʃiu⁵⁵ ʃɐu²² fɔŋ⁵⁵ min²² kɛ³³ jip²² tʃik⁵⁵, tʃiŋ³³ miŋ¹¹ tʃi⁵⁵ kei³⁵ hɐi²² jɐu¹³ tɔi²² lei¹³ kɛ³³ nɐŋ¹¹ lik²², kɐm³⁵ tai²² ka⁵⁵ ʃin⁵⁵ tʃi³³ kʻiŋ⁵⁵ tɐk⁵⁵ mai¹¹ ka³³ ma¹³! nei¹³ wa²² hɐi²² mɐi³⁵?

（代理方面的事情怎么可以空口这么说的呢？要拿出销售方面的业绩，证明自己是有代理的能力，这样大家才谈得拢嘛！您说是不？）

540. 等你哋个市场销售旺返啲先再嚟倾代理嘅事，好唔好吖？

tɐŋ³⁵ nei¹³ tei²² kɔ³³ ʃi¹³ tʃʻœŋ¹¹ ʃiu⁵⁵ ʃɐu²² wɔŋ²² fan⁵⁵ ti⁵⁵ ʃin⁵⁵ tʃɔi³³ lɐi¹¹ kʻiŋ⁵⁵ tɔi²² lei¹³ kɛ³³ ʃi²², hou³⁵ m¹¹ hou³⁵ a³³?

（等你们的市场销售好转些再来谈代理的事情，好不好呢？）

二、注释

（1）觉得大家嘅想法都几合："合"，口语音两读：kap^{33} 或 $kɐp^{33}$，表示"合得来"之义，例如：大家好合 tai^{22} ka^{55} hou^{35} kap^{33}（大家很合得来）。此外，合计 kap^{33} $kɐi^{35}$、合份 kap^{33} $fɐn^{-35}$（合伙）、合手合脚 kap^{33} $ʃɐu^{35}$ kap^{33} $kœk^{33}$（齐心协力）等词，"合"都读 kap^{33} 或 $kɐp^{33}$。但是，说"符合"或"合格"时，"合"读 hap^{22}。

（2）我哋仲唔系咁了解呢便市场嘅状况：广州话的"便"表处所，可对译成普通话的"边"，例如：左便（左边）、入便（里边）。广州话的"边"是疑问代词，例如：边位（哪一位）、去边（去哪儿）。因此，这是两个不同的词。现在口语有"便""边"混用现象，如"入便"说"入边"，这主要是受普通话的影响。

（3）你话系咪："系咪"的"咪"是"唔系"的合音，本读 hei^{22} mei^{22}，例如：你应该噉做，系咪？nei^{13} $jiŋ^{55}$ $kɔi^{55}$ $kɐm^{35}$ $tʃou^{22}$, hei^{22} mei^{22}？（你应该这样做，是不是？）这句的"咪"读为 mei^{35}，是为了使语气更和缓些，希望对方能接受自己的意见。

三、生词

合 kap^{33}/$kɐp^{33}$	合得来；聚合	睇怕 $t'ei^{35}$ $p'a^{33}$	也可以说"睇嚟 $t'ei^{35}$ lei^{11}"，看来
与及 jy^{13} $k'ɐp^{22}$	以及		
第日 $tɐi^{22}$ $jɐt^{22}$	以后；改天	系咪 hei^{22} mei^{22}	是不是

四、词语扩展

- 签署代理 $tʃ'im^{55}$ $tʃ'y^{13}$ $tɔi^{22}$ lei^{13}
  授权 $ʃɐu^{22}$ $k'yn^{11}$
- 委托书 $wɐi^{35}$ $t'ɔk^{33}$ $ʃy^{55}$

- 代理权限 tɔi²² lei¹³ kʻyn¹¹ han²²
- 二级市场分销 ji²² kʻɐp⁵⁵ ʃi¹³ tʃʻœŋ¹¹ fɐn⁵⁵ ʃiu⁵⁵
- 进货渠道 tʃɐn³³ fɔ³³ kʻɵy¹¹ tou²²
- 授权代理区域 ʃɐu²² kʻyn¹¹ tɔi²² lei¹³ kʻɵy⁵⁵ wik²²
- 代理期限 tɔi²² lei¹³ kʻei¹¹ han²²
- 代理产品名称 tɔi²² lei¹³ tʃʻan³⁵ pɐn³⁵ miŋ¹¹ tʃʻiŋ⁵⁵
- 销售策略 ʃiu⁵⁵ ʃɐu²² tʃʻak³³ lœk²²
- 市场占有率 ʃi¹³ tʃʻœŋ¹¹ tʃim³³ jɐu¹³ lɵt²²
- 活动计划书 wut²² tuŋ²² kɐi³³ wak²² ʃy⁵⁵

附：广州话量词和名词的直接组合（二）

由于广州话的量词可以和名词直接组合，所以，我们可以通过名词前的量词来区分单数和复数。用个体量词的表示单数，而用集体量词和不定量词的是复数。见下表所示：

单数	复数
本书 pun³⁵ ʃy⁵⁵	啲书 ti⁵⁵ ʃy⁵⁵
部机 pou²² kei⁵⁵	啲机 ti⁵⁵ kei⁵⁵
件衫 kin²² ʃam⁵⁵	批衫 pʻɐi⁵⁵ ʃam⁵⁵、啲衫 ti⁵⁵ ʃam⁵⁵
樽酒 tʃɐn⁵⁵ tʃɐu³⁵	箱酒 ʃœŋ⁵⁵ tʃɐu³⁵、啲酒 ti⁵⁵ tʃɐu³⁵
只梨 tʃɛk³³ lei⁻³⁵	箱梨 ʃœŋ⁵⁵ lei⁻³⁵、啲梨 ti⁵⁵ lei⁻³⁵

第19单元　代理条件和要求

一、课文

541. 贵公司希望做我方独家代理嘅计划，我哋已经详细噉睇咗。好多谢你哋嘅努力！唔好意思，我哋觉得你方而家嘅条件仲唔系几成熟。

kwɐi³³ kuŋ⁵⁵ ʃi⁵⁵ hei³⁵ mɔŋ²² tʃou²² ŋɔ¹³ fɔŋ⁵⁵ tuk²² ka⁵⁵ tɔi²² lei¹³ kɛ³³ kei³³ wak²² ŋɔ¹³ tei²² ji¹³ kiŋ⁵⁵ tʃʻœŋ¹¹ ʃei³³ kɐm³⁵ tʻɐi³⁵ tʃɔ³⁵. hou³⁵ tɔ⁵⁵ tʃɛ²² nei¹³ tei²² kɛ³³ nou¹³ lik²²! m¹¹ hou³⁵ ji¹³ ʃi³³, ŋɔ¹³ tei²² kɔk³³ tɐk⁵⁵ nei¹³ fɔŋ⁵⁵ ji⁵⁵ ka⁵⁵ kɛ³³ tʻiu¹¹ kin³⁵ tʃuŋ²² m¹¹ hɐi²² kei³⁵ ʃiŋ¹¹ ʃuk²².

（贵公司希望做我方独家代理的计划，我们已经详细地看了。很感谢你们的努力！抱歉，我们觉得你方现在的条件还不是很成熟。）

542. 系啲乜嘢原因咧？希望可以倾下。

hɐi²² ti⁵⁵ mɐt⁵⁵ je¹³ jyn²² jɐn⁵⁵ le⁵⁵? hei⁵⁵ mɔŋ²² hɔ³⁵ ji¹³ kʻiŋ⁵⁵ ha¹³.

（是些什么原因呢？希望可以谈谈。）

543. 主要系两个因素：第一，你方经营呢只产品嘅经验仲系唔够，对市场潜在嘅能力，仲要花费好多功夫嚟调查；第二，你哋所应承嘅年订货量拏埋个营业额，同我哋嘅期望争得太远嘞。

tʃy³⁵ jiu¹³ hɐi²² lœŋ¹³ kɔ³³ jɐn⁵⁵ ʃou³³: tɐi²² jɐt⁵⁵, nei¹³ fɔŋ⁵⁵ kiŋ⁵⁵ jiŋ¹¹ ni⁵⁵ tʃɛk³³ tʃʻan²² pɐn³⁵ kɛ³³ kiŋ⁵⁵ jim²² tʃuŋ²² hɐi²² m¹¹ kɐu²², tɵy³³ ʃi¹³ tʃʻœŋ¹¹ tʃʻim¹¹ tʃɔi²² kɛ³³ nɐŋ¹¹ lik²², tʃuŋ²² jiu³³ fa⁵⁵ fɐi³³ hou³⁵ tɔ⁵⁵ kuŋ⁵⁵ fu⁵⁵ lɐi¹¹ tʻiu¹¹ tʃʻa¹¹; tɐi²² ji²², nei²² tei²² ʃɔ³⁵ jiŋ⁵⁵ ʃiŋ¹¹ kɛ³³ nin¹¹ tɛŋ¹¹ fɔ³³ lœŋ²² na⁵⁵ mai¹¹ kɔ³³ jiŋ¹¹ jip²² ŋak⁻³⁵, tʻuŋ¹¹ ŋɔ¹³ tei²² kɛ³³ kʻei¹¹ mɔŋ²² tʃaŋ⁵⁵ tɐk⁵⁵ tʻai³³ jyn¹³ lak³³.

（主要是两个因素：第一，你方经营这类产品的经验还是欠缺，对市场潜在的能力，还要花费很多时间来调查；第二，你们所承诺的年订货量和营业额，与我们的期望差得太远了。）

544. 咿个不过系我哋第一年嘅目标之嘛，以后会逐步做大嘅。个订货量系唔大，但系佢有助于沟通贵方同呢处市场嘅渠道，扩大你哋产品嘅影响。你唔嗷样认为咩？

ji⁵⁵ kɔ³³ pɐt⁵⁵ kwɔ³³ hei²² ŋɔ¹³ tei²² tei²² jɐt²² nin¹¹ kɛ³³ muk²² piu⁵⁵ tʃi⁵⁵ ma³⁵, ji¹³ hɐu²² wui¹³ tʃuk²² pou²² tʃou²² tai²² kɛ³³. kɔ³³ tɛŋ³³ fɔ³³ lœŋ²² hei²² m¹¹ tai²², tan²² hei²² kʻɵy¹³ jɐu¹³ tʃɔ¹³ jy⁵⁵ kʻɐu⁵⁵ tʻuŋ⁵⁵ kwei³³ fɔŋ⁵⁵ tʻuŋ¹¹ ni⁵⁵ ʃy³⁵ ʃi¹³ tʃœŋ⁵⁵ kɛ³³ kʻɵy¹¹ tou¹³, kwʻɔŋ³³ tai²² nei¹³ tei²² tʃʻan³⁵ pɐn³⁵ kɛ³³ jiŋ³⁵ hœŋ³⁵. nei¹³ m¹¹ kɐm³⁵ jœŋ⁻⁵⁵ jiŋ³³ wei¹¹ mɛ⁵⁵?

（这个不过是我们第一年的目标嘛，以后会逐步做大的。订货量是不大，但是它有助于沟通贵方和这里市场的渠道，扩大你们产品的影响。您不这样认为吗？）

545. 你讲嘅冇错。但系代理并唔系促销嘅唯一渠道，我哋可以通过卖告白同埋销售人员嘅努力，亦都可以扩大个销售市场。

nei¹³ kɔŋ³⁵ kɛ³³ mou¹³ tʃʻɔ³³. tan²² hei²² tɔi²² lei¹³ piŋ²² m¹¹ hei²² tʃʻuk²² ʃiu⁵⁵ kɛ³³ wei¹¹ jɐt⁵⁵ kʻɵy¹¹ tou²², ŋɔ¹³ tei²² hɔ³⁵ ji¹³ tʻuŋ⁵⁵ kwɔ³³ mai²² kou³³ pak²² tʻuŋ¹¹ mai¹¹ ʃiu⁵⁵ ʃɐu⁵⁵ jɐn¹¹ jyn¹¹ kɛ³³ nou¹⁵ lik²², jik⁶⁵ tou⁵⁵ hɔ³⁵ ji¹³ kwʻɔŋ³³ tai²² kɔ³³ ʃiu¹³ ʃɐu⁵⁵ ʃi¹³ tʃʻœŋ¹¹.

（您说的没错。但是代理并不是促销的唯一渠道，我们可以通过卖广告和销售人员的努力，也可以扩大销售市场。）

546. 话嘘，噉嘅方式又嘥钱，个效果都系冇设置代理咁明显嘅。

wa²² tʃɛ⁵⁵, kɐm³⁵ kɛ³³ fɔŋ⁵⁵ ʃik⁵⁵ jɐu²² ʃai⁵⁵ tʃʻin⁻³⁵, kɔ³³ hau²² kwɔ³³ tou⁵⁵ hei²² mou¹³ tʃʻit²³ tʃi¹³ tɔi²² lei³⁵ kɐm³³ miŋ¹¹ hin³⁵ kɛ³³.

（说是这么说。这样的方式既耗费钱财，效果还不如设置代理那样明显。）

547. 多谢晒你嘅良好愿望。以后有机会仲会考虑贵方要求嘅。

tɔ⁵⁵ tʃɛ²² ʃai³⁵ nei³⁵ kɛ³³ lœŋ¹¹ hou³⁵ jyn²² mɔŋ²². ji¹³ hɐu²² jɐu¹³ kei⁵⁵ wui²² tʃuŋ²² wui¹³ hau³⁵ lɵy²² kwei³³ fɔŋ⁵⁵ jiu⁵⁵ kʻɐu¹¹ kɛ³³.

（谢谢您的良好愿望。以后有机会还会考虑贵方要求的。）

548. 个年销售额要达到我公司嘅要求，噉先至有可能考虑能否做我哋喺珠三角市场嘅独家代理。

kɔ³³ nin¹¹ ʃiu⁵⁵ ʃeu²² ŋak⁻³⁵ jiu³³ tat³³ tou⁵⁵ ŋɔ¹³ kuŋ⁵⁵ ʃi⁵⁵ kɛ³³ jiu³³ k'eu¹¹, kɐm³⁵ ʃin⁵⁵ tʃi³³ jeu¹³ hɔ³⁵ nɐŋ²² hau³⁵ lɵy²² nɐŋ¹¹ feu³⁵ tʃou⁵⁵ ŋɔ¹³ tei²² hɐi³³ tʃy⁵⁵ ʃam⁵⁵ kɔk²² ʃi¹³ tʃ'œn¹¹ kɛ³³ tuk²² ka⁵⁵ tɔi¹³ lei¹³.

（年销售额要达到我公司的要求，这样才有可能考虑能否做我们在珠三角市场的独家代理。）

549. 销售额、促销计划拏埋进出口许可证，系我哋揾代理吖时需要考虑嘅三个主要因素。

ʃiu⁵⁵ ʃeu²² ŋak⁻³⁵、tʃ'uk³⁵ ʃiu⁵⁵ kei³³ wak²² na⁵⁵ mai¹¹ tʃɵn³³ tʃ'ɵt³³ hɐu³⁵ hɵy³⁵ hɔ³⁵ tʃiŋ³³, hɐi²² ŋɔ¹³ tei²² wɐn³⁵ tɔi²² lei¹³ kɔ³⁵ ʃi¹³⁵ ʃɵy⁵⁵ jiu³³ hau³⁵ lɵy²² kɛ³³ ʃam⁵⁵ kɔ³³ tʃy³⁵ jiu³³ jɐn⁵⁵ ʃou³³.

（销售额、促销计划和进出口许可证，是我们找代理时需要考虑的三个主要因素。）

550. 唔该尽快话畀我哋知呢几个问题：我哋产品喺你哋市场嘅销售情况、销售前景预测；贵公司喺各个地区嘅销售组织，仲有你哋嘅详细计划。

m¹¹ kɔi⁵⁵ tʃɵn²² fai²² wa²² pei³⁵ ŋɔ¹³ tei²² tʃi³⁵ ni⁵⁵ kei³⁵ kɔ³³ mɐn²² t'ɐi¹¹: ŋɔ¹³ tei²² tʃ'an³⁵ pɐn³⁵ hɐi³⁵ nei¹³ tei²² ʃi¹³ tʃ'œn¹¹ kɛ³³ ʃiu⁵⁵ ʃeu²² tʃ'iŋ¹¹ fɔŋ³⁵、ʃiu⁵⁵ ʃeu³³ tʃ'in¹¹ kiŋ³⁵ jy²² tʃ'ak³³; kwɐi³³ kuŋ⁵⁵ ʃi⁵⁵ hɐi³⁵ kɔk³³ kɔ³³ tei²² k'ɵy⁵⁵ kɛ³³ ʃiu⁵⁵ ʃeu²² tʃou³⁵ tʃik⁵⁵, tʃuŋ²² jeu¹³ nei¹³ tei²² kɛ³³ tʃ'œŋ¹¹ ʃɐi³³ kɐi³³ wak²².

（请尽快告诉给我们这几个问题：我们产品在你们市场的销售情况、销售前景预测；贵公司在各个地区的销售组织，还有你们的详细计划。）

551. 大家都知家下市场好淡，销售环境唔系咁好，你哋要谂多啲促销嘅新方式，提高个销售额至得㗎。

tai²² ka⁵⁵ tou⁵⁵ tʃi⁵⁵ ka⁵⁵ ha¹³ ʃi¹³ tʃ'œŋ¹¹ hou³⁵ tam²², ʃiu⁵⁵ ʃeu²² wan¹¹ kiŋ³⁵ m¹¹ hɐi²² kɐm³³ hou³⁵, nei¹³ tei²² jiu³³ nɐm³⁵ tɔ⁵⁵ ti⁵⁵ tʃ'uk³⁵ ʃiu⁵⁵ kɛ³³ ʃɐn⁵⁵ fɔŋ⁵⁵ ʃik⁵⁵, t'ɐi¹¹ kou⁵⁵ kɔ³³ ʃiu⁵⁵ ʃeu²² ŋak⁻³⁵ tʃi³³ tɐk⁵⁵ ka³³.

(大家都知道现在市场冷清，销售环境不是这么好，你们要多想些促销的新方式，提高销售额才行啊。)

552. 你哋个市场未曾卖过呢只产品，如果贵方喺半年内可以推销成功嘅话，嗰就唯有你哋先至能够胜任代理喇。

nei¹³ tei²² kɔ³³ ʃi¹³ tʃʻœŋ¹¹ mei²² tsʻɐŋ¹¹ mai²² kwɔ³³ ni⁵⁵ tʃɛk³³ tʃʻan³⁵ pɐn³⁵, jy¹¹ kwɔ³⁵ kwei³³ fɔŋ⁵⁵ hei³⁵ pun³³ nin¹¹ nɔi²² hɔ³⁵ ji¹³ tʻɵy⁵⁵ ʃiu⁵⁵ ʃiŋ¹¹ kuŋ⁵⁵ kɛ³⁵ wa⁻³⁵, kɐm³⁵ tʃɐu²² wei¹¹ jɐu¹³ nei¹³ tei²² ʃin⁵⁵ tʃi³³ nɐŋ¹¹ kɐu³³ ʃiŋ²² jɐm²² tɔi²² lei¹³ lak³³.

(你们市场从未卖过这种产品，如果贵方在半年内可以推销成功的话，那就只有你们才能胜任代理了。)

553. 呢只品牌嘅消费群体仲未形成，要做我方代理嘅话，首先要谂下点样打开条销路，兼且要做出业绩先得。

ni⁵⁵ tʃɛk³³ pɐn³⁵ pʻai¹¹ kɛ³³ ʃiu⁵⁵ fei³³ kwʻɐn¹¹ tʻei³³ tʃuŋ²² mei²² jiŋ¹¹ ʃiŋ¹¹, jiu³³ tʃou²² ŋɔ¹³ fɔŋ⁵⁵ tɔi²² lei¹³ kɛ³³ wa⁻³⁵, ʃɐu³⁵ ʃin⁵⁵ jiu³³ nɐm³⁵ ha¹³ tim³⁵ jœŋ⁻⁵⁵ ta³⁵ hɔi⁵⁵ tʻiu¹¹ ʃiu⁵⁵ lou², kim⁵⁵ tʃʻɛ³⁵ jiu³³ tʃou²² tʃʻɵt⁵⁵ jip²² tʃik⁵⁵ ʃin⁵⁵ tɐk⁵⁵.

(这种品牌的消费群体还未形成，要做我方代理的话，首先要想想怎样打开销路，并且要做出业绩才行。)

554. 唔好意思，产品个销售额起码要达到我哋嘅要求，嗰先至有讨论代理问题嘅可能。

m¹¹ hou³⁵ ji³³ ʃi³³, tʃʻan³⁵ pɐn³⁵ kɔ³³ ʃiu⁵⁵ ʃɐu²² ŋak⁻³⁵ hei³⁵ ma¹³ jiu³³ tat²² tou³³ ŋɔ¹³ tei²² kɛ³³ jiu⁵⁵ kʻɐu¹¹, kɐm³⁵ ʃin⁵⁵ tʃi³³ jɐu¹³ tʻou³⁵ lɐn²² tɔi²² lei¹³ mɐn²² tʻɐi¹¹ kɛ³³ hɔ³⁵ nɐŋ¹¹.

(不好意思，产品的销售额起码要达到我们的要求，这才有讨论代理问题的可能。)

555. 希望落力嚟推销我哋嘅产品，将个销售额提高到1000箱。

hei⁵⁵ mɔŋ²² lɔk²² lik³⁵ kɐm³⁵ tʻɵy⁵⁵ ʃiu⁵⁵ ŋɔ¹³ tei²² kɛ³³ tʃʻan³⁵ pɐn³⁵, tʃœŋ³⁵ kɔ³³ ʃiu⁵⁵ ʃɐu²² ŋak⁻³⁵ tʻɐi¹¹ kou⁵⁵ tou³³ jɐt⁵⁵ tʃʻin⁵⁵ ʃœŋ⁵⁵.

(希望努力地推销我们的产品，把销售额提高到1000箱。)

第19单元 代理条件和要求

556. 要谂多啲桥,通过电视吖、报纸吖之类嘅大众媒体,多渠道噉宣传产品。知道嘅人越多,买嘅人梗会越多嘅。

jiu³³ nɐm³⁵ tɔ⁵⁵ ti⁵⁵ kʻiu³⁵, tʻuŋ²² kwɔ³³ tin²² ʃi²² a³³, pou³³ tʃi²² a³³ tʃi⁵⁵ lɵy²² kɛ³³ tai²² tʃuŋ²² mui¹¹ tʻɐi³⁵, tɔ⁵⁵ kʻɵy¹¹ tou²² kɐm³⁵ ʃyn⁵⁵ tʃʻyn¹¹ tʃʻan³⁵ pɐn³⁵. tʃi⁵⁵ tou³³ kɛ³³ jɐn¹¹ jyt²² tɔ⁵⁵, mai¹³ kɛ³³ jɐn¹¹ kɐŋ³⁵ wui¹³ jyt²² tɔ⁵⁵ kɛ³³.

(要多想些办法,通过电视啊、报纸啊之类的大众媒体,多渠道地宣传产品。知道的人越多,买的人当然会越多。)

557. 只产品家下仲未占有一定嘅市场份额,我哋认为最好睇多一个季度嘅销售业绩之后,再考虑个代理问题啊。

tʃɛk³³ tʃʻan³⁵ pɐn³⁵ ka⁵⁵ ha¹³ tʃuŋ²² mei²² tʃim⁵⁵ jɐu¹³ jɐt⁵⁵ tiŋ²² kɛ³³ ʃi¹³ tʃʻœŋ¹¹ fɐn²² ŋak⁻³⁵, ŋɔ¹³ tei²² jiŋ²² wɐi¹¹ tʃɵy³³ hou³⁵ tʻɐi³⁵ tɔ⁵⁵ jɐt³³ kɔ³³ kwɐi³³ tou²² kɛ³³ ʃiu⁵⁵ ʃɵu²² jip²² tʃik⁵⁵ tʃi⁵⁵ hɐu²², tʃɔi³³ hau³⁵ lɵy²² kɔ³³ tɔi²² lei¹³ mɐn²² tʻɐi¹¹ a⁵⁵.

(这种产品现在还未占据一定的市场份额,我们认为最好多看一个季度的销售业绩后,再考虑代理问题吧。)

558. 条款可行嘅话,贵公司就系我哋要委托代理嘅最佳选择。

tʻiu¹¹ fun³⁵ hɔ³⁵ hɐŋ¹¹ kɛ³³ wa⁻³⁵, kwɐi³³ kuŋ⁵⁵ ʃi⁵⁵ ʃɵu²² hɐi¹¹ ŋɔ¹³ tei²² jiu³³ wɐi³⁵ tʻɔk³³ tɔi²² lei¹³ kɛ³³ tʃɵy³³ kai⁵⁵ ʃyn³⁵ tʃak²².

(条款可行的话,贵公司就是我们要委托代理的最佳选择。)

559. 喺代理协议有效期间,贵公司如果想兼做其他公司代理嘅话,一定要事先得到我哋嘅同意。

hɐi³⁵ tɔi²² lei¹³ hip³³ ji¹³ jɐu¹³ hau²² kʻei¹¹ kan⁵⁵, kwɐi³³ kuŋ⁵⁵ ʃi⁵⁵ jy¹¹ kwɔ³⁵ ʃœŋ³⁵ kim⁵⁵ tʃou²² kʻei¹¹ tʻa⁵⁵ kuŋ⁵⁵ ʃi⁵⁵ tɔi²² lei¹³ kɛ³³ wa⁻³⁵, jɐt⁵⁵ tiŋ²² jiu³³ ʃi²² ʃin⁵⁵ tɐk⁵⁵ tou³⁵ ŋɔ¹³ tei²² kɛ³³ tʻuŋ¹¹ ji¹³.

(在代理协议有效期间,贵公司如果想兼做其他公司代理的话,一定要事先得到我们的同意。)

560. 作为我方嘅独家代理,系唔可以销售其他厂家同样嘅或者系类似嘅产品。

tʃɔk²² wɐi¹¹ ŋɔ¹³ fɔŋ⁵⁵ kɛ³³ tuk²² ka⁵⁵ tɔi²² lei¹³, hɐi²² m¹¹ hɔ³⁵ ji¹³ ʃiu⁵⁵ ʃɵu²² kʻei¹¹ tˈa⁵⁵ tʃˈɔŋ³⁵ ka⁵⁵ tˈuŋ¹¹ jœŋ⁻³⁵ kɛ³³ wak²² tʃɛ³⁵ hɐi²² lɵy²² tʃˈi¹³ kɛ³³ tʃˈan³⁵ pɐn³⁵.

（作为我方的独家代理，不能销售其他厂家同样的或者是类似的产品。）

561. 希望随时同我哋反映市场嘅销售情况擎埋客户对产品嘅意见。
　　hei⁵⁵ mɔŋ²² tʃˈɵy¹¹ ʃi¹¹ tˈuŋ¹¹ ŋɔ¹³ tei²² fan³⁵ jiŋ¹³ ʃi¹³ tʃˈœŋ¹¹ kɛ³³ ʃiu⁵⁵ ʃɐu²² tʃˈiŋ¹¹ fɔŋ³³ na⁵⁵ mai¹¹ hak³³ wu²² tɵy³³ tʃˈan³⁵ pɐn³⁵ kɛ³³ ji³³ kin³³.

（希望随时向我们反映市场的销售情况和客户对产品的意见。）

562. 报畀我哋嘅市场报告要明确话清楚，啲产品喺个市场度嘅需求量系几多？我哋需要精确数字，千祈唔好吹水吖。
　　pou³³ pei³⁵ ŋɔ¹³ tei²² kɛ³³ ʃi¹³ tʃˈœŋ¹¹ pou³³ kou³³ jiu³³ miŋ¹¹ kˈɔk³³ wa²² tʃˈiŋ⁵⁵ tʃˈɔ³⁵, ti⁵⁵ tʃˈan³⁵ pɐn³⁵ hɐi³⁵ kɔ³³ ʃi¹³ tʃˈœŋ¹¹ tou²² kɛ³³ ʃɵy⁵⁵ kˈɐu¹¹ lœŋ²² hɐi²² kei³³ tɔ⁵⁵? ŋɔ¹³ tei²² ʃɵy⁵⁵ jiu³³ tʃiŋ⁵⁵ kˈɔk³³ ʃou³³ tʃi²², tʃˈin⁵⁵ kˈei¹¹ mˈ¹¹ hou³⁵ tʃˈɵy⁵⁵ ʃɵy³⁵ a³³.

（报给我们的市场报告要明确说清楚，产品在你们的市场上的需求量到底是多少？我们需要精确数字，千万不要吹牛。）

563. 贵公司获得独家代理权之后，销售环境对你哋好有利，我哋提议将个销售额提高到4万台，你哋认为点咧？
　　kwɐi³³ kuŋ⁵⁵ ʃi⁵⁵ wɔk²² tɐk⁵⁵ tuk³³ ka⁵⁵ tɔi²² lei¹³ kˈyn¹¹ tʃi⁵⁵ hɐu²², ʃiu⁵⁵ ʃɐu²² wan¹¹ kiŋ³⁵ tɵy³³ nei¹³ tei²² hou³⁵ jɐu¹³ lei²², ŋɔ¹³ tei²² tˈɐi¹¹ ji¹³ tʃœŋ⁵⁵ kɔ³³ ʃiu⁵⁵ ʃɐu²² ŋak⁻³⁵ tˈɐi¹¹ kou⁵⁵ tou³³ ʃei³³ man²² tˈɔi¹¹, nei¹³ tei²² jiŋ²² wɐi¹¹ tim⁻³⁵ lɛ⁵⁵?

（贵公司获得独家代理权后，销售环境对你们很有利，我们提议把销售额提高到4万台，你们认为怎么样？）

564. 作为我方嘅独家代理，希望不断噉更新推销手段，喺激烈竞争嘅环境下尽力提高个销售额。
　　tʃɔk²² wɐi²² ŋɔ¹³ fɔŋ³⁵ kɛ³³ tuk³³ ka⁵⁵ tɔi²² lei¹³, hei⁵⁵ mɔŋ²² pɐt⁵⁵ tyn³³ kɐm³⁵ kɐŋ⁵⁵ ʃɐn⁵⁵ tˈɵy²² ʃiu⁵⁵ ʃɐu³⁵ tyn³³, hɐi³⁵ kik⁵⁵ lit²² kiŋ³³ tʃɐŋ⁵⁵ kɛ³³ wan¹¹ kiŋ³⁵ ha²² tʃɐn²² lik²² tˈɐi¹¹ kou⁵⁵ kɔ³³ ʃiu⁵⁵ ʃɐu²² ŋak⁻³⁵.

（作为我方的独家代理，希望不断地更新推销手段，在激烈竞争的环境下尽力提高销售额。）

565. 作为代理，贵公司每季度至少交畀我哋一份市场报告先得。
tsɔk²² wɐi¹¹ tɔi²² lei¹³, kwɐi³³ kuŋ⁵⁵ ʃi⁵⁵ mui¹³ kwɐi³³ tou²² tʃi²² ʃiu⁵⁵ kau⁵⁵ pei³⁵ ŋɔ¹³ tei²² jɐt⁵⁵ fɐn²² ʃi¹³ tʃʻœŋ¹¹ pou³³ kou³³ ʃin⁵⁵ tɐk⁵⁵.
（作为代理，贵公司每季度至少交给我们一份市场报告才行。）

566. 喺代理期间，仲要留意吓消费者对我哋产品嘅意见喎。
hɐi³⁵ tɔi²² lei¹³ kʻei¹¹ kan³⁵, tʃuŋ²² jiu³³ lɐu¹¹ ji¹³ ti⁵⁵ ʃiu⁵⁵ fɐi³³ tʃɛ⁵⁵ tøy³³ ŋɔ¹³ tei²² tʃʻan³⁵ pɐn³⁵ kɛ³³ ji¹³ kin³³ pɔ³³.
（在代理期间，还要留意一下消费者对我们产品的意见。）

567. 而家顾客仲唔系好识得啲新产品，买嘅人可能唔会多。唔使担心，啱啱开始做都会遇着噉嘅事，多谂啲办法就会打开条销路，个销售额肯定就会提高喇。
ji¹¹ ka⁵⁵ ku³³ hak³³ tʃuŋ²² m¹¹ hɐi²² hou³⁵ ʃik⁵⁵ tɐk⁵⁵ ti⁵⁵ ʃɐn⁵⁵ tʃʻan³⁵ pɐn³⁵, mai¹³ kɛ³³ jɐn¹¹ hɔ³⁵ nɐŋ¹¹ m¹¹ wui¹³ tɔ⁵⁵. m¹¹ ʃɐi⁵⁵ tam⁵⁵ ʃɐm⁵⁵, ŋam⁵⁵ ŋam⁵⁵ hɔi⁵⁵ tʃʻi³⁵ tʃou²² tou⁵⁵ wui¹³ jy²² tʃœk³³ kɐm³⁵ kɛ³³ ʃi²², tɔ⁵⁵ nɐm³⁵ ti⁵⁵ pan³¹ fat³³ tʃɐu²² wui¹³ ta³⁵ hɔi⁵⁵ tʻiu¹¹ ʃiu³³ lou²², kɔ³³ ʃiu⁵⁵ ʃɐu²² ŋak³⁵ hɐŋ³⁵ tiŋ²² tʃɐu²² wui¹³ tʻɐi¹¹ kou⁵⁵ la³³.
（现在顾客还不怎么认识新产品，买的人可能会少些。不用担心，刚刚开始做都会遇到这样的事，多想些办法就会打开销路，销售额肯定就会提高了。）

568. 销售策略要跟得上市场嘅变化，个促销效果先至明显㗎。
ʃiu⁵⁵ ʃɐu²² tʃʻak³³ lœk²² jiu³³ kɐn⁵⁵ tɐk⁵⁵ ʃœŋ¹³ ʃi¹³ tʃʻœŋ¹¹ kɛ³³ pin²² fa²², kɔ³³ tʃʻuk⁵⁵ ʃiu⁵⁵ hau²² kwɔ³⁵ ʃin⁵⁵ tʃi³³ miŋ¹¹ hin³⁵ ka³³.
（销售策略要跟得上市场的变化，促销效果才明显。）

569. 喺代理机构存续期间，摆设产品嘅至佳板系代理嘅义务嚟架。
hɐi³⁵ tɔi²² lei¹³ kei³⁵ kʻɐu³³ tʃʻyn¹¹ tʃuk²² kʻei¹¹ kan⁵⁵, pai³⁵ tʃʻit³³ tʃʻan³⁵ pɐn³⁵

kɛ³³ tʃi³³ kai⁵⁵ pan³⁵ hɐi²² tɔi²² lei¹³ kɛ³³ ji²² mou²² lɐi¹¹ ka³³.

（在代理机构存续期间，陈列产品的最佳样品是代理的义务。）

570. 希望你哋严格噉遵守代理协议中嘅所有条款。

hei⁵⁵ mɔŋ²² nei¹³ tei²² jim¹¹ kak³³ kɐm³⁵ tʃɵn⁵⁵ ʃɐu³⁵ tɔi²² lei¹³ hip³³ ji¹³ tʃuŋ⁵⁵ kɛ³³ ʃɔ³⁵ jɐu¹³ tʻiu¹¹ fun³⁵.

（希望你们严格地遵守代理协议中的所有条款。）

二、生词

拏埋 na⁵⁵ mai¹¹	（连接两个并列的事物或人）和	连埋 lin¹¹ mai¹¹	连同
话嘅 wa²² tʃɛ⁵⁵	说是这么说、尽管这样。多用于句首	谂窍 nɐm³⁵ kʻiu³⁵	想窍门；想办法
		千祈 tʃʻin⁵⁵ kʻei¹¹	千万
		吹水 tʃʻɵy⁵⁵ ʃɵy³⁵	说大话
嘥 ʃai⁵⁵	浪费		

三、词语扩展

- 广告预算 kwɔŋ³⁵ kou³³ jy²² ʃyn³³
  形象代言 jiŋ¹¹ tʃœŋ²² tɔi²² jin¹¹
- 广告策划 kwɔŋ³⁵ kou³³ tʃʻak³³ wak²²
  开商展广告 hɔi⁵⁵ sœŋ⁵⁵ tʃin³⁵ kwɔŋ³⁵ kou³³
- 印刷广告 jɐn³³ tʃʻak³³ kwɔŋ³⁵ kou³³
  保护期限 pou³⁵ wu²² kʻei¹¹ han¹¹
- 市场限价 ʃi¹³ tʃʻœŋ¹¹ han²² ka³³
  市场容量 ʃi¹³ tʃʻœŋ¹¹ juŋ¹¹ lœŋ²²
- 增长状况 tʃɐŋ⁵⁵ tʃœŋ³⁵ tʃɔŋ²² fɔŋ³³
  市场推广 ʃi¹³ tʃʻœŋ¹¹ tʻɵy⁵⁵ kwɔŋ³⁵
- 市场研究 ʃi¹³ tʃʻœŋ¹¹ jin¹¹ kɐu³³

- 销路调查 ʃiu⁵⁵ lou²² tʻiu²² tʃʻa¹¹
  代理点 tɔi²² lei¹³ tim³³
- 营销理念 jiŋ¹¹ ʃiu⁵⁵ lei¹³ nim²²
  营销推广 jiŋ¹¹ ʃiu⁵⁵ tʻɵy⁵⁵ kwɔŋ³⁵
- 网络化经营 mɔŋ¹³ lɔk²² fa³³ kiŋ⁵⁵ jiŋ¹¹
- 销售网络 ʃiu⁵⁵ ʃɐu²² mɔŋ¹³ lɔk²²
  销售计划 ʃiu⁵⁵ ʃɐu²² kɐi³³ wak²²
- 库存差价 fu³³ tʃʻyn¹¹ tʃʻa⁵⁵ ka³³
  市场调价 ʃi¹³ tʃʻœŋ¹¹ tʻiu²² ka³³
- 寄售条件 kei³³ ʃɐu²² tʻiu¹¹ kin³⁵

附：广州话概数和估量的表示

表示有零头的概数，普通话在数词后面加"多、把、来"等词。例如：二十多个、千把人、十来斤。而广州话是在数词后面用"零 lɛŋ^{11}"和"松啲 ʃuŋ^{55} ti^{55}"来表示。例如：三十零岁 ʃam^{55} ʃɐp^{22} lɛŋ^{11} ʃɵy^{33}（三十多岁）/ 六十零斤 luk^{22} ʃɐp^{22} lɛŋ^{11} kɐn^{55}（六十多斤）/ 八千松啲 pat^{33} tʃʻin^{55} ʃuŋ^{55} ti^{55}（八千多）。

表示估量，普通话用"约"，而广州话是用"度 tou^{35}"，并且这个"度"可以用在基数之后，如果有量词的话，"度"要放在量词之后。例如：两百人度（约两百人）/ 六七个度 luk^{22} tʃʻɐt^{33} kɔ^{33} tou^{35}（约六七个）/ 一千吨度 jɐt^{55} tʃʻin^{55} tɐn^{55} tou^{35}（约一千吨）。这里的"个"和"吨"是量词，"度"要放在其后。

第20单元 合 同

一、课文

571. 份合同稿整掂晒嘞，睇下仲有冇乜嘢要补充嘅？

fen^{22} hap^{22} tʻuŋ^{11} kou^{35} tʃiŋ^{35} tim^{22} ʃai^{33} lak^{33}, tʻɐi^{13} ha^{13} tʃuŋ^{22} jɐu^{35} mou^{13} mɐt^{55} jɛ^{13} jiu^{33} pou^{35} tʃʻuŋ^{55} kɛ^{35}?

(合同稿全拟妥了，看看还有什么要补充的？)

572. 我觉得呢份合同将涉及到嘅条款都包括晒嘞。不过有啲仲系需要斟酌下。比如，呢个"吨"系指长吨、短吨定系公吨咧？

ŋɔ^{13} kɔk^{33} tɐk^{55} ni^{55} fen^{22} hap^{22} tʻuŋ^{11} tʃœŋ^{55} ʃip^{33} kʻɐp^{22} tou^{33} kɛ^{33} tʻiu^{11} fun^{35} tou^{55} pau^{55} kʻut^{33} ʃai^{33} lak^{33}. pɐt^{55} kwɔ^{33} jɐu^{13} ti^{55} tʃuŋ^{22} hɐi^{22} ʃɵy^{55} jiu^{33} tʃɐm^{55} tʃœk^{22} ha^{13}. pei^{35} jy^{11}, ni^{55} kɔ^{33} "tɵn^{55}" hɐi^{22} tʃi^{35} tʃʻœŋ^{11} tɵn^{55}、tyn^{35} tɵn^{55} tiŋ^{22} hɐi^{22} kuŋ^{55} tɵn^{55} lɛ^{55}?

(我觉得这份合同把涉及到的条款全都包括了。不过有些还是需要斟酌一下。比如，这个"吨"是指长吨、短吨还是公吨呢？)

573. 咿次系按成本加运费计价嘅，应该喺合同度加上句："喺装好车后卖方应该电传通知买方，否则，由此而引起嘅所有损失应由卖方负责"。你哋意见点啊？

ji^{55} tʃʻi^{33} hɐi^{22} ɔn^{33} ʃiŋ^{11} pun^{35} ka^{55} wɐn^{55} fei^{33} kɐi^{33} ka^{33} kɛ^{33}, jiŋ^{55} kɔi^{55} hɐi^{35} hap^{22} tʻuŋ^{11} tou^{22} ka^{55} ʃœŋ^{13} kɵy^{33}: "hɐi^{35} tʃɔŋ^{55} hou^{35} tʃʻɛ^{55} hɐu^{22} mai^{22} fɔŋ^{55} jiŋ^{55} kɔi^{55} tin^{22} tʃʻyn^{11} tʻuŋ^{55} tʃi^{55} mai^{13} fɔŋ^{55}, fɐu^{35} tʃɐk^{55}, jɐu^{11} tʃʻi^{35} ji^{11} jɐn^{35} hei^{35} kɛ^{35} ʃɔ^{35} jɐu^{13} ʃyn^{35} ʃɐt^{55} jiŋ^{55} jɐu^{11} mai^{22} fɔŋ^{55} fu^{22} tʃak^{33}". nei^{13} tei^{22} ji^{33} kin^{33} tim^{35} a^{55}?

(这次是按成本加运费计价的，应该在合同里加上一句："在装好车后卖方应该电传通知买方，否则，由此而引起的所有损失应由卖方负责"。你们意见怎么样？)

574. 喺合法嘅文件度，系唔能够有咁含糊不清措词嘅。
    hei³⁵ hap²² fat³³ kɛ³³ mɛn¹¹ kin⁻³⁵ tou²², hei²² m¹¹ nɐŋ¹¹ kɐu³³ jɐu¹³ kɐm³³ hɐm¹¹ wu¹¹ pɐt⁵⁵ tʃʻin⁵⁵ tʃʻou³³ tʃʻi¹¹ kɛ³³.
    （在合法的文件中，是不能有如此含糊不清措词的。）

575. 如果啲嘢冚唪唥搞掂晒嘅话，我哋今日就签得合同嘞。
    jy¹¹ kwɔ³⁵ ti⁵⁵ jɛ¹³ hɐm²² paŋ²² laŋ²² kau³⁵ tim²² ʃai³³ kɛ³³ wa⁻³⁵, ŋɔ¹³ tei²² kɐm⁵⁵ jɐt²² tʃɐu²² tʃʻim⁵⁵ tɐk³³ hap²² tʻuŋ¹¹ lak³³.
    （如果事情全都搞定的话，我们今天就能签合同了。）

576. 我哋再CHECK下份合同嘅所有条款，确保啲重要项目冚唪唥都冇疏忽到先得。
    ŋɔ¹³ tei²² tʃɔi³³ tʃʻɛk³⁵ ha¹³ fɐn²² hap²² tʻuŋ¹¹ kɛ³³ ʃɔ³⁵ jɐu¹³ tʻiu¹¹ fun³⁵, kʻɔk³³ pou³⁵ ti⁵⁵ tʃuŋ²² jiu³³ hɔŋ²² muk²² hɐm²² paŋ²² laŋ²² tou⁵⁵ mou¹³ ʃɔ⁵⁵ fɐt⁵⁵ tou³³ ʃin⁵⁵ tɐk⁵⁵.
    （我们再检查一下合同的所有条款，确保重要项目全都没有被疏忽才行。）

577. 呢份系我哋起草嘅一份合同样本，入便有一般嘅销售条件。
    ni⁵⁵ fɐn²² hei²² ŋɔ¹³ tei¹³ hei³⁵ tʃʻou³⁵ kɛ³³ jɐt⁵⁵ fɐn²² hap²² tʻuŋ¹¹ jœŋ²² pun³⁵, jɐp²² pin¹³ jɐu¹³ jɐt⁵⁵ pun⁵⁵ kɛ³³ ʃiu⁵⁵ ʃɐu²² tʻiu¹¹ kin⁻³⁵.
    （这份是我们起草的一份合同样本，里面有一般的销售条件。）

578. 你哋唔会反对我哋公司喺协议入便加咗呢个条款啦嘛？
    nei¹³ tei²² m¹¹ wui¹³ fan³⁵ tɵy³³ ŋɔ¹³ tei²² kuŋ⁵⁵ ʃi⁵⁵ hei³⁵ hip³³ ji¹³ jɐp²² pin¹³ ka⁵⁵ tʃɔ³⁵ ni⁵⁵ kɔ³³ tʻiu¹¹ fun³⁵ la⁵⁵ ma³⁵?
    （你们不会反对我们公司在协议里面加了这项条款吧？）

579. 我认为我哋已经解决咗有争议嘅问题。根据协议，某啲原则问题可以包含喺合同嘅补充书度。
    ŋɔ¹³ jiŋ²² wɐi¹¹ ŋɔ¹³ tei²² ji¹³ kiŋ⁵⁵ kai³⁵ kʻyt³³ tʃɔ³⁵ jɐu¹³ tʃɐŋ⁵⁵ ji¹³ kɛ³³ mɐn²² tʻɐi¹¹. kɐn⁵⁵ kɵy³³ hip³³ ji¹³, mɐu¹³ ti⁵⁵ jyn¹¹ tʃɐk⁵⁵ mɐn²² tʻɐi¹¹ hɔ³⁵ ji¹³ pau⁵⁵

hɐm¹¹ hɐi³⁵ hap²² t'uŋ¹¹ kɛ³³ pou³⁵ tʃ'uŋ⁵⁵ ʃy⁵⁵ tou⁵⁵.

（我认为我们已经解决了有争议的问题。根据协议，某些原则问题可以包含在合同的补充书里。）

580. 双方冇咩唔同意见嘅话，我哋就委托我哋嘅专家同埋律师准备起草要签订嘅合同嘞。

ʃœŋ⁵⁵ fɔŋ⁵⁵ mou¹³ mɛ⁵⁵ m¹¹ t'uŋ¹¹ ji³³ kin³³ kɛ³³ wa⁻³⁵, ŋɔ¹³ tei²² tʃɐu²² wɐi³⁵ t'ɔk³³ ŋɔ¹³ tei²² kɛ³³ tʃyn³³ ka⁵⁵ t'uŋ¹¹ mai¹¹ lɵt²² ʃi⁵⁵ tʃɵn³⁵ pei²² hei³⁵ tʃ'ou³⁵ jiu³³ tʃ'im⁵⁵ tiŋ²² kɛ³³ hap²² t'uŋ¹¹ lak³³.

（双方没什么不同意见的话，我们就委托我们的专家和律师准备起草要签订的合同了。）

581. 一定要事先经过双方嘅同意，合同先至可以修改。

jɐt⁵⁵ tiŋ²² jiu³³ ʃi²² ʃin⁵⁵ kiŋ⁵⁵ kwɔ³³ ʃœŋ⁵⁵ fɔŋ⁵⁵ kɛ³³ t'uŋ¹¹ ji³³, hap²² t'uŋ¹¹ ʃin⁵⁵ tʃi³³ hɔ³⁵ ji¹³ ʃɐu⁵⁵ kɔi³⁵.

（一定要事先经过双方的同意，合同才可以修改。）

582. 我想加返条关于终止同延长合同嘅条款，大家意见点啊？

ŋɔ¹³ ʃœŋ²⁵ ka⁵⁵ fan³⁵ t'iu¹¹ kwan⁵⁵ jy⁵⁵ tʃuŋ⁵⁵ tʃi³⁵ t'uŋ¹¹ jin¹¹ tʃ'œŋ¹¹ hap²² t'uŋ¹¹ kɛ³³ t'iu¹¹ fun³⁵, tai²² ka⁵⁵ ji³³ kin³³ tim³⁵ a⁵⁵?

（我想加入一项关于终止和延长合同的条款，大家意见怎么样？）

583. 我哋觉得一年期嘅合同都系短得滞，建议至少签订一个为期两年嘅合同。

ŋɔ¹³ tei²² kɔk³³ tɐk⁵⁵ jɐt⁵⁵ nin¹¹ k'ei¹¹ kɛ³³ hap²² t'uŋ¹¹ tou⁵⁵ hɐi²² tyn³⁵ tɐk⁵⁵ tʃɐi²², kin³³ ji¹³ tʃi³⁵ ʃiu³⁵ tʃ'im⁵⁵ tiŋ²² jɐt⁵⁵ kɔ³³ wɐi¹¹ k'ei¹¹ lœŋ¹³ nin¹¹ kɛ³³ hap²² t'uŋ¹¹.

（我们觉得一年期的合同还是太短了，建议至少签订一份为期两年的合同。）

584. 双方嘅任何一方想终止合同嘅话，一定要提前6个月通知。

ʃœŋ⁵⁵ fɔŋ⁵⁵ kɛ³³ jɐm²² hɔ¹¹ jɐt⁵⁵ fɔŋ⁵⁵ ʃœŋ³⁵ tʃuŋ⁵⁵ tʃi³⁵ hap²² t'uŋ¹¹ kɛ³³ wa⁻³⁵, jɐt⁵⁵ tiŋ²² jiu³³ t'ɐi¹¹ tʃ'in¹¹ luk²² kɔ³³ jyt² t'uŋ⁵⁵ tʃi⁵⁵.

(双方的任何一方想终止合同的话，一定要提前6个月通知。)

585. 我哋一定要喺合同度明确，贵公司有责任喺合同规定交货期内完成交货。
 ŋɔ¹³ tei²² jɐt⁵⁵ tiŋ²² jiu³³ hei³⁵ hap²² tʻuŋ¹¹ tou²² miŋ¹¹ kʻɔk³³, kwei²² kuŋ⁵⁵ ʃi⁵⁵ jɐu¹³ tʃak³³ jɐm²² hei³⁵ hap²² tʻuŋ¹¹ kwʻɐi⁵⁵ tiŋ²² kau⁵⁵ fɔ³³ kʻei¹¹ nɔi²² jyn¹¹ ʃiŋ¹¹ kau⁵⁵ fɔ³³.
 (我们一定要在合同里明确，贵公司有责任在合同规定交货期内完成交货。)

586. 如果不能按照规定喺3个月内交货嘅话，合同应该作废。
 jy¹¹ kwɔ³⁵ pɐt⁵⁵ nɐŋ¹¹ ɔn³³ tʃiu³³ kwʻɐi⁵⁵ tiŋ²² hei³⁵ ʃam⁵⁵ kɔ³³ jyt²² nɔi²² kau⁵⁵ fɔ³³ kɛ³³ wa⁻³⁵, hap²² tʻuŋ¹¹ jiŋ⁵⁵ kɔi⁵⁵ tʃɔk³³ fɐi³³.
 (如果不能按照规定在3个月内交货的话，合同应该作废。)

587. 合同将有中文同英文各一份。中英文嘅效力系一样嘅。
 hap²² tʻuŋ¹¹ tʃœŋ⁵⁵ jɐu¹³ tʃuŋ⁵⁵ mɐn⁻³⁵ tʻuŋ¹¹ jiŋ⁵⁵ mɐn⁻³⁵ kɔk³³ jɐt⁵⁵ fɐn²². tʃuŋ⁵⁵ jiŋ⁵⁵ mɐn⁻³⁵ kɛ³³ hau²² lik²² hei²² jɐt⁵⁵ jœŋ²² kɛ³³.
 (合同将有中文和英文各一份。中英文的效力是同样的。)

588. 我哋要将终止协议嘅条件写入合同。
 ŋɔ¹³ tei²² jiu³³ tʃœŋ⁵⁵ tʃuŋ⁵⁵ tʃi³⁵ hip³³ ji¹³ kɛ³³ tʻiu¹¹ kin⁵⁵ ʃɛ³⁵ jɐp²² hap²² tʻuŋ²².
 (我们要将终止协议的条件写进合同里。)

589. 合约嘅任何修改都要经过双方书面同意之后先至可以生效。
 hap²² jœk³³ kɛ³³ jɐm²² hɔ¹¹ ʃɐu⁵⁵ kɔi³⁵ tou⁵⁵ jiu³³ kiŋ⁵⁵ kwɔ³³ ʃœŋ⁵⁵ fɔŋ⁵⁵ ʃy⁵⁵ min⁻³⁵ tʻuŋ¹¹ ji¹³ tʃi⁵⁵ hɐu²² ʃin⁵⁵ tʃi¹³ hɔ³⁵ ji¹³ ʃɐŋ⁵⁵ hau²².
 (合约的任何修改都要经过双方的书面同意之后才可以生效。)

590. 本合同喺双方签字后即刻生效。
 pun³⁵ hap²² tʻuŋ¹¹ hei³⁵ ʃœŋ⁵⁵ fɔŋ⁵⁵ tʃʻim⁵⁵ tʃi²² hɐu²² tʃik⁵⁵ hak⁵⁵ ʃɐŋ⁵⁵ hau²².
 (本合同在双方签字后立即生效。)

591. 呢份协议嘅有效期为一年，签署日起开始生效。
ni⁵⁵ fɐn²² hip³³ ji¹³ kɛ³³ jɐu¹³ hau²² kʻei¹¹ wɐi¹¹ jɐt⁵⁵ nin¹¹, tʃʻim⁵⁵ tʃʻy¹³ jɐt²² hei³⁵ hɔi⁵⁵ tʃʻi³⁵ ʃɐŋ⁵⁵ hau²².
（这份协议的有效期为一年，签署日起开始生效。）

592. 我哋先啱啱开始合作，不如暂时将合约嘅期限定为一年啦。
ŋɔ¹³ tei²² ʃin⁵⁵ ŋam⁵⁵ ŋam⁵⁵ hɔi⁵⁵ tʃʻi³⁵ hap²² tʃɔk³³, pɐt⁵⁵ jy¹¹ tʃam²² ʃi¹¹ tʃœŋ⁵⁵ hap²² jœk²² kɛ³³ kʻei¹¹ han²² tiŋ²² wɐi¹¹ jɐt⁵⁵ nin¹¹ la⁵⁵.
（我们才刚刚开始合作，不如暂时将合约的期限定为一年吧。）

593. 我哋基本上将合同嘅条款都倾掂晒嘞，跟住落嚟就要按倾掂嘅条款准备合同啦。
ŋɔ¹³ tei²² kei⁵⁵ pun³⁵ ʃœŋ²² tʃœŋ⁵⁵ hap²² tʻuŋ¹¹ kɛ³³ tʻiu¹¹ fun³⁵ tou⁵⁵ kʻiŋ⁵⁵ tim²² ʃai³³ lak²⁵, kɐn⁵⁵ tʃy¹³ lɔk²² lɐi¹¹ tʃɐu²² jiu³³ ɔn³³ kʻiŋ⁵⁵ tim²² kɛ³³ tʻiu¹¹ fun³⁵ tʃɵn³⁵ pei²² hap²² tʻuŋ¹¹ la⁵⁵.
（我们基本上将合同的条款都谈妥了，接下来就要按谈妥的条款准备合同了。）

594. 为咗避免合同遗漏咗咩项目，我哋最好仲系再睇多次。
wɐi²² tʃɔ³⁵ pei²² min¹³ hap²² tʻuŋ¹¹ wɐi¹¹ lɐu²² tʃɔ³⁵ mɛ⁵⁵ hɔŋ²² muk²², ŋɔ¹³ tei²² tʃɵy³³ hou³⁵ tʃuŋ²² hɐi²² tʃɔi³³ tʻɐi³⁵ tɔ⁵⁵ tʃʻi³³.
（为了避免合同遗漏了什么项目，我们最好还是再多看一次。）

595. 应该喺合同入便写清楚商品嘅性质、数量同埋单价先啱㗎。
jiŋ⁵⁵ kɔi⁵⁵ hei³⁵ hap²² tʻuŋ¹¹ jɐp²² pin²² ʃɛ³⁵ tʃʻiŋ⁵⁵ tʃʻɔ³⁵ ʃœŋ⁵⁵ pɐn³⁵ kɛ³³ ʃiŋ³³ tʃɐt², ʃou³³ lœŋ²² tʻuŋ¹¹ mai¹¹ tan⁵⁵ ka³³ ʃin⁵⁵ ŋam⁵⁵ ka³³.
（应该在合同里写清楚商品的性质、数量跟单价才对呀。）

596. 如果任何一方认为冇必要延长本合同嘅话，建议方要喺合同到期嘅前一个月主动安排同对方谈判。
jy¹¹ kwɔ³⁵ jɐm²² hɔ¹¹ jɐt⁵⁵ fɔŋ²² jiŋ²² wɐi¹¹ mou¹³ pit⁵⁵ jiu³³ jin¹¹ tʃʻœŋ¹¹ pun³⁵ hap²² tʻuŋ¹¹ kɛ³³ wa³⁵, kin³³ ji¹³ fɔŋ²² jiu³³ hɐi³⁵ hap²² tʻuŋ¹¹ tou³³ kʻei¹¹ kɛ³³

tʃʻin¹¹ jɐt⁵⁵ kɔ³³ jyt²² tʃy³⁵ tuŋ²² ɔn⁵⁵ pʻai¹¹ tʻuŋ¹¹ tɵy³³ fɔŋ⁵⁵ tʻam¹¹ pʻun³³.

(如果任何一方认为没必要延长本合同的话，建议方要在合同到期的前一个月主动安排跟对方谈判。)

597. 如果一方违反咗本协议嘅任何一项条款，另一方有权以书面形式通知对方终止本协议。

jy¹¹ kwɔ³⁵ jɐt⁵⁵ fɔŋ⁵⁵ wei¹¹ fan³⁵ tʃɔ³⁵ pun³⁵ hip³³ ji¹³ kɛ³³ jɐm²² hɔ¹¹ jɐt⁵⁵ hɔŋ²² tʻiu¹¹ fun³⁵, liŋ²² jɐt⁵⁵ fɔŋ⁵⁵ jɐu¹³ kʻyn¹¹ ji¹³ ʃy⁵⁵ min⁻³⁵ jiŋ¹¹ ʃik⁵⁵ tʻuŋ⁵⁵ tʃi⁵⁵ tɵy³³ fɔŋ⁵⁵ tʃuŋ⁵⁵ tʃi³⁵ pun³⁵ hip³³ ji¹³.

(如果一方违反了本协议的任何一项条款，另一方有权以书面形式通知对方终止本协议。)

598. 如果贵公司延期交货超过合同规定嘅10个星期限期，我哋有权取消合同。

jy¹¹ kwɔ³⁵ kwɐi³³ kuŋ⁵⁵ ʃi⁵⁵ jin¹¹ kʻei¹¹ kau⁵⁵ fɔ³³ tʃʻiu⁵⁵ kwɔ³³ hap²² tʻuŋ¹¹ kwʻɐi⁵⁵ tiŋ²² kɛ³³ ʃɐp²² kɔ³³ ʃiŋ⁵⁵ kʻei¹¹ han²² kʻei¹¹, ŋɔ¹³ tei²² jɐu¹³ kʻyn¹¹ tʃʻɵy³⁵ ʃiu⁵⁵ hap²² tʻuŋ¹¹.

(如果贵公司延期交货超过合同规定的10周限期，我们有权取消合同。)

599. 合同到期之后，双方都唔谂住再续签嘅话，合约将自动失效。

hap²² tʻuŋ¹¹ tou³³ kʻei¹¹ tʃi⁵⁵ hɐu²², ʃœŋ⁵⁵ fɔŋ⁵⁵ tou⁵⁵ m¹¹ nɐm³⁵ tʃy²² tʃɔi³³ tʃuk²² tʃʻim⁵⁵ kɛ³³ wa⁻³⁵, hap²² jœk³³ tʃœŋ⁵⁵ tʃi²² tuŋ²² ʃɐt⁵⁵ hau²².

(合同到期后，双方都不想再续签的话，合约将自动无效。)

600. 为咗庆贺我哋第一宗倾掂嘅生意与及合同嘅签订，我公司总经理听晚8点喺白云宾馆设宴。欢迎大家光临。

wɐi²² tʃɔ³⁵ hiŋ³³ hɔ²² ŋɔ¹³ tei²² tɐi²² jɐt⁵⁵ tʃuŋ⁵⁵ kʻiŋ⁵⁵ tim²² kɛ³³ ʃaŋ⁵⁵ ji¹³ jy¹³ kʻɐp²² hap²² tʻuŋ¹¹ kɛ³³ tʃʻim⁵⁵ tiŋ²², ŋɔ¹³ kuŋ⁵⁵ ʃi⁵⁵ tʃuŋ³⁵ kiŋ⁵⁵ lei¹³ tʻiŋ⁵⁵ man⁻⁵⁵ pat²² tim³⁵ hɐi³⁵ pak²² wɐn¹¹ pɐn⁵⁵ kun¹¹ tʃʻit³³ jin³³. fun⁵⁵ jiŋ¹¹ ta⁵⁵ ka⁵⁵ kwɔŋ⁵⁵ lɐm¹¹.

(为了庆贺我们第一宗谈妥的生意以及合同的签订，我公司总经理明晚8点在白云宾馆设宴。欢迎大家光临。)

二、生词

整掂 tʃiŋ³⁵ tim²²　　整理妥当；弄好　　入便 jɐp²² pin²²　　里面

三、词语扩展

- 拟订合同 ji¹³ tiŋ²² hap²² tʻuŋ¹¹　　购买合同 kʻɐu³³ mai¹³ hap²² tʻuŋ¹¹
- 签订合同 tʃʻim⁵⁵ tiŋ²² hap²² tʻuŋ¹¹　　经销合同 kiŋ⁵⁵ ʃiu⁵⁵ hap²² tʻuŋ¹¹
- 合同规定 hap²² tʻuŋ¹¹ kwʻei⁵⁵ tiŋ²²　　运输合同 wɐn²² ʃy⁵⁵ hap²² tʻuŋ¹¹
- 合同条款 hap²² tʻuŋ¹¹ tʻiu¹¹ fun³⁵　　租船合同 tʃou²² ʃyn¹¹ hap²² tʻuŋ¹¹
- 合同正本 hap²² tʻuŋ¹¹ tʃiŋ³³ pun³⁵　　保险合同 pou³⁵ him³⁵ hap²² tʻuŋ¹¹
- 合同副本 hap²² tʻuŋ¹¹ fu³³ pun³⁵　　生效 ʃɐŋ⁵⁵ hau²²
- 买卖合同 mai¹³ mai²² hap²² tʻuŋ¹¹　　失效 ʃɐt⁵⁵ hau²²
- 委托合同 wei³⁵ tʻɔk²² hap²² tʻuŋ¹¹　　签字 tʃʻim⁵⁵ tʃi²²
- 代理合同 tɔi²² lei¹³ hap²² tʻuŋ¹¹

附：广州话动词后面的助词"紧"、"咗"、"住"

广州话动词后面分别加上助词"紧"、"咗"、"住",所表示的语法意义是不同的。简要分述如下:

"紧 kɐn³⁵"主要放在动词后,偶尔也会在形容词后面,表示动作或变化正在进行。例如:公司讨论紧呢件事 kuŋ⁵⁵ ʃi⁵⁵ tʻou³⁵ lɵn²² kɐn³⁵ ni⁵⁵ kin³³ ʃi²²(公司正讨论这件事)/只手仲痛紧 tʃɛk³³ ʃɐu³⁵ tʃuŋ²² tʻuŋ³³ kɐn³⁵(手还疼着呢)。

动词或形容词后加"住 tʃy²²",表示动作的持续。例如:你睇住先啦 nei¹³ tʻei³⁵ tʃy²² ʃin⁵⁵ la⁵⁵(您先看着吧)/黑住块面 hak³³ tʃy²² fai³³ min²²(阴沉着脸)。

动词后加"咗 tʃɔ³⁵",表示动作已经完成。例如:啲钱交咗嘞 ti⁵⁵ tʃʻin⁻³⁵ kau⁵⁵ tʃɔ³⁵ lak²²(钱交了)。"咗"放在形容词之后,常表示性状的变化完成。例如:苹果熟咗喇 pʻiŋ¹¹ kwɔ³⁵ ʃuk²² tʃɔ³⁵ la³³(苹果熟了)。

第21单元 支付方式

一、课文

601. 好高兴我哋倾掂咗价格、质量同数量呢啲嘢叻嘴嘟嘅嘢，家阵倾下付款方式咧？

hou³⁵ kou⁵⁵ hiŋ³³ ŋɔ¹³ tei²² kʻiŋ⁵⁵ tim²² tʃɔ³⁵ ka³³ kak³³、tʃɐt⁵⁵ lœŋ²² tʻuŋ¹¹ ʃou³³ lœŋ²² ni⁵⁵ ti⁵⁵ kʻik⁵⁵ lik⁵⁵ kwʻak⁵⁵ lak⁵⁵ kɛ³³ je¹³、ka⁵⁵ tʃɐn⁻³⁵ kʻiŋ⁵⁵ ha¹³ fu²² fun³³ fɔŋ⁵⁵ ʃik⁵⁵ lɛ¹¹?

（很高兴我们谈妥了价格、质量和数量这些一连串的问题，现在谈谈付款方式吧？）

602. 我哋嘅付款条件系保兑嘅、不可撤销嘅信用证。

ŋɔ¹³ tei²² kɛ³³ fu²² fun³⁵ tʻiu¹¹ kin⁻³⁵ hɐi²² pou³⁵ tɵy³³ kɛ³³、pɐt⁵⁵ hɔ³⁵ tʃʻit³³ ʃiu⁵⁵ kɛ³³ ʃɵn³³ juŋ²² tʃiŋ³³.

（我们的付款条件是保兑的、不可撤销的信用卡。）

603. 大家初次交易，畀个优惠啲嘅付款条件咧，承兑付款点啊？

tai²² ka⁵⁵ tʃʻɔ⁵⁵ tʃʻi³³ kau²² jik²², pei³⁵ kɔ³³ jɐu⁵⁵ wɐi²² ti⁵⁵ kɛ³³ fu²² fun³⁵ tʻiu¹¹ kin⁻³⁵ lɛ¹¹, ʃiŋ¹¹ tɵy³³ fu²² fun³⁵ tim³⁵ a⁵⁵?

（大家头次交易，给个优惠点的付款条件吧，承兑付款怎样？）

604. 唔好意思！我哋同任何客户交易都系信用证付款嘅。其实呢种方式既保护卖方又保护买方。

m¹¹ hou³⁵ ji³³ ʃi³³! ŋɔ¹³ tei²² tʻuŋ¹¹ jɐm²² hɔ¹¹ hak³³ wu²² kau⁵⁵ jik²² tou⁵⁵ hɐi²² ʃɵn³³ juŋ²² tʃiŋ³³ fu²² fun³⁵ kɛ³³. kʻei¹¹ ʃɐt⁵⁵ ni⁵⁵ tʃuŋ³⁵ fɔŋ⁵⁵ ʃik⁵⁵ kei³³ pou³⁵ wu²² mai²² fɔŋ⁵⁵ jɐu²² pou³⁵ wu²² mai¹³ fɔŋ⁵⁵.

（抱歉！我们跟任何客户交易都是信用卡付款的。其实这种方式既保护卖方又保护买方。）

605. 噉付款交单接唔接受咧？

kɐm³⁵ fu²² fun³⁵ kau⁵⁵ tan⁵⁵ tʃip³³ m¹¹ tʃip³³ ʃɐu²² lɛ⁵⁵?

（那么付款交单能不能接受呢？）

606. 都系按返我方嘅惯例嚟做为好，我哋通常嘅贸易方式系用信用证支付。

tou⁵⁵ hei²² ɔn³³ fan³³ ŋɔ¹³ fɔŋ⁵⁵ kɛ³³ kwan³³ lɐi¹¹ lɐi¹¹ tʃou²² wei¹¹ hou³⁵, ŋɔ¹³ tei²² tʻuŋ⁵⁵ ʃœŋ¹¹ kɛ³³ mɐu²² jik²² fɔŋ⁵⁵ ʃik⁵⁵ hei²² juŋ²² ʃɐn³³ juŋ²² tʃin³³ tʃi⁵⁵ fu²².

（还是按回我方的惯例来做为好，我们通常的贸易方式是用信用卡支付。）

607. 要同银行付咗押金之后先至开到信用证㗎，噉就会占用啲资金，增加咗运作成本啰。可唔可以关照下吖？⁽¹⁾

jiu³³ tʻuŋ¹¹ ŋɐn¹¹ hɔŋ¹¹ fu²² tʃɔ³⁵ at³³ kɐm⁵⁵ tʃi⁵⁵ hou²² ʃin⁵⁵ tʃi³³ hɔi⁵⁵ tou³⁵ ʃɐn³³ juŋ²² tʃiŋ³³ ka³³, kɐm³⁵ tʃɐu²² wui¹¹ tʃin³³ juŋ²² ti⁵⁵ tʃi⁵⁵ kɐm⁵⁵, tʃɐŋ⁵⁵ ka⁵⁵ tʃɔ³⁵ wɐn²² tʃɔk²² tʃiŋ²² pun³⁵ lɔ⁵⁵. hɔ³⁵ m¹¹ hɔ³⁵ ji¹³ kwan⁵⁵ tʃiu³³ ha¹³ a³³?

（要向银行付了押金后才能开出信用卡的，这样的话就占用资金，增加了运作成本。能不能关照一下呢？）

608. 建议你哋同银行协商下，睇下能否将个押金尽量降到最低啰！

kin³³ ji¹³ nei¹³ tei²² tʻuŋ¹¹ ŋɐn¹¹ hɔŋ¹¹ hip³³ ʃœŋ⁵⁵ ha¹³, tʻɐi¹³ ha¹³ nɐŋ¹¹ fɐu³⁵ tʃœŋ⁵⁵ kɔ³³ at³³ kɐm⁵⁵ tʃɐn²² lœŋ²² kɔŋ³³ tou³³ tʃɵy³³ tɐi⁵⁵ lɔ⁵⁵.

（建议你们和银行协商一下，看看能否把押金尽量降到最低嘛。）

609. 除咗押金，仲要同银行交手续费咧。噉样计落嚟我哋真系冇咩嘢到㗎咋。

tʃɵy¹¹ tʃɔ³⁵ at³³ kɐm⁵⁵, tʃuŋ²² jiu³³ tʻuŋ¹¹ ŋɐn¹¹ hɔŋ¹¹ kau⁵⁵ ʃɐu³⁵ ʃuk⁵⁵ fei⁵⁵ lɛ⁵⁵. kɐm³⁵ jœŋ⁻³⁵ kɐi²² lɔk²² lɐi¹¹ ŋɔ¹³ tei²² tʃɐn⁵⁵ hei²² mou¹³ mɛ⁵⁵ jɛ¹³ tou³³ ka³³ tʃa³³.

（除了押金，还要向银行交手续费呢。这样算起来我们真是没有什么可赚的了。）

610. 你订嘅货好合市场潮流，肯定卖得去。噉嘅话，资金周转快，唔单止补得返吖的哦叻哗嘟嘅支出，仲会带嚟满意嘅利润添。

nei^{13} tɐŋ^{22} kɛ^{33} fɔ^{33} hou^{35} hap^{22} ʃi^{13} tʃʻœŋ^{11} tʃʻiu^{11} lɐu^{11}, hɐŋ^{35} tiŋ^{22} mai^{22} tɐk^{55} kɵy^{33}. kɐm^{35} kɛ^{33} wa^{-35}, tʃi^{55} kɐm^{55} tʃɐu^{55} tʃyn^{35} fai^{33}, m^{11} tan^{55} tʃi^{35} pou^{35} tɐk^{55} fan^{55} kɔ^{35} ti^{55} kʻik^{55} lik^{55} kwʻak^{55} lak^{55} kɛ^{33} ʃi^{55} tʃʻɵt^{55}, tʃuŋ^{22} wui^{22} tai^{22} lɐi^{11} mun^{13} ji^{22} kɛ^{33} lei^{22} jɐn^{22} tʻim^{55}.

（您订的货很符合市场潮流，肯定畅销。这样的话，资金周转快，不仅能补回那些各种的支出，还会带来满意的利润。）

611. 好似我哋咁少嘅订货量，用信用证付款认真唔化算，吖鸡嗦咁多嘅利润都仲未够畀银行添。(2)

hou^{35} tʃʻi^{13} ŋɔ^{13} tei^{22} kɐm^{33} ʃiu^{35} kɛ^{33} tɐŋ^{22} fɔ^{33} lœŋ^{22}, juŋ^{22} ʃɐn^{33} juŋ^{22} tʃiŋ^{33} fu^{22} fun^{35} jiŋ^{35} tʃɐn^{55} m^{11} fa^{33} ʃyn^{33}, kɔ^{35} kɐi^{55} ʃɵy^{33} kɐm^{33} tœ^{55} kɛ^{33} lei^{22} jɐn^{22} tou^{55} tʃuŋ^{33} mei^{22} kɐu^{33} pei^{35} ŋɐn^{11} hɔŋ^{11} tʻim^{55}.

（像我们这么少的订货量，用信用卡付款实在不划算，那丁点儿的利润还不够给银行呢。）

612. 好啦，体谅到你哋嘅难处，我哋同意即期付款交单。唔好意思，就得关照到呢一步咋。

hou^{35} la^{55}, tʻɐi^{35} lœŋ^{22} tou^{33} nei^{13} tei^{22} kɛ^{33} nan^{11} tʃʻy^{22}, ŋɔ^{13} tei^{22} tʻuŋ^{11} ji^{33} jik^{55} kʻei^{11} fu^{22} fun^{35} kau^{55} tan^{55}. m^{11} hou^{35} ji^{33} ʃi^{33}, tʃɐu^{55} tɐk^{55} kwan^{55} tʃiu^{33} tou^{33} ni^{55} jɐt^{55} pou^{22} tʃa^{33}.

（好吧，体谅到你们的难处，我们同意即期付款交单。抱歉，就只能关照到这一步了。）

613. 除咗信用证，仲有即时付款、延期付款、分期付款等方式。

tʃʻy^{11} tʃɔ^{35} ʃɐn^{33} juŋ^{22} tʃiŋ^{33}, tʃuŋ^{22} jɐu^{22} jik^{55} ʃi^{11} fu^{22} fun^{35}、jin^{11} kʻei^{11} fu^{22} fun^{35}、fɐn^{55} kʻei^{11} fu^{33} fun^{35} tɐŋ^{35} fɔŋ^{55} ʃik^{55}.

（除了信用卡，还有即时付款、延期付款、分期付款等方式。）

614. 我方唔接受货到付款呢种方式，不过随单付款系可以考虑嘅。

ŋɔ^{13} fɔŋ^{55} m^{11} tʃip^{55} ʃɐu^{22} fɔ^{33} tou^{33} fu^{22} fun^{35} ni^{55} tʃuŋ^{35} fɔŋ^{55} ʃik^{55}, pɐt^{55} kwɔ^{33} tʃʻɵy^{11} tan^{55} fu^{22} fun^{35} hɐi^{22} hɔ^{13} ji^{13} hau^{35} lɵy^{22} kɛ^{35}.

（我方不接受货到付款这种方式，不过随单付款是可以考虑的。）

615. 我方要求15%嘅预付款，要喺装运前一个月汇付到我公司。

ŋɔ¹³ fɔŋ⁵⁵ jiu⁵⁵ k'ɐu¹¹ pak³³ fɐn²² tʃi⁵⁵ ʃɐp²² ŋ¹³ ke³³ jy²² fu³³ fun³⁵, jiu³³ hɐi³⁵ tʃɔŋ⁵⁵ wɐn²² tʃ'in¹¹ jɐt⁵⁵ kɔ³³ jyt²² wui²² fu³⁵ tou³³ ŋɔ¹³ kuŋ⁵⁵ ʃi⁵⁵.

（我方要求15%的预付款，要在装运前一个月汇付到我公司。）

616. 呢部机器将严格噉按照你方提供嘅规格制造。但系订货吖时，要预付40%嘅款项先个嘛。

ni⁵⁵ pou²² kei⁵⁵ hei³³ tʃœŋ⁵⁵ jim¹¹ kak³³ kɐm³⁵ ɔn³³ tʃiu³³ nei¹³ fɔŋ⁵⁵ t'ɐi¹¹ kuŋ⁵⁵ ke³³ kw'ɐi⁵⁵ kak³³ tʃɐi²² tʃou²². tan²² hɐi²² tɛŋ²² fɔ³³ kɔ³⁵ ʃi⁻³⁵, jiu³³ jy²² fu³³ pak³³ fɐn²² tʃi⁵⁵ ʃei³³ ʃɐp²² kɛ³³ fun³⁵ hɔŋ²² ʃin⁵⁵ kɔ³³ pɔ³³.

（这台机器将严格按照你方提供的规格制造。但是订货的时候，要预付40%的款项才行。）

617. 50%用信用证，另外吖个50%用付款交单，你睇噉得唔得咧？

pak³³ fɐn²² tʃi⁵⁵ ŋ¹³ ʃɐp²² juŋ²² ʃɵn³³ juŋ²² tʃiŋ³³, liŋ¹¹ ŋɔi²² kɔ³⁵ pak³³ fɐn²² tʃi⁵⁵ ŋ¹³ ʃɐp²² juŋ²² fu²² fun³⁵ kau⁵⁵ tan⁵⁵, nei¹³ t'ɐi³⁵ kɐm³⁵ tɐk⁵⁵ m¹¹ tɐk⁵⁵ lɛ⁵⁵？

（50%用信用卡，另外那50%用付款交单，您看这样行不行？）

618. 有个折中方案，你方订货先交10%，发货吖阵再畀10%，剩低嘅应付款项喺半年内按分期付款方式分8次付清。

jɐu¹³ kɔ³³ tʃit³³ tʃuŋ⁵⁵ fɔŋ³³ ɔn³³, nei¹³ fɔŋ⁵⁵ tɛŋ²² fɔ³³ ʃin⁵⁵ kau⁵⁵ pak³³ fɐn²² tʃi⁵⁵ ʃɐp²², fat³³ fɔ³³ kɔ³⁵ tʃɐn⁻³⁵ tʃɔi³³ pei³⁵ pak³³ fɐn²² tʃi⁵⁵ ʃɐp²², ʃiŋ²² tɐi⁵⁵ ke³³ jiŋ⁵⁵ fu²² fun³⁵ hɔŋ²² hɐi³⁵ pun³³ nin¹¹ nɔi²² ɔn³³ fɐn⁵⁵ k'ei¹¹ fu²² fun³⁵ fɔŋ³³ ʃik⁵⁵ fɐn⁵⁵ pat³³ tʃ'i³³ fu²² tʃ'iŋ⁵⁵.

（有个折中方案，你方订货先交10%，发货时再给10%，剩下的应付款项在半年内按分期付款方式分8次付清。）

619. 我哋喺接到货运单据之后，会按合同第10条嘅规定付款。[3]

ŋɔ¹³ tei²² hɐi³⁵ tʃip³³ tou³³ fɔ³³ wɐn²² tan⁵⁵ kɵy²² tʃi⁵⁵ hou²², wui¹³ ɔn³³ hap²² t'uŋ¹¹ tɐi²² ʃɐp²² t'iu¹¹ ke³³ kw'ɐi⁵⁵ tiŋ²² fu²² fun³⁵.

（我们在接到货运单据之后，会按合同第10条的规定付款。）

第21单元　支付方式

620. 我方同意分3批发货，贵方要同我哋开立以每次发货日计起嘅、见票后60日付款嘅汇票。

ŋɔ¹³ fɔŋ⁵⁵ tʻuŋ¹¹ ji¹³ fɐn⁵⁵ ʃam⁵⁵ pʻɐi⁵⁵ fat³³ fɔ³³, kwɐi³³ fɔŋ⁵⁵ jiu³³ tʻuŋ¹¹ ŋɔ¹³ tei²² hɔi⁵⁵ lɐp²² ji¹³ mui¹³ tʃʻi¹³ fat³³ fɔ³³ jɐt²² kɐi³³ hei³⁵ kɛ³³、kin³³ pʻiu³³ hou²² luk² ʃɐp²² jɐt²² fu²² fun³⁵ kɛ³³ wui²² pʻiu³³.

（我方同意分3批发货，贵方要向我们开立以每次发货日算起的、见票后60天付款的汇票。）

621. 我公司最近喺财务度遇着啲困难，希望贵方允许我哋分期付款，亦即系喺交货后先付第一笔货款，剩低嘅按每月一次支付。可以嘛？

ŋɔ¹³ kuŋ⁵⁵ ʃi⁵⁵ tʃɵy²² kɐn²² hɐi³⁵ tʃʻɔi¹¹ mou²² tou²² jy²² tʃœk²² ti⁵⁵ kwʻɐn³³ nan¹¹, hei⁵⁵ mɔŋ²² kwɐi³³ fɔŋ⁵⁵ wɐn¹³ hɵy¹³ ŋɔ¹³ tei²² fɐn⁵⁵ kʻei¹¹ fu²² fun³⁵, jik²² tʃik⁵⁵ hɐi²² hɐi³⁵ kau⁵⁵ fɔ³³ hɐu²² ʃin⁵⁵ fu²² tei²² jɐt²² pɐt⁵⁵ fɔ³³ fun³⁵, ʃiŋ²² tɐi⁵⁵ kɛ³³ ɔn³³ mui¹³ jyt²² jɐt⁵⁵ tsʻi¹³ tʃi⁵⁵ fu²². hɔ³⁵ ji¹³ ma⁵³?

（我公司最近在财务上遇到点儿困难，希望贵方允许我们分期付款，也就是在交货后先付第一笔货款，余下的按每月一次支付。可以吗？）

622. 体谅到贵公司嘅困难，我哋破例允许用噉嘅方式分期付款，就得呢次，下不为例。

tʻei³⁵ lœŋ²² tou³³ kwɐi³³ kuŋ⁵⁵ ʃi⁵⁵ kɛ³³ kwʻɐn³³ nan¹¹, ŋɔ¹³ tei²² pʻɔ³³ lɐi²² wɐn¹³ hɵy¹³ juŋ²² kɐm³⁵ kɛ³³ fɔŋ⁵⁵ ʃik⁵⁵ fɐn⁵⁵ kʻei¹¹ fu²² fun³⁵, tʃɐu²² tɐk⁵⁵ ni⁵⁵ tʃʻi⁵⁵, ha²² pɐt⁵⁵ wei¹¹ lɐi²².

（体谅到贵公司的困难，我们破例允许用这样的方式分期付款，就这一次，下不为例。）

623. 唔好意思，因为喺资金周转度有啲麻烦，我哋嘅货款得唔得延迟到今个月底先支付咧？

m¹¹ hou³⁵ ji¹³ ʃi¹³, jɐn⁵⁵ wei²² hɐi³⁵ tʃi⁵⁵ kɐm⁵⁵ tʃɐu⁵⁵ tʃyn³⁵ tou²² jɐu¹³ ti⁵⁵ ma⁴⁵ fan¹¹, ŋɔ¹³ tei²² kɛ³³ fɔ²² fun³⁵ tɐk⁵⁵ m¹¹ tɐk⁵⁵ jin¹¹ tʃʻi¹¹ tou³³ kɐm⁵⁵ kɔ³³ jyt²² tɐi³⁵ ʃin⁵⁵ tʃi⁵⁵ fu²² lɛ⁵⁵?

（很抱歉，因为在资金周转上有些麻烦，我们的货款能不能延迟到月底再支付呢？）

624. 信用证直至到装运之后嘅第14日都有效。
ʃɵn³³ juŋ²² tʃiŋ³³ tʃik²² tʃi³³ tou³³ tʃɔŋ⁵⁵ wɐn²² tʃi⁵⁵ hɐu²² ke³³ tei²² ʃɐp²² ʃei³³ jɐt²² tou³³ jɐu¹³ hɐu²².
（信用卡直至到装运后的第14天均有效。）

625. 以托收形式嚟支付货款，我哋系可以接受嘅。
ji¹³ tʻɔk³³ ʃɐu⁵⁵ jiŋ¹¹ ʃik⁵⁵ lei¹¹ tʃi⁵⁵ fu²² fɔ³³ fun³⁵, ŋɔ¹³ tei²² hei²² hɔ³⁵ ji¹³ tʃip³³ ʃɐu²² ke³⁵.
（以托收形式来支付货款，我们是可以接受的。）

626. 按照合同，喺收到第一次装运通知之后，请贵公司10日之内喺中国银行开立以我哋公司为抬头人嘅相关信用证。
ɔn³³ tʃiu³³ hɐp²² tʻuŋ¹¹, hei³⁵ ʃɐu⁵⁵ tou³⁵ tei²² jɐt⁵⁵ tʃʻi¹³ tʃɔŋ⁵⁵ wɐn²² tʻuŋ⁵⁵ tʃi⁵⁵ tʃi⁵⁵ hɐu²², tʃʻiŋ³⁵ kwɐi³³ kuŋ⁵⁵ ʃi⁵⁵ ʃɐp²² jɐt²² tʃi⁵⁵ nɔi²² hei³⁵ tʃuŋ⁵⁵ kwɔk³³ ŋɐn⁴⁴ hɔŋ¹¹ hɔi⁵⁵ lɐp²² ji¹³ ŋɔ¹³ tei²² kuŋ⁵⁵ ʃi⁵⁵ wɐi¹³ tʻɔi¹¹ tʻɐu¹¹ jɐn¹¹ ke³³ ʃœŋ⁵⁵ kwan⁵⁵ ʃɵn²² juŋ²² tʃiŋ³³.
（按照合同，在收到第一次装运通知后，请贵公司10日内在中国银行开立以我们公司为抬头人的相关信用卡。）

627. 唔好意思，希望贵公司可以对我哋做个破例，接受付款交单或者承兑交单咧，得嘛？⁽⁴⁾
m¹¹ hou³⁵ ji³³ ʃi³³, hei⁵⁵ mɔŋ²² kwɐi³³ kuŋ⁵⁵ ʃi⁵⁵ hɔ³⁵ ji¹³ tɵy³³ ŋɔ¹³ tei²² tʃou²² kɔ³³ pʻɔ³³ lei²², tʃip³³ ʃɐu²² fu²² fun³⁵ kau⁵⁵ tan⁵⁵ wak²² tʃɛ³⁵ ʃiŋ¹¹ tɵy³³ kau⁵⁵ tan⁵⁵ lɛ³³, tɐk⁵⁵ ma³³?
（不好意思，希望贵公司能对我们做个破例，接受付款交单或者承兑交单，行不？）

628. 今次批货好贵，我方希望喺交货之后先至付货款。
kɐm⁵⁵ tʃʻi³³ pʻɐi³³ fɔ³³ hou³⁵ kwɐi³³, ŋɔ¹³ fɔŋ⁵⁵ hei⁵⁵ mɔŋ²² hei³⁵ kau⁵⁵ fɔ³³ tʃi⁵⁵

hɐu²² ʃin⁵⁵ tʃi⁵⁵ fu²² fɔ³³ fun³⁵.

(这批货很贵,我方希望在交货之后再付货款。)

629. 我哋喺你哋嘅银行开立咗见票后60日畀钱嘅汇票。

ŋɔ¹³ tei²² hɐi³⁵ nei¹³ tei²² kɛ³³ ŋɐn¹¹ hɔŋ¹¹ hɔi⁵⁵ lɐp²² tʃɔ³⁵ kin³³ p'iu³³ hɐu²² luk²² ʃɐp²² jɐt²² pei³⁵ tʃ'in⁻³⁵ kɛ³³ wui²² p'iu³³.

(我们在你们的银行开立了见票后60天付款的汇票。)

630. 我哋会通过银行,以托收嘅形式开出跟单即期汇票同贵方收取货款。

ŋɔ¹³ tei²² wui²² t'uŋ⁵⁵ kwɔ³³ ŋɐn¹¹ hɔŋ¹¹, ji¹³ t'ɔk³³ ʃɐu⁵⁵ kɛ³³ jiŋ¹¹ ʃik⁵⁵ hɔi⁵⁵ tʃ'ɵt⁵⁵ kɐn⁵⁵ tan⁵⁵ tʃik⁵⁵ k'ei³³ wui²² p'iu³³ t'uŋ¹¹ kwɐi³³ fɔŋ⁵⁵ ʃɐu⁵⁵ tʃ'ɵy³⁵ fɔ³³ fun³⁵.

(我们会通过银行,以托收的形式开出跟单即期汇票向贵方收取货款。)

二、注释

(1) 要同银行付咗押金之后先至开到信用证㗎:"押金"的"押"口语中有"at³³"和"ap³³"两个读音。 另外,由于习惯的不同,有的人还读成"ŋat³³"或"ŋap³³",这些读音都很流行。

(2) 用信用证付款认真唔化算:广州话说的"化算"是对普通话"划算"的摹音。

(3) 会按合同第10条嘅规定付款:合同的"合"口语中也有两读:hap²²和hɐp²²。

(4) 接受付款交单或者承兑交单咧:"咧"读作lɛ¹¹的话,句子的询问语气加强。

三、生词

哦叻嘩嘞 k'ik⁵⁵ lik⁵⁵ kw'ak⁵⁵ lak⁵⁵		剩低 tʃiŋ²² tɐi⁵⁵ 剩下
	比喻各种事情	冇嘢到 mou¹³ jɛ¹³ tou³³
唔化算 m¹¹ fa³³ ʃyn⁵⁵	不划算	没有实际利益或者实际利益很少

四、词语扩展

- 凭单付款 pʻɐn¹¹ tan⁵⁵ fu²² fun³⁵
- 跟单汇款 kɐn⁵⁵ tan⁵⁵ wui²² fun³⁵
- 外汇兑换 ŋɔi²² wui²² tɵy³³ wun²²
- 手机支付 ʃɐu³⁵ kei⁵⁵ tʃi⁵⁵ fu²²
- 支票支付 tʃi⁵⁵ pʻiu³³ tʃi⁵⁵ fu²²
- 银行电汇 ŋɐn¹¹ hɔŋ¹¹ tin²² wui²²
- 境外汇款 kiŋ³⁵ ŋɔi²² wui²² fun³⁵
- 邮局汇款 jɐu¹¹ kuk³⁵ wui²² fun³⁵
- 网上付款 mɔŋ¹³ ʃœŋ²² fu²² fun³⁵
- 到期付款 tou³³ kʻei¹¹ fu²² fun³⁵
- 订货付现 teŋ²² fɔ³³ fu²² jin²²
- 光票托收 kwɔŋ⁵⁵ pʻiu³³ tʻɔk³³ ʃɐu³⁵
- 近期汇票 kɐn²² kʻei¹¹ wui²² pʻiu³³
- 远期汇票 jyn¹³ kʻei¹¹ wui²² pʻiu³³

附：广州话动词后面的助词"亲"

"亲 tʃʻɐn⁵⁵"置于动词后作助词，表示某种动作、行为的结果。例如：唔觉意跌亲只脚 m¹¹ kɔk³³ ji³³ tit²² tʃʻɐn⁵⁵ tʃɛk³³ kœk³³（不小心摔伤了脚）/ 翻风嘞，顾住冻亲 fan⁵⁵ fuŋ⁵⁵ lak³³, ku³³ tʃy²² tuŋ³³ tʃʻɐn⁵⁵（刮风了，小心着凉）。

另外，"亲"还表示动作一发生就引起某种反应，相当于普通话的"每逢"、"一……（就）"的意思。例如：饮亲酒就面红 jɐm³⁵ tʃʻɐn⁵⁵ tʃɐu³⁵ tʃɐu²² min²² huŋ¹¹（一喝酒就脸红）/ 话亲佢就嬲 wa²² tʃʻɐn⁵⁵ kʻɵy¹³ tʃɐu²² nɐu⁵⁵（一说他就生气）。

第22单元 产品质量

一、课文

631. 呢只KF-29电视机，色彩靓，悭电又禁用，产品质素高，所有指标都达到咗欧盟各项技术标准。(1)

ni⁵⁵ tʃɛk³³ KF-ji²² kɐu³⁵ tin²² ʃi²² kei⁵⁵, ʃik⁵⁵ tʃʻɔi³⁵ lɛŋ³³, han⁵⁵ tin²² jɐu²² kʻɐm⁵⁵ juŋ²², tʃʻan³⁵ pɐn³⁵ tʃɐt⁵⁵ ʃou³³ kou⁵⁵, ʃɔ³⁵ jɐu¹³ tʃi³⁵ piu⁵⁵ tou⁵⁵ tat²² tou³⁵ tʃɔ³⁵ ɐu⁵⁵ mɐŋ¹¹ kɔk²² hɔŋ²² kei²² ʃɵt²² piu⁵⁵ tʃɵn³⁵.

（这种KF-29电视机，色彩漂亮，省电又耐用，产品质量高，所有指标都达到了欧盟各项技术标准。）

632. TW-88电脑音箱系新产品，个款设计精致高雅，特别是佢嘅音场开阔，音响效果一流，好多音响发烧友都拣佢㗎。

TW-pat³³ pat³³ tin²² nou¹³ jɐm⁵⁵ ʃœŋ⁵⁵ hei²² ʃɐn⁵⁵ tʃʻɐn³⁵ pɐn³⁵, kɔ³³ fun³⁵ tʃʻit³³ kei³³ tʃiŋ⁵⁵ tʃi³⁵ kou⁵⁵ ŋa¹³, tɐk²² pit²² hɐi²² kʻɵy¹³ kɛ³³ jɐm⁵⁵ tʃʻœŋ¹¹ hɔi⁵⁵ fut³³, jɐm⁵⁵ hœŋ³⁵ hau³⁵ kwɔ³⁵ jɐt⁵⁵ lɐu¹¹, hou³³ tɔ⁵⁵ jɐm⁵⁵ hœŋ³⁵ fat³³ ʃiu³⁵ jɐu³⁵ tou⁵⁵ kan³⁵ kʻɵy¹³ ka³³.

（TW-88电脑音箱是新产品，款式设计精致高雅，特别是它的音场开阔，音响效果一流，很多音响爱好者都挑选它的。）

633. 我哋太平洋电脑公司信誉高，全部电脑同配件都系从正式厂家入货，绝冇山寨厂做嘅流嘢，保证行货。

ŋɔ¹³ tei²² tʻai³³ pʻiŋ¹¹ jœŋ¹¹ tin²² nou¹³ kuŋ⁵⁵ ʃi⁵⁵ ʃɐn³³ jy²² kou⁵⁵, tʃʻyn¹¹ pou²² tin²² nou¹³ tʻuŋ¹¹ pʻui¹³ kin⁻³⁵ tou⁵⁵ hɐi²² tʃʻuŋ¹¹ tʃiŋ³³ ʃik⁵⁵ tʃʻɔŋ³⁵ ka⁵⁵ jɐp²² fɔ³³, tʃyt²² mou¹³ ʃan⁵⁵ tʃai²² tʃʻɔŋ³⁵ tʃou²² kɛ³³ lɐu¹¹ jɛ¹³, pou³⁵ tʃɐŋ³³ hɔŋ⁻³⁵ fɔ³³.

（我们太平洋电脑公司信誉高，全部电脑和配件都是从正规厂商进货，绝对没有地下工厂做的假货，保证是正货。）

183

634. 呢批手提电脑系正宗原装美国进口，液晶屏，冇坏点，质量稳定，价格超笋，仲有三年嘅保修期添。

ni⁵⁵ pʻei³⁵ ʃɐu⁵⁵ tʻei¹¹ tin²² nou¹³ hei²² tʃiŋ³³ tʃuŋ⁵⁵ jyn¹¹ tʃɔŋ⁵⁵ mei¹³ kwɔk³³ tʃɵn³³ hɐu³⁵, jik²² tʃiŋ⁵⁵ pʻiŋ¹¹, mou¹³ wai²² tim³⁵, tʃɐt⁵⁵ lœŋ²² wɐn³⁵ tiŋ²², ka³³ kak³³ tʃʻiu⁵⁵ ʃɐn³⁵, tʃuŋ²² jɐu¹³ ʃam⁵⁵ nin¹¹ keː¹³ pou³⁵ ʃɐu⁵⁵ kʻei¹¹ tʻim⁵⁵.

（这批手提电脑是真正的原装美国进口，液晶显示器，无坏点，质量稳定，价格极优，还有三年的保修期呢。）

635. 吖只家乐牌TB-21座扇，运转吓阵有噪音，睇白系马达有问题。请你哋厂家迅速派人嚟执返正。⁽²⁾

kɔ³⁵ tʃɛk³³ ka⁵⁵ lɔk²² pʻai¹¹ TB-ji²² jɐt⁵⁵ tʃɔ²² ʃin³³, wɐn²² tʃyn³³ kɔ³⁵ tʃɐn⁻³⁵ jɐu¹³ tʃʻou²³ jɐm⁵⁵, tʻei³⁵ pak³³ hei²² ma¹³ tat²² jɐu¹³ mɐn²² tʻei¹¹. tʃʻɛŋ³⁵ nei¹³ tei²² tʃʻɔŋ³⁵ ka⁵⁵ ʃɵn³³ tʃʻuk⁵⁵ pʻai³³ jɐn¹¹ lɐi¹¹ tʃɐp⁵⁵ fan⁵⁵ tʃɛŋ³³.

（那款家乐牌TB-21座扇，运转的时候有噪音，肯定是马达有问题。请你们厂家迅速派人来维修。）

636. 呢只电话机功能多，唔单止通话清晰，可以录音同埋防雷劈，仲有一年嘅保修期添。

ni⁵⁵ tʃɛk³³ tin²² wa⁻³⁵ kei⁵⁵ kuŋ⁵⁵ lɐŋ¹¹ tɔ⁵⁵, m¹¹ tan⁵⁵ tʃi³⁵ tʻuŋ⁵⁵ wa⁻³⁵ tʃʻiŋ⁵⁵ ʃik⁵⁵, hɔ³⁵ ji¹³ luk²² jɐm⁵⁵ tʻuŋ¹¹ mai¹³ fɔŋ¹¹ lɵy¹¹ pʻɛk³³, tʃuŋ²² jɐu¹³ jɐt⁵⁵ nin¹¹ keː¹³ pou³⁵ ʃɐu⁵⁵ kʻei¹¹ tim⁵⁵.

（这款电话机功能多，不但通话清晰，可以录音和防雷击，还有一年的保修期呢。）

637. 你间厂寻日送嚟嘅吓批女装丝袜点搞㗎？好多都甩丝㖞，质量咁差，叫人点卖得出吖？

nei¹³ kan⁵⁵ tʃʻɔŋ³⁵ tʃʻɐm¹¹ jɐt²² ʃuŋ³³ lɐi¹¹ keː³³ kɔ³⁵ pʻei⁵⁵ nɵy¹³ tʃɔŋ⁵⁵ ʃi⁵⁵ mɐt²² tim³⁵ kau³⁵ ka³³? hou³⁵ tɔ⁵⁵ tou⁵⁵ lɐt⁵⁵ ʃi⁵⁵ wɔ³³, tʃɐt⁵⁵ lœŋ²² kɐm³³ tʃʻa⁵⁵, kiu³³ jɐn¹¹ tim³⁵ mai¹³ tɐk⁵⁵ tʃʻɵt⁵⁵ a³³?

（你们厂昨天送来的那批女装丝袜怎么搞的？很多都抽线了，质量这么差，叫人怎么销售得出去呢？）

638. 斟盘吖阵大家就讲掂晒喽，我哋订嘅系10000米唔甩色嘅洗水牛仔布。睇下啲色甩到几紧要！⁽³⁾

tʃem⁵⁵ pʻun³⁵ ko³⁵ tʃen⁻³⁵ tai²² ka⁵⁵ tʃeu²² koŋ³⁵ tim²² ʃai³³ lak⁵⁵, ŋɔ¹³ tei²² teŋ²² ke³³ hei²² jet⁵⁵ man²² mei⁵⁵ m¹¹ let²² ʃik⁵⁵ ke³³ ʃei³⁵ ʃɵy³⁵ ŋeu¹¹ tʃei³⁵ pou³³. tʻɐi³⁵ ha¹³ ti⁵⁵ ʃik⁵⁵ let⁵⁵ tou³³ kei³⁵ ken³⁵ jiu³³!

(谈生意那会大家就全都讲妥了，我们订的是10000米不掉色的洗水牛仔布。看看颜色掉得多厉害！)

639. 我哋抽检咗呢批BB衫，50%纯棉料都冇，噉嘅质地点啱伢伢仔吖？同倾落嘅要求争天共地。⁽⁴⁾

ŋɔ¹³ tei²² tʃʻeu⁵⁵ kim³⁵ tʃɔ³⁵ ni⁵⁵ pʻei⁵⁵ pi¹¹ pi⁵⁵ ʃam⁵⁵, pak³³ fen²² tʃi⁵⁵ ŋ¹³ ʃep²² ʃen¹¹ min¹¹ liu⁻³⁵ tou⁵⁵ mou¹³, kem³⁵ ke³³ tʃet⁵⁵ tei⁻³⁵ tim³⁵ ŋam⁵⁵ ŋa¹¹ ŋa⁻⁵⁵ tʃei³⁵ a³³? tʻuŋ¹¹ kʻiŋ³⁵ lok²² ke³³ jiu³⁵ kʻeu¹¹ tʃaŋ⁵⁵ tʻin⁵⁵ kuŋ²² tei²².

(我们抽检了这批婴儿服，50%纯棉料都没有，这样的质地怎么适合婴儿呢？和商定的要求有天壤之别。)

640. 睇板吖阵，话明系吖只真丝睡衣嘅中码3000套。家阵送嚟嘅似乎唔多妥。等我哋技术部检测咗之后先至再倾啦。

tʻɐi²² pan³⁵ kɔ³⁵ tʃen⁻³⁵, wa²² min¹¹ hei²² kɔ³⁵ tʃek⁵³˙ tʃen⁵⁵ ʃi⁵⁵ ʃɵy²² ji⁵⁵ ke³³ tʃuŋ⁵⁵ ma¹³ ʃam⁵⁵ tʃʻin⁵⁵ tʻou³³. ka⁵⁵ tʃen⁻³⁵ ʃuŋ³³ lei¹¹ ke³³ tʃʻi¹³ fu¹¹ m¹¹ tɔ⁵⁵ tʻɔ³³. teŋ³⁵ ŋɔ¹³ tei²² kei²² ʃɵt²² pou²² kim³⁵ tʃʻak⁵⁵ tʃɔ³⁵ tʃi⁵⁵ heu²² ʃin⁵⁵ tʃi³³ tʃɔi³³ kʻiŋ⁵⁵ la⁵⁵.

(看样品的时候，说清楚是要那款真丝睡衣的中码3000套。现在送来的似乎不大对头。等我们技术部检测了以后才谈吧。)

641. 舒健公司出嘅开心果真系唔掂，一开包就闻到哈味，梗系包装唔密实，漏咗风先至会噉㗎。即刻通知佢哋退货。⁽⁵⁾

ʃy⁵⁵ kin²² kuŋ⁵⁵ ʃi⁵⁵ tʃʻɵt⁵⁵ ke³³ hɔi³⁵ ʃem⁵⁵ kwɔ³⁵ tʃen⁵⁵ hei²² m¹¹ tim²², jet⁵⁵ hɔi⁵⁵ pau⁵⁵ tʃʻeu²² men¹¹ tou³⁵ jik⁵⁵ mei²², ken³⁵ hei²² pau⁵⁵ tʃɔŋ⁵⁵ m¹¹ met²² ʃet²², leu¹¹ tʃɔ³⁵ fuŋ⁵⁵ ʃin⁵⁵ tʃi³³ wui¹³ kem³⁵ tʃe⁵⁵. tʃik⁵⁵ hak⁵⁵ tʻuŋ⁵⁵ tʃi⁵⁵ kʻɵy¹³ tei²² tʻɵy³³ fɔ³³.

(舒健公司出的开心果真是不行，一开包就闻到哈喇味，肯定是包装不严实，透了气才会这样。马上通知他们退货。)

642. 运你公司入嘅呢批美白面膜，质检唔过关，唔该尽快揾人嚟处理。

wɐn^{22} nei^{13} kuŋ^{55} ʃi^{35} jɐp^{22} kɛ^{33} ni^{55} p'ei^{13} mei^{13} pak^{22} min^{11} mɔk^{-35}, tʃɐt^{55} kim^{35} m^{11} kwɔ^{33} kwan^{55}, m^{11} kɔi^{55} tʃɐn^{22} fai^{35} wɐn^{35} jɐn^{11} lɐi^{11} tʃ'y^{13} lei^{13}.

（从你公司进的这批面膜，质检不过关，请尽快找人来处理。）

643. 呢2500袋腰果唔系几掂当喎，色泽差，又唔香口，睇白就唔系我哋要嘅嗰只，系唔系发错货吖？

ni^{55} lœŋ^{13} tʃ'in^{55} ŋ^{13} pak^{33} tɔi^{22} jiu^{55} kwɔ^{35} m^{11} hɐi^{22} kei^{35} tim^{22} tɔŋ^{33} wɔ^{33}, ʃik^{55} tʃak^{22} tʃ'a^{55}, jɐu^{22} m^{11} hœŋ^{55} hɐu^{35}, tɐi^{35} pak^{22} tʃɐu^{22} m^{11} hɐi^{22} ŋɔ^{13} tei^{22} jiu^{33} kɛ^{33} kɔ^{35} ʃɛk^{33}, hɐi^{22} m^{11} hɐi^{22} fat^{33} tʃ'ɔ^{33} fɔ^{33} a^{33}?

（这2500袋腰果不怎么对劲，色泽差，又不香脆，肯定不是我们要的那种，是不是发错了货呢？）

644. 你间厂呢只T裇，啲料好靓，够晒索汗，着起好爽身。旧年试订咗批好快趣就卖断晒。今次要订大批货，大细码各5000件，中码10000件，呢只码数最多人爱㗎喇。

nei^{13} kan^{55} tʃ'ɔŋ^{35} ni^{55} tʃɛk^{33} T ʃɐt^{55}, ti^{55} liu^{-35} hou^{35} lɛŋ^{33}, kɐu^{33} ʃai^{33} ʃɔk^{33} hɔn^{22}, tʃœk^{33} hei^{35} hou^{35} ʃɔŋ^{35} ʃɐn^{55}. kɐu^{22} nin^{-35} ʃi^{33} tɛŋ^{22} tʃɔ^{35} p'ɐi^{55} hou^{35} fai^{33} tʃ'ɵy^{33} tʃɐu^{22} mai^{22} t'yn^{22} ʃai^{33}. kɐm^{55} tʃ'i^{33} jiu^{33} tɛŋ^{22} tai^{22} p'ɐi^{55} fɔ^{33}, tai^{22} ʃɐi^{33} ma^{13} kɔk^{33} ŋ^{13} tʃ'in^{55} kin^{22}, tʃuŋ^{55} ma^{13} jɐt^{55} man^{22} kin^{22}, ni^{55} tʃɛk^{33} ma^{13} ʃou^{33} tʃɵy^{33} tɔ^{55} jɐn^{11} ɔi^{33} ka^{33} lak^{33}.

（你们厂这种T恤，布料很好，很能吸汗，穿着觉得很舒爽。去年试订了一批很快就脱销了。这次要订大批货，大、小码各5000件，中码10000件，这个码数最多人要了。）

645. 龙眼肉要够干先至靓㗎。家阵我哋啲龙眼肉仲未好干，等多个星期再嚟捞货嘅话，会好好多。

luŋ^{11} ŋan^{13} juk^{22} jiu^{33} kɐu^{33} kɔn^{55} ʃin^{55} tʃi^{33} lɛŋ^{33} ka^{33}. ka^{33} tʃɐn^{-35} ŋɔ^{13} tei^{22} ti^{55} luŋ^{11} ŋan^{13} juk^{22} tʃuŋ^{22} mei^{22} hou^{35} kɔn^{55}, tɐŋ^{35} tɔ^{55} kɔ^{33} ʃiŋ^{55} k'ei^{11} tʃɔi^{33} lɐi^{11} lɔ^{55} fɔ^{33} kɛ^{33} wa^{-35}, wui^{35} hou^{35} hou^{35} tɔ^{55}.

（桂圆肉要很干质量才好。现在我们的桂圆肉还不是很干，多等一个星期再来拿货的话，会好很多。）

646. 我哋CHECK过晒嘞，呢3000斤特级冬菇入便侵咗唔少苴嘢，菇色、菇味同埋个菇样冚都唔同嘅，你哋最好揾人嚟睇睇。⁽⁶⁾

ŋɔ¹³ tei²² tʃʻɛk⁵⁵ kwɔ³³ ʃai³³ lak³³, ni⁵⁵ ʃam⁵⁵ tʃʻin⁵⁵ kɐn⁵⁵ tɐk²² kʻɐp⁵⁵ tuŋ⁵⁵ ku⁵⁵ jɐp²² pin²² tʃʻɐm⁵⁵ tʃɔ³⁵ m¹¹ ʃiu³³ tʃa³⁵ jɛ¹³, ku⁵⁵ ʃik⁵⁵、ku⁵⁵ mei²² tʻuŋ¹¹ mai¹¹ kɔ³³ kuʻ⁵⁵ jœŋ³⁵ hɐm⁻³⁵ tou⁵⁵ m¹¹ tʻuŋ¹¹ kɛ³⁵, nei¹³ tei²² tʃɵy³³ hou³⁵ wɐn³⁵ jɐn¹¹ lɐi¹¹ tʻei³⁵ tʻei³⁵.

（我们已经检验过了，这3000斤特级冬菇里掺了不少次品，冬菇的颜色、味道和冬菇的样子全都不同，你们最好找人来看看。）

647. 睇货板系5厘玻璃，噉先至同你哋捞货。而家送过嚟嘅薄英英，得吓3厘，争成半喎。货唔对板，点搞㗎？⁽⁷⁾

tʻei³⁵ fɔ³³ pan³⁵ hɐi²² ŋ¹³ lei¹¹ pɔ⁵⁵ lei⁵⁵, kɐm³⁵ ʃin⁵⁵ tʃi³³ tʻuŋ¹¹ nei¹³ tei²² lɔ³⁵ fɔ³³. ji¹¹ ka⁵⁵ ʃuŋ³³ kwɔ³³ lɐi¹¹ kɛ³³ pɔk²² jiŋ⁵⁵ jiŋ⁵⁵, tɐk⁵⁵ kɔ³⁵ ʃam⁵⁵ lei¹¹, tʃaŋ⁵⁵ ʃɛŋ¹¹ pun³³ wɔ³³. fɔ³³ m¹¹ tɵy³³ pan³⁵, tim³⁵ kau³⁵ ka³³?

（看货物样品是5毫米玻璃，这才跟你们订货。现在送过来的薄薄的，才3毫米，差了一半。货不对板，怎么搞的？）

648. 今次批新款浴巾好卖得，胜在料靓，索水，又够软熟，唔会甩毛甩丝黐住晒，用起身嚟好舒服。所以咪受欢迎啰。

kɐm⁵⁵ tʃʻi³³ pʻei⁵⁵ ʃɐn⁵⁵ fun³⁵ juk²² kɐn⁵⁵ hou³⁵ mai²² tɐk⁵⁵, ʃiŋ³³ tʃɔi²² liu⁻³⁵ lɛŋ³³, ʃɔk³³ ʃɵy³⁵, jɐu²² kɐu³⁵ jyn¹³ ʃuk²², m¹¹ wui¹³ lɐt⁵⁵ mou¹¹ lɐt⁵⁵ ʃi⁵⁵ tʃʻi⁵⁵ tʃy²² ʃai³³, juŋ²² hei²² ʃɐn⁵⁵ lɐi¹¹ hou³⁵ ʃy⁵⁵ fuk²². ʃɔ³⁵ ji¹³ mɐi²² ʃɐu⁵⁵ fun⁵⁵ jiŋ¹¹ lɔ⁵⁵.

（这次的新款浴巾很畅销，以原料质地好取胜，吸水，又很柔软，不会掉毛脱丝到处粘着，用起来很舒服。所以不就受欢迎了嘛。）

649. 增城创美牛仔城生产嘅牛仔衫裤，落足料，工夫细，出嘅货都系一等品。

tʃɐŋ⁵⁵ ʃiŋ¹¹ tʃʻɔŋ³³ mei¹³ ŋɐu¹¹ tʃɐi³⁵ ʃiŋ¹¹ ʃɐŋ⁵⁵ tʃʻan³⁵ kɛ³³ ŋɐu¹¹ tʃɐi³⁵ ʃam⁵⁵ fu³³, lɔk²² tʃuk⁵⁵ liu⁻³⁵, kuŋ⁵⁵ fu⁵⁵ ʃɐi³³, tʃʻɵt⁵⁵ kɛ³³ fɔ³³ tou⁵⁵ hɐi²² jɐt⁵⁵ tɐŋ³⁵ pɐn³⁵.

（增城创美牛仔城生产的牛仔衣裤，布料不偷工减料，做工精致，出产的货都是一等品。）

650. 呢批枱灯装灯泡吖位松得滞，啲灯泡装咗之后仲嘟嘟唝嘅，质量唔系几掂嘢。再开吖几箱CHECK下，将唔掂嘅记落，打电话嗌佢公司嚟倾。

ni⁵⁵ p'ei⁵⁵ t'oi¹¹ teŋ³⁵ tʃoŋ³⁵ teŋ⁵⁵ p'au⁵⁵ ko³³ wei⁻³⁵ ʃuŋ⁵⁵ tek⁵⁵ tʃei²², ti⁵⁵ teŋ⁵⁵ p'au⁵⁵ tʃoŋ⁵⁵ tʃɔ³⁵ tʃi⁵⁵ heu²² tʃuŋ²² juk⁵⁵ juk⁵⁵ kuŋ³³ kɛ³⁵, tʃet⁵⁵ lœŋ²² m¹¹ hei²² kei³⁵ tim²² pɔ³³. tʃoi³³ hɔi³⁵ kɔ³⁵ kei³⁵ ʃœŋ⁵⁵ tʃ'ɛk⁵⁵ ha¹³, tʃœŋ⁵⁵ m¹¹ tim²² kɛ³³ kei³³ lɔk²², ta³⁵ tin²² wa⁻³⁵ ai³³ k'ɵy¹³ kuŋ⁵⁵ ʃi⁵⁵ lei¹¹ k'iŋ⁵⁵.

（这批台灯安装灯泡的卡位过宽，灯泡安装后还摇摇晃晃，质量不大好。再开那几箱查一下，把不妥的记下，打电话叫他公司来谈。）

651. 我哋生产嘅不锈钢镬系有质量保证嘅，请放心使用。

ŋɔ¹³ tei²² ʃeŋ⁵⁵ tʃ'an³⁵ kɛ³³ pet⁵⁵ ʃeu³³ kɔŋ³³ wɔk²² hei²² jeu¹³ tʃat⁵⁵ lœŋ²² pou⁵⁵ tʃiŋ³³ kɛ³³, tʃ'iŋ³⁵ fɔŋ³³ ʃem⁵⁵ ʃei³⁵ juŋ²².

（我们生产的不锈钢锅是有质量保证的，请放心使用。）

652. 呢4000只公仔系"08－北京奥运会"嘅吉祥物"福娃"，啲原料冚唪唥系天然橡胶、上等纤维合成，无毒无味，符合环保要求，对人体绝对冇害。

ni⁵⁵ ʃei³³ tʃ'in⁵⁵ tʃɛk³³ kuŋ⁵⁵ tʃei³³ hei³³ "liŋ¹¹ pat³³—pek⁵⁵ kiŋ⁵⁵ ou³³ wen²² wui⁻³⁵" kɛ³³ kɐt⁵⁵ tʃ'œŋ³⁵ met²² "fuk⁵⁵ wa⁵⁵", ti⁵⁵ jyn¹¹ liu⁻³⁵ hem²² paŋ²² laŋ²² hei²² t'in⁵⁵ jin¹¹ tʃœŋ²² kau⁵⁵、ʃœŋ²² teŋ³⁵ tʃ'in⁵⁵ wei¹¹ hep²² ʃiŋ¹¹, mou²² tuk²² mou¹¹ mei²², fu¹¹ hap²² wan¹¹ pou³⁵ jiu⁵⁵ k'eu¹¹, tɵy³³ jen¹¹ t'ei³³ tʃyt²² tɵy³³ mou¹³ hɔi²².

（这4000个玩具是"08－北京奥运会"的吉祥物"福娃"，原料全是天然橡胶、上等纤维合成，无毒无味，符合环保要求，对人体绝对无害。）

653. 我哋陶瓷公司嘅产品硬度高，光滑冇瑕疵，完整冇裂罅，冚唪唥指标符合晒国家质量标准。

ŋɔ¹³ tei²² t'ou¹¹ tʃ'i¹¹ kuŋ⁵⁵ ʃi⁵⁵ kɛ³³ tʃ'an³⁵ pen³⁵ ŋaŋ²² tou²² kou⁵⁵, kwɔŋ⁵⁵ wat²² mou¹³ ha¹¹ tʃ'i⁵⁵, jyn¹¹ tʃiŋ³⁵ mou¹³ lit³³ la³³, hem²² paŋ²² laŋ²² tʃi³⁵ piu⁵⁵ fu¹¹ hap²² ʃai²² kwɔk³³ ka³⁵ tʃet⁵⁵ lœŋ²² piu⁵⁵ tʃɵn³⁵.

（我们陶瓷公司的产品硬度高，光滑没有瑕疵，完整没有裂缝，全部指标都符合国家质量标准。）

654. 质素高、禁用兼夹价平抵买，有质量问题，维修部免费上门维修，呢啲都系我公司提供嘅靓货同优质服务。

tʃɐt⁵⁵ ʃou⁵⁵ kou⁵⁵、kʻɐm⁵⁵ juŋ²² kim⁵⁵ kap³³ ka³³ pʻɐŋ¹¹ tei³³ mai¹³, jɐu¹³ tʃɐt⁵⁵ lœŋ²² mɐn²² tʻɐi¹¹, wei¹¹ ʃɐu⁵⁵ pou²² min¹³ fɐi³³ ʃœŋ¹³ mun⁻³⁵ wei¹¹ ʃɐu⁵⁵, ni⁵⁵ ti⁵⁵ tou⁵⁵ hei²² ŋɔ¹³ kuŋ⁵⁵ ʃi⁵⁵ tʻɐi¹¹ kuŋ⁵⁵ kɐ³³ lɐŋ³³ fɔ³³ tʻuŋ¹¹ jɐu⁵⁵ tʃɐt⁵⁵ fuk²² mou²².

（质量高、耐用加上价廉值得买，有质量问题，维修部免费上门维修，这些都是我公司提供的好货和优质服务。）

655. 我哋设计嘅孕妇裙，除咗注意身型嘅特殊性，仲要兼顾佢哋内心对靓嘅追求。所以布料同色彩都好讲究㗎。

ŋɔ¹³ tei²² tʃʻit³³ kɐi¹³ kɐ³³ jɐn²² fu¹³ kwʻɐn¹¹, tʃʻɵy¹¹ tʃɔ³⁵ tʃy³³ ji³³ ʃɐn⁵⁵ jiŋ¹¹ kɐ³³ tɐk²² ʃy¹¹ ʃiŋ³³, tʃuŋ²² jiu³³ kim⁵⁵ ku³³ kʻɵy¹³ tei²² nɔi²² ʃɐm⁵⁵ tɵy³³ lɐŋ³³ kɐ³³ tʃɵy⁵⁵ kʻɐu¹¹. ʃɔ³⁵ ji¹³ pou³³ liu⁻³⁵ tʻuŋ¹¹ ʃik⁵⁵ tʃʻɔi³⁵ tou⁵⁵ hou³⁵ kɔŋ³⁵ kɐu¹³ ka³³.

（我们设计的孕妇裙，除了注意体型的特殊性，还要兼顾她们内心对美的追求。所以布料和色彩都很讲究的。）

656. 手工嘅嘢要织得靓、织得实净都唔系易㗎。我公司嘅手工织制品咁靓，胜在啲师傅手艺冇得顶。

ʃɐu³⁵ kuŋ⁵⁵ kɐ³³ jɛ¹³ jiu³³ tʃik⁵⁵ tɐk⁵⁵ lɐŋ³³、tʃik⁵⁵ tɐk⁵⁵ ʃɐt²² tʃɛŋ²² tou⁵⁵ m¹¹ hei²² ji²² ka³³. ŋɔ¹³ kuŋ⁵⁵ ʃi⁵⁵ kɐ³³ ʃɐu³⁵ kuŋ⁵⁵ tʃik⁵⁵ tʃɐi³³ pɐn⁻³⁵ kɐm³³ lɐŋ³³, ʃiŋ³³ tʃɔi³³ ti⁵⁵ ʃi⁵⁵ fu⁻³⁵ ʃɐu³⁵ ŋɐi²² mou¹³ tɐk⁵⁵ tiŋ³⁵.

（手织品要织得漂亮、织得密实也不是容易的。我公司的手工织制品这么好，全靠师傅手艺出众。）

657. 呢个质量问题，已经记低咗喇，今日之内实畀答复你。

ni⁵⁵ kɔ³³ tʃɐt⁵⁵ lœŋ²² mɐn²² tʻɐi¹¹, ji¹³ kiŋ⁵⁵ kei³³ tɐi⁵⁵ tʃɔ³⁵ la³³, kɐm⁵⁵ jɐt²² tʃi⁵⁵ nɔi²² ʃɐt²² pei³⁵ tap³³ fuk⁵⁵ nei¹³.

（这个质量问题，已经记下来了，今天之内肯定给您答复。）

658. 如果批货同个板系相符嘅，唔使再倾，我哋即刻成交。

jy¹¹ kwɔ³⁵ pʻɐi³³ fɔ³³ tʻuŋ¹¹ kɔ³³ pan³⁵ hɐi²² ʃœŋ¹¹ fu¹¹ kɐ³³, m¹¹ ʃɐi³⁵ tʃɔi³³ kʻiŋ⁵⁵, ŋɔ¹³ tei²² tʃik⁵⁵ hak⁵⁵ ʃiŋ¹¹ kau⁵⁵.

（如果货物和样品是相符的，不用再谈，我们立刻成交。）

659. 你都觉得我哋嘅电脑靓，又唔系贵，将个货量再提高啲咧？

nei¹³ tou⁵⁵ kɔk³³ tɐk⁵⁵ ŋɔ¹³ tei²² ke³³ tin²² nou¹³ lɛŋ³³, jɐu²² m¹¹ hɐi²² kwɐi³³, tʃœŋ⁵⁵ kɔ³³ fɔ³³ lœŋ²² tʃɔi³³ tʰɐi¹¹ kou⁵⁵ ti⁵⁵ le¹¹?

（您也觉得我们的电脑好，又不贵，把订货量再提高些吧？）

660. 我谂冇话唔得嘅，噉就要睇个价仲有冇得再优惠啲嘞。

ŋɔ¹³ nɐm³⁵ mou¹³ wa²² m¹¹ tɐk⁵⁵ ke³⁵, kɐm³⁵ tʃɐu²² jiu³³ tʰɐi³⁵ kɔ³³ ka³³ tʃuŋ²² jɐu¹³ mou¹³ tɐk⁵⁵ tʃɔi³³ jɐu⁵⁵ wɐi²² ti⁵⁵ lak³³.

（我想没有说不行的，这就要看价格还能不能再优惠些了。）

二、注释

（1）呢只KF-29电视机，色彩靓：广州话的"靓"一般认为是表示漂亮、好看，其实"靓"的指称范围极为宽泛，并不限于指人。例如：靓衫、靓景、靓汤（煮得很美味的汤）、靓鸡（肉质极佳的鸡）……所有好的东西都可称之"靓嘢"。现在满街都可听到的"靓仔"、"靓女"、"靓姐"或"靓姨"等，并非真正意义上的"靓"，只是现在时兴的称呼语而已。

（2）睇白系马达有问题："睇白"是一个老方言词，表示估计或断定之义，与现在口语流行的"睇怕 tʰɐi³⁵ pʰa³³"意思大致相同。但"睇怕"含有"恐怕"的意味，语气显得更委婉些。

（3）睇下啲色甩到几紧要："甩 lɐt⁵⁵"在粤方言区专门用来表示"掉"，和普通话的"甩 shuǎi"读音、词义都完全不同。

（4）同倾落嘅要求争天共地：争 tʃaŋ⁵⁵，表示"差、欠"，例如：争佢10文 tʃaŋ⁵⁵ kʰɵy¹³ ʃɐp²² mɐn⁵⁵（欠他10元）。"争 tʃaŋ⁵⁵"和"斗争"的"争 tʃaŋ⁵⁵"是不同的。

（5）漏咗风先至会噉嘿："嘿"，这个语气词往往表示申辩、反驳，但语气比较婉转。

（6）菇色、菇味同埋个菇样冚都唔同嘅："冚 hɐm⁻³⁵"、"冚啲 hɐm²² ti⁵⁵"和"冚唪呤 hɐm²² paŋ²² laŋ²²"都是表示"全部"意思的口语词。

（7）睇货板系5厘玻璃：这个"5厘"是指5毫米。广州话的"厘"相当于普通话的"毫米"。

三、生词

发烧友 fat³³ ʃiu⁵⁵ jɐu⁻³⁵	对某项文体活动非常迷恋专注的人；狂热的爱好者	伢伢仔 ŋa¹¹ ŋa⁻⁵⁵ tʃei³⁵	婴儿
		坚嘢 kin⁵⁵ je¹³	好货、优质货
		腍味 jik⁵⁵ mei²²	哈喇味
山寨厂 ʃan⁵⁵ tʃai³³ tʃʻɔŋ³⁵	质量难以保证的作坊式的小厂，一般没有生产执照	掂当 tim²² tɔŋ³³	顺当；妥当
		索 ʃɔk³³	吸（汗）
		龙眼肉 luŋ¹¹ ŋan¹³ juk²²	桂圆干、桂圆肉
笋 ʃɐn³⁵	（物品质量的）好	侵咗 tʃʻɐm⁵⁵ tʃɔ³⁵	混搭了
执正 tʃɐp⁵⁵ tʃeŋ³³	修整好	苴嘢 tʃa³⁵ je¹³	劣等货，次货
睇白 tʻɐi³⁵ pak²²	估计；断定	冚 hɐm³⁵	同"冚唪唥"，全部
甩 lɐt⁵⁵	掉	薄英英 pɔk²² jiŋ⁵⁵ jiŋ⁵⁵	薄薄的
甩丝 lɐt⁵⁵ ʃi⁵⁵	（丝袜等）抽线	嘟 juk⁵⁵	动
揼盘 tʃɐm⁵⁵ pʻun⁻³⁵	洽谈生意	嘟嘟㪟 juk⁵⁵ juk⁵⁵ kuŋ²²	晃来晃去
争天共地 tʃaŋ⁵⁵ tʻin⁵⁵ kuŋ²² tei²²	天壤之别	罅 la³³	缝隙；裂缝

四、词语扩展

- 质料上乘 tʃɐt⁵⁵ liu⁻³⁵ ʃœŋ²² ʃiŋ²²
  质量保证 tʃɐt⁵⁵ lœŋ²² pou³⁵ tʃiŋ³³
- 质量稳定 tʃɐt⁵⁵ lœŋ²² wɐn³⁵ tiŋ²²
  变质 pin³³ tʃɐt⁵⁵
- 缩水防潮 ʃuk⁵⁵ ʃɵy³⁵ fɔŋ¹¹ tʃʻiu¹¹
  防腐 fɔŋ¹¹ fu²²
- 有效期 jɐu¹³ hau²² kʻei¹¹

- 产品性能 tʃʻan³⁵ pɐn³⁵ ʃiŋ³³ nɐŋ¹¹
  使用寿命 ʃei¹³ juŋ²² ʃɐu²² miŋ²²
- 全自动 tʃʻyn¹¹ tʃi²² tuŋ²²
  半自动化 pun³³ tʃi²² tuŋ²² fa³³
- 零部件 liŋ¹¹ pou²² kin⁻³⁵
  说明书 ʃyt³³ miŋ¹¹ ʃy⁵⁵
- 保质期 pou³⁵ tʃɐt⁵⁵ kʻei¹¹

附：广州话动词、形容词后面的助词"晒"和"埋"

助词"晒ʃai³³"表示全部，相当于普通话的"全"、"光"、"完"等意思。例如：一日之内做唔晒 jɐt⁵⁵ jɐt²² tʃi⁵⁵ nɔi²² tʃou²² m¹¹ ʃai³³（一天之内做不完）。/ 头发白晒嘞 t'ɐu¹¹ fat³³ pat²² ʃai³³ lak³³（头发全白了）。

助词"埋mai¹¹"则是表示扩充范围，相当于普通话的"连……也"意思。例如：最尾部机都捋埋嘞 tʃɵy³³ mei⁻⁵⁵ pou²² kei⁵⁵ tou⁵⁵ lɔ³⁵ mai¹¹ lak³³（连最后一台机子也拿了）。/ 连颈都红埋 lin¹¹ kɛŋ³⁵ tou⁵⁵ huŋ¹¹ mai¹¹（连脖子也红了）。

第23单元 买方对包装的要求

一、课文

661. 呢个系我方对包装嘅建议，唔该交畀制造商作为参考啊。

ni⁵⁵ kɔ³³ hɐi²² ŋɔ¹³ fɔŋ⁵⁵ tɵy³³ pau⁵⁵ tʃɔŋ⁵⁵ kɛ³³ kin³³ ji¹³, m¹¹ kɔi⁵⁵ kau⁵⁵ pei³⁵ tʃei³³ tʃou³⁵ ʃœŋ⁵⁵ tʃɔk³⁵ wɐi¹¹ tʃʻan⁵⁵ hau³⁵ a⁵⁵.

（这个是我方对包装的建议，请交给制造商作为参考吧。）

662. 包装最紧要嘅系要稳阵。如果盒盖黐得实，再拎金属带绑住，即使系用纸盒包装亦都冇问题啊。⁽¹⁾

pau⁵⁵ tʃɔŋ⁵⁵ tʃɵy³³ kɐn³⁵ jiu³³ kɛ³³ hɐi²² jiu³³ wɐn³⁵ tʃɐn³³. jy¹¹ kwɔ³⁵ hap⁻³⁵ kɔi³³ tʃʻi³⁵ tɐk⁵⁵ ʃɐt²², tsɔi¹³ lɔ³⁵ kɐm⁵⁵ ʃuk²² tai⁻³⁵ pɔŋ³⁵ tʃy²², tʃik⁵⁵ ʃɐi³⁵ hɐi²² juŋ²² tʃi³⁵ hap⁻³⁵ pau⁵⁵ tʃɔŋ⁵⁵ jik²² tou⁵⁵ mou¹³ mɐn²² tɐi¹¹ a⁵⁵.

（包装最重要的是要稳妥。如果盒盖粘得牢，再拿金属带来绑着，即使是用纸盒包装也都没问题。）

663. 我方需要1万只米奇同米妮卡通公仔，包装度除咗精美仲要环保至得。呢份系我公司对包装嘅具体要求。

ŋɔ¹³ fɔŋ⁵⁵ ʃɵy⁵⁵ jiu³³ jɐt⁵⁵ man²² tʃɛk³³ mɐi¹³ kʻei¹¹ tʻuŋ¹¹ mɐi¹³ nei¹¹ kʻa⁵⁵ tʻuŋ⁵⁵ kuŋ⁵⁵ tʃɐi³⁵, pau⁵⁵ tʃɔŋ⁵⁵ tou²² tʃʻɵy¹¹ tʃɔ³⁵ tʃiŋ⁵⁵ mei¹³ tʃuŋ²² jiu³³ wan¹¹ pou³⁵ tʃi³³ tɐk⁵⁵. ni⁵⁵ fɐn²² hɐi²² ŋɔ¹³ kuŋ⁵⁵ ʃi⁵⁵ tɵy³³ pau⁵⁵ tʃɔŋ⁵⁵ kɛ³³ kɵy²² tʻɐi³⁵ jiu¹³ kʻɐu¹¹.

（我方需要1万只米奇和米妮卡通玩具，包装上除了精美还要环保才行。这份是我公司对包装的具体要求。）

664. 即使价位好高，我哋都要求用特殊嘅包装材料包装今批货。

tʃik⁵⁵ ʃɐi³⁵ ka³³ wɐi⁻³⁵ hou³⁵ kou⁵⁵, ŋɔ¹³ tei²² tou⁵⁵ jiu⁵⁵ kʻɐu¹¹ juŋ²² tɐk²² ʃy¹¹ kɛ³³ pau⁵⁵ tʃɔŋ⁵⁵ tʃʻɔi¹¹ liu⁻³⁵ pau⁵⁵ tʃɔŋ⁵⁵ kɐm⁵⁵ pʻɐi⁵⁵ fɔ³³.

（即使价位很高，我们都要求用特殊的包装材料包装这批货。）

665. 因为啲产品嘅制作比较特殊，所以一定要用木箱嚟包装。
jen⁵⁵ wei²² ti¹¹ tʃʻan³⁵ pen³⁵ kɛ³³ tʃei³³ tʃɔk³³ pei³⁵ kau³³ tɐk²² ʃy¹¹, ʃɔ³⁵ ji¹³ jɐt⁵⁵ tiŋ²² jiu³³ juŋ²² muk²² ʃœŋ⁵⁵ lɐi¹¹ pau⁵⁵ tʃɔŋ⁵⁵.
（因为产品的制作比较特殊，所以一定要用木箱来包装。）

666. 上次斟吖时你话要最平嘅包装，家下又要换过呢种，个费用唔同个噃，贵咗三成，你制唔制吖？
ʃœŋ²² tʃʻi²⁵ tʃɐm⁵⁵ kɔ³⁵ ʃi⁻³⁵ nei¹³ wa²² jiu³³ tʃøy³³ pʻɛŋ¹¹ kɛ³³ pau⁵⁵ tʃɔŋ⁵⁵, ka⁵⁵ ha¹³ jɐu²² jiu³³ wun²² kwɔ³³ ni⁵⁵ tʃuŋ³⁵, kɔ³³ fɐi³³ juŋ²² mʻ¹¹ tʻuŋ²² kɔ³³ pɔ³³, kwɐi³³ tʃɔ³⁵ ʃam⁵⁵ ʃiŋ¹¹, nei¹³ tʃɐi³³ mʻ¹¹ tʃɐi³³ a³³?
（上次商谈时您说要最便宜的包装，现在又要换上这种，费用不同，贵了三成，您愿不愿意呢？）

667. 呢批货好矜贵，又唔撞得，唔该一定要用最禁嘅包装材料。
ni⁵⁵ pʻɐi⁵⁵ fɔ³³ hou³⁵ kiŋ⁵⁵ kwɐi³³, jɐu²² mʻ¹¹ tʃɔŋ²² tɐk⁵⁵, mʻ¹¹ kɔi⁵⁵ jɐt⁵⁵ tiŋ²² jiu³³ juŋ²² tʃøy³³ kʻɐm⁵⁵ kɛ³³ pau⁵⁵ tʃɔŋ⁵⁵ tʃʻɔi¹¹ liu⁻³⁵.
（这批货很贵重，又不能碰撞，请一定要用最结实的包装材料。）

668. 我公司从嚟唔使用任何劣等包装。你哋嘅货一定会安全送到嘅，请放心。
ŋɔ¹³ kuŋ⁵⁵ ʃi⁵⁵ tʃʻuŋ¹¹ lɐi¹¹ mʻ¹¹ ʃɐi³³ juŋ²² jɐm²² hɔ¹¹ lyt²² tɐŋ³⁵ pau⁵⁵ tʃɔŋ⁵⁵. nei¹³ tei²² kɛ³³ fɔ³³ jɐt⁵⁵ tiŋ²² wui¹³ ɔn⁵⁵ tʃʻyn¹¹ ʃuŋ³³ tou²² kɛ³³, tʃʻiŋ³⁵ fɔŋ³³ ʃɐm⁵⁵.
（我公司从来不使用任何劣等包装。你们的货一定会安全送到的，请放心。）

669. 对水果蜜饯嘅包装我哋冇乜嘢特别要求，除咗要防潮防压之外，最好仲要考虑到图案嘅色彩对消费者要有吸引力。
tøy³³ ʃøy³⁵ kwɔ³⁵ mɐt²² tʃin³³ kɛ³³ pau⁵⁵ tʃɔŋ⁵⁵ ŋɔ¹³ tei²² mou¹³ mɐt⁵⁵ jɛ¹³ tɐk²² pit²² jiu⁵⁵ kʻɐu¹¹, tʃʻøy¹¹ tʃɔ³⁵ jiu³³ fɔŋ¹¹ tʃʻiu¹¹ fɔŋ³³ at³³ tʃi⁵⁵ ŋɔi²², tʃøy³⁵ hou³⁵ tʃuŋ²² jiu³³ hau³⁵ løy³³ tou³³ tʻou¹¹ ɔn³³ kɛ³³ ʃik⁵⁵ tʃʻɔi³⁵ tøy³³ ʃiu⁵⁵ fɐi³³ tʃɛ³⁵ jiu³³ jɐu¹³ kʻɐp⁵⁵ jɐn¹³ lik²².
（对水果蜜饯的包装我们没什么特别要求，除了要防潮防压之外，最好还要考虑图案的色彩对消费者要有吸引力。）

第23单元 买方对包装的要求

670. 今批货系易碎品，用纸箱包装嘅话可能唔够实净，兼夹啲湿气又易入去㗎，再畀雨水揼亲个话，运到定都唔知变成点？希望改用塑料箱，得嘛？⁽²⁾

kɐm⁵⁵ p'ei³⁵ fo³³ hei²² ji² ʃɵy³³ pɐn³⁵, jun²² tʃi³⁵ ʃœn⁶⁵ pau⁵⁵ tʃɔn⁵⁵ ke³³ wa⁻³⁵ hɔ³⁵ nɐn¹¹ m¹¹ kɐu³³ ʃɐt²² tʃɛn²², kim⁵⁵ kap³³ ti⁵⁵ ʃɐp⁵⁵ hei³³ jɐu²² ji²² jɐp²² hɐy³³ pɔ³³, tʃɔi³³ pei³⁵ jy¹³ ʃɵy³⁵ tɐp²² tʃ'ɐn⁵⁵ kɔ³³ wa⁻³⁵, wɐn²² tou³³ tɐn²² tou⁵⁵ m¹¹ tʃi⁵⁵ pin³³ ʃin¹¹ tim³⁵? hei⁵⁵ mɔn²² kɔi¹³ jun²² ʃɔk³³ liu⁻³⁵ ʃœn⁵⁵, tɐk⁵⁵ ma³³?

（这批货是易碎品，用纸箱包装的话可能不够结实，加上湿气又容易进去，再给雨水淋了的话，运到地方都不知道变成什么样儿了？希望改用塑料箱，行吗？）

671. 唔使惊咁多！我哋专业公司对包装有严密嘅防水措施，啲湿气吖、雨水吖边有咁易入咗去㗎？我哋嘅货冚唪唥用纸箱包装嘅，至到而家都冇人投诉过呢种包装唔得。

m¹¹ ʃei³⁵ kɛn⁵⁵ kɐm³³ tɔ⁵⁵! ŋɔ¹³ tei²² tʃyn⁵⁵ jip³³ kun⁵⁵ ʃi⁵⁵ tɵy³³ pau⁵⁵ tʃɔn⁵⁵ jɐu¹³ jim¹¹ mɐt²² ke³³ fɔn¹¹ ʃɵy³⁵ tʃ'ou³³ ʃi⁵⁵, ti⁵⁵ ʃɐp⁵⁵ hei³³ a³³, jy¹³ ʃɵy³⁵ a³³ pin⁵⁵ jɐu¹³ kɐm³³ ji²² jɐp²² tʃɔ³⁵ hɵy³³ ka³⁵? ŋɔ¹³ tei²² ke³³ fɔ³³ hɐm²² paŋ³³ lan²² jun²² tʃi³⁵ ʃœn⁵⁵ pau⁵⁵ tʃɔn⁵⁵ kɛ³³, tʃik²² tou³³ ji¹¹ ka⁵⁵ tou⁵⁵ mou¹³ jɐn¹¹ t'ɐu¹¹ ʃou³³ kwɔ³³ ni⁵⁵ tʃun³⁵ pau⁵⁵ tʃɔn⁵⁵ m¹¹ tɐk⁵⁵.

（不用担心这么多。我们专业公司对包装有严密的防水措施，湿气啊、雨水啊哪有这么容易进去的？我们的货物全部用纸箱包装，直到现在还没有人投诉过这种包装不行。）

672. 如果你系要坚持嘅话，完全可以照你讲嘅改用包装。但系个皮费会增加，兼且交货时间要推迟，要等多两个月个嘛。

jy¹¹ kwɔ³⁵ nei¹³ hei²² jiu³³ kin⁵⁵ tʃ'i¹¹ kɛ³³ wa⁻³⁵, jyn¹¹ tʃyn¹¹ hɔ³⁵ ji¹³ tʃiu³³ nei¹³ kɔn³⁵ ke³³ kɔi³⁵ jun²² pau⁵⁵ tʃɔn⁵⁵. tan²² hei²² kɔ³³ p'ei¹¹ fei³³ wui¹³ tʃɐn⁵⁵ ka⁵⁵, kim⁵⁵ tʃ'ɛ³⁵ kau⁵⁵ fɔ³³ ʃi¹¹ kan³³ jiu³³ t'ɵy⁵⁵ tʃ'i¹¹, jiu³³ tɐn³⁵ tɔ⁵⁵ lœn¹³ kɔ³³ jyt²² kɔ³³ pɔ³³.

（如果您非要坚持的话，完全可以按您说的改用包装。但是费用会增加，并且交货时间要推迟，要多等两个月呢。）

673. 购买呢种贵价商品嘅顾客，周时系啲高收入嘅消费者。所以个包装要设计得骨子有型，睇起身要够晒贵格至得。

k'ɐu³³ mai⁵⁵ ni⁵⁵ tʃuŋ³⁵ kwɐi³³ ka³³ ʃœŋ⁵⁵ pɐn³⁵ kɛ³³ ku³³ hak³³ tʃɐu⁵⁵ ʃi¹¹ hɐi²² ti⁵⁵ kou⁵⁵ ʃɐu⁵⁵ jɐp²² kɛ³³ ʃiu⁵⁵ fei³³ tʃɛ³⁵. ʃɔ³⁵ ji¹³ kɔ³³ pau⁵⁵ tʃɔŋ³⁵ jiu³³ tʃ'it³³ kɐi³³ tɐk⁵⁵ kwɐt⁵⁵ tʃi³⁵ jɐu¹³ jiŋ¹¹, t'ɐi³⁵ hei³⁵ ʃɐn⁵⁵ jiu³³ kɐu³³ ʃai³³ kwɐi³³ kak³³ tʃi³³ tɐk⁵⁵.

（购买这种高价商品的顾客，经常是些高收入消费者。所以包装要设计得精致有特色，看起来要很高贵才行。）

674. 我哋呢只产品系满足消费者专门攞嚟送礼用嘅需求。如果包装设计系识跟住潮流兴就俗得滞。要时髦新潮又要有型有款，仲要考虑埋个环保因素，呢啲就系我哋嘅要求。

ŋɔ¹³ tei²² ni⁵⁵ tʃɛk³³ tʃ'an³⁵ pɐn³⁵ hɐi²² mun¹³ tʃuk⁵⁵ ʃiu⁵⁵ fei³³ tʃɛ³⁵ tʃyn⁵⁵ mun¹¹ lɔ³⁵ lɐi¹¹ ʃuŋ³³ lɐi¹³ juŋ³ kɛ³³ ʃɵy⁵⁵ k'ɐu¹¹. jy¹¹ kwɔ³⁵ pau⁵⁵ tʃɔŋ⁵⁵ tʃ'it³³ kɐi³³ hɐi²² ʃik⁵⁵ kɐn⁵⁵ tʃy³³ tʃ'iu¹¹ lɐu¹¹ hiŋ⁵⁵ tʃɐu²² tʃuk³⁵ tɐk⁵⁵ tʃɐi²². jiu³³ ʃi¹¹ mou⁵⁵ ʃɐn⁵⁵ tʃ'iu¹¹ jɐu²² jiu³³ jɐu¹³ jiŋ¹¹ jɐu¹³ fun³⁵, tʃuŋ²² jiu³³ hau³⁵ lɵy²² mai¹¹ kɔ³³ wan¹¹ pou³⁵ jɐn⁵⁵ ʃou³⁵, ni⁵⁵ ti⁵⁵ tʃɐu²² hɐi²² ŋɔ¹³ tei²² kɛ³³ jiu⁵⁵ k'ɐu¹¹.

（我们这种商品是满足消费者专门拿来送礼用的需求。如果包装设计只会跟风就很俗。要时髦新潮，又要有派头有特色，连环保因素也要考虑上，这些就是我们的要求。）

675. 丝袜要100打装成一箱，贴上唛头标志，从1号开始按顺序编号，排好装上货车。

ʃi⁵⁵ mɐt²² jiu³³ jɐt⁵⁵ pak³³ ta⁵⁵ tʃɔŋ⁵⁵ ʃiŋ¹¹ jɐt⁵⁵ ʃœŋ⁵⁵, t'ip³³ ʃœŋ¹³ mɐk⁵⁵ t'ɐu¹¹ piu⁵⁵ tʃi³³, tʃ'uŋ¹¹ jɐt⁵⁵ hou²² hɔi⁵⁵ tʃ'i³⁵ ɔn³³ ʃɵn²² tʃɵy²² p'in⁵⁵ hou²², p'ai¹¹ hou³⁵ tʃɔŋ⁵⁵ ʃœŋ¹³ fɔ³³ tʃ'ɛ³³.

（丝袜要100打装成一箱，贴上标签标志，从1号开始按顺序编号，排好装上货车。）

676. 其实玻璃杯用纸箱打包都好安全嘅，用塑料箱个话，啲皮费咪增加啰。

k'ei¹¹ ʃɐt²² pɔ⁵⁵ lei⁵⁵ pui³³ juŋ²² tʃi³⁵ ʃœŋ⁵⁵ ta³⁵ pau⁵⁵ tou⁵⁵ hou³⁵ ɔn³⁵ tʃ'yn¹¹ kɛ³⁵, juŋ²² ʃɔk³³ liu⁻³⁵ ʃœŋ⁵⁵ kɔ³³ wa⁻³⁵, ti⁵⁵ p'ei¹¹ fei³³ mɐi²² tʃɐŋ⁵⁵ ka⁵⁵ lɔ³³.

（其实玻璃杯用纸箱打包也很安全的，用塑料箱的话，费用不就增加了嘛。）

677. 虽然纸箱好轻便，又易装运，仲降低个皮费添。但系我哋硬系觉得纸箱包装喺运输中唔够实净。

ʃɵy⁵⁵ jin¹¹ tʃi³⁵ ʃœŋ³⁵ hou³⁵ hɐŋ⁵⁵ pin²², jɐu²² ji²² tʃɔŋ⁵⁵ wɐn²², tʃuŋ²² kɔŋ³³ tɐi⁵⁵ kɔ³³ pʻei²² fɐi³³ tʻim⁵⁵. tan²² hei²² ŋɔ¹³ tei²² ŋaŋ⁻³⁵ hei²² kɔk³³ tɐk⁵⁵ tʃi³⁵ ʃœŋ⁵⁵ pau⁵⁵ tʃɔŋ⁵⁵ hei³⁵ wɐn²² ʃy⁵⁵ tʃuŋ⁵⁵ m¹¹ kɐu³³ ʃɐt²² tʃɐŋ²².

（虽然纸箱很轻便，又容易装运，还降低费用呢。但是我们就是觉得纸箱包装在运输中不够结实。）

678. 我公司都系希望葡萄酒每6樽装一盒嘅包装。个盒设计美观大睇，唔好太过花哩碌，方便携带，仲要稳阵先得。

ŋɔ¹³ kuŋ⁵⁵ ʃi⁵⁵ tou⁵⁵ hɐi²² hei⁵⁵ mɔŋ²² pʻou¹¹ tʻou¹¹ tʃɐu³⁵ mui¹³ luk²² tʃɐn⁵⁵ tʃɔŋ⁵⁵ jɐt⁵⁵ hɐp²² kɛ³³ pau¹¹ tʃɔŋ¹¹. kɔ³³ hɐp⁻³⁵ tʃʻit³³ kɐi³³ mei¹³ kwun⁵⁵ tai²² tʻei³⁵, m¹¹ hou³⁵ tʻai³³ kwɔ³³ fa⁵⁵ li³³ luk³⁵, fɔŋ⁵⁵ pin²² kwʻei¹¹ tai³³, tʃuŋ²² jiu³³ wɐn³⁵ tʃɐn²² ʃin⁵⁵ tɐk⁵⁵.

（我公司还是希望葡萄酒每6瓶一盒的包装。盒子设计要美观大方，不要过于花里胡哨，方便携带，还要稳妥才行。）

679. 虽然你哋系专业公司，我都系要强调下易燃品喺运输中要注意安全。所以，我公司希望油漆包装要用够硬净嘅金属盒，每只盒装40只细油漆罐。

ʃɵy⁵⁵ jin¹¹ nei¹³ tei²² hɐi²² tʃyn⁵⁵ jip²² kuŋ⁵⁵ ʃi⁵⁵, ŋɔ¹³ tou⁵⁵ hɐi²² jiu³³ kʻœŋ¹¹ tiu³³ ha¹³ ji²² jin¹¹ pɐn³⁵ hɐi³⁵ wɐn²² ʃy⁵⁵ tʃuŋ⁵⁵ jiu³³ tʃy³³ ji³³ ɔn⁵⁵ tʃʻyn¹¹. ʃɔ³⁵ ji¹³, ŋɔ¹³ kuŋ⁵⁵ ʃi⁵⁵ hei⁵⁵ mɔŋ²² jɐu¹¹ tʃʻɐt⁵⁵ pau⁵⁵ tʃɔŋ⁵⁵ jiu³³ juŋ²² kɐu³³ ŋaŋ²² tʃɐŋ²² kɛ³³ kɐm⁵⁵ ʃuk²² hap⁻³⁵, mui¹³ tʃɛk⁵⁵ hap⁻³⁵ tʃɔŋ⁵⁵ ʃei³³ ʃɐp²² tʃɛk⁵⁵ ʃɐi³³ jɐu¹¹ tʃʻɐt⁵⁵ kun²³.

（虽然你们是专业公司，我还是要强调一下易燃品在运输中要注意安全。所以，我公司希望油漆包装要用很坚硬的金属盒，每个盒子装40个小油漆罐。）

680. 呢啲机器属精密仪器，每只箱度都要标上"小心轻放"嘅字样做提示，千祈唔好野蛮装卸。

ni⁵⁵ ti⁵⁵ kei³³ hei³³ ʃuk²² tʃiŋ⁵⁵ mɐt²² ji¹¹ hei³³, mui¹³ tʃɛk³³ ʃœŋ⁵⁵ tou²² tou⁵⁵ jiu³³ piu⁵⁵ ʃœŋ¹³ "ʃiu³⁵ ʃɐm⁵⁵ hɐŋ⁵⁵ fɔŋ³³" kɛ³³ tʃi²² jœŋ⁻³⁵ tʃou²² t'ɐi¹¹ ʃi²², tʃ'in⁵⁵ k'ei¹¹ m¹¹ hou³⁵ jɛ¹³ man¹¹ tʃɔŋ⁵⁵ ʃɛ³³.

（这些机器属精密仪器，每个箱子上都要标上"小心轻放"的字样，千万不能野蛮装卸。）

681. 紫砂壶系易碎品，包装箱入便要用软熟嘅材料做好填充，外包装上一定要标示"小心轻放"。

tʃi³⁵ ʃa⁵⁵ wu¹¹ hɐi²² ji²² ʃɵy³³ pɐn³⁵, pau⁵⁵ tʃɔŋ⁵⁵ ʃœŋ⁵⁵ jɐp²² pin²² jiu³³ juŋ²² jyn¹³ ʃuk²² kɛ³³ tʃ'ɔi¹¹ liu⁻³⁵ tʃou²² hou³⁵ t'in¹¹ tʃ'uŋ⁵⁵, ŋɔi²² pau⁵⁵ tʃɔŋ⁵⁵ ʃœŋ²² jɐt⁵⁵ tiŋ²² jiu³³ piu⁵⁵ ʃi²² "ʃiu³⁵ ʃɐm⁵⁵ hɐŋ⁵⁵ fɔŋ³³".

（紫砂壶是易碎品，包装箱里面要用柔软的材料做好填充，外包装上一定要标示"小心轻放"。）

682. 货物要用内衬锡纸嘅木箱包装，出便仲要清楚标明入便所装嘅物品。

fɔ³³ mɐt²² jiu³³ juŋ²² nɔi²² tʃ'ɐn³³ ʃɛk³³ tʃi³⁵ kɛ³³ muk²² ʃœŋ⁵⁵ pau⁵⁵ tʃɔŋ⁵⁵, tʃɵt⁵⁵ pin²² tʃuŋ²² jiu³³ tʃ'iŋ³⁵ tʃ'ɔ³⁵ piu⁵⁵ miŋ¹¹ jɐp²² pin⁵⁵ ʃɔ³⁵ tʃɔŋ⁵⁵ kɛ³³ mɐt²² pɐn³⁵.

（货物要用内衬锡纸的木箱包装，外边还要清楚标明里面所装的物品。）

683. 红酒属于对光同温度要求好高嘅物品，包装度除咗要防震防潮之外，仲要保证运货车入便嘅温度同光线。

huŋ¹¹ tʃɐu³⁵ ʃuk²² jy⁵⁵ tɵy³³ kwɔŋ⁵⁵ t'uŋ¹¹ wɐn⁵⁵ tou²² jiu⁵⁵ k'ɐu¹¹ hou³⁵ kou⁵⁵ kɛ³³ mɐt²² pɐn³⁵, pau⁵⁵ tʃɔŋ⁵⁵ tou²² tʃ'ɵy¹¹ tʃɔ³⁵ jiu³³ fɔŋ¹¹ tʃɐn³³ fɔŋ¹¹ tʃ'iu¹¹ tʃi⁵⁵ ŋɔi²², tʃuŋ²² jiu³³ pou³⁵ tʃiŋ³³ wɐn²² fɔ³³ tʃ'ɛ⁵⁵ jɐp²² pin²² kɛ³³ wɐn⁵⁵ tou²² t'uŋ¹¹ kwɔŋ⁵⁵ ʃin³³.

（红酒属于对光和温度要求很高的物品，包装方面除了要防震防潮外，还要保证运货车内的温度和光线。）

684. 坚果类食品要保持干燥，我哋要求包装一定要保证防潮。最好每只纸箱都内衬防水纸，防潮效果会更之好。

kin⁵⁵ kwɔ³⁵ lɵy²² ʃik²² pɐn³⁵ jiu³³ pou³⁵ tʃ'i¹¹ kɔn⁵⁵ tʃ'ou³³, ŋɔ¹³ tei²² jiu⁵⁵ k'ɐu¹¹ pau⁵⁵ tʃɔŋ⁵⁵ jɐt⁵⁵ tiŋ²² jiu³³ pou³⁵ tʃiŋ³³ fɔŋ¹¹ tʃ'iu¹¹. tʃɵy³³ hou³⁵ mui¹³ tʃɛk³³ tʃi³⁵

ʃœŋ¹¹ tou⁵⁵ nɔi²² tʃʻɐn³³ fɔŋ¹¹ ʃθy³⁵ tʃi³⁵, fɔŋ¹¹ tʃʻiu¹¹ hau²² kwɔ⁵⁵ wui¹³ kɐŋ¹³ tʃi⁵⁵ hou³⁵.
（坚果类食品要保持干燥，我们要求包装一定要保证防潮。最好每个纸箱都内衬防水纸，防潮效果会更好。）

685. 茶叶运输注意防潮、防晒、防高温，茶叶嘅质素先至有保证。呢啲都系包装要注意嘅重点。

tʃʻa¹¹ jip²² wɐn²² ʃy⁵⁵ tʃy³³ ji³³ fɔŋ¹¹ tʃʻiu¹¹、fɔŋ¹¹ ʃai³³、fɔŋ¹¹ kou⁵⁵ wɐn⁵⁵, tʃʻa¹¹ jip²² kɛ³³ tʃɐt⁵⁵ ʃou³³ ʃin⁵⁵ tʃi³³ jɐu¹³ pou³⁵ tʃiŋ³³. ni⁵⁵ ti⁵⁵ tou⁵⁵ hɐi²² pau⁵⁵ tʃɔŋ²² jiu³³ tʃy³³ ji³³ kɛ³³ tʃuŋ²² tim²².

（茶叶运输注意防潮、防晒、防高温，茶叶的质量才有保证。这些都是包装要注意的重点。）

686. 希望每部机都用木箱包装，箱嘅入便放内衬泡沫塑料，确保运输途中啲机唔会四围嘟。

hei⁵⁵ mɔŋ²² mui¹³ pou²² kei⁵⁵ tou⁵⁵ juŋ²² muk² ʃœŋ⁵⁵ pau⁵⁵ tʃɔŋ⁵⁵, ʃœŋ⁵⁵ kɛ³³ jɐp²² pin²² fɔŋ³³ nɔi²² tʃʻɐn³³ pʻau⁵⁵ mut²² ʃɔk³³ liu⁻³⁵, kʻɔk³³ pou³⁵ wɐn²² ʃy⁵⁵ tʻou¹¹ tʃuŋ⁵⁵ ti⁵⁵ kei⁵⁵ m¹¹ wui¹³ ʃei³³ wei¹¹ juk⁵⁵.

（希望每台机子都用木箱包装，箱内放内衬泡沫塑料，确保运输途中机子不会到处晃动。）

687. 呢批衫希望用聚乙烯袋包装，噉我哋就可以直接放喺售卖柜度摆卖嘞。

ni⁵⁵ pʻɐi⁵⁵ ʃɐt⁵⁵ ʃam⁵⁵ hei⁵⁵ mɔŋ²² juŋ²² tʃθy²² jyt²² hei⁵⁵ tɔi⁻³⁵ pau⁵⁵ tʃɔŋ⁵⁵, kɐm³⁵ ŋɔ¹³ tei²² tʃɐu²² hɔ³⁵ ji¹³ tʃik²² tʃip³⁵ fɔŋ³³ hɐi³⁵ ʃɐu²² mai²² kwɐi²² tou²² pai³⁵ mai²² lak⁵⁵.

（这批衬衫希望用聚乙烯袋包装，这样我们就可以直接陈放在售卖柜那儿摆卖了。）

688. 外观设计几唔错，可惜啲色哑咗少少，最好将个色调返鲜啲。

ŋɔ²² kun⁵⁵ tʃʻit³³ kɐi³³ kei³⁵ m¹¹ tʃʻɔ³³, hɔ³⁵ ʃik⁵⁵ ti⁵⁵ ʃik⁵⁵ ŋa¹³ tʃɔ³³ ʃiu³⁵ ʃiu³⁵, tʃθy²² hou³⁵ ʃœŋ⁵⁵ kɔ³³ ʃik⁵⁵ tʻiu¹¹ fan⁵⁵ ʃin⁵⁵ ti⁵⁵.

（外观设计挺不错，可惜颜色黯淡了些，最好把色彩调得鲜艳点。）

689. 我哋要求每只纸板箱装30只杯，毛重25公斤度。

ŋɔ¹³ tei²² jiu⁵⁵ kʻɐu¹³ mui¹³ tʃɛk³³ tʃi⁵⁵ pan³⁵ ʃœŋ⁵⁵ tʃɔŋ⁵⁵ ʃam⁵⁵ ʃɐp⁵⁵ tʃɛk³³ pui⁵⁵ mou¹¹ tʃʻuŋ¹³ ji³³ ʃɐp²² ŋ¹³ kuŋ⁵⁵ kɐn⁵⁵ tou³⁵.

（我们要求每个纸板箱装30个杯子，毛重约25公斤。）

690. 包装设计要有自己嘅特色，仲要兼顾埋市场嘅流行趋势，老土得滞边有人睐㗎？

pau⁵⁵ tʃɔŋ⁵⁵ tʃʻit³³ kɐi³³ jiu³³ jɐu¹³ tʃi²² kei³⁵ kɛ³³ tɐk²² ʃik⁵⁵, tʃuŋ²² jiu³³ kim⁵⁵ ku³³ mai¹¹ ʃi²⁵ tʃʻœŋ¹¹ ke³³ lɐu¹¹ hɐŋ¹¹ tʃʻɵy⁵⁵ ʃɐi³³, lou¹³ tʻou³⁵ tɐk⁵⁵ tʃɐi²² pin⁵⁵ jɐu¹³ jɐn¹¹ hɐu⁵⁵ ka³⁵?

（包装设计要有自己的特色，还要顾及市场的的流行趋势，太土气了没有人看得上。）

二、注释

（1）即使系用纸盒包装亦都冇问题啊：广州话不少字音有文白两读。"使"文读ʃi³⁵，白读ʃɐi³⁵。因此，"即使"口语常说成 tʃik⁵⁵ ʃɐi³⁵。再如，第680句"小心轻放"的"轻"，文读hiŋ⁵⁵，白读hɐŋ⁵⁵，本书标白读。

（2）运到定都唔知变成点：广州话的"地方 tei²² fɔŋ⁵⁵"还可说成"定方 tɛŋ²² fɔŋ⁵⁵"或单说成"定 tɛŋ²²"。

三、生词

稳阵 wɐn³⁵ tʃɐn²²	稳当、稳妥	
黐 tʃʻi⁵⁵	粘	
制 tʃɐi²²	愿意	
矜贵 kin⁵⁵ kwɐi³³	贵重	
实净 ʃɐt²² tʃɐŋ²²	结实	
揗 tɐp²²	（被水）淋湿、（被水）浇湿	
皮费 pʻei¹¹ fei³³	货物的运输、损耗等的费用	
骨子 kwɐt⁵⁵ tʃi³⁵	精致、好看	
有型 jɐu¹³ jiŋ¹¹	好看而有特色	
贵格 kwɐi³³ kak³³	气质高贵	
唛头 mak⁵⁵ tʻɐu¹¹	商标（"唛"是英语mark的译音）	
大睇 tai²² tʻei³⁵	美观大方	
花哩碌 fa³⁵ li⁵⁵ luk⁵⁵	花里胡哨	
哑色 a³⁵ ʃik⁵⁵	色泽黯淡	
睺 hɐu⁵⁵	看上、想要	

四、词语扩展

- 印刷醒目 jɐn³³ tsʻat³³ ʃiŋ³⁵ muk²²
- 款式翻新 fun³⁵ ʃik⁵⁵ fan⁵⁵ ʃɐn⁵⁵
- 间隔空隙均匀 kan³³ kak³³ huŋ⁵⁵ kwʻik⁵⁵ kwɐn⁵⁵ wɐn¹¹
- 散装灌包 ʃan³⁵ tʃɔŋ⁵⁵ kun³³ pau⁵⁵
- 塑料纺织袋 ʃɔk³³ liu⁻³⁵ fɔŋ³⁵ tʃik⁵⁵ tɔi³⁵
- 复合袋瓦楞纸箱 fuk²² hap²² tɔi³⁵ ŋa³⁵ liŋ¹¹ tʃi³⁵ ʃœŋ⁵⁵
- 集装箱 tʃap²² tʃɔŋ⁵⁵ ʃœŋ⁵⁵
- 防震纸板箱 fɔŋ¹¹ tʃɐn³³ tʃi³⁵ pan³⁵ ʃœŋ⁵⁵
- 水波纹纸箱 ʃɵy³⁵ pɔ⁵⁵ mɐn¹¹ tʃi³⁵ ʃœŋ⁵⁵
- 花格木箱 fa⁵⁵ kak³³ muk²² ʃœŋ⁵⁵
- 皱纹纸 tʃɐu³³ mɐn¹¹ tʃi³⁵
- 纸模 tʃi³⁵ mou¹¹
- 施封锁 ʃi⁵⁵ fuŋ⁵⁵ ʃɔ³⁵
- 箱档加固 ʃœŋ⁵⁵ tɔŋ³⁵ ka⁵⁵ ku³³
- 钢带加固 kɔŋ³³ tai³⁵ ka⁵⁵ ku³³
- 蜡封 lap²² fuŋ⁵⁵
- 特殊标识 tɐk²² ʃy¹¹ piu⁵⁵ ʃik⁵⁵
- 安全标识 ɔn⁵⁵ tsʻyn¹¹ piu⁵⁵ ʃik⁵⁵
- 防腐性能 fɔŋ¹¹ fu²² ʃiŋ³³ nɐŋ¹¹

附：广州话动词、形容词后面的助词"添"

助词"添 tim⁵⁵"有扩充范围或递进的作用，相当于普通话"再"。例如：等埋阿老王添啦，急乜嘢咧？tɐŋ³⁵ mai¹¹ a³³ lou¹³ wɔŋ⁻³⁵ tʻim⁵⁵ la⁵⁵, kɐp⁵⁵ mɐt⁵⁵ jɛ¹³ lɛ⁵⁵？(再等等老王吧，急什么呢？)/高啲添！kou⁵⁵ ti⁵⁵ tʻim⁵⁵!（再高点儿！）

放在句末表示强调，往往和"仲"连用。例如：噉搞法仲弊添 kɐm³⁵ kau³⁵ fat³³ tʃuŋ²² pɐi²² tʻim⁵⁵（这样搞更糟糕）。

第24单元 卖方对包装的保证

一、课文

691. 你哋对包装嘅要求同建议，我会即刻交畀制造商，相信佢哋嘅设计肯定会令到你哋满意嘅。

nei¹³ tei²² tøy³³ pau⁵⁵ tʃɔŋ⁵⁵ kɛ³³ jiu⁵⁵ kʻɐu¹¹ tʻuŋ¹¹ kin³³ ji¹³, ŋɔ¹³ wui¹³ tʃik⁵⁵ hak⁵⁵ kau⁵⁵ pei³⁵ tʃɐi¹³ tʃou²² ʃœŋ⁵⁵, ʃœŋ⁵⁵ ʃɐn³³ kʻøy¹³ tei²² kɛ³³ tʃʻit³³ kɐi¹³ hɐŋ³⁵ tiŋ²² wui¹³ liŋ²² tou³³ nei¹³ tei²² mun¹³ ji³³ kɛ³³.

（你们对包装的要求和建议，我会马上交给制造商，相信他们的设计肯定会令你们满意的。）

692. 设计嘅板一出嚟，我第一时间送嚟你公司，听下你哋嘅意见。

tʃʻit³³ kɐi¹³ kɛ³³ pan³⁵ jɐt⁵⁵ tʃʻɵt⁵⁵ lɐi¹³, ŋɔ¹³ tei²² jɐt⁵⁵ ʃi¹¹ kan³³ ʃuŋ⁵⁵ lɐi¹¹ nei¹³ kuŋ⁵⁵ ʃi⁵⁵, tʻɛŋ⁵⁵ ha¹³ nei¹³ tei²² kɛ³³ ji³³ kin³³.

（设计的样品一出来，我第一时间送来你公司，听听你们的意见。）

693. 我公司设计嘅包装同埋对色彩嘅拣择，对后生仔、后生女绝对有吸引力嘅。

ŋɔ¹³ kuŋ⁵⁵ ʃi⁵⁵ tʃʻit³³ kɐi³³ kɛ³³ pau⁵⁵ tʃɔŋ⁵⁵ tʻuŋ¹¹ mai¹¹ tøy³³ ʃik⁵⁵ tʃʻɔi³⁵ kɛ³³ kan³⁵ tʃak²², tøy³³ hɐu²² ʃaŋ⁵⁵ tʃɐi³⁵、hɐu²² ʃaŋ⁵⁵ nøy⁻³⁵ tʃyt²² tøy³³ jɐu¹³ kʻɐp⁵⁵ jɐn¹³ lik²² kɛ³³.

（我公司设计的包装和对色彩的选择，对青年男女绝对有吸引力的。）

694. 一般嚟讲，包装嘅费用系由买方承担嘅。

jɐt⁵⁵ pun⁵⁵ lɐi¹¹ kɔŋ³⁵, pau⁵⁵ tʃɔŋ⁵⁵ kɛ³³ fɐi³³ juŋ²² hɐi²² jɐu¹¹ mai¹³ fɔŋ⁵⁵ ʃiŋ¹¹ tam⁵⁵ kɛ³³.

（一般来说，包装的费用是由买方承担的。）

695. 男装衬衫嘅包装系噉：每件套一只塑料袋，5打装一纸箱，纸箱入便衬有防潮纸，箱体外仲加固咗两条铁箍。

nam¹¹ tʃoŋ⁵⁵ ʃɵt⁵⁵ ʃam³⁵ ke³³ pau⁵⁵ tʃoŋ⁵⁵ hei²² kɐm³⁵: mui¹³ kin²² tʻou³³ jɐt⁵⁵ tʃɛk³³ ʃɔk³³ liu⁻³⁵ tɔi⁻³⁵, ŋ¹³ ta³⁵ tʃoŋ⁵⁵ jɐt⁵⁵ tʃi³⁵ ʃœŋ³⁵, tʃi¹³ ʃœŋ³⁵ jɐp² pin²² tʃʻɐn³³ jɐu¹³ foŋ¹¹ tʃʻiu¹¹ tʃi³⁵, ʃœŋ³⁵ tʻei³⁵ ŋɔi²² tʃuŋ²² ka⁵⁵ ku³³ tʃɔ³⁵ lœŋ¹³ tʻiu¹¹ tʻit³³ kʻu⁵⁵.

（男装衬衫的包装是这样：每件套一个塑料袋子，5打装一纸箱，纸箱内衬防潮纸，纸箱体外边还加固了两道铁箍。）

696. 吊灯、玻璃杯呢啲易碎品，𠮶啤啥用软材料包装，仲要固定喺个纸板盒入便，出便标明"小心轻放"。

tiu³³ tɐŋ⁵⁵、pɔ⁵⁵ lei³⁵ pui⁵⁵ ni⁵⁵ ti⁵⁵ ji²² ʃɵy³³ pɐn³⁵, hɐm²² paŋ²² laŋ²² juŋ²² jyn¹³ tʃʻɔi¹¹ liu⁻³⁵ pau⁵⁵ tʃoŋ⁵⁵, tʃuŋ²² jiu³³ ku³³ tiŋ²² hei³⁵ kɔ³³ tʃi³⁵ pan³⁵ hɐp⁻³⁵ jɐp²² pin²², tʃʻɵt²⁵ pin²² piu³⁵ miŋ¹¹ "ʃiu³⁵ ʃɐm⁵⁵ hɛŋ⁵⁵ foŋ³³".

（吊灯、玻璃杯这些易碎品，全部用软材料包装，还要固定在纸板盒里边，外边标明"小心轻放"。）

697. 玻璃杯用纸箱打包都好安全嘅，用塑料箱唔单止增加皮费，仲要推迟交货时间，点计都系好唔化算㗎。

pɔ⁵⁵ lei⁵⁵ pui⁵⁵ juŋ²² tʃi³⁵ ʃœŋ⁵⁵ ta³⁵ pau⁵⁵ tou⁵⁵ hou³⁵ ɔn⁵⁵ tʃʻyn¹¹ ke³⁵, juŋ²² ʃɔk³³ liu⁻³⁵ ʃœŋ⁵⁵ m¹¹ tan³⁵ tʃi³⁵ tʃɐŋ⁵⁵ ka⁵⁵ pʻei¹¹ fɐi³⁵, tʃuŋ²² jiu³³ tʻɵy³⁵ tʃʻi¹¹ kau⁵⁵ fɔ³³ ʃi¹¹ kan³³, tim³⁵ kɐi¹¹ tou⁵⁵ hei²² hou³⁵ m¹¹ fa³³ ʃyn³³ ka³³.

（玻璃杯用纸箱打包也很安全的，用塑料箱不但增加费用，还要推迟交货时间，怎么算都是很不划算的。）

698. 危险性大嘅货物，例牌要喺每件货物上刷出明显标记，提示注意。安全第一，几时都系绝对不能疏忽嘅。[1]

ŋei¹¹ him³⁵ ʃiŋ³³ tai²² ke³³ fɔ³³ mɐt²², lei²² pʻai³⁵ jiu³³ hei³⁵ mui¹³ kin²² fɔ³³ mɐt²² ʃœŋ²² tʃʻat⁻³³ tʃʻɵt² miŋ¹¹ hin³⁵ piu⁵⁵ kei³⁵, tʻei¹¹ ʃi²² tʃy³³ ji³³. ɔn⁵⁵ tʃʻyn¹¹ tɐi²² jɐt³⁵, kei³⁵ ʃi²² tou⁵⁵ hei²² tʃyt²² tɵy³³ pɐt⁵⁵ nɐŋ¹¹ ʃɔ⁵⁵ fɐt⁵⁵ ke³³.

（危险性大的货物，理应要在每件货物上刷出明显标记，提示注意。安全第一，什么时候都是绝对不能疏忽的。）

699. 对咿啲罐装货物嘅包装，我哋先装入纸箱，喺箱嘅外便再用金属带加固，免至运输途中啲货炭炭啧。

tøy³³ ji²² ti⁵⁵ kun³³ tʃɔŋ⁵⁵ fɔ³³ mɐt²² kɛ³³ pau⁵⁵ tʃɔŋ⁵⁵, ŋɔ¹³ tei²² ʃin⁵⁵ tʃɔŋ⁵⁵ jɐp²² tʃi³⁵ ʃœŋ⁵⁵, hei³⁵ ʃœŋ³⁵ kɛ³³ ŋɔi² pin⁵⁵ tʃɔi³³ juŋ²² kɐm⁵⁵ ʃuk²² tai³⁵ ka⁵⁵ ku³³, min¹³ tʃi³³ wɐn²² ʃy⁵⁵ tʼou¹¹ tʃuŋ⁵⁵ ti⁵⁵ fɔ³³ ŋɐp²² ŋɐp²² kun³³.

（对这些罐装货物的包装，我们先装进纸箱，在纸箱外再用金属带加固，以免运输途中货物晃动。）

700. 我哋将钢笔装喺一只做工精致嘅锦缎盒入便，喺盒面整翻同样精致嘅丝织金边绸带。噉嘅包装拎嚟送礼定自用都几好。⁽²⁾

ŋɔ¹³ tei²² tʃœŋ⁵⁵ kɔŋ³³ pɐt⁵⁵ tʃɔŋ⁵⁵ hei³⁵ jɐt⁵⁵ tʃɛk³³ tʃou²² kuŋ⁵⁵ tʃiŋ⁵⁵ tʃi³⁵ kɛ³³ kɐm³⁵ tyn²² hap⁻³⁵ jɐp²² pin²², hei³⁵ hap⁻³⁵ min¹³ tʃiŋ³⁵ fan³⁵ tʼuŋ¹¹ jœŋ³⁵ tʃiŋ⁵⁵ tʃi³³ kɛ³³ ʃi⁵⁵ tʃik⁵⁵ kɐm⁵⁵ pin⁵⁵ tʃʼɐu¹¹ tai³⁵. kɐm³⁵ kɛ³³ pau⁵⁵ tʃɔŋ⁵⁵ lɔ³⁵ lei¹¹ ʃuŋ³³ lei¹³ tiŋ²² tʃi²² juŋ³⁵ tou⁵⁵ kei³⁵ hou³⁵.

（我们把钢笔装在一个做工精致的锦缎盒里面，在盒面系上同样精致的丝织金边绸带。这样的包装用来送礼或自用都挺好。）

701. 使用咁薄嘅纸皮包装咁靓嘅真丝衫，虽然悭啲皮费，不过老老实实嘞，对啲货嘅保护似乎唔多妥喎，系咪慎重啲先至好吖？

ʃei³⁵ juŋ²² kɐm³³ pɔk³³ kɛ³³ tʃi³⁵ pʼei¹¹ pau⁵⁵ tʃɔŋ⁵⁵ kɐm³³ lɛŋ³³ kɛ³³ tʃɐn⁵⁵ ʃi⁵⁵ ʃam⁵⁵, ʃøy⁵⁵ jin¹¹ han⁵⁵ ti⁵⁵ pʼei¹¹ fei³³, pɐt⁵⁵ kwɔ³³ lou¹³ lou¹³ ʃɐt²² ʃɐt²² lak³³, tøy³³ ti⁵⁵ fɔ³³ kɛ³³ pou³⁵ wu²² tʃʼi¹³ fu¹¹ mʼ¹¹ tɔ⁵⁵ tʼɔ¹³ wɔ³³, hei²² mei²² ʃɐn²² tʃuŋ²² ti⁵⁵ ʃin⁵⁵ tʃi³³ hou³⁵ a³³?

（使用这么薄的纸皮包装这么好的真丝衣服，虽然节约了点运费，不过实话实说，对货物的保护似乎不很妥当。是不是慎重一些才好呢？）

702. 唔使担心，我哋系专业公司，对货物运输有成套嘅防水程序。用纸包装系完全可以保证将货物安全送到嘅。⁽³⁾

m¹¹ ʃei³⁵ tam⁵⁵ ʃɐm⁵⁵, ŋɔ¹³ tei²² hei²² tʃyn⁵⁵ jip²² kuŋ⁵⁵ ʃi⁵⁵, tøy³³ fɔ³³ mɐt²² wɐn²² ʃy⁵⁵ jɐu²² ʃɛŋ¹¹ tʼou³³ kɛ³³ fɔŋ¹¹ ʃøy³⁵ tʃʼiŋ¹¹ tʃøy²². juŋ²² tʃi³⁵ pau⁵⁵ tʃɔŋ⁵⁵ hei²² jyn¹¹ tʃʼyn¹¹ hɔ³⁵ ji³⁵ pou³⁵ tʃiŋ³³ tʃœŋ⁵⁵ fɔ³³ mɐt²² ɔn⁵⁵ tʃʼyn¹¹ ʃuŋ³³ tou³³ kɛ³³.

（不用担心，我们是专业公司，对货物运输有整套的防水程序。用纸包装是完全可以保证把货物安全送到的。）

703. 我哋将每个皮制银包装入只透明胶袋包好晒，再入落只精美嘅盒仔，防潮又防意外嘅摩擦，保证唔会影响外观嘅。

ŋɔ¹³ tei²² tʃœn⁵⁵ mui¹³ kɔ³³ pʻei¹¹ tʃɐi³³ ŋɐn¹¹ pau⁵⁵ tʃɔŋ⁵⁵ jɐt⁵⁵ tʃɛk³³ tʻɐu³³ miŋ¹¹ kau⁵⁵ tɔi³⁵ pau⁵⁵ hou³⁵ ʃai³⁵, tʃoi³³ jɐp²² lɔk²² tʃɛk²² tʃiŋ⁵⁵ mei⁷³ kɛ³³ hap³⁵ tʃɐi¹³, fɔŋ¹¹ tʃʻiu¹¹ jɐu²² fɔŋ¹¹ ji³³ ŋɔi²² kɛ³³ mɔ¹¹ tʃʻat³³, pou³⁵ tʃiŋ³³ m¹¹ wui¹³ jiŋ³⁵ hœŋ³⁵ ŋɔi²² kun⁵⁵ kɛ⁵⁵.

（我们把每个皮制钱包装进一个透明塑料袋里全包好，再放进一个精美小盒，防潮又防意外的摩擦，保证不会影响外观的。）

704. 货物包装都会做足防潮防水工作嘅。所以，我哋绝对唔会使啲货受潮同埋畀雨水淋亲嘅。

fɔ³³ mɐt²² pau⁵⁵ tʃɔŋ⁵⁵ tou⁵⁵ wui¹³ tʃou²² tʃuk⁵⁵ fɔŋ¹¹ tʃʻiu¹¹ fɔŋ¹¹ ʃœy³⁵ kuŋ⁵⁵ tʃɔk³³ kɛ³⁵. ʃɔ³⁵ ji¹³, ŋɔ¹³ tei²² tʃyt²² tøy³³ m¹¹ wui¹³ ʃɐi³⁵ ti⁵⁵ fɔ³³ ʃɐu¹¹ tʃʻiu¹¹ tʻuŋ¹¹ mai¹¹ pei³⁵ jy¹³ ʃøy³⁵ lɐm¹¹ tʃʻɐn⁵⁵ kɛ³³.

（货物包装都会充分做好防潮防水工作的。所以，我们绝对不会让货物受潮和被雨水淋到。）

705. 生果包装好讲究㗎，点可以求其吖？每只苹果同埋雪梨都用塑胶网包住，出便再加浸纸，再至一只只噉摆入个纸箱度，噉咪唔会撞瘀晒啲生果啰。⁽⁴⁾

ʃɐŋ⁵⁵ kwɔ³⁵ pau⁵⁵ tʃɔŋ⁵⁵ hou³⁵ kɔŋ³⁵ kɐu³³ ka³³, tim³⁵ hɔ¹³ ji¹³ kʻɐu¹¹ kʻei¹¹ a³³? mui¹³ tʃɛk³³ pʻiŋ¹¹ kwɔ³⁵ tʻuŋ¹¹ mai¹¹ ʃyt³³ lei⁵⁵ tou⁵⁵ juŋ²² ʃɔk²² kau⁵⁵ mɔŋ²² pau⁵⁵ tʃy³³, tʃʻɵt⁵⁵ pin²² tʃoi³³ ka⁵⁵ tʃɐm³³ tʃi³⁵, tʃoi³³ tʃi³³ jɐt⁵⁵ tʃɛk⁵⁵ tʃɛk⁵⁵ kɐm³⁵ pai¹³ jɐp²² kɔ³³ tʃi²² ʃœŋ⁵⁵ tou²², kɐm³⁵ mɐi²² m¹¹ wui¹³ tʃɔŋ²² jy³⁵ ʃai³³ ti⁵⁵ ʃɐŋ¹³ kwɔ³⁵ lɔ³³.

（水果包装很讲究的，怎能随便呢？每个苹果和雪梨都用塑料网包着，外面再加层纸，再一个个地摆进纸箱里，这样就不会碰坏水果了。）

205

706. 为咗保证呢批陶瓷工艺品唔会笮坏同撞亲，我哋喺每只箱入便都放咗内衬泡沫塑料嚟防震。

wei²² tʃɔ³⁵ pou³⁵ tʃiŋ³³ ni⁵⁵ pʻei³⁵ tʻou¹¹ tʃʻi¹¹ kuŋ⁵⁵ ŋei²² pɐn³⁵ m¹¹ wui¹³ tʃak³³ wai²² tʻuŋ¹¹ tʃɔŋ²² tʃʻɐn³⁵, ŋɔ¹³ tei²² hei³⁵ mui¹³ tʃɛk³³ ʃœŋ⁵⁵ jɐp²² pin²² tou⁵⁵ fɔŋ³³ tʃɔ³⁵ nɔi²² tʃʻɐn³³ pʻau⁵⁵ mut¹³ ʃɔk³³ liu³⁵ lei¹¹ fɔŋ¹¹ tʃɐn³³.

（为了保证这批陶瓷工艺品不被压坏和碰撞，我们在每个箱子里都放了内衬泡沫塑料来防震。）

707. 每只木箱嘅体积唔超过1.5m×1m×1m，呢个规格主要系为咗方便装卸货物。

mui¹³ tʃɛk³³ muk²² ʃœŋ⁵⁵ kɛ³³ tʻei³⁵ tʃik³⁵ m¹¹ tʃʻiu⁵⁵ kwɔ²² jɐt⁵⁵ tim³⁵ ŋ¹³ mei⁵⁵ ʃiŋ¹¹ jɐt⁵⁵ mei⁵⁵ ʃiŋ¹¹ jɐt⁵⁵ mei⁵⁵, ni⁵⁵ kɔ³³ kwʻei³⁵ kak³³ tʃy³⁵ jiu¹³ hei²² wei²² tʃɔ³⁵ fɔŋ⁵⁵ pin²² tʃɔŋ⁵⁵ ʃɛ¹³ fɔ³³ mɐt²².

（每个木箱的体积不超过1.5m×1m×1m，这个规格主要是为了方便装卸货物。）

708. 我哋会用气泡袋嚟包装音乐盒嘅，噉就可以防止意外发生嘅碰撞啰。

ŋɔ¹³ tei²² wui¹³ juŋ²² hei³³ pʻau⁵⁵ tɔi³⁵ lei¹¹ pau⁵⁵ tʃɔŋ⁵⁵ jɐm⁵⁵ ŋɔk²² hap³⁵ kɛ³³, kɐm³⁵ tʃɐu²² hɔ³⁵ ji¹³ fɔŋ¹¹ tʃi³⁵ ji³³ ŋɔi²² fat³³ ʃɐŋ⁵⁵ kɛ³³ pʻuŋ³³ tʃɔŋ²² lɔ⁵⁵.

（我们会用气泡袋来包装音乐盒的，这就可以防止意外发生的碰撞了。）

709. 阿李生，我哋按照你公司嘅要求，喺机器人公仔嘅包装度已经印咗零件装拆、完成后模型图样嘅简单说明。

a¹³ lei¹¹ ʃaŋ⁵⁵, ŋɔ¹³ tei²² ɔn³³ tʃiu¹³ nei¹³ kuŋ⁵⁵ ʃi⁵⁵ kɛ³³ jiu⁵⁵ kʻɐu¹¹, hei³⁵ kei⁵⁵ hei³³ jɐn¹¹ kuŋ⁵⁵ tʃɐi¹³ kɛ³³ pau⁵⁵ tʃɔŋ⁵⁵ tou²² ji¹³ kiŋ⁵⁵ jɐn³³ tʃɔ³⁵ liŋ¹¹ kin³⁵ tʃɔŋ⁵⁵ tʃʻak²², jyn¹¹ ʃiŋ¹¹ hɐu²² mou¹¹ jiŋ¹¹ tʻou¹¹ jœŋ²² kɛ³³ kan³⁵ tan⁵⁵ ʃyt¹³ miŋ¹¹.

（李先生，我们按照您公司的要求，在机器人玩具的包装那儿已经印了零件装拆、完成后模型图样的简单说明。）

710. 包装有助于推销产品。

pau⁵⁵ tʃɔŋ⁵⁵ jɐu¹³ tʃɔ²² jy⁵⁵ tʻɵy⁵⁵ ʃiu⁵⁵ tʃʻan³⁵ pɐn³⁵.

（包装有助于推销产品。）

第24单元 卖方对包装的保证

711. 包装固然之要保证货物嘅安全，要美观，仲要考虑埋点样为顾客消费嘅时候提供更多嘅方便。

pau⁵⁵ tʃɔŋ²² ku³³ jin¹¹ tʃi³⁵ jiu⁴³ pou³⁵ tʃiŋ³³ fɔ³³ mɐt²² kɛ³³ ɔn⁵⁵ tʃʻyn¹¹, jiu³³ mei¹³ kun⁵⁵, tʃuŋ²² jiu³³ hau³⁵ lɵy²² mai¹¹ tim³⁵ jœŋ⁻³⁵ wɐi²² ku³³ hak⁵⁵ ʃiu⁵⁵ fɐi³³ kɛ³³ ʃi¹¹ hɐu²² tʻɐi¹¹ kuŋ⁵⁵ kɐŋ³³ tɔ⁵⁵ kɛ³³ fɔŋ⁵⁵ pin²².

（包装固然要保证货物的安全，要美观，还要考虑怎样为顾客消费的时候提供更多的方便。）

712. 我哋生鲜产品嘅包装，皿哋采用防水分、防细菌嘅冷却技术，绝对符合国家卫生嘅规定。⁽⁵⁾

ŋɔ¹³ tei²² ʃaŋ⁵⁵ ʃin⁵⁵ tʃʻan³⁵ pɐn³⁵ kɛ³³ pau⁵⁵ tʃɔŋ⁵⁵, hɐm²² ti⁵⁵ tʃʻɔi³⁵ juŋ²² fɔŋ¹¹ ʃɵy³⁵ fɐn²², fɔŋ¹¹ ʃɐi³³ kwʻɐn³⁵ kɛ³³ laŋ¹³ kʻœk³³ kei²² ʃɵt²², tʃyt²² tɵy³³ fu¹¹ hap²² kwɔk³³ ka²⁵ wɐi²² ʃɐŋ⁵⁵ kɛ³³ kwʻɐi⁵⁵ tiŋ²².

（我们活鲜产品的包装，全都采用防水分、防细菌的冷却技术，绝对符合国家卫生的规定。）

713. 我公司冰鲜水产品采用嘅系低温预先冷却技术，喺长途运输中亦可以保证水产品嘅质量。

ŋɔ¹³ kuŋ⁵⁵ ʃi⁵⁵ piŋ⁵⁵ ʃin⁵⁵ ʃɵy³⁵ tʃʻan³⁵ pɐn³⁵ tʃʻɔi³⁵ juŋ²² kɛ³³ hɐi²² tei⁵⁵ wɐn⁵⁵ jy²² ʃin⁵⁵ laŋ¹³ kʻœk³³ kei²² ʃɵt²², hɐi³⁵ tʃʻœŋ¹¹ tʻou¹¹ wɐn²² ʃy⁵⁵ tʃuŋ⁵⁵ jik²² hɔ³⁵ ji¹³ pou³⁵ tʃiŋ³⁵ ʃɵy³⁵ tʃʻan³⁵ pɐn³⁵ kɛ³³ tʃɐt⁵⁵ lœŋ²².

（我公司的冰鲜水产品采用的是低温预先冷却技术，在长途运输中也可以保证水产品的质量。）

714. 我哋对陶瓷工艺品采用瓦楞纸板包装。呢种包装防震、防破损嘅效果好唔错。

ŋɔ¹³ tei²² tɵy³³ tʻou¹¹ tʃʻi¹¹ kuŋ⁵⁵ ŋɐi²² pɐn³⁵ tʃʻɔi³⁵ juŋ²² ŋa¹³ liŋ¹¹ tʃi³⁵ pan³⁵ pau⁵⁵ tʃɔŋ⁵⁵. ni⁵⁵ tʃuŋ³⁵ pau⁵⁵ tʃɔŋ⁵⁵ fɔŋ¹¹ tʃɐn³³, fɔŋ¹¹ pʻɔ³³ ʃyn³⁵ kɛ³³ hau³³ kwɔ³⁵ hou³⁵ m¹¹ tʃʻɔ³³.

（我们对陶瓷工艺品采用瓦楞纸板包装。这种包装防震、防破损的效果很不错。）

715. 呢种包装盒系用一种可再利用嘅新型材料制作，成本比原底嘅低咗三成，包装嘅效果啲客反映都几好。有冇兴趣试下咧？

ni⁵⁵ tʃuŋ³⁵ pau³⁵ tʃɔŋ³⁵ hap⁻³⁵ hɐi²² juŋ²² jɛt⁵⁵ tʃuŋ³⁵ hɔ³⁵ tʃɔi⁻³³ lei²² juŋ²² kɛ³³ ʃɐn⁵⁵ jiŋ¹¹ tʃʻɔi¹¹ liu⁻³⁵ tʃɐi³³ tʃɔk³³, ʃiŋ¹¹ pun³⁵ pei³⁵ jyn¹¹ tɐi³⁵ kɛ³³ tɐi³⁵ tʃ ɔ³⁵ ʃam⁵⁵ ʃiŋ¹¹, pau⁵⁵ tʃɔŋ³⁵ kɛ³³ hau²² kwɔ³⁵ ti³³ hak³⁵ fan³⁵ jiŋ³⁵ tou⁵⁵ kei³⁵ hou³⁵. jɐu¹³ mou¹³ hiŋ³³ tʃʻɵy³³ ʃi³³ ha¹³ le⁵⁵?

（这种包装盒是用一种可再利用的新型材料制作，成本比原来的低了三成，包装的效果客户反映还行。有没有兴趣试试呢？）

716. 我哋保证将你哋嘅货物安全送到指定嘅地方。

ŋɔ¹³ tei²² pou³⁵ tʃiŋ³³ tʃœŋ⁵⁵ nei¹³ tei²² kɛ³³ fɔ³³ mɐt²² ɔn⁵⁵ tʃʻyn¹¹ ʃuŋ³³ tou³³ tʃi³⁵ tiŋ²² kɛ³³ tei²² fɔŋ⁵⁵.

（我们保证把你们的货物安全送到指定的地方。）

717. 包装用纸盒抑或用木箱，呢个要睇具体情况。一般嚟讲，安全、稳阵同埋环保系必须考虑嘅因素。

pau²² tʃɔŋ⁵⁵ juŋ²² tʃi³⁵ hap⁻³⁵ jik⁵⁵ wak²² juŋ²² muk²² ʃœŋ⁵⁵, ni⁵⁵ kɔ³³ jiu³³ tʻɐi³⁵ kɵy²² tʻɐi³⁵ tʃʻiŋ¹¹ fɔŋ³³. jɐt⁵⁵ pun⁵⁵ lɐi¹¹ kɔŋ³⁵, ɔn⁵⁵ tʃʻyn¹¹、wɐn³⁵ tʃɐn²² tʻuŋ¹¹ mai¹¹ wan¹¹ pou³⁵ hɐi²² pit⁵⁵ ʃɵy⁵⁵ hau³⁵ lɵy²² kɛ³³ jɐn⁵⁵ ʃou³³.

（包装用纸盒还是木箱，这个要看具体情况。一般来说，安全、稳妥和环保是必须考虑的因素。）

718. 我公司集装箱嘅规格完全符合国际标准化组织规定嘅标准。

ŋɔ¹³ kuŋ⁵⁵ ʃi⁵⁵ tʃap²² tʃɔŋ⁵⁵ ʃœŋ⁵⁵ kɛ³³ kwʻɐi³⁵ kak³³ jyn¹¹ tʃʻyn¹¹ fu¹¹ hap²² kwɔk²² tʃɐi³³ piu³⁵ tʃɵn³⁵ fa³³ tʃou³⁵ tʃik⁵⁵ kwʻɐi¹¹ tiŋ²² kɛ³³ piu⁵⁵ tʃɵn³⁵.

（我公司集装箱的规格完全符合国际标准化组织规定的标准。）

719. 我哋减少咗吖啲冇必要嘅包装，无谓浪费材料，增加成本啊，你话系咪？

ŋɔ¹³ tei²² kam³⁵ ʃiu¹³ tʃɔ³⁵ kɔ³⁵ ti⁵⁵ mou¹³ pit³⁵ jiu¹³ kɛ³³ pau⁵⁵ tʃɔŋ⁵⁵, mou¹¹ wɐi²² lɔŋ²² fei³³ tʃʻɔi¹¹ liu⁻³⁵, tʃɐŋ⁵⁵ ka⁵⁵ ʃiŋ¹¹ pun³⁵ a⁵⁵, nei¹³ wa²² hɐi²² mɐi²²?

（我们减少了那些没必要的包装，没有必要浪费材料，增加成本，您说是不？）

720. 大家应该有个共识，嘅就系过度包装系非常之唔环保嘅。
tai^{22} ka^{55} jiŋ^{55} kɔi^{55} jɐu^{13} kɔ^{33} kuŋ^{22} ʃik^{55}，kɐm^{35} tʃɐu^{22} hɐi^{22} kwɔ^{33} tou^{22} pau^{55} tʃɔŋ^{55} hɐi^{22} fei^{55} ʃœŋ^{11} tʃi^{55} m^{11} wan^{11} pou^{35} kɛ^{33}.

（大家应该有一个共识，那就是过度包装是非常不环保的。）

二、注释

（1）例牌要喺每件货物上刷出明显标记：广州饭馆准备的一种菜肴，其规格的大小和价格的多少一般比较固定，每天照例供应，称作"例牌菜"。广州话也习惯于把依惯例做某事称作"例牌"。

（2）捋嚟送礼定自用都几好："定"，连词，表示选择。这是古汉语词的留存。例如："闻汝依山寺，杭州定越州"（杜甫诗）。

（3）保证将货物安全送到嘅："将"，介词。普通话表示处置的"把"字结构，广州话用"将"。例如：将佢洗净 tʃœŋ^{55} k'ɐy^{13} ʃei^{35} tʃɐŋ^{22}（把它洗干净）。详见第25单元"附：广州话的处置句"中的解释。

（4）出便再加浸纸："浸 tʃɐm^{33}"这个字本身并不表示"层"的意思，只因为它的读音和广州话表示"层"的口语词 tʃɐm^{33} 同音，当地人就用"浸"来表示方言词 tʃɐm^{33}。例如：一浸油 jɐt^{55} tʃɐm^{33} jɐu^{11}（一层油）/ 一浸花生衣 jɐt^{55} tʃɐm^{33} fa^{55} ʃɐŋ^{55} ji^{55}（一层花生衣）。注意："浸 tʃɐm^{33}"不能用于表示楼房的"层"。

（5）我哋生鲜产品嘅包装：广州话的"生"有两个意思是普通话没有的。一是指活的，普通话说"活的"，广州话说"生嘅 ʃaŋ^{55} kɛ^{33}"，如生虾（活虾）；普通话的"活鲜品"广州话说"生鲜品"。二是指新鲜的，例如：第705句的"生果"是新鲜水果；广州人常吃的"生肉包 ʃaŋ^{55} juk^{22} pau^{55}"是新鲜肉包。

三、生词

粤语词	普通话
拣择 kan³⁵ tʃak²²	选择
免至 min¹³ tʃi³³	以免
岌岌㨃 ŋɐp²² ŋɐp²² kuŋ³³	摇晃；上下不停地弹动
胶袋 kau⁵⁵ tɔi⁻³⁵	塑料袋
生果 ʃaŋ⁵⁵ kwɔ³⁵	水果
求其 k'ɐu¹¹ k'ei¹¹	随便
浸 tʃɐm³³	量词，层（不表示楼房的"层"）
瘀 jy⁻³⁵	瓜果等因受挤压而损伤；血液不流通，（皮肤）青肿
笮 tʃak³³	压
原底 jyn¹¹ tɐi³⁵	原本
无谓 mou¹¹ wɐi²²	不必；没必要

四、词语扩展

- 无挥发 mou¹¹ fɐi⁵⁵ fat³³
- 无泄露 mou¹¹ ʃit³³ lɐu²²
- 无缺失 mou¹¹ k'yt³³ ʃɐt⁵⁵
- 防摩擦 fɔŋ¹¹ mɔ⁵⁵ tʃ'at³³
- 防碰撞 fɔŋ¹¹ p'uŋ³³ tʃɔŋ²²
- 防挤压 fɔŋ¹¹ tʃɐi¹¹ at³³
- 气体缓冲 hei³³ t'ɐi³⁵ wun¹¹ tʃ'uŋ⁵⁵
- 正确封口 tʃiŋ³³ k'ɔk³³ fuŋ⁵⁵ hɐu³⁵
- 包装潮流 pau⁵⁵ tʃɔŋ⁵⁵ tʃ'iu¹¹ lɐu¹¹
- 耐温耐热 nɔi²² wɐn⁵⁵ nɔi²² jit³³
- 逐层防护 tʃuk²² tʃ'ɐŋ¹¹ fɔŋ¹¹ wu²²
- 多层防震纸 tɔ⁵⁵ tʃ'ɐŋ¹¹ fɔŋ¹¹ tʃɐn³³ tʃi³⁵
- 货柜 fɔ³³ kwɐi²²
- 集装箱 tʃap²² tʃɔŋ⁵⁵ ʃœŋ⁵⁵

附：广州话的比较句

口语中比较有特点的、并且是常用的比较句式是："甲＋形容词＋过＋乙"格式，这里的"过"，它的意义是表示程度上的超过。请看下面例句：

呢间公司嘅货靓过吖间 ni⁵⁵ kan⁵⁵ kuŋ⁵⁵ ʃi⁵⁵ kɛ³³ fɔ³³ lɛŋ³³ kwɔ³³ kɔ³⁵ kan⁵⁵（这家公司的货比那家好）。

呢只机平过吖只嘢 ni⁵⁵ tʃɛk³³ kei⁵⁵ p'ɐŋ¹¹ kwɔ³³ kɔ³⁵ tʃɛk³³ pɔ³³（这种机子比那种便宜呢）。

第25单元　货运通知及答复

一、课文

721. 我想问下，我哋嘅货10月份装运，得嘛？

ŋɔ¹³ ʃœŋ³⁵ men²² ha¹³, ŋɔ¹³ tei²² kɛ³³ fɔ³³ ʃep²² jyt²² fɐn²² tʃɔŋ⁵⁵ wɐn²², tɐk⁵⁵ ma³³?

（我想问一下，我们的货10月份装运，行吗？）

722. 睇嚟可能唔得。从现今到10月底嘅舱位冚订满晒嘞。

t'ei³⁵ lei¹¹ hɔ³⁵ nɐŋ¹¹ m¹¹ tɐk⁵⁵. tʃ'uŋ¹¹ jin²² kɐm⁵⁵ tou³³ ʃep²² jyt²² tei³⁵ kɛ³³ tʃ'ɔŋ⁵⁵ wei³⁵ hɐm³⁵ tɛŋ²² mun¹³ ʃai³³ lak³³.

（看来可能不行。从现在到10月底的舱位全部订满了。）

723. 呢批货我哋急需，唔该帮下手啦。

ni⁵⁵ p'ɐi⁵⁵ fɔ³³ ŋɔ¹³ tei²² kɐp⁵⁵ ʃøy⁵⁵, m¹¹ kɔi⁵⁵ pɔŋ⁵⁵ ha¹³ ʃɐu³⁵ la⁵⁵.

（这批货我们急需，请帮帮忙吧。）

724. 从而家嘅运输情况嚟睇，我哋真系无能为力。

tʃ'uŋ¹¹ ji²¹ ka⁵⁵ kɛ³³ wɐn²² ʃy⁵⁵ tʃ'iŋ¹¹ fɔŋ³³ lɐi¹¹ t'ei³⁵, ŋɔ¹³ tei²² tʃɐn⁵⁵ hɐi²² mou¹¹ nɐŋ¹¹ wei¹¹ lik²².

（从现在的运输情况来看，我们真是无能为力。）

725. 噉我哋啲货最迟咩嘢时候先至可以装运吖？

kɐm³⁵ ŋɔ¹³ tei²² ti⁵⁵ fɔ³³ tʃøy³³ tʃ'i¹¹ mɛ⁵⁵ jɛ¹³ ʃi¹¹ hɐu²² ʃin⁵⁵ tʃi³³ hɔ³⁵ ji¹³ tʃɔŋ⁵⁵ wɐn²² a³³?

（那我们的货最晚什么时候才可以装运呢？）

211

726. 而家仲未定得到落嚟。我哋一直同船运公司保持联系嘅，一有舱位立即通知你，好嘛？

ji¹¹ ka⁵⁵ tʃuŋ²² mei¹¹ tiŋ²² tek³⁵ tou³⁵ lɔk²² lei¹¹. ŋɔ¹³ tei²² jet⁵⁵ tʃik²² tʻuŋ¹¹ ʃyn¹¹ wen²² kuŋ⁵⁵ ʃi⁵⁵ pou³⁵ tʃʻi¹¹ lyn¹¹ hei²² ke³⁵, jet⁵⁵ jeu¹³ tʃʻɔŋ⁵⁵ wei⁻³⁵ lep²² tʃik⁵⁵ tʻuŋ⁵⁵ tʃi⁵⁵ nei¹³, hou³⁵ ma³³?

（现在还定不下来。我们一直和船运公司保持联系的，一有舱位立即通知你，好吗？）

727. 而家通知你哋，你公司所订嘅货听日可以装运喇。

ji¹¹ ka⁵⁵ tʻuŋ⁵⁵ tʃi⁵⁵ nei¹³ tei²², nei¹³ kuŋ⁵⁵ ʃi⁵⁵ ʃɔ³⁵ teŋ²² ke³³ fɔ³³ tʻiŋ⁵⁵ jet²² hɔ³⁵ ji¹³ tʃɔŋ⁵⁵ wen²² la³³.

（现在通知你们，你公司所订的货物明天可以装运了。）

728. 我想通知贵公司，我哋已经将你哋所订购嘅5000台电视机装咗上货轮，只船定咗喺听日启程去珠海。

ŋɔ¹³ ʃœŋ³⁵ tʻuŋ⁵⁵ tʃi⁵⁵ kwei³³ kuŋ⁵⁵ ʃi⁵⁵, ŋɔ¹³ tei²² ji¹³ kiŋ⁵⁵ tʃœŋ⁵⁵ nei¹³ tei²² ʃɔ³⁵ teŋ²² kʻeu³⁵ ke³³ ŋ¹³ tʃʻiŋ⁵⁵ tʻɔi¹¹ tin²² ʃi²² kei⁵⁵ tʃɔŋ⁵⁵ tʃɔ⁵⁵ ʃœŋ¹³ fɔ³³ lɵn¹¹, tʃek³³ ʃyn¹¹ tiŋ²² tʃɔ⁵⁵ hei³⁵ tʻiŋ³⁵ jet²² kʻei³⁵ tʃʻiŋ¹¹ hɵy³³ tʃy⁵⁵ hɔi³⁵.

（我想通知贵公司，我们已经将你们所订购的5000台电视机装运到货轮上了，船定于明天启程去珠海。）

729. 唔好意思，呢排啲舱位爆晒棚，最快都要10月中旬先至可能排到位。到时我再通知你哋啊。

m¹¹ hou³⁵ ji³³ ʃi³³, ni⁵⁵ pʻai¹¹ ti⁵⁵ tʃʻɔŋ⁵⁵ wei⁻³⁵ pau³³ ʃai³³ pʻaŋ¹¹, tʃɵy³³ fai³³ tou⁵⁵ jiu³³ ʃep²² jyt tʃuŋ⁵⁵ tʃʻɵn¹¹ ʃin⁵⁵ tʃi³³ hɔ³⁵ nɐŋ¹¹ pʻai¹¹ tou³⁵ wei⁻³⁵. tou³³ ʃi¹¹ ŋɔ¹³ tʃɔi³³ tʻuŋ⁵⁵ tʃi⁵⁵ nei¹³ tei²² a⁵⁵.

（抱歉，这段时间的舱位全满了，最快也要10月中旬才可能排上位。到时我再通知你们吧。）

730. 6月份系呢只货嘅销售旺季，你哋6月份先至运到嚟喎，啲货点卖得去吖？

luk²² jyt²² fɐn²² hɐi²² ni⁵⁵ tʃɛk³³ fɔ³³ kɛ³³ ʃiu⁵⁵ ʃɐu²² wɔŋ²² kwɐi³³, nei¹³ tei²² luk²² jyt²² fɐn²² ʃin⁵⁵ tʃi⁴⁴ wɐn²² tou³³ lɐi¹¹ wɔ³⁵, ti⁵⁵ fɔ³³ tim³⁵ mai²² tɐk⁵⁵ hɵy³³ a³³?

（6月是这种货物的销售旺季，你们6月份才运到来，货怎么卖得出去呢？）

731. 唔该请喺11月份之前要将批货㕭啲装运上船。唔系嘅话，我哋冇办法应季备货。

m¹¹ kɔi⁵⁵ tʃʰiŋ³⁵ hɐi³⁵ ʃɐp²² jɐt²² jyt²² fɐn²² tʃi⁵⁵ tʃʰin¹¹ jiu³³ tʃœŋ⁵⁵ pʰɐi⁵⁵ fɔ³³ hɐm²² ti⁵⁵ tʃɔŋ⁵⁵ wɐn²² ʃœŋ¹³ ʃyn¹¹. m¹¹ hɐi²² kɛ³³ wa⁻³⁵, ŋɔ¹³ tei²² mou¹³ pan²² fat³³ jiŋ³³ kwɐi³³ pei²² fɔ³³.

（请在11月份以前要把这批货物全部装运上船。不这样的话，我们没有办法应季备货。）

732. 我哋批货系季节性商品，时间好紧，希望贵方可以一次性噉同我哋㕭哔呤装运晒。

ŋɔ¹³ tei²² pʰɐi⁵⁵ fɔ³³ hɐi²² kwɐi³³ tʃit³³ ʃiŋ²² ʃœŋ⁵⁵ pɐn³⁵, ʃi¹¹ kan³³ hou³⁵ kɐn³⁵, hei⁵⁵ mɔŋ²² kwɐi³³ fɔŋ⁵⁵ hɔ³⁵ ji¹³ jɐt⁵⁵ tʃʰi¹³ ʃiŋ³³ kɐm³⁵ tʰuŋ¹¹ ŋɔ¹³ tei²² hɐm²² paŋ²² laŋ²² tʃɔŋ⁵⁵ wɐn²² ʃai³³.

（我们这批货是季节性商品，时间很紧，希望贵方可以一次性地帮我们全部装运完。）

733. 唔好意思，你哋噉嘅要求，会畀我哋嘅装运带嚟好多问题，兼且一次想捞到咁多舱位亦好难吖。

m¹¹ hou³⁵ ji³³ ʃi³³, nei¹³ tei²² kɐm³⁵ kɛ³³ jiu⁵⁵ kʰɐu¹¹, hui¹³ pei³⁵ ŋɔ¹³ tei²² kɛ³³ tʃɔŋ⁵⁵ wɐn²² tai³³ lɐi¹¹ hou³⁵ tɔ⁵⁵ mɐn²² tʰɐi¹¹, kim⁵⁵ tʃʰɛ³⁵ jɐt⁵⁵ tʃʰi¹³ ʃœŋ³⁵ lɔ³⁵ tou³⁵ kɐm³³ tɔ⁵⁵ tʃʰɔŋ³⁵ wɐi⁻³⁵ jik²² hou³⁵ nan¹¹ a³³.

（抱歉，你们这样的要求，会给我们的装运带来很多问题，而且一次想拿到这么多舱位也很难啊。）

734. 我哋将同货运公司联系，尽量满足你哋嘅需求。听日上昼等我嘅电话啊！
ŋɔ¹³ tei²² tʃœŋ⁵⁵ tʻuŋ¹¹ fɔ³³ wɐn²² kuŋ⁵⁵ ʃi⁵⁵ lyn¹¹ hɐi²², tʃɵn²² lœŋ²² mun¹³ tʃuk⁵⁵ nei¹³ tei²² kɛ³³ ʃɵy⁵⁵ kʻɐu¹¹. tʻiŋ⁵⁵ jɐt²² ʃœŋ²² tʃɐu³³ tɐŋ³⁵ ŋɔ¹³ kɛ³³ tin²² wa⁻³⁵ a⁵⁵!
（我们将和货运公司联系，尽量满足你们的需求。明天上午等我的电话吧！）

735. 你公司最迟可以喺今年9月初装运。
nei¹³ kuŋ⁵⁵ ʃi⁵⁵ tʃɵy³³ tʃʻi¹¹ hɔ³⁵ ji¹³ hɐi³⁵ kɐm⁵⁵ nin⁻³⁵ kɐu³⁵ jyt²² tʃʻɔ⁵⁵ tʃɔŋ⁵⁵ wɐn²².
（你公司最晚可以在今年9月初装运。）

736. 呢几日港口堵塞嘅情况有咗缓解，我公司保证一周之内装运。
ji⁵⁵ kei³⁵ jɐt²² kɔŋ³⁵ hɐu³⁵ tou³⁵ ʃɐt⁵⁵ kɛ³³ tʃʻiŋ¹¹ fɔŋ³³ jɐu¹³ tʃɔ³⁵ wun²² kai³⁵, ŋɔ¹³ kuŋ⁵⁵ ʃi⁵⁵ pou³⁵ tʃiŋ³³ jɐt²² tʃɐu⁵⁵ tʃi⁵⁵ nɔi²² tʃɔŋ⁵⁵ wɐn²².
（这几天港口堵塞的情况有了缓解，我公司保证一周之内装运。）

737. 按照而家嘅运输情况，顺头顺路嘅话，预计喺7月底之前可以将合同规定嘅货亚唪唥运走晒。
ɔn³³ tʃiu³³ ji¹¹ ka³⁵ kɛ³³ wɐn²² ʃy⁵⁵ tʃʻiŋ¹¹ fɔŋ³³, ʃɵn²² tʻou¹¹ ʃɵn²² lou²² kɛ³³ wa⁻³⁵, jy²² kɐi³³ hɐi³⁵ tʃʻɐt⁵⁵ jyt²² tɐi³⁵ tʃi⁵⁵ tʃʻin¹¹ hɔ³⁵ ji¹³ tʃœŋ⁵⁵ hɐp²² tʻuŋ¹¹ kwʻɐi⁵⁵ tiŋ²² kɛ³³ fɔ³³ hɐm²² paŋ²² laŋ²² wɐn²² tʃɐu³⁵ ʃai³³.
（按照现在的运输情况，顺利的话，预计在7月底以前可以把合同规定的货物全部运走。）

738. 货船预计喺7月11号晏昼3点钟之前到达你哋港口，你哋而家可以着手做接收货物嘅准备工作喇。
fɔ³³ ʃyn¹¹ jy²² kɐi³³ hɐi³⁵ tʃʻɐt⁵⁵ jyt²² ʃɐp²² jɐt⁵⁵ hou²² an³³ tʃɐu³³ ʃam⁵⁵ tim³⁵ tʃuŋ⁵⁵ tʃi⁵⁵ tʃʻin¹¹ tou³³ tat³⁵ nei¹³ tei²² kɔŋ³⁵ hɐu³⁵, nei¹³ tei²² ji¹¹ ka⁵⁵ hɔ³⁵ ji¹³ tʃœk⁵⁵ ʃɐu³⁵ ʃou²² tʃip³⁵ ʃɐu⁵⁵ fɔ³³ mɐt²² kɛ³³ tʃɵn³⁵ pei¹³ kuŋ⁵⁵ tʃɔk⁵⁵ la³³.
（货船预计在7月11日下午3点钟前抵达你们港口，你们现在可以着手做接收货物的准备工作了。）

第25单元　货运通知及答复

739. 第0900号合同所列嘅男装高支棉衫衫，已经喺"京粤"轮度订咗舱位，下周一装运。请做好准备工作。

tei^{22} liŋ^{11} kɐu^{35} liŋ^{11} liŋ^{11} hou^{22} hɐp^{22} t'uŋ^{11} ʃɔ^{35} lit^{22} ke^{33} nam^{11} tʃoŋ^{55} kou^{55} tʃi^{55} min^{11} ʃɐt^{55} ʃam^{55}, ji^{13} kiŋ^{55} hei^{35} "kiŋ^{55} jyt^{22}" lɐn^{11} tou^{22} tɛŋ^{22} tʃɔ^{35} tʃ'ɔŋ^{55} wɐi^{35}, ha^{22} tʃɐu^{55} jɐt^{55} tʃoŋ^{55} wɐn^{2}. tʃ'iŋ^{35} tʃou^{22} hou^{35} tʃɐn^{35} pei^{22} kuŋ^{55} tʃɔk^{33}.

（第0900号合同所列的男装高支棉衬衫，已经在"京粤"轮上订了舱位，下周一装运。请做好准备工作。）

740. 我公司正式通知贵方，货物将从下个月起分3批装运，每个月装运1/3，3个月装运晒。

ŋɔ^{13} kuŋ^{55} ʃi^{55} tʃiŋ^{22} ʃik^{55} t'uŋ^{11} tʃ'i^{55} kwɐi^{33} fɔŋ^{55}, fɔ^{33} mɐt^{22} tʃœŋ^{55} tʃ'uŋ^{11} ha^{22} kɔ^{33} jyt^{22} hei^{35} fɐn^{55} ʃam^{55} p'ɐi^{55} tʃoŋ^{55} wɐn^{22}, mui^{13} kɔ^{33} jyt^{22} tʃoŋ^{55} wɐn^{22} ʃam^{55} fɐn^{22} tʃi^{55} jɐt^{55}, ʃam^{55} kɔ^{33} jyt^{22} tʃoŋ^{55} wɐn^{22} ʃai^{33}.

（我公司正式通知贵方，货物将从下个月起分3批装运，每月装运1/3，3个月装运完。）

741. 我哋好高兴噉通知贵公司，最尾批货已经按时发运。预计3日之后到达。

ŋɔ^{13} tei^{22} hou^{35} kou^{55} hiŋ^{33} kɐm^{35} t'uŋ^{55} tʃi^{55} kwɐi^{33} kuŋ^{55} ʃi^{55}, tʃɐy^{33} mei^{55} p'ɐi^{55} fɔ^{33} ji^{13} kiŋ^{55} ɔn^{33} ʃi^{11} fat^{33} wɐn^{22}. jy^{22} kɐi^{33} ʃam^{55} jɐt^{55} hɐu^{22} tou^{33} tat^{22}.

（我们很高兴地通知贵公司，最后一批货物已经按时发运。预计3天之后到达。）

742. 贵公司所订嘅吓批货今朝10点钟之前已经交付咗界火车发送嘞。

kwɐi^{33} kuŋ^{55} ʃi^{55} ʃɔ^{35} tɛŋ^{22} ke^{33} kɔ^{35} p'ɐi^{55} fɔ^{33} kɐm^{55} tʃiu^{55} ʃɐp^{22} tim^{35} tʃuŋ^{55} tʃi^{55} tʃ'in^{11} ji^{13} kiŋ^{55} kau^{55} fu^{22} tʃɔ^{35} pei^{33} fɔ^{35} tʃ'ɛ^{55} fat^{33} ʃuŋ^{33} lak^{33}.

（贵公司所订的那批货今早10点钟前已交付给火车发送了。）

743. 贵方喺收到我公司开立嘅以你哋为受益人嘅信用证之后，请立即发货。

kwɐi^{33} fɔŋ^{55} hɐi^{35} ʃɐu^{55} tou^{35} ŋɔ^{13} kuŋ^{55} ʃi^{55} hɔi^{55} lɐp^{22} ke^{33} ji^{13} nei^{13} tei^{22} wɐi^{11} ʃɐu^{22} jik^{55} jɐn^{11} ke^{33} ʃɐn^{33} juŋ^{22} tʃiŋ^{33} tʃi^{55} hɐu^{22}, tʃ'iŋ^{35} lɐp^{22} tʃik^{55} fat^{33} fɔ^{33}.

（贵方在收到我公司开立的以你们为受益人的信用卡之后，请立即发货。）

744. 贵公司必须按照本合同第9条所规定嘅时间发货，未经我公司同意，系唔可以中途转运嘅。

kwɐi³³ kuŋ⁵⁵ ʃi⁵⁵ pit⁵⁵ ʃɵy⁵⁵ ɔn³³ tʃiu³³ pun³⁵ hɐp²² t'uŋ¹¹ tei²² kɐu³⁵ t'iu¹¹ ʃɔ³⁵ kw'ɐi⁵⁵ tiŋ²² ke³³ ʃi¹¹ kan³³ fat³³ fɔ³³, mei²² kiŋ⁵⁵ ŋɔ¹³ kuŋ⁵⁵ ʃi⁵⁵ t'uŋ¹¹ ji³³, hɐi²² m¹¹ hɔ³⁵ ji¹³ tʃuŋ⁵⁵ t'ou¹¹ tʃyn³⁵ wɐn²² ke³³.

（贵公司必须按照本合同第9条所规定的时间发货，未经我公司同意，是不可以中途转运的。）

745. 喺发货日之前嘅10至15日，贵公司应该用传真嘅方式告知我哋货运公司嘅全称、货船嘅名称以及货船预定抵达嘅日期。

hɐi³⁵ fat³³ fɔ³³ jɐt²² tʃi¹⁵ tʃ'in¹¹ ke³³ ʃɐp²² tʃi³³ ʃɐp²² ŋ¹³ jɐt²², kwɐi³³ kuŋ⁵⁵ ʃi⁵⁵ jiŋ⁵⁵ kɔi⁵⁵ juŋ²² tʃ'yn¹¹ tʃɐn⁵⁵ ke³³ fɔŋ⁵⁵ ʃik⁵⁵ kou³³ tʃi⁵⁵ ŋɔ¹³ tei²² fɔ³³ wɐn²² kuŋ⁵⁵ ʃi⁵⁵ ke³³ tʃ'yn¹¹ tʃ'iŋ⁵⁵, fɔ³³ ʃyn¹¹ ke³³ miŋ¹¹ tʃ'iŋ⁵⁵ jy¹¹ k'ɐp²² fɔ³³ ʃyn¹¹ jy² tiŋ²² tei³⁵ tat²² ke³³ jɐt² k'ei¹¹.

（在发货日前的10至15天，贵公司应该用传真的方式告知我们货运公司的全称、货船的名称以及货船预定抵达的日期。）

746. 销售旺季上下到喇，家阵我哋做紧准备工作。订嘅吖批货系应季销售商品，希望贵公司尽快装运啊。

ʃiu⁵⁵ ʃɐu²² wɔŋ²² kwɐi³³ ʃœŋ²² ha¹³ tou³³ la³³, ka⁵⁵ tʃɐn⁻³⁵ ŋɔ¹³ tei²² tʃou²² kɐn²² tʃɐn³⁵ pei²² kuŋ⁵⁵ tʃɔk³³. teŋ²² ke³³ kɔ³⁵ p'ɐi⁵⁵ fɔ³³ hɐi²² jiŋ³³ kwɐi³³ ʃiu⁵⁵ ʃɐu²² ʃœŋ⁵⁵ pɐn³⁵, hei⁵⁵ mɔŋ²² kwɐi³³ kuŋ⁵⁵ ʃi⁵⁵ tʃɐn⁵⁵ fai³³ tʃɔŋ⁵⁵ wɐn²² a⁵⁵.

（销售旺季差不多到了，现在我们正在做准备工作。订的这批货是应季销售商品，希望贵公司尽快装运。）

747. 你哋喺装船之前将啲嘢□啤吟处理掂晒之后，唔该将我公司嘅货运提单特快专递过嚟啊。

nei¹³ tei²² hɐi³⁵ tʃɔŋ⁵⁵ ʃyn¹¹ tʃi⁵⁵ tʃ'in¹¹ tʃœŋ⁵⁵ ti⁵⁵ jɛ¹³ ham²² paŋ²² laŋ²² tʃ'y¹³ lei¹¹ tim²² ʃai³³ tʃi⁵⁵ hɐu²², m¹¹ kɔi⁵⁵ tʃœŋ⁵⁵ ŋɔ¹³ kuŋ⁵⁵ ʃi⁵⁵ ke³³ fɔ³³ wɐn²² t'ɐi¹¹ tan⁵⁵ tek²² fai³³ tʃyn⁵⁵ tei²² kwɔ³³ lɐi¹¹ a⁵⁵.

（你们在装船前把事情全部处理完毕以后，请把我公司的货运提单特快专递过来。）

748. 转运会增加货物受损嘅风险，话唔埋仲会耽咗啲时间，所以我哋都系希望直运。(1)

tʃyn³⁵ wɐn²² wui¹³ tʃɐu⁵⁵ kɐ⁴⁵ tɔ³³ met²² ʃɐu²² ʃyn³⁵ ke³³ fuŋ⁵⁵ him³⁵, wa²² m¹¹ mai¹¹ tʃuŋ²² wui¹³ tɐm³⁵ tʃɔ³⁵ ti⁵⁵ ʃi¹¹ kan³³, ʃɔ³⁵ ji¹³ ŋɔ¹³ tei²² tou⁵⁵ hɐi²² hei⁵⁵ mɔŋ²² tʃik²² wɐn²².

（转运会增加货物受损的风险，说不定还会延误了时间，所以我们还是希望直运。）

749. 货物口晒吟准备掂晒，家阵可以装运喇。

fɔ³³ met²² hɐm²² paŋ²² laŋ²² tʃɐn³⁵ pei²² tim²² ʃai³³, ka⁵⁵ tʃɐn⁻³⁵ hɔ³⁵ ji¹³ tʃɔŋ⁵⁵ wɐn²² la³³.

（货物全部准备妥当，现在可以装运了。）

750. 我保证我公司可以按照合同嘅规定按时装运。

ŋɔ¹³ pou³⁵ tʃiŋ³³ ŋɔ¹³ kuŋ⁵⁵ ʃi⁵⁵ hɔ³⁵ ji¹³ ɔn³³ tʃiu³³ hep²² tʼuŋ¹¹ ke³³ kwʼɐi⁵⁵ tiŋ²² ɔn³³ ʃi¹¹ tʃɔŋ⁵⁵ wɐn²².

（我保证我公司可以按照合同的规定按时装运。）

二、注释

（1）话唔埋仲会耽咗啲时间：普通话的双音词"耽误"在广州话只单说一个"耽"。"耽"有两个读音，一个是文读"tam⁵⁵"，另一个是口语音"tɐm⁵⁵"。

三、生词

帮手 pɔŋ⁵⁵ ʃɐu³⁵	帮忙	顺头顺路 ʃɐn²² tʼɐu¹¹ ʃɐn²² lou²²	顺利
呢排 ni⁵⁵ pʼai¹¹	这段时间	话唔埋 wa²² m¹¹ mai¹¹	说不定
爆晒棚 pau³³ ʃai³³ pʼaŋ¹¹	爆满、极满		

四、词语扩展

- 分批装运 fen⁵⁵ pʻei⁵⁵ tʃɔŋ⁵⁵ wɐn²²
- 分期装运 fen⁵⁵ kʻei¹¹ tʃɔŋ⁵⁵ wɐn²²
- 远期装运 jyn¹³ kʻei¹¹ tʃɔŋ⁵⁵ wɐn²²
- 近期装运 kɐn²² kʻei¹¹ tʃɔŋ⁵⁵ wɐn²²
- 即期装运 tʃik⁵⁵ kʻei¹¹ tʃɔŋ⁵⁵ wɐn²²
- 超重货物 tʃʻiu⁵⁵ tʃʻuŋ¹³ fɔ³³ mɐt²²
- 快运货 fai³³ wɐn²² fɔ³³
- 冷冻货 laŋ¹³ tuŋ³³ fɔ³³
- 直达货 tʃik²² tat²² fɔ³³
- 零批货 liŋ¹¹ pʻei⁵⁵ fɔ³³
- 空运 huŋ⁵⁵ wɐn²²
- 租船 tʃou⁵⁵ ʃyn¹¹

- 领货物 liŋ¹³ fɔ³³ mɐt²²
- 发货通知书 fat³³ fɔ³³ tʻuŋ⁵⁵ tʃi⁵⁵ ʃy⁵⁵
- 尺寸单 tʃʻɛk³³ tʃʻun³³ tan⁵⁵
- 套提单 tʻou³³ tʻei¹¹ tan⁵⁵
- 检验证书 kim³⁵ jim²² tʃiŋ³³ ʃy⁵⁵
- 装运港 tʃɔŋ⁵⁵ wɐn²² kɔŋ³⁵
- 卸货港 ʃe¹³ fɔ³³ kɔŋ³⁵
- 目的港 muk²² tik⁵⁵ kɔŋ³⁵
- 货已到岸 fɔ³³ ji¹³ tou³³ ŋɔn²²
- 货已报关 fɔ³³ ji¹³ pou³³ kwan⁵⁵
- 货运途中 fɔ³³ wɐn²² tʻou¹¹ tʃuŋ⁵⁵

附：广州话的处置句

表示对某一对象进行处置的句子，普通话用介词"把"，广州话大多用"将"。例如：将啲废物卖咗，咪空出定啰 tʃœŋ⁵⁵ ti⁵⁵ fei³³ mɐt²² mai²² tʃɔ³⁵, mɐi²² huŋ⁵⁵ tʃʻɵt³³ tɛŋ²² lɔ⁵⁵（把废物卖了，不就空出地方了）!

这句话如果加上一个"佢 kʻey¹³"的话，口语里还有另外两种格式，所表达的意思不变：将啲废物卖咗佢，咪空出定啰 tʃœŋ⁵⁵ ti⁵⁵ fei³³ mɐt²² mai²² tʃɔ³⁵ kʻey¹³, mɐi²² huŋ⁵⁵ tʃʻɵt³³ tɛŋ²² lɔ⁵⁵./卖咗啲废物佢，咪空出定啰 mai²² tʃɔ³⁵ ti⁵⁵ fei³³ mɐt²² kʻey¹³, mɐi²² huŋ⁵⁵ tʃʻɵt³³ tɛŋ²² lɔ⁵⁵. 这个"佢"复指前面的事物，具有很强的处置义。

第26单元 催运货物及解释货物迟到的原因

一、课文

751. 合同规定6月份装运，唔知点解家阵都仲未收到货嘅？啲货等住急用㗎。唔该你查下发生咗乜嘢事？

hɐp^{22} t'uŋ^{11} kwˈei^{55} tiŋ^{22} luk^{22} jyt^{22} fɐn^{22} tʃɔŋ^{55} wɐn^{22}, m^{11} tʃi^{55} tim^{35} kai^{35} ka^{55} tʃɐn^{35} tou^{55} tʃuŋ^{22} mei^{22} ʃɐu^{55} tou^{35} fɔ^{33} kɛ^{35}? ti^{55} fɔ^{33} tɐŋ^{35} tʃy^{33} kɐp^{55} juŋ^{33} ka^{33}. m^{11} kɔi^{55} nei^{13} tʃˈa^{11} ha^{13} fat^{33} ʃɐŋ^{55} tʃɔ^{35} mɐt^{55} jɛ^{13} ʃi^{22}?

（合同规定6月份装运，不知道为什么现在还未收到货呢？这些货等着急用的。麻烦您查一下发生了什么事儿？）

752. 系噉，主要系港口挤拥，睇嚟喺呢个月之内，我哋系冇办法发运呢批货嘅。⁽¹⁾

hei^{22} kɐm^{35}, tʃy^{35} jiu^{33} hei^{22} kɔŋ^{35} hɐu^{35} tʃei^{-55} juŋ^{35}, t'ei^{35} lei^{11} hei^{35} ni^{55} kɔ^{33} jyt^{22} tʃi^{55} nɔi^{22}, ŋɔ^{13} tei^{22} hei^{22} mou^{13} pan^{22} fat^{33} fat^{33} wɐn^{22} ni^{55} p'ei^{55} fɔ^{33} kɛ^{33}.

（是这样，主要是港口拥挤，看来在这个月内，我们是没办法发运这批货。）

753. 呢啲系应季商品，系要赶时赶候先至卖得出。家下嘅销售季节上下完嘞，如果你哋两周之内仲唔装运得到嘅话，呢批货爱嚟仲有咩用吖？⁽²⁾

ni^{55} ti^{55} hei^{22} jiŋ^{33} kwei^{33} ʃœŋ^{55} pɐn^{35}, hei^{22} jiu^{33} kɔn^{35} ʃi^{11} kɔn^{35} hɐu^{22} ʃin^{55} tʃi^{33} mai^{22} tɐk^{55} tʃ'ɵt^{55}. ka^{55} ha^{-35} kɛ^{33} ʃiu^{55} ʃɐu^{22} kwei^{33} tʃit^{22} ʃœŋ^{22} ha^{-35} jyn^{11} lak^{33}, jy^{11} kwɔ^{35} nei^{13} tei^{22} lœŋ^{13} tʃɐu^{55} tʃi^{55} nɔi^{22} tʃuŋ^{22} m^{11} tʃɔŋ^{55} wɐn^{22} tɐk^{55} tou^{35} kɛ^{33} wa^{-35}, ni^{55} p'ei^{55} fɔ^{33} ɔi^{33} lei^{11} tʃuŋ^{22} jɐu^{13} mɛ^{55} juŋ^{22} a^{33}?

（这些是应季商品，是要赶时间才能卖得出去。现在的销售季节将要结束了，如果你们两周内还装运不了的话，这批货要来还有什么用呢？）

754. 拖延咗贵方嘅装运，我觉得非常之唔好意思。呢几日港口堵塞嘅情况有咗缓解，我哋将尽最大努力，保证一周之内㗎哗哙办好晒发货。

t'ɔ⁵⁵ jin¹¹ tʃɔ³⁵ kwɐi³³ fɔŋ⁵⁵ ke³³ tʃɔŋ⁵⁵ wɐn²², ŋɔ¹³ kɔk³³ tɐk³³ fei⁵⁵ ʃœŋ¹¹ tʃi⁵⁵ m¹¹ hou³⁵ ji³³ ʃi³³. ni⁵⁵ kei³⁵ jɐt²² kɔŋ³⁵ hɐu³⁵ tou³⁵ ʃɐt⁵⁵ ke³³ tʃ'iŋ¹¹ fɔŋ³³ jɐu¹³ tʃɔ³⁵ wun²² kai³⁵, ŋɔ¹³ tei³³ tʃœŋ⁵⁵ tʃɐn²² tʃɵy³³ tai²² nou¹³ lik²², pou³⁵ tʃiŋ³³ jɐt⁵⁵ tʃou⁵⁵ tʃi⁵⁵ nɔi²² hɐm²² paŋ²² laŋ²² pan²² hou³⁵ ʃai³³ fat³³ fɔ³³.

（拖延了贵方的装运，我觉得很抱歉。这几天港口堵塞的情况有了缓解，我们将尽最大努力，保证一周内全部办好发货。）

755. 我完全相信你公司系讲口齿嘅。

ŋɔ¹³ jyn¹¹ tʃ'yn¹¹ ʃœŋ⁵⁵ ʃɐn³³ nei¹³ kuŋ⁵⁵ ʃi⁵⁵ hɐi²² kɔŋ³⁵ hɐu³⁵ tʃ'i³⁵ ke³³.

（我完全相信你公司是讲信用的。）

756. 我哋急需呢批货，催咗咁耐都仲未有声气，错过呢匀销售季节嘅话，啲货点算吖？

ŋɔ¹³ tei²² kɐp⁵⁵ ʃɵy⁵⁵ ni⁵⁵ p'ɐi¹³ fɔ³³, tʃ'ɵy⁵⁵ tʃɔ³⁵ kɐm³³ nɔi²² tou⁵⁵ tʃuŋ²² mei²² jɐu¹³ ʃeŋ⁵⁵ hei³³, tʃ'ɔ³³ kwɔ³³ ni⁵⁵ wɐn¹¹ ʃiu⁵⁵ ʃɐu²² kwɐi³³ tʃit³³ ke³³ wa³⁵, ti⁵⁵ fɔ³³ tim³⁵ ʃyn³³ a³³?

（我们急需这批货物，催了这么久还没有消息，错过这趟销售季节的话，这些货怎么办呢？）

757. 唔系净只你哋先急，我哋都好着紧㗎。一直催住个厂家，仲要佢哋提前一个月交货添。

m¹¹ hɐi²² tʃɪŋ²² tʃi³⁵ nei¹³ tei²² ʃin⁵⁵ kɐp⁵⁵, ŋɔ¹³ tei²² tou⁵⁵ hou³⁵ tʃœk²² kɐn³⁵ ka³³. jɐt⁵⁵ tʃik²² tʃ'ɵy³⁵ tʃy²² kɔ³³ tʃ'ɔŋ³⁵ ka⁵⁵, tʃuŋ²² jiu³³ k'ɵy¹³ tei²² t'ɐi¹¹ tʃ'in¹¹ jɐt⁵⁵ kɔ³³ jyt²² kau⁵⁵ fɔ³³ t'im⁵⁵.

（不是只有你们才急，我们也很着急啊。一直催着厂家，还要他们提前一个月交货呢。）

758. 按正合同嚟讲嘅话，喺5月底之前装运，时间系够晒个嘛，啲货几时先至装运到嚟吖？

ɔn³³ tʃɛŋ³³ hɐp²² t'uŋ¹¹ lei¹¹ kɔn³⁵ kɛ³³ wa⁻³⁵, hei³⁵ ŋ¹³ jyt²² tei³⁵ tʃi⁵⁵ tʃ'in¹¹ tʃɔŋ⁵⁵ wɐn²², ʃi¹¹ kan³³ hei²² kɐu³³ ʃai³³ kɔ³³ pɔ³³, ti⁵⁵ fɔ³³ kei³⁵ ʃi¹¹ ʃin⁵⁵ tʃ'i³³ tʃɔŋ⁵⁵ wɐn²² tou³⁵ lɐi¹¹ a³³?

（按照合同来说的话，在5月底前装运，时间是完全够的，货物什么时候才装运来呢？）

759. 我哋一直都喺度抓紧时间。备货、制单、订仓呢啲嘢㖞嚟哟嘅嘢系需要时间嘅。我哋可以喺7月份即期装运。

ŋɔ¹³ tei²² jɐt⁵⁵ tʃit²² tou³⁵ hei³⁵ tou²² tʃa⁵⁵ kɐn³⁵ ʃi¹³ kan³³. pei²² fɔ³³、tʃei³³ tan⁵⁵、tɛŋ²² tʃ'ɔŋ⁵⁵ ni⁵⁵ ti⁵⁵ k'ik⁵⁵ lik⁵⁵ kw'ak⁵⁵ lak⁵⁵ kɛ³³ jɐ¹³ hei²² ʃɵy⁵⁵ jiu³³ ʃi¹¹ kan³³ kɛ³³. ŋɔ¹³ tei²² hɔ³⁵ ji¹³ hei³⁵ tʃ'ɐt⁵⁵ jyt²² fɐn²² tʃik⁵⁵ k'ei¹¹ tʃɔŋ⁵⁵ wɐn²².

（我们一直都在抓紧时间。备货、制单、订仓这些一连串的事情是需要时间的。我们可以在7月份即期装运。）

760. 希望贵公司同意分批装船。因为嗽样嘅话，将更之方便我哋备货同埋安排运输。

hei⁵⁵ mɔŋ²² kwei³³ kuŋ⁵⁵ ʃi⁵⁵ t'uŋ¹¹ ji¹³ fɐn⁵⁵ p'ɐi⁵⁵ tʃɔŋ⁵⁵ ʃyn¹¹. jɐn⁵⁵ wei²² kɐm³⁵ jœŋ⁻⁵⁵ kɛ³³ wa⁻³⁵, tʃœŋ⁵⁵ kɐŋ³³ tʃi⁵⁵ fɔŋ⁵⁵ pin²² ŋɔ¹³ tei²² pei²² fɔ³³ t'uŋ¹¹ mai¹¹ ɔn⁵⁵ p'ai¹¹ wɐn²² ʃy⁵⁵.

（希望贵公司同意分批装船。因为这样的话，将更方便我们备货和安排运输。）

761. 我哋订购嘅呢批货全部嚟吟系季节性嘅商品，要赶住个时间嚟卖。所以，唔该你哋最好一次性噉同我哋装运晒，得嘛？

ŋɔ¹³ tei²² tɐŋ²² k'ɐu³³ kɛ³³ ni⁵⁵ p'ɐi⁵⁵ fɔ³³ hɐm²² paŋ²² laŋ²² hei²² kwei³³ tʃit³³ ʃiŋ³³ kɛ³³ ʃœŋ⁵⁵ pɐn³⁵, jiu³³ kɔn³⁵ tʃy²² kɔ³³ ʃi¹¹ kan³³ lɐi¹¹ mai². ʃɔ³⁵ ji¹³, m¹¹ kɔi⁵⁵ nei¹³ tei²² tʃɵy³³ hou³⁵ jɐt⁵⁵ tʃ'i³³ ʃiŋ³³ kɐm³⁵ t'uŋ¹¹ ŋɔ¹³ tei²² tʃɔŋ⁵⁵ wɐn²² ʃai³³, tɐk⁵⁵ ma³³?

（我们订购的这批货全部是季节性的商品，要赶着时间来卖。所以，麻烦你们最好一次性地帮我们全部装运完，行吗？）

762. 但系噉嘅话，会畀我哋嘅装运带嚟好多问题嘞，我哋边有可能一次订到咁多舱位吖？

tan²² hɐi²² kɐm³⁵ kɛ³³ wa⁻³⁵, wui¹³ pei³⁵ ŋɔ¹³ tei²² kɛ³³ tʃʊŋ⁵⁵ wɐn²² tai³³ lɐi¹¹ hou³⁵ tɔ⁵⁵ mɐn²² t'ɐi¹¹ pɔ³³, ŋɔ¹³ tei²² pin⁵⁵ jɐu¹³ hɔ³⁵ nɐŋ¹¹ jɐt⁵⁵ tʃ'i¹³ tɐŋ²² tou³⁵ kɐm³³ tɔ⁵⁵ tʃ'ɔŋ⁵⁵ wɐi⁻³⁵ a³³?

（但是这样的话，会给我们的装运带来很多问题，我们哪有可能一次订到这么多舱位呢？）

763. 我哋公司落单买落嘅窗式空调已经两个几月，按正合同嚟讲，啲货上下到至系个喎。啱先问过嚟，话我哋家下仲系等待货物货运期，点解吖？⁽³⁾

ŋɔ¹³ tei²² kuŋ⁵⁵ ʃi⁵⁵ lɔk²² tan⁵⁵ mai¹³ lɔk²² kɛ³³ tʃ'œŋ³³ ʃik⁵⁵ huŋ⁵⁵ t'iu¹¹ ji¹³ kiŋ⁵⁵ lœŋ¹³ kɔ³³ kei³⁵ jyt³³, ɔn³³ tʃɛŋ³³ hap²² t'uŋ¹¹ kɔŋ³⁵, ti⁵⁵ fɔ³³ ʃœŋ²² ha⁻³⁵ tou³³ tʃi³³ hɐi²² kɔ³³ wɔ³³. ŋam⁵⁵ ʃin⁵⁵ mɐn²² kwɔ⁵³ lɐi¹¹, wa²² ŋɔ¹³ tei²² ka⁵⁵ ha¹³ tʃuŋ²² hɐi³⁵ tɐŋ³⁵ tɔi²² fɔ³³ mɐt² fɔ³³ wɐn²² k'ei¹¹, tim³⁵ kai³⁵ a³³?

（我们下订单购买的窗式空调机已经两个多月了，按合同上说，货物差不多到才是。刚才问过，说我们现在还是等待货物货运期，怎么回事？）

764. 到家阵为止仲未收到你公司嘅货物运输通知，我哋嘅客户急住要呢批机器，猛咁催我哋。唔该你哋快啲发货啦！

tou³³ ka⁵⁵ tʃɐn⁻³⁵ wɐi¹¹ tʃi³⁵ tʃuŋ²² mei²² ʃɐu⁵⁵ tou³⁵ nei¹³ kuŋ⁵⁵ ʃi⁵⁵ kɛ³³ fɔ³³ mɐt²² wɐn²² ʃy⁵⁵ t'uŋ⁵⁵ tʃi⁵⁵, ŋɔ¹³ tei²² kɛ³³ hak³³ wu²² kɐp⁵⁵ tʃy²² jiu³³ ni⁵⁵ p'ɐi¹³ kei³⁵ hei³³, maŋ¹³ kɐm³³ tʃ'ɵy⁵⁵ ŋɔ¹³ tei²². m¹¹ kɔi⁵⁵ nei¹³ tei²² fai³⁵ ti⁵⁵ fat³³ fɔ³³ la⁵⁵!

（到现在为止还没有收到你公司的货物运输通知，我们的客户急着要这批机器，拼命地催我们。请你们快点儿发货吧！）

765. 你哋冇做到喺规定嘅时间之内发货，搞到我哋踢晒脚。啲客户而家对我哋公司不知几嬲！你都唔同我哋谂下，失晒嘅客，叫人哋以后点做生意吖？

nei¹³ tei²² mou¹³ tʃou²² tou³³ hɐi³⁵ kw'ɐi⁵⁵ tiŋ²² kɛ³³ ʃi¹¹ kan³³ tʃi⁵⁵ nɔi²² fat³³ fɔ³³, kau³⁵ tou³⁵ ŋɔ¹³ tei²² t'ɛk³³ ʃai³³ kœk³⁵. ti⁵⁵ hak³³ wu²² ji¹¹ ka⁵⁵ tɵy³³ ŋɔ¹³ tei²² kuŋ⁵⁵ ʃi⁵⁵ pɐt⁵⁵ tʃi³⁵ kei³⁵ nɐu⁵⁵! nei¹³ tou⁵⁵ m¹¹ t'uŋ¹¹ ŋɔ¹³ tei²² nɐm³⁵ ha¹³, ʃɐt³³ ʃai³³ ti⁵⁵ hak³³, kiu³³ jɐn¹¹ tei²² ji¹³ hɐu²² tim³⁵ tʃou²² ʃaŋ⁵⁵ ji³³ a³³?

(你们没有做到在规定的时间内发货，弄得我们很难办。客户现在对我们公司不知道有多生气！你也不为我们想想，丢光了客户，叫人家以后怎么做生意呢？)

766. 唔依时依候发货嘅话，系会影响我哋执行同客户之间签订嘅合同嘅。
m^{11} ji^{55} ʃi^{11} ji^{55} hɐu^{22} fat^{33} fɔ^{33} kɛ^{33} wa^{-35}, hei^{22} wui^{13} jiŋ^{35} hœn^{35} ŋɔ^{13} tei^{22} tʃɐp^{55} hɐŋ^{11} tʻuŋ^{11} hak^{33} wu^{22} tʃi^{55} kan^{55} tʃʻim^{55} tiŋ^{22} kɛ^{33} hap^{22} tʻuŋ^{11} kɛ^{33}.
(不准时发货的话，会影响我们执行和客户之间签订的合同的。)

767. "商场如战场"呢句说话冇人唔知啩？啲货耽到家阵都仲未曾送到嚟，噉点系吖？乜嘢宝都走晒啦！
"ʃœŋ^{55} tʃʻœŋ^{11} jy^{11} tʃin^{33} tʃʻœŋ^{11}" ni^{55} køy^{33} ʃyt^{33} wa^{22} mou^{13} jɐn^{11} m^{11} tʃi^{55} kwa^{33}? ti^{55} fɔ^{33} tɐm^{55} tou^{33} ka^{55} tʃɐn^{-35} tou^{55} tʃuŋ^{22} mei^{22} tʃʻɐŋ^{11} ʃuŋ^{33} tou^{33} lɐi^{11}, kɐm^{35} tim^{35} hei^{22} a^{33}? mɐt^{55} jɛ^{13} pou^{35} tou^{55} tʃɐu^{35} ʃai^{33} la^{55}!
("商场如战场"这句话没人不知道吧？货物拖到现在还没有送来，这怎么行啊？什么机会都全没了！)

768. 唔该你哋早啲交货得唔得吖？耽咁耐呀，我哋嘅损失会好大个嘞。
m^{11} kɔi^{55} nei^{13} tei^{22} tʃou^{35} ti^{55} kau^{55} fɔ^{33} tɐk^{55} m^{11} tɐk^{55} a^{33}? tɐm^{55} kɐm^{33} nɔi^{22} a^{11}, ŋɔ^{13} tei^{22} kɛ^{33} ʃyn^{35} ʃɐt^{55} wui^{13} hou^{35} tai^{22} kɔ^{33} pɔ^{33}.
(请你们早点儿交货行不行啊？拖这么久了，我们的损失会很大的呀。)

769. 大家拍硬档啦，唔该你哋呢个月内尽快发货，噉我哋就可以赶上个销售旺季嘞。
tai^{22} ka^{55} pʻak^{33} ŋaŋ^{22} tɔŋ^{33} la^{55}, m^{11} kɔi^{55} nei^{13} tei^{22} ni^{55} kɔ^{33} jyt^{77} nɔi^{22} tʃɵn^{22} fai^{33} fat^{33} fɔ^{33}, kɐm^{35} ŋɔ^{13} tei^{22} kɛ^{33} ʃyn^{35} ʃɐt^{55} wui^{13} kɔn^{35} ʃœŋ^{13} kɔ^{33} ʃiu^{55} ʃɐu^{22} wɔŋ^{22} kwei^{33} lak^{33}.
(大家紧密合作，请你们这个月内尽快发货，那我们就可以赶上销售旺季了。)

770. 销售旺季冇货到，噉点系吖？一年就指拟呢个季节赚钱㗎咋！唔该按正合同嚟做，快趣啲同我哋发货啦！

ʃiu⁵⁵ ʃɐu²² wɔŋ²² kwɐi³³ mou¹³ fɔ³³ tou³³, kɐm³⁵ tim³⁵ hɐi²² a³³? jɐt⁵⁵ nin¹¹ tʃɐu²² tʃi³⁵ ji¹³ ni⁵⁵ kɔ³³ kwɐi³³ tʃit³³ tʃan²² tʃʻin⁻⁵ ka³³ tʃa³³! m¹¹ kɔi⁵⁵ ɔn³³ tʃɛŋ³³ hap²² tʻuŋ¹¹ lɐi¹¹ tʃou²², fai³³ tʃʻɵy³³ ti⁵⁵ tʻuŋ¹¹ ŋɔ¹³ tei²² fat³³ fɔ³³ la⁵⁵!

（销售旺季没货到，这怎么行呢？一年就只有指望这个季节赚钱的了。请按合同规定来做，快点儿跟我们发货吧！）

771. 啲货仲要拖几耐吖？再试咁耽落去，呢批女装真丝短袖衫仲爱嚟把鬼咩！⁽⁴⁾

ti⁵⁵ fɔ³³ tʃuŋ²² jiu³³ tʻɔ⁵⁵ kei³⁵ nɔi²² a³³? tʃɔi³³ ʃi³³ kɐm³⁵ tɐm⁵⁵ lɔk²² hɵy³³, ni⁵⁵ pʻɐi⁵⁵ nɵy¹³ tʃɔŋ⁵⁵ tʃɐn⁵⁵ ʃi⁵⁵ tyn³⁵ tʃɐu²² ʃam³³ tʃuŋ²² ɔi³³ lɐi¹¹ pa³³ kwɐi³⁵ mɛ⁵⁵!

（货还要耽误多久呢？再这么拖下去，这批女装真丝短袖衣还要来有什么用呢！）

772. 唔好意思，如果你公司仲不能保证喺两周之内发货嘅话，以后嘅合作就唔使再倾喇。

m¹¹ hou³⁵ ji³³ ʃi³³, jy¹¹ kɔ³⁵ nei¹³ kuŋ⁵⁵ ʃi⁵⁵ tʃuŋ²² pɐt⁵⁵ nɐŋ¹¹ pou³⁵ tʃiŋ³³ hɐi³⁵ lœŋ¹³ tʃɐu⁵⁵ tʃi³³ nɔi²² fat³³ kɛ³³ wa⁻³⁵, ji¹³ hɐu²² kɛ³³ hɐp²² tʃɔk²² tʃɐu²² m¹¹ ʃɐi³⁵ tʃɔi³³ kʻiŋ⁵⁵ lak³³.

（很抱歉，如果你公司还不能保证在两周内发货的话，以后的合作就不用再谈了。）

773. 真系唔好意思喇，你哋喺呢个月底之前仲未交得出货嘅话，噉我公司就要根据合同条款搵你哋索赔㗎喇。

tʃɐn⁵⁵ hɐi²² m¹¹ hou³⁵ ji³³ ʃi³³ la³³, nei¹³ tei²² hɐi²² ni⁵⁵ kɔ³³ jyt³³ tɐi¹³ tʃi⁵⁵ tʃʻin¹¹ tʃuŋ²² mei²² kau⁵⁵ tɐk⁵⁵ tʃʻɵt⁵⁵ fɔ³³ kɛ³³ wa⁻³⁵, kɐm³⁵ ŋɔ¹³ kuŋ⁵⁵ ʃi⁵⁵ tʃɐu²² jiu³³ kɐn⁵⁵ kɵy³³ hɐp²² tʻuŋ¹¹ tʻiu¹¹ fun³⁵ wɐn³⁵ nei¹³ tei²² ʃɔk³³ pʻui¹¹ ka³³ la³³.

（很不好意思，你们在这个月底前还不能交出货的话，那我公司就要根据合同条款找你们索赔的了。）

774. 真系唔好意思！由于天气关系，不能做到准时发货，畀你哋带嚟咗麻烦，我哋都好过意唔去㗎。我哋公司系讲信用嘅，一直都同轮船公司联系紧。听日上昼再畀电话你啊！

tʃɐn⁵⁵ hɐi²² m¹¹ hou³⁵ ji³³ ʃi³³! jɐu¹¹ jy⁵⁵ tʻin⁵⁵ hɐi³³ kwan⁵⁵ hɐi²², pɐt⁵⁵ nɐŋ¹¹ tʃou²² tou⁵⁵ tʃɐn³⁵ ʃi¹¹ fat³³ fɔ³³, pei³⁵ nei¹³ tei²² tai³³ lɐi¹¹ tʃɔ³⁵ ma¹¹ fan¹¹, ŋɔ¹³ tei²² tou⁵⁵ hou³⁵ kɔ³³ ji³³ m¹¹ hɐy³³ ka³³. ŋɔ¹³ tei²² kuŋ⁵⁵ ʃi⁵⁵ hɐi²² kɔŋ³⁵ ʃɐn³³ juŋ²² kɛ³³, jɐt⁵⁵ tʃik²² tou⁵⁵ tʻuŋ¹¹ lɐn¹¹ ʃyn¹¹ kuŋ⁵⁵ ʃi⁵⁵ lyn¹¹ hɐi²² kɐn³⁵. tʻiŋ⁵⁵ jɐt²² ʃœŋ²² tʃɐu²² tʃɔi³³ pei³⁵ tin²² wa⁻³⁵ nei¹³ a⁵⁵!

(真是不好意思！由于天气关系，不能做到准时发货，给你们带来了麻烦，我们也很过意不去。我们公司是讲信用的，一直在和轮船公司联系着。明天上午再给您电话吧！)

775. 讲真吖句啦，我哋亦都好想尽早交货，噉嘅话咪可以早啲捞到货款啰。但系而家舱位已经排满晒，冇办法，唯有等到下个月先得嘟。真系唔好意思！

kɔŋ³⁵ tʃɐn⁵⁵ kɔ³⁵ kɵy³³ la⁵⁵, ŋɔ¹³ tei²² jik²² tou⁵⁵ hou³⁵ ʃœŋ³⁵ tʃɐn²² tʃou³⁵ kau⁵⁵ fɔ³³, kɐm³⁵ kɛ³³ wa⁻³⁵ mei²² hɔi¹³ ji¹³ tʃou³⁵ ti⁵⁵ lɔ³⁵ tou³⁵ fɔ³³ fun⁵⁵ lɔ⁵⁵. tan²² hɐi²² ji¹¹ ka⁵⁵ tʃʻɔŋ⁵⁵ wɐi⁻³⁵ ji¹³ kiŋ⁵⁵ pʻai¹¹ mun¹³ ʃai³³, mou¹³ pan³³ fat³³, wɐi¹¹ jɐu¹³ tɐŋ³⁵ tou⁵⁵ ha²² kɔ³³ jyt²² ʃin⁵⁵ tɐk⁵⁵ lak³³. tʃɐn⁵⁵ hɐi²² m¹¹ hou³⁵ ji³³ ʃi³³!

(说实话，我们也很想尽早交货，这样的话就可以早些拿到货款了。但是现在舱位已经全排满，没办法，只有等到下个月才行。真的很抱歉。)

776. 冇话特登耽人时间嘅。边个唔想有咁快得咁快噉发晒啲货吖？但系个舱位满晒，我都冇晒符喺。⁽⁵⁾

mou¹³ wa²² tɐk²² tɐŋ⁵⁵ tɐm⁵⁵ jɐn¹¹ ʃi¹¹ kan³³ kɛ³⁵. pin⁵⁵ kɔ³³ m¹¹ ʃœŋ³⁵ jɐu¹³ kɐm³⁵ fai³³ tɐk⁵⁵ kɐm³³ fai³³ kɐm³³ fat³³ ʃai³³ ti⁵⁵ fɔ³³ a³³? tan²² hɐi²² kɔ³³ tʃʻɔŋ⁵⁵ wɐi⁻³⁵ mun¹³ ʃai³³, ŋɔ¹³ tou⁵⁵ mou¹³ ʃai³³ fu¹¹ ka³⁵.

(没有故意耽误别人时间的。谁不想要多快有多快地发完货物呢？但是舱位全满了，我也无可奈何啊。)

777. 你谂下啊，我哋厂第三季度嘅生产任务冚唪吟排满晒，边度仲可能同你咁赶到货吖？如果早吖个零月订货嘅话，就冇咁搬手啰。

nei^{13} nɐm^{35} ha^{13} a^{55}, ŋɔ^{13} tei^{22} tʃʻɔŋ^{35} tei^{22} ʃam^{55} kwɐi^{33} tou^{22} ke^{33} ʃɐŋ^{55} tʃʻan^{35} jɐm^{22} mou^{22} hɐm^{22} paŋ^{22} laŋ^{35} pʻai^{11} mun^{13} ʃai^{33}, pin^{55} tou^{22} tʃuŋ^{33} hɔ^{35} nɐŋ^{11} tʻuŋ^{11} nei^{13} tei^{22} kɔn^{35} tou^{35} fɔ^{33} a^{33}? jy^{11} kwɔ^{35} tʃou^{35} kɔ^{35} kɔ^{33} lɐŋ^{11} jyt^{22} tɛŋ^{22} fɔ^{33} ke^{33} wa^{-35}, tʃɐu^{22} mou^{13} kɐm^{33} kʻik^{55} ʃɐu^{35} lɔ^{55}.

（你想想吧，我们厂第三季度的生产任务全部排满，哪里还有可能帮你们赶出货来呢？如果早那一个多月订货的话，就没有这么难办了。）

778. 你讲嘅我都明。交货嘅时间对我哋嚟讲真系好重要。大家合作咗咁耐，睇在老朋嘅份上，希望能够特殊照顾下啦。

nei^{13} kɔŋ^{35} ke^{33} ŋɔ^{13} tou^{55} miŋ^{11}. kau^{55} fɔ^{33} ke^{33} ʃi^{11} kan^{33} tøy^{33} ŋɔ^{35} tei^{22} lɐi^{11} kɔŋ^{35} tʃɐn^{55} hɐi^{22} hou^{35} tʃuŋ^{22} jiu^{33}. tai^{22} ka^{55} hap^{22} tʃɔk^{33} tʃɔ^{35} kɐm^{33} nɔi^{22}, tʻɐi^{35} tʃɔi^{22} lou^{13} pʻaŋ$^{-35}$ ke^{33} fɐn^{22} ʃœn^{22}, hei^{55} mɔŋ^{22} nɐŋ^{11} kɐu^{33} tɐk^{22} ʃy^{11} tʃiu^{33} ku^{33} ha^{13} la^{55}.

（您说的我都明白。交货的时间对我们来说真的很重要。大家合作了这么久，看在老朋友的份上，希望能够特殊照顾一下吧。）

779. 我哋最唔愿意做嘅事就系使客户失望，特别系好似你哋噉嘅老客户。但系我哋已经使尽晒力嘞，都仲系冇办法。不过放心啦，我哋仲会不断噉同厂方联系嘅，一有货供嘅话，我哋第一时间通知你。

ŋɔ^{13} tei^{22} tʃøy^{33} m^{11} jyn^{22} ji^{33} tʃou^{22} ke^{33} ʃi^{22} tʃɐu^{22} hɐi^{22} ʃɐi^{35} hak^{33} wu^{22} ʃɐt^{55} mɔŋ^{22}, tɐt^{22} pit^{22} hɐi^{22} hou^{35} tʃʻi^{13} nei^{13} tei^{22} kɐm^{35} ke^{33} lou^{13} hak^{33} wu^{22}. tan^{33} hɐi^{33} ŋɔ^{13} tei^{22} ji^{13} kiŋ^{55} ʃɐi^{35} tʃɐn^{22} ʃai^{33} lik^{22} lak^{33}, tou^{55} tʃuŋ^{22} hɐi^{22} mou^{13} pan^{22} fat^{33}. pɐt^{55} kwɔ^{33} fɔŋ^{33} ʃɐm^{55} la^{55}, ŋɔ^{13} tei^{22} tʃuŋ^{22} wui^{13} pɐt^{55} tyn^{22} kɐm^{35} tʻuŋ^{11} tʃʻɔŋ^{35} fɔŋ^{55} lyn^{11} hɐi^{22} ke^{33}, jɐt^{55} jɐu^{13} fɔ^{33} kuŋ^{55} ke^{33} wa^{-35}, ŋɔ^{13} tei^{22} tɐi^{22} jɐt^{55} ʃi^{11} kan^{33} tʻuŋ^{22} tʃi^{55} nei^{13}.

（我们最不愿意做的事情就是使客户失望，特别是像你们这样的老客户。但是我们已经尽了一切努力了，还是没有办法。不过放心吧，我们还会不断地和厂方联系的，一有货供的话，我们第一时间通知您。）

780. 多谢晒你哋所做嘅努力。

tɔ^{55} tʃɛ^{22} ʃai^{33} nei^{13} tei^{22} ʃɔ^{35} tʃou^{22} ke^{33} nou^{13} lik^{22}.

（非常谢谢你们所做的努力。）

二、注释

（1）主要系港口挤拥："拥挤"一词，广州话说成与之词序相反的"挤拥"，而且"挤"要读成55调，即 tʃɐi⁻⁵⁵ juŋ³⁵。

（2）家下嘅销售季节上下完嘞：广州话"上下"这个词，读 ʃœŋ²² ha⁻³⁵，是副词，表示"快要"、"将近"、"差不多"等意思。例如：哟嘢上下做完嘞 ti⁵⁵ je¹³ ʃœŋ²² ha⁻³⁵ tʃou²² jyn¹¹ lak³³（事情差不多做完了）。读 ʃœŋ²² ha²²，和普通话的"上下"意思基本相同。

（3）哟货上下到至系个喎：语气词"……个喎"等于"……个嘛"。例如："呢间旅店几干净个喎 ni⁵⁵ kan⁵⁵ lɵy¹³ tim²² kei³⁵ kɔn⁵⁵ tʃɐŋ²² kɔ³³ wo³³"和"呢间旅店几干净个嘛 ni⁵⁵ kan⁵⁵ lɵy¹³ tim²² kei³⁵ kɔn⁵⁵ tʃɐŋ²² kɔ³³ pɔ³³"语气一样。

（4）呢批女装真丝短袖衫仲爱嚟把鬼咩："把鬼"是对某事表示厌弃的用语，带有"毫无用处"或"白费劲"的意思，多置于句末。例如：部旧机仲爱嚟把鬼咩？pou²² kɐu²² kei⁵⁵ tʃuŋ²² ɔi³³ lɐi¹¹ pa³⁵ kwɐi³⁵ mɛ⁵⁵？（这部旧机子还要来有什么用？）

（5）有咁快得咁快：有咁……得咁……，表示"要多……有多……"。例如：有咁好得咁好 jɐu¹³ kɐm³³ hou³⁵ tɐk⁵⁵ kɐm³³ hou³⁵（要多好有多好）。/要咁靓得咁靓 jiu³³ kɐm³³ lɛŋ³³ tɐk⁵⁵ kɐm³³ lɛŋ³³（要多美有多美）。/要咁衰得咁衰 jiu³³ kɐm³³ ʃɵy⁵⁵ tɐk⁵⁵ kɐm³³ ʃɵy⁵⁵（要多坏有多坏）。

三、生词

挤拥 tʃɐi³⁵ juŋ³⁵	拥挤	呢匀 ni⁵⁵ wɐn¹¹/ji⁵⁵ wɐn¹¹/nei⁵⁵ wɐn¹¹	这趟
赶时赶候 kɔn³⁵ ʃi¹¹ kɔn³⁵ hɐu²²	赶时间	点算 tim³⁵ ʃyn³³	怎么办
上下 ʃœŋ²² ha⁻³⁵	要、将近、差不多	着紧 tʃœk³³ kɐn³⁵	着急
讲口齿 kɔŋ³⁵ hɐu²⁵ tʃ'i³⁵	讲信用	净只 tʃɐŋ²² tʃi³⁵	只有
声气 ʃɐŋ⁵⁵ hei³³	消息；信息	猛咁 maŋ¹³ kɐm³³	拼命地、极度地
匀 wɐn¹¹	（量词）趟	踢脚 t'ɛk³³ kœk³³	难办

嬲 nɐu⁵⁵	生气	把鬼 pa³⁵ kwɐi³⁵	（多用于反诘语句）毫无用处
依时依候 ji⁵⁵ ʃi¹¹ ji²² hɐu²²	按时、准时	特登 tɐk²² tɐŋ⁵⁵	故意
走宝 tʃɐu³⁵ pou³⁵	坐失良机	冇符 mou¹³ fu¹¹	没办法
拍硬档 pʻak³³ ŋaŋ²² tɔŋ³³	紧密合作、紧密配合	撠手 kʻik⁵⁵ ʃɐu³⁵	棘手、难办

四、词语扩展

- 窃盗遗失 tʃʻit³³ tou²² wɐi¹¹ ʃɐt⁵⁵
- 外来风险 ŋɔi²² lɔi¹¹ fuŋ⁵⁵ him³⁵
- 短缺 tyn³⁵ kʻyt³³
- 附加费 fu²² ka²² fɐi³³
- 速遣费 tʃʻuk⁵⁵ hin³⁵ fɐi³³
- 滞期费 tʃɐi³³ kʻei¹¹ fɐi³³
- 超重附加费 tʃʻiu⁵⁵ tʃʻuŋ¹³ fu²² ka⁵⁵ fɐi³³
- 立即装运 lɐp²² tʃik⁵⁵ tʃɔŋ⁵⁵ wɐn²²
- 全损 tʃʻyn¹¹ ʃyn³⁵
- 实际全损 ʃɐt²² tʃɐi³³ tʃʻyn¹¹ ʃyn³⁵
- 推定全损 tʻey⁵⁵ tiŋ²² tʃʻyn¹¹ ʃyn³⁵
- 部分损失 pou²² fɐn²² ʃyn³⁵ ʃɐt⁵⁵
- 推迟发货 tʻey⁵⁵ tʃʻi¹¹ fat³³ fɔ³³
- 备货不足 pei²² fɔ³³ pɐt⁵⁵ tʃuk⁵⁵
- 生产进度 ʃɐŋ⁵⁵ tʃʻan³⁵ tʃɵn³³ tou²²
- 发货期限 fat³³ fɔ³³ kʻei¹¹ han²²
- 货未到岸 fɔ³³ mei²² tou³³ ŋɔn²²
- 机械故障 kei⁵⁵ hai²² ku³³ tʃœŋ³³
- 库存不足 fu³³ tʃʻyn¹¹ pɐt⁵⁵ tʃuk⁵⁵

附：广州话的被动句

广州话的被动句与普通话的用法基本一样，只是广州话的介词用"畀"而不用"被"。例如：

啲钱都唔知几时畀贼偷咗 ti⁵⁵ tʃʻin⁻³⁵ tou⁵⁵ m¹¹ tʃi⁵⁵ kei³⁵ ʃi¹¹ pei³⁵ tʃʻak⁻³⁵ tʻɐu⁵⁵ tʃɔ³⁵（钱不知道什么时候被贼偷了）。

啲货畀第间公司订晒嘞 ti⁵⁵ fɔ³³ pei³⁵ tɐi²² kan⁵⁵ kuŋ⁵⁵ ʃi⁵⁵ tɛŋ²² ʃai³³ lak³³（这些货被其他公司订光了）。

第27单元　保　险

一、课文

781. 唔该你话我知，贵公司一般提供啲咩嘢种类嘅保险咧？

m¹¹ kɔi⁵⁵ nei¹³ wa²² ŋɔ¹³ tʃi⁵⁵, kwɐi³³ kuŋ⁵⁵ ʃi⁵⁵ jɐt⁵⁵ pun⁵⁵ tʰɐi¹¹ kuŋ⁵⁵ ti⁵⁵ mɛ⁵⁵ jɛ¹³ tʃuŋ³⁵ lɵy²² kɛ³³ pou³⁵ him³⁵ lɛ⁵⁵?

（请您告诉我，贵公司一般提供些什么种类的保险？）

782. 我哋可以办理海运、陆运同埋空运嘅所有险种。

ŋɔ¹³ tei²² hɔ³⁵ ji¹³ pan²² lei¹³ hɔi³⁵ wɐn²²、luk¹¹ wɐn²² tʰuŋ¹¹ mai¹¹ huŋ⁵⁵ wɐn²² kɛ³³ ʃɔ³⁵ jɐu¹³ him³⁵ tʃuŋ³⁵.

（我们可以办理海运、陆运和空运的所有险种。）

783. 我公司有批特级瓷器要运过珠海度，投份破碎险谂怕都够晒喇啩？

ŋɔ¹³ kuŋ⁵⁵ ʃi⁵⁵ jɐu¹³ pʰɐi⁵⁵ tɐk⁵⁵ kʰɐp⁵⁵ tʃʰi¹¹ hei³³ jiu³³ wɐn²² kwɔ³³ tʃy⁵⁵ hɔi³⁵ tou²², tʰɐu¹¹ fɐn²² pʰɔ³³ ʃɵy³³ him³⁵ nɐm³⁵ pʰa³³ tou⁵⁵ kɐu³³ ʃai³³ la³³ kwa³³?

（我公司有一批特级瓷器要运到珠海那儿，投一份破碎险恐怕也足够了吧？）

784. 今次批货系易碎品嚟个噃，除咗破碎险之外，建议你最好买埋多份水渍险就稳阵啲。

kɐm²² tʃʰi³³ pʰɐi⁵⁵ fɔ³³ hei²² ji²² ʃɵy³³ pɐn³⁵ lɐi¹³ kɔ³³ pɔ³³, tʃʰɵy¹¹ tʃɔ³³ pʰɔ³³ ʃɵy³³ him³⁵ tʃi⁵⁵ ŋɔi²², kin³³ ji¹³ nei¹³ tʃɵy³³ hou³⁵ mai¹³ mai¹¹ tɔ⁵⁵ fɐn²² ʃɵy³⁵ tʃik⁵⁵ him³⁵ tʃɐu²² wɐn³⁵ tʃɐn²² ti⁵⁵.

（这批货物是易碎品来的，除了破碎险之外，建议您最好多买一份保水渍险就稳妥一点儿。）

785. 我哋已经同保险公司倾过嘅，觉得都系应该投返份保全损险先得。

(黄总，坦率地和您说，你们这批货的质量差成这样，怎么能卖给别人呢？你自己说怎么办好了。)

818. 我哋质检部发现呢批货差唔多有成20%嘅包装烂咗，睇怕系个包装质量唔过关。呢个问题系你哋要负责个噃。

ŋɔ¹³ tei²² tʃɐt⁵⁵ kim³⁵ pou²² fat³³ jin²² ni⁵⁵ pʻɐi⁵⁵ fɔ³³ tʃʻa⁵⁵ m¹¹ tɔ⁵⁵ jɐu¹³ ʃɛŋ¹¹ pak³³ fɐn²² tʃi⁵⁵ ji¹² ʃɐp⁴² keˀ³³ pau²² tʃɔŋ⁵⁵ lan²² tʃɔ³⁵, tʻɐi³⁵ pʻa³³ hɐi²² kɔ³³ pau²² tʃɔŋ⁵⁵ tʃɐt⁵⁵ lœŋ²² m¹¹ kwɔ³³ kwan⁵⁵. ni⁵⁵ kɔ³³ mɐn²² tʻɐi¹¹ hɐi⁵⁵ nei¹³ tei²² jiu³³ fu²² tʃak²² kɔ³³ pɔ³³.

(我们质检部发现这批货差不多有20%的包装破损了，估计是包装质量不过关。这个问题是你们要负责的。)

819. 黄总，你哋批货比合同规定嘅日期足足迟咗成个月先到，根据合同规定，延期交货而畀我哋公司造成嘅一切损失，系由你哋负责个噃。

wɔŋ¹¹ tʃuŋ³⁵, nei¹³ tei²² pʻɐi²² fɔ³³ pei³⁵ hap²² tʻuŋ¹¹ kwʻɐi¹³ tiŋ²² ke³³ jɐt²² kʻei¹¹ tʃuk⁵⁵ tʃuk⁵⁵ tʃʻi¹¹ tʃɔ³⁵ ʃɛŋ¹¹ kɔ³³ jyt²² ʃin⁵⁵ tou³³, kɐn⁵⁵ køy³³ hap²² tʻuŋ¹¹ kwʻɐi⁵⁵ tiŋ²², jin¹¹ kʻei¹¹ kau⁶³ fɔ³³ ji¹¹ pei³⁵ ŋɔ¹³ tei²² kuŋ³³ ʃi⁵⁵ tʃou²² ʃiŋ¹¹ ke³³ jɐt²² tʃʻɐi³³ ʃyn³⁵ ʃɐt⁵⁵, hɐi²² jɐu¹¹ nei¹³ tei²² fu²² tʃak²² kɔ³³ pɔ³³.

(黄总，你们这批货比合同规定的时间足足迟了一个月才送到，根据合同规定，因为延期交货而给我们公司造成的一切损失，是由你们负责的。)

820. 你哋唔单止要收返所有唔合格产品，仲要同我哋公司做出赔偿，包括埋货运费吖、仓储费吖、保险费吖、利息吖、商检费等等呢啲吖嗱嗱嘅费用。

nei¹³ tei²² m¹¹ tan⁵⁵ tʃi³⁵ jiu³³ ʃɐu⁵⁵ fan⁵⁵ ʃɔ³⁵ jɐu¹³ m¹¹ hap²² kak³³ tʃʻan³⁵ pɐn³⁵, tʃuŋ²² jiu²² tʻuŋ¹¹ ŋɔ¹³ tei²² kuŋ³³ ʃi⁵⁵ tʃɔk⁵³ tʃʻɐt⁵⁵ pʻui¹¹ ʃœŋ¹¹, pau⁵⁵ kʻut³³ mai¹¹ fɔ³³ wɐn²² fei³³ a³³、tʃʻɔŋ³³ tʃʻy¹³ fei³³ a³³、pou³⁵ him³⁵ fei³³ a³³、lei²² ʃik⁵⁵ a³³、ʃœŋ⁵⁵ kim³⁵ fei³³ tɐŋ³⁵ tɐŋ³⁵ ni⁵⁵ ti⁵⁵ hɐm²² paŋ²² laŋ²² ke³³ fei³³ juŋ²².

(你们公司不但要回收所有不合格产品，还要向我们公司做出赔偿，包括货运费、仓储费、保险费、利息、商检费等等这些全部费用。)

ŋɔ¹³ tei²² ji¹³ kiŋ⁵⁵ t'uŋ¹¹ pou³⁵ him³⁵ kuŋ⁵⁵ ʃi⁵⁵ k'iŋ⁵⁵ kwɔ³³ lɐi¹¹, kɔk³³ tɐk⁵⁵ tou⁵⁵ hɐi²² jiŋ⁵⁵ kɔi⁵⁵ t'ɐu¹¹ fan⁵⁵ fɐn²² pou³⁵ tʃ'yn¹¹ ʃyn³⁵ him³⁵ ʃin⁵⁵ tɐk⁵⁵.

（我们已经跟保险公司谈过，觉得还是应该投一份保全损险才行。）

786. 点解要投保全损险嘛？呢种险净系得啲货□唪呤衰晒或者系烂到乜嘢噉先用嘅嘛。

tim³⁵ kai³⁵ jiu³⁵ t'ɐu¹¹ pou³⁵ tʃ'yn¹¹ ʃyn³⁵ him³⁵ tʃɛ⁵⁵? ni⁵⁵ tʃuŋ³⁵ him³⁵ tʃiŋ²² hɐi²² tɐk⁵⁵ ti⁵⁵ fɔ³³ hɐm²² paŋ²² laŋ²² ʃɵy⁵⁵ ʃai³³ wak²² tʃɛ³⁵ hɐi²² lan²² tou³³ mɐt⁵⁵ jɛ¹³ kɐm³⁵ ʃin⁵⁵ juŋ²² kɛ³³ tʃɛ⁵⁵.

（为什么要投保全损险呢？这种险只有在货物全部毁坏或者损坏得很厉害时才有用的。）

787. 有啲嘢唔系噉睇嘅。保险固然之要买而且仲要买得好至得个嘛。谂过度过，我都系觉得全损险对呢批货最啱啰。

jɐu¹³ ti⁵⁵ jɛ¹³ m¹¹ hɐi²² kɐm³⁵ t'ɐi³⁵ kɛ³⁵. pou³⁵ him³⁵ ku³³ jin¹¹ tʃi⁵⁵ jiu³³ mai¹³ ji¹¹ tʃ'ɛ¹³ tʃuŋ²² jiu³³ mai¹³ tɐk⁵⁵ hou³⁵ tʃi³³ kɐk⁵⁵ kɔ³³ pɔ³³. nɐm³⁵ kwɔ³³ tɔk²² kwɔ³³, ŋɔ¹³ tou⁵⁵ hɐi²² kɔk³³ tɐk⁵⁵ tʃ'yn¹¹ ʃyn³⁵ him³⁵ tɵy³³ ni⁵⁵ p'ɐi⁵⁵ fɔ³³ tʃɵy³³ ŋam⁵⁵ lɔ³³.

（有的事情不能这么看。保险固然要买而且还要买得好才行呢。思来想去，我还是觉得全损险对这批货是最合适。）

788. 呢批货价值咁高，一唔觉意出咗乜嘢事就大单喇。公司唔净止蚀晒，话唔定仲要□斗添。都系投返个全险稳阵啲，有啲咩冬瓜豆腐咪揾返保险公司啰。

ni⁵⁵ p'ɐi²² fɔ³³ ka³³ tʃik²² kɐm³⁵ kou⁵⁵, jɐt⁵⁵ m¹¹ kɔk³³ ji³³ tʃ'ɵt⁵⁵ tʃɔ³⁵ mɐt⁵⁵ jɛ¹³ ʃi²² tʃɐu²² tai²² tan⁵⁵ la³³. kuŋ⁵⁵ ʃi⁵⁵ m¹¹ tʃiŋ²² tʃi³⁵ ʃit²² ʃai³³, wa²² m¹¹ tiŋ²² tʃuŋ²² jiu³³ k'ɐm³⁵ tɐu³⁵ t'im⁵⁵. tou⁵⁵ hɐi²² t'ɐu¹¹ fan⁵⁵ kɔ³³ tʃ'yn¹¹ him³⁵ wɐn³⁵ tʃɐn²² ti⁵⁵, jɐu¹³ ti⁵⁵ mɛ⁵⁵ tuŋ⁵⁵ kwa⁵⁵ tɐu² fu⁵⁵ mɐi²² wɐn³⁵ fan⁵⁵ pou³⁵ him³⁵ kuŋ⁵⁵ ʃi⁵⁵ lɔ⁵⁵.

（这批货物价值这么高，一不小心出了什么事情就难办了。公司不仅全亏光，说不定还要倒闭呢。还是投个全险稳当些，有了什么事好找保险公司啊。）

789. 我谂都系嗽话。买份全险，虽然话个保费高啲，但系事大事小都喺个投
保范围度，大家都安乐，唔使心惊惊，你话系咪？

ŋɔ¹³ nɐm³⁵ tou⁵⁵ hɐi³³ kɐm³⁵ wa²². mai¹³ fɐn²² tʃʻyn¹¹ him³⁵, ʃøy⁵⁵ jin¹¹ wa²² kɔ³³
pou³⁵ fei¹¹ kou⁵⁵ ti³⁵, tan²² hɐi²² ʃi²² tai²² ʃi²² ʃiu³⁵ tou⁵⁵ hɐi³⁵ kɔ³³ tʻɐu¹¹ pou³⁵
fan²² wei¹¹ tou²², tai²² ka⁵⁵ tou⁵⁵ ɔn⁵⁵ lɔk²², m¹¹ ʃɐi³⁵ ʃɐm⁵⁵ kɛŋ⁵⁵ kɛŋ⁵⁵, nei¹³ wa²²
hɐi²² mɐi³⁵?

（我想也是。投个全险，虽然说保费高些，但是大事小事都在投保范
围内，大家都安心，不用担惊受怕，你说是不？）

790. 呢批货贵价兼夹特殊，净系投水渍险睇嚟唔多稳阵，最好加多份偷盗提
货不着险就定啲。

ni⁵⁵ pʻɐi⁵⁵ fɔ³³ kwɐi⁵⁵ ka³³ kim⁵⁵ kap³³ tɐk²² ʃy¹¹, tʃiŋ²² hɐi²² tʻɐu¹¹ ʃøy³⁵ tʃik⁵⁵
him³⁵ tʻɐi³⁵ lɐi¹¹ m¹¹ tɔ⁵⁵ wɐn³⁵ tʃɐn²², tʃøy³⁵ hou³⁵ ka⁵⁵ tɔ⁵⁵ fɐn⁵⁵ tʻɐu⁵⁵ tou²²
tʻɐi¹¹ fɔ³³ pɐt⁵⁵ tʃœk²² him³⁵ tʃɐu²² tiŋ²² ti⁵⁵.

（这批货物价高和特殊，单单投水渍险看来不很妥，最好多投一份偷
盗提货不着险就保险些。）

791. 老规矩，今次嘅货冚唪呤好似以前噉，按发票金额嘅120%买水渍险。

lou¹³ kwʻɐi⁵⁵ køy³⁵, kɐm⁵⁵ tʃʻi³³ kɛ³⁵ fɔ³³ hɐm²² paŋ²² laŋ²² hou³⁵ tʃʻi¹³ ji¹³ tʃʻin¹¹
kɐm³⁵, ɔn³³ fat³³ pʻiu³³ kɐm⁵⁵ ŋak⁻³⁵ kɛ³³ pak³³ fɐn²² tʃi⁵⁵ jɐt⁵⁵ pak³³ ji²² ʃɐp²²
mai¹³ ʃøy³⁵ tʃik⁵⁵ him³⁵.

（老规矩，这次的货物全都像以往一样，按照发票金额的120%投保水
渍险。）

792. 我哋总公司要求今次呢批货要买全保，投保嘅金额就系发票面值嘅110%。

ŋɔ¹³ tei²² tʃuŋ³⁵ kuŋ⁵⁵ ʃi⁵⁵ jiu⁵⁵ kʻɐu¹¹ kɐm⁵⁵ tʃʻi³³ ni⁵⁵ pʻɐi⁵⁵ fɔ³³ jiu³³ mai¹³
tʃʻyn¹¹ pou²⁵, tʻɐu¹¹ pou³⁵ kɛ³³ kɐm⁵⁵ ŋak⁻³⁵ tʃɐu²² hɐi²² fat³³ pʻiu³³ min²² tʃik²²
kɛ³³ pak³³ fɐn²² tʃi⁵⁵ jɐt⁵⁵ pak³³ jɐt⁵⁵ ʃɐp²².

（我们总公司要求这一次的货物要投全保，投保的金额就是发票面值
的110%。）

793. 我哋通常按发票金额嘅110%投保一切险。如果你哋想加战争险嘅话，保

险嘅差价系记喺你哋嘅账度个嘛。

ŋɔ¹³ tei²² t'uŋ⁵⁵ ʃœŋ¹¹ ɔn³³ fat³³ p'iu³³ kɐm⁵⁵ ŋak⁻³⁵ ke³³ pak³³ fɐn²² tʃi⁵⁵ jɐt⁵⁵ pak³³ jɐt⁵⁵ ʃɐp²² t'ɐu¹¹ pou³⁵ jɐt⁵⁵ tʃ'ɐi³³ him³⁵. jy¹¹ kwɔ³⁵ nei¹³ tei²² ʃœŋ³⁵ ka⁵⁵ tʃin³³ tʃɐŋ⁵⁵ him³⁵ kɛ³³ wa⁻³⁵, pou³⁵ him³⁵ kɛ³³ tʃ'a⁵⁵ ka³³ hɐi³³ kei³³ hɐi³⁵ nei¹³ tei²² ke³³ tʃœŋ³³ tou²² kɔ³³ pɔ³³.

(我们通常按发票金额的110％投保一切险。 如果你们想加战争险的话，保险的差价是记在你们的账上的。)

794. 今批货唔系咩易碎品之类嘅嘢，货运吖阵冇咁易烂，净系买平安险够晒喇。

kɐm⁵⁵ p'ɐi⁵⁵ fɔ³³ m¹¹ hɐi²² mɛ⁵⁵ ji²² ʃøy³³ pɐn³⁵ tʃi⁵⁵ lɵy²² ke³³ je¹³, fɔ³³ wɐn²² kɔ³⁵ tʃɐn⁻³⁵ mou¹³ kɐm³³ ji²² lan²², tʃiŋ²² hɐi²² mai¹³ p'iŋ¹¹ ɔn⁵⁵ him³⁵ kɐu³³ ʃai³³ la³³.

(这批货物不是什么易碎品之类的东西，货运时没那么容易损坏，单投平安险足够了。)

795. 呢批货系啲贵价嘢嚟㗎，睇嚟买份全保先至稳阵。运货吖阵有咩菠菜豆腐，保险公司咪孭晒飞啦！

ni⁵⁵ p'ɐi⁵⁵ fɔ³³ hɐi²² ti⁵⁵ kwɐi³³ ka³³ je¹³ lɐi¹¹ ka³³, t'ɐi³³ lɐi¹¹ mai¹³ fɐn²² tʃ'yn¹¹ pou³⁵ ʃin⁵⁵ tʃi³³ wɐn³⁵ tʃɐn²². wɐn²² fɔ³³ kɔ³⁵ tʃɐn⁻³⁵ jɐu¹³ mɛ⁵⁵ pɔ⁵⁵ tʃ'ɔi⁵⁵ tɐu²² fu²², pou³⁵ him³⁵ kuŋ³⁵ ʃi⁵⁵ mɐi²² mɛ⁵⁵ ʃai³³ fei⁵⁵ la⁵⁵!

(这次的货物都是贵重东西，看来投全保险才稳妥。这样的话，这批货在运输途中有什么意外，保险公司不就全兜着了！)

796. 呢批从东京运嚟广州嘅电脑，你哋公司能够买份价值卅九万美金保险嘅话，当然就更之好啦。

ni⁵⁵ p'ɐi⁵⁵ tʃ'uŋ¹¹ tuŋ⁵⁵ kiŋ⁵⁵ wɐn²² lɐi¹¹ kwɔŋ³⁵ tʃɐu⁵⁵ ke³³ tin²² nou¹³, nei¹³ tei²² kuŋ⁵⁵ ʃi⁵⁵ nɐŋ¹¹ kɐu³³ mai¹³ fɐn²² ka³³ tʃik²² ʃa⁵⁵ kɐu³⁵ man²² mei³⁵ kɐm⁵⁵ pou³⁵ him³⁵ kɛ³³ wa⁻³⁵, tɔŋ³³ jin¹¹ tʃɐu²² kɐŋ³³ tʃi⁵⁵ hou³⁵ la⁵⁵.

(这批从东京运输到广州的电脑，你们公司能够给投一份价值39万美元保险的话，当然就更好了。)

797. 呢批5000部电动衣车，市值总共300万。阿罗生，唔该帮手买份全保啦。

ni⁵⁵ p'ɐi⁵⁵ ŋ¹³ tʃ'in⁵⁵ pou²² tin²² tuŋ²² ji²² tʃ'ɛ⁵⁵, ʃi¹³ tʃik²² tʃuŋ³⁵ kuŋ²² ʃam⁵⁵ pak³³

man²² . a³³ lɔ¹¹ ʃaŋ⁵⁵, m¹¹ kɔi⁵⁵ pɔŋ⁵⁵ ʃɐu³⁵ mai¹³ fɐn²² tʃʻyn¹¹ pou³⁵ la⁵⁵.
(这批5000台电动缝纫机，市值总共300万。罗先生，麻烦帮忙投份全保吧！)

798. 我哋啲货成日都系揾你哋公司买保险㗎啦，阿罗生！今次畀多少少优惠都应该啩？

ŋɔ¹³ tei²² ti⁵⁵ fɔ³³ ʃɛŋ¹¹ jɐt²² tou⁵⁵ hɐi²² wɐn³⁵ nei¹³ tei²² kuŋ⁵⁵ ʃi⁵⁵ mai¹³ pou³⁵ him³⁵ ka³³ la⁵⁵, a³³ lɔ¹¹ ʃaŋ⁵⁵! kɐm⁵⁵ tʃʻi³³ pei³⁵ tɔ⁵⁵ ʃiu³⁵ ʃiu³⁵ jɐu⁵⁵ wɐi²² tou⁵⁵ jiŋ⁵⁵ kɔi⁵⁵ kwa³³?
(罗先生，我们的货经常都是找你们公司买保险的，这次多给点儿优惠也应该吧？)

799. 陈经理，你好吖！我哋都好想快快趣趣将呢批皮制品运过你哋度嘅，你哋同呢批货买定份全保先啦。

tʃʻɐn¹¹ kiŋ⁵⁵ lei¹³, nei¹³ hou³⁵ a³³! ŋɔ¹³ tei²² tou⁵⁵ hou³⁵ ʃœŋ³⁵ fai³³ fai³³ tʃʻɵy³³ tʃʻɵy³³ tʃœŋ⁵⁵ ni⁵⁵ pʻɐi⁵⁵ pʻei¹¹ tʃɐi³³ pɐn³⁵ wɐn²² kwɔ³³ nei¹³ tei²² tou²² kɛ³⁵, nei¹³ tei²² tʻuŋ⁵⁵ ni⁵⁵ pʻɐi⁵⁵ fɔ²² mai¹³ tiŋ²² fɐn²² tʃʻyn¹¹ pou³⁵ ʃin⁵⁵ la⁵⁵.
(陈经理，您好！我们也很想快点儿把这批皮制品运到你们那儿，你们先给这批货物买好全保吧。)

800. 罗生，我哋批货赶住出口，唔知点解个份易碎险嘅保单到而家都仲未搞掂？急到我哋死死下。唔该你帮手催下啦！

lɔ¹¹ ʃaŋ⁵⁵, ŋɔ¹³ tei²² pʻɐi⁵⁵ fɔ³³ kɔn³⁵ tʃy²² tʃʻɵt⁵⁵ hɐu³⁵, m¹¹ tʃi⁵⁵ tim³⁵ kai³⁵ kɔ³⁵ fɐn²² ji²² ʃɵy²³ him³⁵ kɛ³³ pou³⁵ tan⁵⁵ tou³³ ji¹¹ ka⁵⁵ tou⁵⁵ tʃuŋ²² mei²² kau³⁵ tim²²? kɐp⁵⁵ tou³³ ŋɔ¹³ tei²² ʃei³⁵ ʃei³⁵ ha¹³. m¹¹ kɔi⁵⁵ nei¹³ pɔŋ⁵⁵ ʃɐu³⁵ tʃʻɵy⁵⁵ ha¹³ la⁵⁵!
(罗先生，我们这批货急着出口的，不知道为什么那份易碎险的保单到现在还没有办妥？急得我们要命。麻烦您帮忙催一下。)

801. 我哋想同呢批电脑买份平安险同埋水渍险嘅话，嗰个保险费率大概系几多啊，阿罗生？

ŋɔ¹³ tei²² ʃœŋ³⁵ tʻuŋ¹¹ ni⁵⁵ pʻɐi⁵⁵ tin²² nou¹³ mai¹³ fɐn²² pʻiŋ¹¹ ɔn⁵⁵ him³⁵ tʻuŋ¹¹ mai¹¹ ʃɵy³⁵ tʃik⁵⁵ him³⁵ kɛ³³ wa³⁵, kɐm³⁵ kɔ³³ pou³⁵ him³⁵ fei³³ lɐt³⁵ tai²² kʻɔi³⁵ hɐi²² kei³⁵ tɔ⁵⁵ a⁵⁵, a³³ lɔ¹¹ ʃaŋ⁵⁵?

（我们想为这批电脑投平安险和水渍险的话，那保险费率大概是多少呢，罗先生？）

802. 唔该我想问下，如果我哋呢啲玻璃器皿要运落香港嘅话，应该买边只保险至啱咧？

m¹¹ kɔi⁵⁵ ŋɔ¹³ ʃœn³⁵ mɐn²² ha¹³, jy¹¹ kwɔ³⁵ ŋɔ¹³ tei²² ni⁵⁵ ti⁵⁵ pɔ⁵⁵ lei⁵⁵ hei³³ miŋ¹³ jiu³³ wɐn²² lɔk²² hœŋ⁵⁵ kɔŋ³⁵ kɛ³³ wa⁻³⁵, jiŋ⁵⁵ kɔi⁵⁵ mai¹³ pin⁵⁵ tʃɛk³³ pou³⁵ him³⁵ tʃi²² ŋam⁵⁵ lɛ⁵⁵?

（我想问一下，如果我们这些玻璃器皿要运往香港的话，应该买哪种保险才合适呢？）

803. 你好，我系永成贸易公司嘅。而家有批电视机要运过海南省吖便，想问下个海上保险系点买法㗎？

nei¹³ hou³⁵, ŋɔ¹³ hɐi²² wiŋ¹³ ʃiŋ¹¹ mɐu²² jik²² kuŋ⁵⁵ ʃi⁵⁵ kɛ³⁵. ji¹¹ ka⁵⁵ jɐu¹³ p'ɐi⁵⁵ tin²² ʃi²² kei⁵⁵ jiu³³ wɐn²² kwɔ³³ hɔi³⁵ nam¹¹ ʃaŋ³⁵ kɔ³⁵ pin²², ʃœŋ³⁵ mɐn²² ha¹³ kɔ³³ hɔi³⁵ ʃœn²² pou³⁵ him³⁵ hɐi²² tim³⁵ mai¹³ fat³³ ka³³?

（您好，我是永成贸易公司的。现在有批电视机要运往海南省那儿，想问一下海上保险怎么个买法？）

804. 噉除咗海上保险，你话我哋仲要投多边只险好咧？我哋都唔想由于投保不足造成损失㗎。

kɐm³⁵ tʃ'ɵy¹¹ tʃɔ³⁵ hɔi³⁵ ʃœŋ²² pou³⁵ him³⁵, nei¹³ wa²² ŋɔ¹³ tei²² tʃuŋ²² jiu³³ t'ɐu¹¹ tɔ⁵⁵ pin⁵⁵ tʃɛk³³ him³⁵ hou³⁵ lɛ⁵⁵? ŋɔ¹³ tei²² tou⁵⁵ m¹¹ ʃœŋ³⁵ jɐu¹¹ jy⁵⁵ t'ɐu¹¹ pou³⁵ pɐt⁵⁵ tʃuk⁵⁵ tʃou²² ʃiŋ¹¹ ʃyn³⁵ ʃɐt⁵⁵ ka³³.

（那除了海上保险，您说我们还要多投哪种险好呢？我们也不希望由于投保不足而造成损失。）

805. 噉破碎险又点买法咧？我哋呢批货如果要买嘅话，保费大概几多？

kɐm³⁵ p'ɔ³³ ʃɵy³³ him³⁵ jɐu²² tim³⁵ mai¹³ fat³³ lɛ⁵⁵? ŋɔ¹³ tei²² ni⁵⁵ p'ɐi¹⁵ fɔ³³ jy¹¹ kwɔ¹³ jiu³³ mai¹³ kɛ³³ wa⁻³⁵, pou³⁵ fɐi³³ tai²² k'ɔi¹³ kei³⁵ tɔ⁵⁵?

（那么破碎险又怎么个买法？我们这批货如果要投保的话，保费大概多少？）

806. 我哋公司第四季度有批精纺纯棉袖衫要运过旧金山度，需要买保险。但系又唔系好识投保方面嘅嘢嘛，唔好意思阻你一阵，同我解释下，好嘛？
ŋɔ¹³ tei²² kuŋ⁵⁵ ʃi⁵⁵ tei²² ʃei³³ kwɐi³³ tou²² jɐu¹³ pʻɐi⁵⁵ tʃiŋ⁵⁵ fɔŋ³⁵ ʃɵn¹¹ min¹¹ ʃɵt⁵⁵ ʃam⁵⁵ jiu³³ wɐn²² kwɔ³³ kɐu³³ kɐm³⁵ ʃan⁵⁵ tou²², ʃøy⁵⁵ jiu³³ mai¹³ pou³⁵ him³⁵. tan²² hɐi²² jɐu²² m¹¹ hɐi²² hou³⁵ ʃik⁵⁵ tʻɐu¹¹ pou³⁵ fɔŋ⁵⁵ min¹¹ kɛ³³ jɛ¹³ pɔ³³, m¹¹ hou³⁵ ji³³ ʃi³³ tʃɔ³⁵ nei¹³ jɐt⁵⁵ tʃɐn⁻³⁵, tʻuŋ¹¹ ŋɔ¹³ kai³⁵ ʃik⁵⁵ ha¹³, hou³⁵ ma³³?
（我们公司第四季度有一批精纺纯棉衬衣要运到旧金山，需要买保险。但是又不大知道投保方面的事情，不好意思耽误您一会儿，跟我解释一下，好吗？）

807. 阿黄经理，早晨！我哋公司已经按发票价值嘅130%同呢批货买咗保险㗎喇，但系个130%同110%之间嘅差额，系由你哋锦威公司负责畀个嘛。
a³³ wɔŋ¹¹ kiŋ⁵⁵ lei¹³, tʃou³⁵ ʃɐn¹¹! ŋɔ¹³ tei²² kuŋ⁵⁵ ʃi⁵⁵ ji¹³ kiŋ⁵⁵ ɔn³³ fat³³ pʻiu¹³ ka³³ tʃik²² kɛ³³ pak³³ fɐn²² tʃi⁵⁵ jɐt⁵⁵ pak³³ ʃam⁵⁵ ʃɐp²² tʻuŋ¹¹ ni⁵⁵ pʻɐi¹³ fɔ³³ mai¹³ tʃɔ³⁵ pou³⁵ him³⁵ ka³³ la³³, tan²² hɐi²² kɔ³³ pak³³ fɐn²² tʃi⁵⁵ jɐt⁵⁵ pak³³ ʃam⁵⁵ ʃɐp²² tʻuŋ¹¹ pak⁵⁵ fɐn²² tʃi⁵⁵ jɐt⁵⁵ pak³³ jɐt⁵⁵ ʃɐp²² tʃi⁵⁵ kan⁵⁵ kɛ³³ tʃʻa⁵⁵ ŋak⁻³⁵, hɐi²² jɐu¹¹ nei¹³ tei²² kɐm³⁵ wɐi⁵⁵ kuŋ⁵⁵ ʃi⁵⁵ fu²² tsak³³ pei³⁵ kɔ³³ pɔ³³.
（黄经理，早上好！我们公司已经按发票价值的130%给这批货物投了保险了，但是130%和110%之间的差额是由你们锦威公司负责给的。）

808. 我哋可以帮你哋咿批货买多份陆地险，但系呢份额外嘅保险费就由你哋公司自己畀喇！
ŋɔ¹³ tei²² hɔ³⁵ ji¹³ pɔŋ⁵⁵ nei¹³ tei²² ji⁵⁵ pʻɐi⁵⁵ fɔ³³ mai¹³ tɔ⁵⁵ fɐn²² luk⁵⁵ tei²² him³⁵, tan²² hɐi²² ni⁵⁵ fɐn²² ŋak²² ŋɔi²² kɛ³³ pou³⁵ him³⁵ fɐi³³ tʃɐu²² jɐu¹¹ nei¹³ tei²² kuŋ⁵⁵ ʃi⁵⁵ tʃi²² kei³⁵ pei³⁵ la³³!
（我们可以帮你们这批货物多投一份陆地险，但是这份额外的保险费就由你们公司自己给了！）

809. 你好吖，陈经理！我哋已经同你哋公司今批电视机买咗保险嘞，批货将喺今个月嘅7号上船。话声畀你哋知先，等你哋早啲做好准备。

nei¹³ hou³⁵ a³³, tʃʻɐn¹¹ kiŋ⁵⁵ lei¹³! ŋɔ¹³ tei²² ji¹³ kiŋ⁵⁵ tʻuŋ¹¹ nei¹³ tei²² kuŋ⁵⁵ ʃi⁵⁵ kɐm⁵⁵ pʻei⁵⁵ tin²² ʃi²² kei⁵⁵ mai¹³ tʃɔ³⁵ pou³⁵ him³⁵ lak³³, pʻei¹³ fɔ³³ tʃœŋ⁵⁵ hɐi³⁵ kɐm⁵⁵ kɔ³³ jyt²² ke³³ tʃʻɐt⁴⁵ hou²² ʃœŋ¹³ ʃyn¹¹. wa²² ʃɛŋ⁵⁵ pei³⁵ nei¹³ tei²² tʃi⁵⁵ ʃin⁵⁵, tɐŋ³⁵ nei¹³ tei²² tʃou³⁵ ti⁵⁵ tʃou²² hou³⁵ tʃɵn³⁵ pei²².
（您好，陈经理！我们已经替你们公司这批电视机买了保险，这批货将在本月7日上船。先跟你们说一声，让你们早点做好准备。）

810. 请放心，我哋公司从嚟冇试过因为不足额保险而造成损失嘅。

tʃiŋ³⁵ fɔŋ²² ʃɐm³⁵, ŋɔ¹³ tei²² kuŋ⁵⁵ ʃi⁵⁵ tʃʻuŋ¹¹ lɐi¹¹ mou¹³ ʃi³³ kwɔ³³ jɐn⁵⁵ wɐi²² pɐt⁵⁵ tʃuk³³ ŋak⁻³⁵ pou³⁵ him³⁵ ji¹¹ tʃou²² ʃiŋ¹¹ ʃyn³⁵ ʃɐt⁵⁵ ke³³.

（请放心，我们公司从来没试过因为不足额保险而造成损失的。）

二、生词

谂怕 nɐm³⁵ pʻa³³	也许；恐怕（表示猜测）	惊 kɛŋ⁵⁵	害怕
净系 tʃiŋ²² hɐi²²	只是；仅仅是	定 tiŋ²²	心定；稳当
烂 lan²²	坏；破	冬瓜豆腐 tuŋ⁵⁵ kwa⁵⁵ tɐu²² fu²²	喻指意外情况或不吉利的事情
谂过度过 nɐm³⁵ kwɔ³³ tɔk²² kwɔ³³	想来想去；考虑来考虑去	菠菜豆腐 pɔ⁵⁵ tʃʻɔi⁵⁵ tɐu²² fu²²	同"冬瓜豆腐"
唔觉意 m¹¹ kɔk³³ ji³³	不小心	孭飞 me⁵⁵ fei⁵⁵	负全部责任。"飞"，票，英语 fare 的译音
大单 tai²² tan⁵⁵	（事态）严重		
净止 tʃiŋ²² tʃi³⁵	单单；仅	快趣 fai³³ tʃʻɵy³³	（速度）快；利索
㞘斗 kʻɐm³⁵ tɐu⁻³⁵	倒闭	死死下 ʃei³⁵ ʃei³⁵ ha¹³	要命；够呛
安乐 ɔn⁵⁵ lɔk²²	心安；愉快；安闲		

三、词语扩展

- 保险受益人 pou³⁵ him³⁵ ʃɐu²² jik⁵⁵ jɐn¹¹
- 承保人的责任 ʃiŋ¹³ pou³³ jɐn¹¹ tik⁵⁵ tʃak³³ jɐm²²
- 被保险人权利 pei²² pou³⁵ him³⁵ jɐn¹¹ kʻyn¹¹ lei²²
- 被保险人利益 pei²² pou³⁵ him³⁵ jɐn¹³ lei²² jik⁵⁵
- 保险费率 pou³⁵ him³⁵ fɐi³³ lɵt³⁵
- 附加保险费 fu²² ka⁵⁵ pou³⁵ him³⁵ fɐi³³
- 保险凭证 pou³⁵ him³⁵ pʻɐn¹¹ tʃiŋ³³
- 一切险 jɐt⁵⁵ tʃʻɐi³³ him³⁵
- 天灾险 tʻin⁵⁵ tʃɔi⁵⁵ him³⁵
- 附加险 fu²² ka⁵⁵ him³⁵
- 特别险 tɐk²² pit²² him³⁵
- 偷窃险 tʻɐu⁵⁵ tʃʻit³³ him³⁵
- 淡水险 tʻam¹³ ʃɵy³⁵ him³⁵
- 钩损险 ŋɐu⁵⁵ ʃyn³⁵ him³⁵
- 碰损险 pʻuŋ³³ ʃyn³⁵ him³⁵
- 渗漏险 ʃɐm³³ lɐu²² him³⁵
- 油渍险 jɐu¹¹ tʃik⁵⁵ him³⁵
- 油污险 jɐu¹¹ wu⁵⁵ him³⁵
- 沾污险 tʃim⁵⁵ wu⁵⁵ him³⁵
- 物损险 mɐt²² ʃyn³⁵ him³⁵
- 保险金 pou³⁵ him³⁵ kɐm⁵⁵
- 保额 pou³⁵ ŋak⁻³⁵

附：广州话的双宾句

谓语中心词后先后出现指人和指事物两种宾语的句子，语法上叫做双宾语。广州话除了这种格式以外，口语中还有直接宾语在前、间接宾语在后的格式。例如：

畀支笔佢　pei³⁵ tʃi⁵⁵ pɐt⁵⁵ kʻɵy¹³（给他一支笔）。

借啲钱我　tʃɛ³³ ti⁵⁵ tʃʻin⁻³⁵ ŋɔ¹³（借给我一点儿钱）。

第28单元　投诉及索赔

一、课文

811. 果酱中嘅糖含量真系低得紧要，同我哋原底定落嘅标准争天共地。呢份系质检嘅分析证明书。

kwɔ^{35} tʃœn^{33} tʃuŋ^{55} kɛ^{33} tʻɔŋ^{11} hɐm^{11} lœŋ^{22} tʃɐn^{55} hɐi^{22} tɐi^{55} tɐk^{55} kɐn^{35} jiu^{33}, tʻuŋ^{11} ŋɔ^{13} tei^{22} jyn^{11} tei^{35} tiŋ^{22} lɔk^{22} kɛ^{33} piu^{55} tʃɐn^{35} tʃaŋ^{55} tʻin^{55} kuŋ^{22} tei^{22}. ni^{55} fɐn^{22} hɐi^{22} tʃɐt^{55} kim^{35} kɛ^{33} fɐn^{55} ʃik^{55} tʃiŋ^{33} miŋ^{11} ʃy^{55}.

（果酱里的糖含量真是低得很，和咱们原来定下的标准有天壤之别。这份是质检的分析证明书。）

812. 呢份文件系中国商检局对你哋批罐头签发嘅检验报告，亦系我哋公司索赔嘅依据。

ni^{55} fɐn^{22} mɐn^{11} kin^{-35} hɐi^{22} tʃuŋ^{55} kwɔk^{33} ʃœŋ^{55} kim^{35} kuk^{22} tɵy^{33} nei^{13} tei^{22} pʻɐi^{55} kun^{33} tʻɐu^{-35} tʃʻim^{55} fat^{33} kɛ^{33} kim^{35} jin^{22} pou^{33} kou^{33}, jik^{22} hɐi^{22} ŋɔ^{13} tei^{22} kuŋ^{55} ʃi^{55} ʃɔk^{33} pʻui^{11} kɛ^{33} ji^{55} kɵy^{33}.

（这份文件是中国商检局对你们这批罐头签发的检验报告，也是我们公司索赔的依据。）

813. 有冇搞错吖，明明订嘅系特级冬菇，仲签埋合同添。你睇睇你哋运过嚟嘅货，一啲都达唔到合同嘅标准，离晒大谱！

jɐu^{13} mou^{13} kau^{35} tʃʻɔ^{33} a^{33}, miŋ^{11} miŋ^{11} tɛŋ^{22} kɛ^{33} hɐi^{22} tɐk^{22} kʻɐp^{55} tuŋ^{55} ku^{55}, tʃuŋ^{22} tʃʻim^{55} mai^{11} hap^{22} tʻuŋ^{11} tʻim^{55}. nei^{13} tʻɐi^{35} tʻɐi^{35} nei^{13} tei^{22} wɐn^{22} kwɔ^{33} lɐi^{11} kɛ^{33} fɔ^{33}, jɐt^{55} ti^{55} tou^{55} tat^{22} m^{11} tou^{33} hap^{22} tʻuŋ^{11} kɛ^{33} piu^{55} tʃɐn^{35}, lei^{11} ʃai^{33} tai^{22} pʻou^{35}!

（有没有弄错啊，明明订的是特级冬菇，连合同都签了的。你看看你们运过来的货，一点儿也达不到合同的标准，太离谱了！）

814. 你哋发过嚟嘅货，同我哋所睇嘅板非常之唔相符喎。噉样质素嘅产品点卖得去吖？家阵乸晒喺个仓库度，唔该快啲运返走喇。仲有吖，根据合同规定你哋系要负赔偿责任个嘛。

nei¹³ tei²² fat²³ kwɔ³³ lei¹¹ ke³³ fɔ³³, tʻuŋ¹¹ ŋɔ¹³ tei²² ʃɔ³⁵ tʻɐi³³ kɛ³³ pan³⁵ fei⁵⁵ ʃœŋ¹¹ tʃi⁵⁵ m¹¹ ʃœŋ⁵⁵ fu¹¹ wɔ³³. kɐm³⁵ jœŋ⁻³⁵ tʃɐt⁵⁵ ʃou³³ kɛ³³ tʃʻan³⁵ pɐn³⁵ tim³⁵ mai²² tɐk⁵⁵ høy³³ a³³? ka⁵⁵ tʃɐn⁻³⁵ tɐn³⁵ ʃai³³ hɐi³⁵ kɔ³³ tʃʻɔŋ³³ fu³³ tou²², m¹¹ kɔi⁵⁵ fai³³ ti⁵⁵ wɐn²² fan⁵⁵ tʃɐu³⁵ la³³. tʃuŋ²² jɐu¹³ a³³, kɐm⁵⁵ køy³³ hɐp²² tʻuŋ¹¹ kwʻɐi⁵⁵ tiŋ²² nei¹³ tei²² hɐi²² jiu³³ fu²² pʻui¹¹ ʃœŋ¹¹ tʃak³³ jɐm²² kɔ³³ pɔ³³.

（你们发过来的货，和我们所看的样品很不相符。这种质量的产品怎么卖得出去？现在全放在仓库里，请你们快点运回去吧。还有，根据合同规定你们是要负赔偿责任的。）

815. 你哋公司今次发畀我哋嘅货，啲质量同上次嘅真系争成条墟咁远，好唔似样喎！

nei¹³ tei²² kuŋ⁵⁵ ʃi⁵⁵ kɐm³⁵ tʃʻi³³ fat³³ pei³⁵ ŋɔ¹³ tei²² kɛ³³ fɔ³³, ti⁵⁵ tʃɐt⁵⁵ lœŋ²² tʻuŋ¹¹ ʃœŋ²² tʃʻi³³ kɛ³³ tʃɐn⁵⁵ hɐi²² tʃaŋ⁵⁵ ʃɛŋ¹¹ tʻiu¹¹ høy⁵⁵ kɐm³³ jyn¹³, hou³⁵ m¹¹ tʃʻi¹³ jœŋ⁻³⁵ wɔ³³!

（你们公司这次发给我们的货物，质量跟上次的相差太远了，很不像话！）

816. 阿陈经理，你哋批裇衫冚唪唥系晒啲细码，一件中码都见唔到，大码又冇，系咪发错咗货吖？咁乌龙都有嘅！

a³³ tʃʻɐn¹¹ kiŋ⁵⁵ lei¹³, nei¹³ tei²² pʻei⁵⁵ ʃɵt⁵⁵ ʃam⁵⁵ hɐm²² paŋ²² laŋ²² hɐi²² ʃai³³ ti⁵⁵ ʃɐi³³ ma¹³, jɐt⁵⁵ kin²² tʃuŋ⁵⁵ ma¹³ tou⁵⁵ kin³³ m¹¹ tou³⁵, tai²² ma¹³ jɐu²² mou¹³, hɐi²² mɐi²² fat²³ tʃʻɔ³³ tʃɔ³³ a³³? kɐm³³ wu⁵⁵ luŋ⁻³⁵ tou⁵⁵ jɐu¹³ kɛ³⁵!

（陈经理，你们这批衬衣全都是些小码来着，一件中码都看不到，大码又没有，是不是发错了货呀？怎么会有这么糊涂！）

817. 黄总，直白噉同你讲，你哋今次批货嘅质量差成噉，点卖得畀人吖？你自己话点办好呢。

wɔŋ¹¹ tʃuŋ³⁵, tʃik²² pak²² kɐm³⁵ tʻuŋ¹¹ nei¹³ kɔŋ³⁵, nei¹³ tei²² kɐm⁵⁵ tʃʻi³³ pʻei⁵⁵ fɔ³³ kɛ³³ tʃɐt⁵⁵ lœŋ²² tʃʻa⁵⁵ ʃɛŋ³³ kɐm³⁵, tim³⁵ mai²² tɐk⁵⁵ pei³⁵ jɐn¹¹ a³³? nei¹³ tʃi²² kei³⁵ wa²² tim³⁵ pan²² hou³⁵ lak³³.

第28单元 投诉及索赔

821. 你哋寄畀我哋嘅系DC5s而唔系DC7s。至弊嘅仲系，我哋要用佢嚟为一个非常之重要嘅客户完成一项尖端工作。你哋要对自己嘅失误畀我哋所带来嘅损失负责。

nei¹³ tei²² kei³³ pei³⁵ ŋɔ¹³ tei²² kɐ³³ hɐi²² DC ŋ¹³ S ji¹¹ m¹¹ hɐi²² DC tʃˈɐt⁵⁵ S. tʃi³³ pɐi²² kɐ³³ tʃuŋ²² hɐi²², ŋɔ¹³ tei²² jiu³³ juŋ²² kʻɵy¹³ lɐi¹¹ wɐi²² jɐt⁵⁵ kɔ³³ fei⁵⁵ ʃœŋ¹¹ tʃi⁵⁵ tʃuŋ²² jiu³³ kɐ³³ hak³³ wu²² jyn¹¹ ʃiŋ¹¹ jɐt⁵⁵ hɔŋ²² tʃim⁵⁵ tyn⁵⁵ kuŋ⁵⁵ tʃɔk³³. nei¹³ tei²² jiu³³ tɵy³³ tʃi²² kei³³ kɐ³³ ʃɐt⁵⁵ m²² pei³⁵ ŋɔ¹³ tei²² ʃɔ³⁵ tai³³ lɐi¹¹ kɐ³³ ʃyn³⁵ ʃɐt⁵⁵ fu²² tʃak³³.

（你们寄给我们的是DC5s而不是DC7s。最糟糕的还是，我们要用它来为一个很重要的客户完成一项尖端工作。你们要对自己的失误给我们所带来的损失负责。）

822. 上个星期我公司投诉嘅嗰批货至到今日先到。对我哋嚟讲，佢仲有乜嘢用吖？

ʃœŋ²² kɔ³³ ʃiŋ⁵⁵ kʻei¹¹ ŋɔ¹³ kuŋ⁵⁵ ʃi⁵⁵ tʻɐu¹¹ ʃou³³ kɐ³³ kɔ³⁵ pʻɐi³³ fɔ³³ tʃi³³ tou³³ kɐm⁵⁵ jɐt²² ʃin⁵⁵ tou³³. tɵy³³ ŋɔ¹³ tei²² lɐi¹¹ kɔŋ³⁵, kʻɵy¹³ tʃuŋ²² jɐu¹³ mɛ⁵⁵ jɛ¹³ juŋ²² a³³?

（上个星期我公司投诉的那批货直到今天才到。对我们来说，它还有什么用啊？）

823. 点解我哋两个月之前订嘅节能灯仲未到货嘅？已经催咗好多次喇。希望遵守大家约定嘅期限啊。

tim³⁵ kai³⁵ ŋɔ¹³ tei²² lœŋ¹³ kɔ³³ jyt²² tʃi⁵⁵ tʃʻin¹¹ tɛŋ²² kɐ³³ tʃit³³ nɐŋ¹¹ tɐŋ⁵⁵ tʃuŋ²² mei²² tou³³ fɔ³³ kɐ³⁵? ji¹³ kiŋ⁵⁵ tsʻɵy⁵⁵ tʃɔ³⁵ hou³⁵ tɔ⁵⁵ tʃʻi³³ la³³. hei⁵⁵ mɔŋ²² tʃyn⁵⁵ ʃɐu³⁵ tai²² ka⁵⁵ jœk³³ tiŋ²² kɐ³³ kʻei¹¹ han²² a⁵⁵.

（为什么我们两个月前订的节能灯还未到货呢？已经催了几次了。希望遵守大家约定的期限。）

824. 如果冇记错个话，计埋今次，你哋已经系第三次冇按期交货喇。我哋销售部经理对你哋噉嘅做法好嬲㗎。噉嘅话，大家以后仲点合作吖？

jy¹¹ kwɔ³³ mou⁵⁵ kei³³ tʃʻɔ³³ kɔ³³ wa³⁵, kɐi³³ mai¹¹ kɐm⁵⁵ tʃʻi³³, nei¹³ tei²² ji¹³ kiŋ⁵⁵ hɐi²² tei²² ʃam³³ tʃʻi³³ mou¹³ ɔn³³ kʻei¹¹ kau⁶³ fɔ³³ la³³. ŋɔ¹³ tei²² ʃiu⁵⁵ ʃɐu¹¹ pou^{22} kiŋ^{55} lei^{13} tɵy^{33} nei^{13} tei^{22} kɐm^{35} kɛ^{33} tʃou^{22} fat^{33} hou^{35} nɐu^{55} wɔ^{33}. kɐm^{35} kɛ^{33} wa^{-35}, tai^{22} ka^{55} ji^{35} hɐu^{22} tʃuŋ^{33} tim^{35} hap^{22} tʃɔk^{33} a^{33}?

(如果没记错的话，连这次算上，你们已经是第三次没有按期交货了。我们销售部经理对你们这样的做法非常恼火。这样的话，大家以后还要怎么合作呢？)

825. 阿张经理，今次你哋批货真系流到离谱。我哋总公司要求你哋一系就赔偿损失，一系就降低价格。你哋嘅意见点啊？

a^{33} tʃœŋ^{55} kiŋ^{55} lei^{13}, kɐm^{35} tʃ'i^{33} nei^{13} tei^{22} p'ɐi^{55} fɔ^{33} tʃɐn^{55} hɐi^{22} lɐu^{11} tou^{33} lei^{11} p'ou^{35}. ŋɔ^{13} tei^{22} tʃuŋ^{35} kuŋ^{55} ʃi^{55} jiu^{55} k'ɐu^{11} nei^{13} tei^{22} jɐt^{55} hɐi^{22} tʃɐu^{22} p'ui^{11} ʃœŋ^{11} ʃyn^{35} ʃɐt^{55}, jɐt^{55} hɐi^{22} tʃɐu^{22} kɔŋ^{33} tɐi^{55} ka^{33} kak^{33}. nei^{13} tei^{22} kɛ^{33} ji^{33} kin^{33} tim^{35} a^{55}?

(张经理，这次你们的货物真是差得离谱。我们总公司要求你们要么就赔偿损失，要么就降低价格。你们的意见怎么样？)

826. 或者噉啦，张经理！如果你哋肯降价15%，我哋可能会考虑保留返呢批货嘅。

wak^{22} tʃɛ^{35} kɐm^{35} la^{55}, tʃœŋ^{55} kiŋ^{55} lei^{13}! jy^{11} kwɔ^{35} nei^{13} tei^{22} hɐŋ^{35} kɔŋ^{33} ka^{33} pak^{33} fɐn^{22} tʃi^{55} ʃɐp^{22} ŋ^{13}, ŋɔ^{13} tei^{22} hɔ^{35} nɐŋ^{11} wui^{13} hau^{35} lɵy^{22} pou^{35} lɐu^{11} fan^{55} ni^{55} p'ɐi^{55} fɔ^{33} kɛ^{35}.

(要不这样吧，张经理！如果你们愿意降价15%，我们可能会考虑保留这批货物。)

827. 由于贵公司发错咗货，畀我哋造成咗好大嘅损失，我公司唯有根据合同条款要求你哋做出赔偿。

jɐu^{11} jy^{55} kwɐi^{33} kuŋ^{35} ʃi^{55} fat^{33} tʃ'ɔ^{33} tʃɔ^{35} fɔ^{33}, pei^{35} ŋɔ^{13} tei^{22} tʃou^{22} ʃiŋ^{11} tʃɔ^{33} hou^{35} tai^{22} kɛ^{33} ʃyn^{35} ʃɐt^{55}, ŋɔ^{13} kuŋ^{55} ʃi^{55} wɐi^{11} jɐu^{13} kɐn^{55} kɵy^{33} hɐp^{22} t'uŋ^{11} tiu^{11} fun^{35} jiu^{55} k'ɐu^{11} nei^{13} tei^{22} tʃou^{22} tʃ'ɵt^{55} p'ui^{11} ʃœŋ^{11}.

(由于贵公司发错了货，给我们造成了很大的损失，我公司只有根据合同条款要求你们做出赔偿。)

828. 阿陈生，大家合作咗咁多次，我哋真系好相信你㗎。谁不知今次批货真系大跌眼镜，我好难同公司交差个噃。你话点算吖？

a³³ tʃʻɐn¹¹ ʃaŋ⁵⁵, tai²² ka⁵⁵ hap²² tʃɔk³³ tʃɔ³⁵ kɐm³³ tɔ⁵⁵ tʃʻi³³, ŋɔ¹³ tei²² tʃɐn⁵⁵ hɐi²² hou³⁵ ʃœŋ⁵⁵ ʃɐn³³ nei¹³ ka³³. ʃɵy¹¹ pɐt³⁵ tʃi⁵⁵ kɐm⁵⁵ tʃʻi³³ pʻei³³ fɔ³³ tʃɐn⁵⁵ hɐi²² tai²² tit³³ ŋan¹¹ kɛŋ³⁵, ŋɔ¹³ hou³⁵ nan¹¹ tʻuŋ¹¹ kuŋ⁵⁵ ʃi⁵⁵ kau⁵⁵ tʃʻai⁵⁵ kɔ³³ pɔ³³. nei¹³ wa²² tim³⁵ ʃyn³³ a³³?
（陈先生，大家合作了那么多次，我们真是很相信你的。谁知道这批货真让人失望，我很难向公司交差。你说怎么办？）

829. 阿黄总，根据合同规定，你哋公司要喺一个星期内调返5台合格嘅雪柜畀我哋，仲要将呢5台雪柜嘅总价值降价30%。

a³³ wɔŋ¹¹ tʃuŋ³⁵, kɐn⁵⁵ kɵy³³ hap²² tʻuŋ¹¹ kwʻei⁵⁵ tiŋ²², nei¹³ tei²² kuŋ⁵⁵ ʃi⁵⁵ jiu³³ hɐi³⁵ jɐt⁵⁵ kɔ³³ ʃiŋ³⁵ kʻei¹¹ nɔi²² tiu³³ fan¹¹ ŋ⁵³ tʻɔi¹¹ hap²² kak³³ ke³³ ʃyt³³ kwɐi²² pei³⁵ ŋɔ¹³ tei²², tʃuŋ³² jiu³³ tʃœŋ⁵⁵ ni⁵⁵ ŋ¹³ tʻɔi¹¹ ʃyt³³ kwɐi²² ke³³ tʃuŋ³⁵ ka³³ tʃik³³ kɔŋ³³ ka³³ pak³³ fɐn²² tʃi⁵⁵ ʃam⁵⁵ ʃɐp²².
（黄总，根据合同规定，你们公司要在一个星期内调回5台合格的冰箱给我们，还要把这5台冰箱的总价值降价30%。）

830. 你公司除咗要喺3日之内将搞错咗码数嘅皮鞋收返之外，仲要同我哋做出赔偿嘞。个赔偿额就按返合同条款嘅规定喇。

nei¹³ kuŋ⁵⁵ ʃi⁵⁵ tʃʻɵy¹¹ tʃɔ³⁵ jiu³³ hɐi³⁵ ʃam³² jɐt²² tʃi⁵⁵ nɔi²² tʃœŋ⁵⁵ kau³⁵ tʃʻɔ³³ tʃɔ³⁵ ma¹³ ʃou²² ke³³ pʻei¹¹ hai¹¹ ʃɐu⁵⁵ fan⁵⁵ tʃi⁵⁵ ŋɔi²², tʃuŋ²² jiu³³ tʻuŋ¹¹ ŋɔ¹³ tei²² tʃou²² tʃʻɵt⁵⁵ pʻui¹¹ ʃœŋ¹¹ pɔ³³. kɔ³³ pʻui¹¹ ʃœŋ¹¹ ŋak⁻³⁵ tʃɐu²² ɔn³³ fan⁵⁵ hɐp²² tʻuŋ¹¹ tʻiu¹¹ fun³⁵ ke³³ kwʻɐi⁵⁵ tiŋ²² la⁵⁵.
（你们公司除了要在3天之内把搞错了码数的皮鞋收回之外，还要对我们做出赔偿。赔偿额就按回合同条款的规定吧。）

831. 我公司认为，贵方应该将合格嘅商品换返我哋收到嘅次品。唔系噉样嘅话，我哋就唯有揾律师寻求解决嘅方法。因为呢单嘢涉及嘅金额唔少个喎。

ŋɔ¹³ kuŋ⁵⁵ ʃi⁵⁵ jiŋ²² wɐi¹¹, kwɐi³³ fɔŋ⁵⁵ jiŋ⁵⁵ kɔi⁵⁵ tʃœŋ⁵⁵ hap²² kak³³ ke³³ ʃœŋ⁵⁵ pɐn³⁵ wun²² fan⁵⁵ ŋɔ¹³ tei²² ʃɐu⁵⁵ tou³⁵ ke³³ tʃʻi³³ pɐn³⁵. m¹¹ hɐi²² kɐm³⁵ jœŋ⁻³⁵ ke³³ wa⁻³⁵, ŋɔ¹³ tei²² tʃɐu¹¹ wɐi¹¹ jɐu¹³ wɐn³⁵ lɵt⁵² ʃi⁵⁵ tʃʻɐm¹¹ kʻɐu¹¹ kai³⁵ kʻyt³ ke³³ fɔŋ⁵⁵ fat³³. jɐn¹¹ wɐi¹¹ ni⁵⁵ tan⁵⁵ je¹³ ʃip³³ kʻɐp³³ ke³³ kɐm⁵⁵ ŋak⁻³⁵ m¹¹ ʃiu³⁵ kɔ³³ wɔ³³.

（我公司认为，贵方应该将合格的商品换回我们收到的次品。不这样的话，我们就只有找律师寻求解决的办法。因为这件事涉及的金额不小啊。）

832. 为咗你公司嘅声誉，你哋系唔系需要认真噉考虑下我哋嘅索赔问题咧？
wei²² tʃɔ³⁵ nei¹³ kuŋ⁵⁵ ʃi⁵⁵ ke³³ ʃiŋ⁵⁵ jy²², nei¹³ tei²² hei²² m¹¹ hei²² ʃɵy⁵⁵ jiu³³ jin²² tʃen⁵⁵ kɐm³⁵ hau³⁵ lɵy²² ha¹³ ŋɔ¹³ tei²² ke³³ ʃɔk³³ pʻui¹¹ mɐn²² tʻɐi¹¹ lɛ⁵⁵?
（为了你公司的声誉，你们是不是需要认真地考虑一下我们的索赔问题呢？）

833. 我打电话嚟系关于索赔嘅问题。今次呢批电视机个质量低过标准好多，所有嘅检测证明书都齐晒。请对我哋嘅索赔给予认真嘅考虑同埋作出合理嘅答复。
ŋɔ¹³ ta³⁵ tin²² wa³⁵ lei¹¹ hei²² kwan²² jy⁵⁵ ʃɔk³³ pʻui¹¹ ke³³ mɐn²² tʻɐi¹¹. kɐm⁵⁵ tʃʻi³³ ni⁵⁵ pʻei⁵⁵ tin²² ʃi³³ kei⁵⁵ kɔ³³ tʃɐt⁵⁵ lœŋ²² tei²² kwɔ³³ piu⁵⁵ tʃɐn³⁵ hou³⁵ tou⁵⁵, ʃɔ³⁵ jɐu¹³ ke³³ kim³⁵ tʃʻak⁵⁵ tʃiŋ³³ miŋ¹¹ ʃy⁵⁵ tou⁵⁵ tʃʻɐi¹¹ ʃai³³. tʃʻiŋ³⁵ tɵy³³ ŋɔ¹³ tei²² ke³³ ʃɔk³³ pʻui¹¹ kʻɐp⁵⁵ jy¹³ jiŋ²² tʃen⁵⁵ ke³³ hau³⁵ lɵy²² tʻuŋ¹¹ mai¹¹ tʃɔk³³ tʃʻɐt⁵⁵ hap²² lei¹³ ke³³ tap³³ fuk⁵⁵.
（我打电话来是关于索赔的问题。这次这批电视机的质量比标准低很多，所有的检测证明书都齐备了。请对我们的索赔给予认真地考虑和作出合理的答复。）

834. 出咗噉嘅事真系唔好意思。你都知我哋嘅产品一向都系优质㗎，我想调查下先，再考虑个赔偿。你睇噉得嘛？
tʃɐt⁵⁵ tʃɔ³³ kɐm³⁵ ke³³ ʃi²² tʃen⁵⁵ hei²² m¹¹ hou³⁵ ji³³ ʃi³³. nei¹³ tou⁵⁵ tʃi⁵⁵ ŋɔ¹³ tei²² ke³³ tʃʻan³⁵ pɐn³⁵ jɐt⁵⁵ hœŋ³³ tou⁵⁵ hei²² jɐu⁵⁵ tʃɐt⁵⁵ ka³³, ŋɔ¹³ ʃœŋ³⁵ tiu²² tʃʻa¹¹ ha¹³ ʃin⁵⁵, tʃɔi³³ hau³⁵ lɵy²² kɔ³³ pʻui¹¹ ʃœŋ¹¹. nei¹³ tʻɐi³⁵ kɐm³⁵ tɐk⁵⁵ ma³³?
（出了这样的事情真是抱歉。您也知道我们的产品一直都是优质的，我想先调查一下，再考虑赔偿。您看这样行吗？）

835. 我哋亦希望尽早解决问题。
ŋɔ¹³ tei²² jik²² hei⁵⁵ mɔŋ²² tʃen²² tʃou³⁵ kai³⁵ kʻyt³³ mɐn²² tʻɐi¹¹.

（我们也希望尽早解决问题。）

836. 虽然更换咗啲有问题嘅零件，但系啲机器仲系唔得。你哋系咪派人嚟全面CHECK下，唔好留低啲手尾畀人哋。

ʃɵy⁵⁵ jin¹¹ kɐŋ⁵⁵ wun²² tʃɔ³⁵ kɔ³⁵ ti⁵⁵ jɐu¹³ mɐn²² tʻɐi¹¹ kɛ³³ liŋ¹¹ kin⁻³⁵, tan²² hɐi²² ti⁵⁵ kei⁵⁵ hei³³ tʃuŋ²² hɐi²² m¹¹ tɐk⁵⁵. nei¹³ tei²² hɐi²² mɐi¹³ pʻai³³ jɐn¹¹ lɐi¹¹ tʃʻyn¹¹ min⁻³⁵ tʃɛk⁵⁵ ha¹³, m¹¹ hou³⁵ lɐu¹¹ tei⁵⁵ ti⁵⁵ ʃɐu³⁵ mei¹³ pei²² jɐn¹¹ tei²².

（虽然更换了那些有问题的零件，但是机器还是不能正常运转。你们是不是派人来全面检查一下，不要留下些事情给人家吧。）

837. 李总，批货迟咗咁耐先送到，真系唔好意思吖，我听日会亲自去你公司度倾下呢个赔偿问题。

lei¹³ tʃuŋ³⁵, pʻɐi⁵⁵ fɔ³³ tʃʻi¹¹ tʃɔ³⁵ kɐm³³ nɔi²² ʃin⁵⁵ ʃuŋ³³ tou³³, tʃɐn⁵⁵ hɐi²² m¹¹ hou³⁵ ji³³ ʃi³³ a³³, ŋɔ¹³ tʻiŋ⁵⁵ jɐt³³ wui¹³ tʃʻɐn⁵⁵ tʃi²² hɵy¹³ nei¹³ kuŋ⁵⁵ ʃi⁵⁵ tou²² kʻiŋ⁵⁵ ha¹³ ni⁵⁵ kɔ³³ pʻui¹¹ ʃœŋ¹¹ mɐn²² tʻɐi¹¹.

（李总，货物晚了那么久才送到，很不好意思。我明天会亲自到你公司那儿谈一下赔偿问题。）

838. 大家对呢批货嘅问题都有责任，噉我哋承担50%嘅赔偿亦都好合理啊。

tai²² ka⁵⁵ tɵy³³ ni⁵⁵ pʻɐi⁵⁵ fɔ³³ kɛ³³ mɐn²² tʻɐi¹¹ tou⁵⁵ jɐu¹³ tʃak³³ jɐm²², kɐm³³ ŋɔ¹³ tei²² ʃiŋ¹¹ tam⁵⁵ pak³³ fɐn²² tʃi⁵⁵ ŋ¹³ ʃɐp²² kɛ³³ pʻui¹¹ ʃœŋ¹¹ jik²² tou⁵⁵ hou³⁵ hap²² lei¹³ a⁵⁵.

（大家对这批货物的问题都有责任，那我们承担50%的赔偿也都很合理嘛。）

839. 唔好意思，我公司需要再强调下，我哋对商品嘅检验系严格按照合同嘅规定进行嘅。

m¹¹ hou³⁵ ji³³ ʃi³³, ŋɔ¹³ kuŋ⁵⁵ ʃi⁵⁵ ʃɵy⁵⁵ jiu³³ tʃɔi³³ kʻœŋ¹¹ tiu²² ha¹³, ŋɔ¹³ tei²² tɵy³³ ʃœŋ⁵⁵ pɐn³⁵ kɛ³³ kim³⁵ jim³³ hɐi²² jim¹¹ kak³³ ɔn³³ tʃiu³³ hɐp²² tʻuŋ¹¹ kɛ³³ kwʻɐi⁵⁵ tiŋ²² tʃɵn²² hɐŋ¹¹ kɛ³³.

（不好意思，我公司需要再强调一下，我们对商品的检验是严格按照合同的规定进行的。）

840. 我保证一定会认真调查呢啲问题。但系要等调查完咗之后，确认咗事实，先至可以发送正式嘅索赔信函。

ŋɔ¹³ pou³⁵ tʃiŋ³³ jɐt⁵⁵ tiŋ²² wui¹³ jiŋ²² tʃɐn⁵⁵ tiu²² tsʻa¹¹ ni⁵⁵ ti⁵⁵ mɐn²² tʻei¹¹. tan²² hei²² jiu³³ tɐŋ³⁵ tiu²² tsʻa¹¹ jyn¹¹ tʃɔ³⁵ tʃi⁵⁵ hɐu²², kʻɔk³³ jiŋ²² tʃɔ³⁵ ʃi²² ʃɐt²², ʃin¹¹ tʃi³³ hɔ³⁵ ji¹³ fat³³ ʃuŋ³³ tʃiŋ³³ ʃik⁵⁵ kɛ³³ ʃɔk³³ pʻui¹¹ ʃɐn³³ ham¹¹.

（我保证一定会认真调查这些问题。但是要等调查完之后，确认了事实，才可以发送正式的索赔信函。）

二、生词

逕 tɐŋ³⁵	放	睇怕 tʻei³⁵ pʻa²²	估计
隔成条墟咁远 kak²² ʃɐŋ¹¹ tʻiu¹¹ hɵy⁵⁵ kɐm³³ jyn¹³ 也可说"争成条墟tʃaŋ³⁵ ʃɐŋ¹¹ tʻiu¹¹ hɵy⁵⁵"。这两条俗语都是喻指差得很远。（"墟hɵy⁵⁵"指"集市"）		弊 pei²²	糟糕
		嬲 nɐu⁵⁵	生气；恼怒
		谁不知 ʃɵy¹¹ pɐt²² tʃi⁵⁵	谁知；原来
		大跌眼镜 tai²² tit³³ ŋan¹³ kɛŋ⁻³⁵	意想不到；出乎意料
乌龙 wu⁵⁵ luŋ⁻³⁵	糊涂	手尾 ʃɐu³⁵ mei¹³	余下来的工作
直白 tʃik²² pak²²	直率、坦率		

三、词语扩展

- 违约 wei¹¹ jœk³³
- 无偿调换索赔权 mou¹¹ ʃœŋ¹¹ tiu²² wun²² ʃɔk³³ pʻui¹¹ kʻyn¹¹
- 仲裁机构 tʃuŋ²² tsʻɔi¹¹ kei⁵⁵ kʻɐu³³
- 委托机构 wei³⁵ tʻɔk³³ kei⁵⁵ kʻɐu³³
- 法律顾问 fat³³ lɵt²² ku³³ mɐn²²
- 发货错误 fat³³ fɔ³³ tsʻɔ³³ ŋ²²
- 自然变化 tʃi²² jin¹¹ pin³³ fa³³
- 出现裂纹 tsʻɵt⁵⁵ jin²² lit²² mɐn¹¹
- 给予调换 kʻɐp⁵⁵ jy¹³ tiu²² wun²²

- 半价处理 pun³³ ka³³ tʃʻy³⁵ lei¹³
- 负责理赔 fu²² tʃak³³ lei¹³ pʻui¹¹
- 赔偿金 pʻui¹¹ ʃœŋ¹¹ kɐm⁵⁵
- 仓库保管费 tʃʻɔŋ⁵⁵ fu³³ pou³⁵ kun³⁵ fei³³
- 人工费 jɐn¹¹ kuŋ⁵⁵ fei³³
- 变质损失费用 pin³³ tʃet⁵⁵ ʃyn³⁵ ʃet⁵⁵ fei³³ juŋ²²
- 误工费 ŋ²² kuŋ⁵⁵ fei³³
- 装运费 tʃɔŋ⁵⁵ wɐn²² fei³³

附：广州话的"有"字句

这种句子是指"我有来"之类的句式。这个"有"并不是动词，而是助动词，后面带的是动词性的词语，整个句子是肯定动词后面所叙述的情况已经存在或者发生。普通话是没有这种句式的。例如：

我有落订吖 ŋɔ¹³ jɐu¹³ lɔk²² tɛŋ²² a³³（我下了定金了）。

寻日我哋有去过吽间公司睇过嚟㗎 tʃʻɐm¹¹ jɐt²² ŋɔ¹³ tei²² jɐu¹³ hey³³ kwɔ³³ kɔ³⁵ kan⁵⁵ kuŋ⁵⁵ ʃi⁵⁵ tʻɐi³⁵ kwɔ³³ lɐi¹¹ ka³³（昨天我们去过那家公司看过了）。

第29单元 商务会议

一、课文

841. 阿小陈，我哋需要嘅系准确数据，你快快趣趣同我搞掂，听日开会要用。
a³³ ʃiu³⁵ tʃʻɐn⁻³⁵, ŋɔ¹³ tei²² ʃɵy⁵⁵ jiu³³ kɛ³³ hɐi²² tʃɐn³⁵ kʻɔk³³ ʃou³³ kɵy³³, nei¹³ fai³³ fai³³ tʃʻɵy³³ tʃʻɵy³³ tʻuŋ¹¹ ŋɔ¹³ kau³⁵ tim²², tʻiŋ²² jɐt²² hɔi⁵⁵ wui¹³ jiu³³ juŋ²².
（小陈，我们需要的是准确数据，你快点儿跟我弄好，明天开会要用。）

842. 呢位系审计部新嚟嘅王小姐，一位经验丰富嘅会计，大家欢迎！
ni⁵⁵ wɐi⁻³⁵ hɐi²² ʃɐm³⁵ kɐi³³ pou²² ʃɐn⁵⁵ lɐi¹¹ kɛ³³ wɔŋ¹¹ ʃiu³⁵ tʃɛ³⁵, jɐt⁵⁵ wɐi⁻³⁵ kiŋ⁵⁵ jim²² fuŋ⁵⁵ fu³³ kɛ³³ wui²² kɐi³³, tai²² kaa⁵⁵ fun⁵⁵ jiŋ¹¹!
（这位是审计部新来的王小姐，一位经验丰富的会计，大家欢迎！）

843. 我哋首先讨论下市场营销部增加经费嘅请求。
ŋɔ¹³ tei²² ʃɐu²² ʃin³⁵ tʻou³⁵ lɐn²² ha¹³ ʃi¹³ tʃʻœŋ¹¹ jiŋ¹¹ ʃiu⁵⁵ pou²² tʃɐŋ⁵⁵ ka⁵⁵ kiŋ⁵⁵ fɐi³³ kɛ³³ tʃʻiŋ³⁵ kʻɐu¹¹.
（我们首先讨论一下市场营销部增加经费的请求。）

844. 请集中讨论呢个项目先。我哋咩时间开工比较合适吖？
tʃʻɛŋ³⁵ tʃap²² tʃuŋ⁵⁵ tʻou³⁵ lɐn²² ni⁵⁵ kɔ³³ hɔŋ²² muk²² ʃin⁵⁵. ŋɔ¹³ tei²² mɛ⁵⁵ ʃi¹¹ kan³³ hɔi⁵⁵ kuŋ⁵⁵ pei³⁵ kau³³ hɐp²² ʃik⁵⁵ a³³?
（先请集中讨论这个项目。我们什么时候开工比较合适呢？）

845. 今日首先要解决嘅问题关系到削减成本嘅运作结果。
kɐm⁵⁵ jɐt²² ʃɐu³⁵ ʃin³⁵ jiu³³ kai³⁵ kʻyt³³ kɛ³³ mɐn²² tʻɐi¹¹ kwan⁵⁵ hɐi²² tou³³ ʃœk³³ kam³⁵ ʃiŋ¹¹ pun³⁵ kɛ³³ wɐn²² tʃɔk³³ kit³³ kwɔ³⁵.
（今天首先要解决的问题关系到削减成本的运作结果。）

846. 上次会议仲有啲问题未讨论完，今日继续返。
ʃœŋ²² tʃʻi³³ wui²² ji¹³ tʃuŋ²² jɐu¹³ ti⁵⁵ mɐn²² tʻei¹¹ mei²² tʻou³⁵ lɐn²² jyn¹¹, kɐm⁵⁵ jɐt²² kɐi³³ tʃuk²² fan⁵⁵.
（上次会议还有些问题未讨论完，今天再继续。）

847. 今次个会，我哋想讨论下点样彻底解决货物运输方面存在嘅问题。
kɐm⁵⁵ tʃʻi¹³ kɔ³³ wui³⁵, ŋɔ¹³ tei²² ʃœŋ³⁵ tʻou³⁵ lɐn²² ha¹³ tim³⁵ jœŋ³⁵ tʃʻit²² tɐi³⁵ kai³⁵ kʻyt³³ fɔ³³ mɐt²² wɐn²² ʃy⁴⁵ fɔŋ⁵⁵ min²² tʃʻyn¹¹ tʃɔi²² kɛ³³ mɐn²² tʻei¹¹.
（今天的会，我们想讨论一下怎么样彻底解决货物运输方面存在的问题。）

848. 先休息一阵，饮返杯咖啡，等个脑清醒下先至再倾。
ʃin⁵⁵ jɐu⁵⁵ ʃik⁵⁵ jɐt⁵⁵ tʃɐn²², jɐm³⁵ fan⁵⁵ pui⁵⁵ ka²² fɛ⁵⁵, tɐŋ³⁵ kɔ³³ nou¹³ tʃʻiŋ⁵⁵ ʃiŋ³⁵ ha¹³ ʃin⁵⁵ tʃi³³ tʃɔi³³ kʻiŋ⁵⁵.
（先休息一下，喝杯咖啡，等脑袋清醒点儿再谈。）

849. 阿郑生，唔该你简要噉概括下呢个项目嘅利弊，好嘛？
a³³ tʃɛŋ²² ʃaŋ⁵⁵, m¹¹ kɔi³³ nei¹³ kan³⁵ jiu³³ kɐm³⁵ kʻɔi³³ kʻut³³ ha⁴⁵ ni⁵⁵ kɔ³³ hɔŋ²² muk²² kɛ³³ lei²² pɐi²², hou³⁵ ma³³?
（郑先生，请您简要地概括一下这个项目的利弊，好吗？）

850. 郭生，你正话提出嘅要求，公司而家暂时冇办法做到。
kwɔk³³ ʃaŋ⁵⁵, nei¹³ tʃiŋ³³ wa²² tʻei¹¹ tʃʻɵt⁵⁵ kɛ³³ jiu⁵⁵ kʻɐu¹¹, kuŋ⁵⁵ ʃi⁵⁵ ji¹¹ ka⁵⁵ tʃam²² ʃi¹¹ mou¹³ pan¹³ fat³³ tʃou²² tou³⁵.
（郭先生，您刚才提出的要求，公司目前暂时没有办法做到。）

851. 陈小姐，呢个问题仲需要调查下，下次开会再畀答复你啊。
tʃʻɐn¹¹ ʃiu³⁵ tʃɛ³⁵, ni⁵⁵ kɔ³³ mɐn²² tʻei¹¹ tʃuŋ²² ʃɵy⁵⁵ jiu³³ tiu²² tʃʻa¹¹ ha¹³, ha²² tʃʻi³³ hɔi⁵⁵ wui³⁵ tʃɔi³³ pei³⁵ tap³³ fuk⁵⁵ nei¹³ a⁵⁵.
（陈小姐，这个问题还需要调查一下，下次开会再给您答复吧。）

852. 阿胡生，啱先讲嘅个啲我都冇咩意见，但系呢个问题我同你嘅睇法有唔同。
a³³ hu¹¹ ʃaŋ⁵⁵, ŋam⁵⁵ ʃin⁵⁵ kɔŋ³⁵ kɛ³³ kɔ³⁵ ti⁵⁵ ŋɔ¹³ tou⁵⁵ mou¹³ mɛ⁵⁵ ji³³ kin³³, tan²²

hei²² ni⁵⁵ kɔ³³ mɛn²² tʻei¹¹ ŋɔ¹³ tʻuŋ¹¹ nei¹³ kɛ³³ tʻei³⁵ fat³³ jɐu¹³ m¹¹ tʻuŋ¹¹.
(胡先生，刚才讲的那些我都没什么意见，但是这个问题我和您的看法有不同。)

853. 呢个问题唔系今日嘅重点，会后我哋揾个时间再倾过啦。
ni⁵⁵ kɔ³³ mɛn²² tʻei¹¹ m¹¹ hei²² kɐm⁵⁵ jɐt²² kɛ³³ tʃuŋ²² tim³⁵, wui³⁵ hɐu²² ŋɔ¹³ tei²² wɐn³⁵ kɔ³³ ʃi¹¹ kan³³ tʃɔi³³ kʻiŋ³⁵ kwɔ³³ la³³.
(这个问题不是今天的重点，会后我们找个时间再谈吧。)

854. 问题仲未搞清楚，点谂都系冇用嘅。系唔系等调查有咗结果之后再讨论过咧？
mɛn²² tʻei¹¹ tʃuŋ²² mei²² kau³⁵ tʃʻiŋ⁵⁵ tʃʻɔ³⁵, tim³⁵ au³³ tou⁵⁵ hei²² mou¹³ juŋ²² kɛ³³. hei²² m¹¹ hei²² tɐŋ³⁵ tiu²² tʃʻa¹¹ jɐu¹³ tʃɔ⁵ kit³³ kwɔ³⁵ tʃi⁵⁵ hɐu²² tʃɔi³³ tʻou³⁵ lɐn²² kwɔ³³ lɛ⁵⁵?
(问题还没有搞清楚，怎么争论都是没有用的。是不是等调查有了结果之后再讨论呢？)

855. 咁快就落结论系唔系早咗啲吖？
kɐm³³ fai³⁵ tʃɐu²² lɔk²² kit³³ lɐn³⁵ hei²² m¹¹ hei²² tʃou³⁵ tʃɔ⁵ ti⁵⁵ a³³?
(这么快就下结论是不是早了点呢？)

856. 我觉得无谓喺嗽嘅问题上嘥时间，仲不如集中讨论下个财务方面嘅问题。
ŋɔ¹³ kɔk³³ tɐk⁵⁵ mou¹¹ wei²² hei³⁵ kɐm³⁵ kɛ³³ mɛn²² tʻei¹¹ ʃœŋ²² ʃai⁵⁵ ʃi¹¹ kan³³, tʃuŋ²² pɐt⁵⁵ jy¹¹ tʃɐp²² tʃuŋ⁵⁵ tʻou³⁵ lɐn²² ha¹³ kɔ³³ tʃʻɔi¹¹ mou²² fɔŋ⁵⁵ min²² kɛ³³ mɛn²² tʻei¹¹.
(我觉得没必要在这种问题上浪费时间，还不如集中讨论一下财务方面的问题。)

857. 呢只保健品嘅销售前景系点嘅咧？我哋掌握咗大量嘅数据。请大家揿到《市场分析报告》第6页。
ni⁵⁵ tʃɛk³³ pou³⁵ kin²² pɐn³⁵ kɛ³³ ʃiu⁵⁵ ʃɐu²² tʃʻin¹¹ kiŋ³⁵ hei²² tim³⁵ kɛ³³ lɛ⁵⁵? ŋɔ¹³ tei²² tʃœŋ³⁵ ŋɐk⁵⁵ tʃɔ³⁵ tai²² lœŋ²² kɛ³³ ʃou³³ kɵy²². tʃʻiŋ³⁵ tai²² ka⁵⁵ kʻin³⁵ tou³³《ʃi¹³

tɕœn^{11} fɐn^{55} ʃik^{55} pou^{33} kou^{33}》tei^{22} luk^{22} jip^{22}.

(这种保健品的销售前景是怎么样的呢？我们掌握了大量的数据。请大家翻到《市场分析报告》第6页。)

858. 大家都系揸返住主要问题嚟讨论，其他嘅嘢第日至倾啦。

tai^{22} ka^{55} tou^{55} hɐi^{22} tʃa^{55} fan^{-55} tʃy^{22} tʃy^{35} jiu^{33} mɐn^{22} tʻei^{11} lɐi^{11} tʻou^{35} lən^{22}, kʻei^{11} tʻa^{55} kɛ^{33} jɛ^{13} tɐi^{22} jɐt^{22} tʃi^{33} kʻiŋ^{55} la^{55}.

(大家还是抓住主要问题来讨论，其他的事情以后再谈吧。)

859. 我想提醒句，家下讨论嘅系新嘅市场营销计划，请大家围绕呢个主题提啲建议。

ŋɔ^{13} ʃœŋ^{35} tʻei^{11} ʃɐŋ^{35} kɵy^{33}, ka^{55} ha^{13} tʻou^{35} lən^{22} kɛ^{33} hɐi^{22} ʃɐn^{55} kɛ^{33} ʃi^{13} tʃʻœŋ^{11} jiŋ^{11} ʃiu^{55} kɐi^{33} wak^{22}, tʃʻiŋ^{35} tai^{22} ka^{55} wɐi^{11} jiu^{35} ni^{55} kɔ^{33} tʃy^{35} tʻei^{11} tʻei^{11} ti^{55} kin^{33} ji^{13}.

(我想提醒一句，现在讨论的是新的市场营销计划，请大家围绕这个主题提些建议。)

860. 唔好意思，你啱先讲咗咁多，我都仲未曾清楚你对呢项提议系赞成咧抑或系反对。

m^{11} hou^{35} ji^{33} ʃi^{33}, nei^{13} ŋam^{55} ʃin^{55} kɔŋ^{35} tʃɔ^{55} kɐm^{33} tɔ^{55}, ŋɔ^{13} tou^{55} tʃuŋ^{22} mei^{22} tʃʻɐŋ^{11} tʃʻiŋ^{55} tʃʻɔ^{35} nei^{13} tɵy^{33} ni^{55} hɔŋ^{22} tʻei^{11} ji^{13} hɐi^{22} tʃan^{22} ʃiŋ^{11} lɛ^{55} jik^{55} wak^{22} hɐi^{22} fan^{35} tɵy^{33}.

(不好意思，您刚才说了这么多，我还不清楚您对这项提议是赞成呢还是反对。)

861. 唔好意思，我插句说话：即使你嘅估算系唔错嘅，我哋喺2008年之前都冇办法达到盈亏平衡。

m^{11} hou^{35} ji^{33} ʃi^{33}, ŋɔ^{13} tʃʻap^{33} kɵy^{33} ʃyt^{33} wa^{22}: tʃik^{55} ʃɐi^{35} nei^{13} kɛ^{33} ku^{35} ʃyn^{33} hɐi^{22} m^{11} tʃʻɔ^{33} kɛ^{35}, ŋɔ^{13} tei^{22} hɐi^{35} ji^{22} liŋ^{11} liŋ^{11} pat^{33} nin^{11} tʃi^{55} tʃʻin^{11} tou^{55} mou^{11} pan^{22} fat^{35} tat^{22} tou^{33} jiŋ^{11} kwʻɐi^{55} pʻiŋ^{11} hɐŋ^{11}.

(抱歉，我插一句话：即使你的估算是不错的，我们在2008年之前都没办法达到盈亏平衡。)

862. 唔好意思，打断下先，我觉得喺继续讨论之前，必须搞清楚成本状况先得。
m¹¹ hou³⁵ ji³³ ʃi³³, ta³⁵ tʻyn¹³ ha¹³ ʃin⁵⁵, ŋɔ¹³ kɔk³³ tɐk⁵⁵ hɐi³⁵ kɐi¹³ tʃuk²² tʻou³⁵ lɵn²² tʃi⁵⁵ tʃʻin¹¹, pit⁵⁵ ʃey³³ kau³⁵ tʃʻiŋ⁵⁵ tʃʻɔ³⁵ ʃiŋ¹¹ pun³⁵ tʃɔŋ²² fɔŋ³³ ʃin⁵⁵ tɐk⁵⁵.
（不好意思，先打断一下，我觉得在继续讨论之前，必须弄清楚成本状况才行。）

863. 我想等阵先至就呢个问题发表我个人意见。
ŋɔ¹³ ʃœŋ³⁵ tɐŋ¹³ tʃɐn³⁵ ʃin⁵⁵ tʃi³³ tʃɐu²² ni⁵⁵ kɔ³³ mɐn²² tʻɐi¹¹ fat³³ piu³⁵ ŋɔ¹³ kɔ³³ jɐn¹¹ ji³³ kin³³.
（我想等一会儿才就这个问题发表我个人意见。）

864. 跟住落嚟要讨论嘅系同呢次行动相关嘅法律问题。
kɐn⁵⁵ tʃy²² lɔk²² lɐi¹¹ jiu¹³ tʻou³⁵ lɵn²² kɛ³³ hɐi³⁵ tʻuŋ¹¹ ni⁵⁵ tʃʻi³³ hɐŋ¹¹ tuŋ²² ʃœŋ⁵⁵ kwan⁵⁵ kɛ³³ fat³³ lɵt²² mɐn²² tʻɐi¹¹.
（接下来要讨论的是和这次行动相关的法律问题。）

865. 请安静下！咿家大家要将注意力集中喺折头问题嘅讨论度。
tʃiŋ³⁵ ɔn⁵⁵ tʃiŋ²² ha¹³! yi⁵⁵ ka⁵⁵ tai²² ka⁵⁵ jiu²² tʃœŋ⁵⁵ tʃy³³ ji³³ lik²² tʃap²² tʃuŋ⁵⁵ hɐi³⁵ tʃit³³ tʻɐu¹¹ mɐn²² tʻɐi¹¹ kɛ³³ tʻou³⁵ lɵn²² tou²².
（请安静一下！现在大家要把注意力集中在折扣问题的讨论上。）

866. 时间有限，想喺一个会议度解决晒所有问题系冇可能嘅。
ʃi¹¹ kan³³ jɐu¹³ han²², ʃœŋ³⁵ hɐi³⁵ jɐt⁵⁵ kɔ³³ wui²² ji¹³ tou²² kai³⁵ kʻyt³³ ʃai³³ ʃɔ³⁵ jɐu¹³ mɐn²² tʻɐi¹¹ hɐi³⁵ mou¹¹ hɔ³⁵ nɐŋ¹¹ kɛ³³.
（时间有限，想在一个会议上解决完所有问题是没有可能的。）

867. 大家对啱先份提案仲有冇乜嘢补充意见咧？
tai²² ka⁵⁵ tey³³ ŋam⁵⁵ ʃin⁵⁵ fɐn²² tʻɐi¹¹ ɔn³³ tʃuŋ²² jɐu¹³ mou¹³ mɐt⁵⁵ jɛ¹³ pou³⁵ tʃʻuŋ⁵⁵ ji³³ kin³³ lɛ⁵⁵?
（大家对刚才那份提案还有没有什么补充意见呢？）

868. 仲有冇边位对呢份提议想讲返几句说话嘅咧？

tʃuŋ²² jɐu¹³ mou¹³ pin⁵⁵ wei⁻³⁵ tɵy³³ ni⁵⁵ fɐn²² t'ɐi¹¹ ji³³ ʃœŋ³⁵ kɔŋ³⁵ fan⁵⁵ kei³⁵ kɵy³³ ʃyt³³ wa²² kɛ³³ lɛ⁵⁵?

（还有没有哪位对这份提议想再说几句话的？）

869. 希望大家充分发表自己嘅意见。

hei⁵⁵ mɔŋ²² tai²² ka⁵⁵ tʃ'uŋ⁵⁵ fɐn²² fat³³ piu³⁵ tʃi²² kei³⁵ kɛ³³ ji³³ kin³³.

（希望大家充分发表自己的意见。）

870. 如果大家冇咩意见嘅话，今日嘅会到此结束。多谢合作。

jy¹¹ kwɔ³⁵ tai²² ka⁵⁵ mou¹³ mɛ⁵⁵ ji³³ kin³³ kɛ³³ wa⁻³⁵, kɐm⁵⁵ jɐt²² kɛ³³ wui⁻³⁵ tou³³ tʃ'i³⁵ kit³³ tʃ'uk⁵⁵. tɔ⁵⁵ tʃɛ³³ hap²² tʃɔk³³.

（如果大家没什么意见的话，今天的会到此结束。多谢合作。）

二、生词

谵 au³³	争辩；争论	揸 tʃa⁵⁵	抓

三、词汇扩展

- 出席人数 tʃ'ɐt⁵⁵ tʃik²² jɐn¹¹ ʃou³³
- 接待人 tʃip³³ tɔi²² jɐn¹¹
- 会议厅 wui²² ji¹³ t'ɛŋ⁵⁵
- 人名地址簿 jɐn¹¹ mɛŋ⁻³⁵ tei²² tʃi³⁵ pou³⁵
- 日历 jɐt²² lik²²
- 备忘录 pei²² mɔŋ¹¹ luk³⁵
- 提案 t'ɐi¹¹ ɔn³³
- 公报 kuŋ⁵⁵ pou³³
- 工程项目 kuŋ⁵⁵ tʃ'iŋ¹¹ hɔŋ²² muk²²

- 招标 tʃiu⁵⁵ piu⁵⁵
- 开标 hɔi⁵⁵ piu⁵⁵
- 投标 t'ɐu¹¹ piu⁵⁵
- 投资现金 t'ɐu¹¹ tʃi⁵⁵ jin²² kɐm⁵⁵
- 股东 ku³⁵ tuŋ⁵⁵
- 收购 ʃɐu⁵⁵ k'ɐu³³
- 透支 t'ɐu³³ tʃi⁵⁵
- 税收 ʃɵy³³ ʃɐu⁵⁵

附：粤语方言用字（一）

由于广州方言和普通话的差异比较大，粤语地区流行一些书写方言词的方块汉字，我们称作粤语方言用字。

广州话保留了较多的古汉语词，如：食ʃik^{22}（吃）、饮jɐm^{35}（喝）、颈kɛŋ^{35}（脖子）、髀pei^{35}（大腿）等等，这些字承用了古代的写法。有不少字是民间造出来的，如：佢kʰɵy^{13}（他）、奀ŋɐn^{55}（瘦小）、嘢jɛ^{13}（东西）、喐juk^{55}（动）、吥ko^{35}（那）、脷lei^{22}（舌头）、啱ŋam^{55}（合适）等等。再就是用同音的或近音的字，如：广州话表示"怎么样"说"tim^{35}"，于是习惯上就选用了和口语音相同的"点"来写，而"点"这个字根本就没有"怎么样"之义。

第30单元　客户回访

一、课文

871. 上批试订嘅成衣销售情况点吖？会唔会迟过头？

ʃœŋ²² pʻɐi⁵⁵ ʃi³³ tɛŋ²² kɛ³³ ʃiŋ¹¹ ji⁵⁵ ʃiu⁵⁵ ʃɐu²² tʃʻiŋ¹¹ fɔŋ³³ tim³⁵ a³³? wui¹³ m¹¹ wui¹³ tʃʻi¹¹ kwɔ³⁵ tʻɐu¹¹?

（上一批试订的成衣销售情况怎么样了？会不会太晚了？）

872. 啱好赶上个秋季销售，好快就卖晒。而家又要同你哋订货嘞。

ŋam⁵⁵ hou³⁵ kɔŋ³⁵ ʃœŋ¹³ kɔ³³ tʃʻɐu⁵⁵ kwɐi³³ ʃiu⁵⁵ ʃɐu²², hou³⁵ fai³³ tʃɐu²² mai²² ʃai³³. ji¹¹ ka⁵⁵ jɐu²² jiu³³ tʻuŋ¹¹ nei¹³ tei²² tɛŋ²² fɔ³³ lak³³.

（正好赶上秋季销售，很快就卖完。现在又要向你们订货了。）

873. 好高兴听到嗷嘅消息！我哋会尽快安排开工。

hou³⁵ kou⁵⁵ hiŋ³³ tʻɛŋ⁵⁵ tou³⁵ kɐm³⁵ kɛ³³ ʃiu⁵⁵ ʃik⁵⁵! ŋɔ¹³ tei²² wui¹³ tʃɐn²² fai³³ ɔn⁵⁵ pʻai¹¹ hɔi⁵⁵ kuŋ⁵⁵.

（很高兴听到这个消息！我们会尽快安排生产。）

874. 阿李生，贵公司上个月订嘅吓批熊猫公仔，市场反映点吖？

a³³ lei¹³ ʃaŋ⁵⁵, kwɐi³³ kuŋ⁵⁵ ʃi⁵⁵ ʃœŋ²² kɔ³³ jyt²² tɛŋ²² kɛ³³ kɔ³⁵ pʻɐi⁵⁵ huŋ¹¹ mau⁵⁵ kuŋ⁵⁵ tʃɐi³⁵, ʃi¹³ tʃʻœŋ³⁵ fan³⁵ jiŋ³⁵ tim³⁵ a³³?

（李先生，贵公司上个月订的那批熊猫玩具，市场反映怎样啊？）

875. 陈经理，听讲你哋代理嘅男士化妆品市场反映好好喎，公司呢排梗系赚到盆满钵满㗎啦。

tʃʻɐn¹¹ kiŋ⁵⁵ lei¹³, tʻɛŋ³³ kɔŋ³⁵ nei¹³ tei²² tɔi²² lei¹³ kɛ³³ nam¹¹ ʃi²² fa³³ tʃɔŋ⁵⁵ pɐn³⁵ ʃi¹³ tʃʻœŋ³⁵ fan³⁵ jiŋ³³ hou³⁵ hou³⁵ wɔ³³, kuŋ⁵⁵ ʃi⁵⁵ ni⁵⁵ pʻai¹¹ kɐŋ³⁵ hɐi²² tʃan²² tou³³ pʻun¹¹ mun¹³ put³³ mum¹³ ka³³ la⁵⁵.

(陈经理，听说你们代理的男士化妆品市场反映很好，你们公司这段时间肯定赚了不少钱吧。)

876. 你好吖，黄经理！公司要我嚟了解下，圣诞节之前运过香港吖便嘅800箱灯饰，送货依时嘛？赶到个销售时间啦嘛？

nei¹³ hou³⁵ a³³, wɔŋ¹¹ kiŋ⁵⁵ lei¹³! kuŋ⁵⁵ ʃi⁵⁵ jiu³³ ŋɔ¹³ lɐi¹¹ liu¹³ kai³⁵ ha¹³, ʃiŋ³³ tan³³ tʃit³³ tʃi⁵⁵ tʃʻin¹¹ wɐn²² kwɔ³³ hœŋ³⁵ kɔŋ³⁵ kɔ³⁵ pin²² ke³³ pat³³ pak³³ ʃœŋ⁵⁵ tɐŋ⁵⁵ ʃik⁵⁵, ʃuŋ³³ fɔ³³ ji⁵⁵ ʃi¹¹ ma³³? kɔn³⁵ tou⁵⁵ kɔ³⁵ ʃiu⁵⁵ ʃɐu²² ʃi¹¹ kan⁵⁵ la⁵⁵ ma³⁵?

(您好，黄经理！公司要我来了解一下，圣诞节前运到香港的800箱灯饰，送货按时吗？赶上那销售时间了吗？)

877. 王生，贵公司今次订嘅清明应节乳猪，我哋已经赶喺清明祭祖前吖一个礼拜运过沙头角，冇出咩问题啦嘛？⁽¹⁾

wɔŋ¹¹ ʃɐŋ⁵⁵, kwɐi³³ kuŋ⁵⁵ ʃi⁵⁵ kɐm⁵⁵ tʃʻi³³ tɐŋ²² ke³³ tʃʻiŋ³³ miŋ⁻³⁵ jiŋ³³ tʃit³³ jy¹³ tʃy⁵⁵, ŋɔ¹³ tei²² ji¹¹ kiŋ⁵⁵ kɔn³⁵ hɐi³⁵ tʃʻiŋ³³ miŋ⁻³⁵ tʃɐi³³ tʃou⁵⁵ tʃʻin¹¹ kɔ³⁵ jɐt³⁵ kɔ³³ lɐi¹³ pai³³ wɐn²² kwɔ³³ ʃa⁵⁵ tʻɐu¹¹ kɔk³³, mou¹³ tʃʻøt⁵⁵ me⁵⁵ mɐn²² tʻɐi¹¹ la⁵⁵ ma³³?

(王先生，贵公司这次订的清明应节乳猪，我们已经赶在清明祭祖前一个星期运到沙头角，没出什么问题吧？)

878. 赵经理，6月份同你哋捞嘅吖批手工制作灯笼，谂住仲有排先至到中秋，啲货慢慢卖啦，谁不知一上市鬼咁快趣就卖断晒。啲客话好中意，仲有货嘛？⁽²⁾

tʃiu²² kiŋ⁵⁵ lei¹³, luk²² jyt²² fɐn²² tʻuŋ¹¹ nei¹³ tei²² lɔ³⁵ kɐ³³ kɔ³⁵ pʻɐi³⁵ ʃɐu³⁵ kuŋ⁵⁵ tʃɐi³³ tʃɔk⁵⁵ tɐŋ⁵⁵ luŋ¹¹, nɐm³⁵ tʃy²² tʃuŋ²² jɐu²² pʻai¹¹ ʃin⁵⁵ tʃi³³ tou³³ tʃuŋ⁵⁵ tʃʻɐu⁵⁵, ti¹³ fɔ³³ man²² man⁻³⁵ mai²² la⁵⁵, ʃøy¹¹ pɐt⁵⁵ tʃi⁵⁵ jɐt⁵⁵ ʃœŋ¹³ ʃi⁵⁵ kwɐi³³ kɐm³³ fai³³ tʃʻøy³³ tʃɐu²² mai²² tʻyn¹³ ʃai³³. ti⁵⁵ hak³³ wa²² hou³⁵ tʃuŋ⁵⁵ ji³³, tʃuŋ²² jɐu²² fɔ³³ ma³³?

(赵经理，6月份向你们拿的那批手工制作灯笼，想着还有段时间才到中秋，货慢慢卖吧，谁知道一上市很快就脱销了。客户说很喜欢，还有货吗？)

879. 呢只新型洗涤液先吖两个月仲唔系好卖得，而家帮衬嘅人就多嘞，特别

ni⁵⁵ tʃɛk³³ ʃɐn⁵⁵ jiŋ¹¹ ʃɐi³⁵ tik²² jik²² ʃin⁵⁵ kɔ³⁵ lœŋ¹³ kɔ³³ jyt²² tʃuŋ²² m¹¹ hɐi²² hou³⁵ mai²² tɐk⁵⁵, ji¹¹ ka²⁵ pɔn⁵⁵ tʃʻɐn²² kɛ²² jɐn¹¹ tʃɐu²² tɔ⁵⁵ lak³³, tɐk²² pit²² hɐi²² nin¹¹ hɐŋ⁵⁵ ʃiu⁵⁵ fɐi³³ tʃɛ³⁵ tʃɵy³³ tʃuŋ⁵⁵ ji³³.

（这种新型洗涤液头两个月还不怎么好卖，现在买的人就多了，特别是年轻消费者最喜欢。）

880. 范经理，你哋呢批灯笼早两个礼拜运过嚟嘅话，卖得仲会好啲。你都知啦，应节嘅货系要赶时赶候㗎。

fan²² kiŋ⁵⁵ lei¹³, nei¹³ tei²² ni⁵⁵ pʻɐi²² tɐŋ⁵⁵ luŋ¹¹ tʃou³⁵ lœŋ¹³ kɔ³³ lɐi¹³ pai³³ wɐn²² kwɔ³³ lɐi¹¹ kɛ³³ wa⁻³⁵, mai²² tɐk⁵⁵ tʃuŋ²² wui¹³ hou³⁵ ti⁵⁵. nei¹³ tou⁵⁵ tʃi⁵⁵ la⁵⁵, jiŋ³³ tʃit³³ kɛ³³ fɔ³³ hɐi²² jiu¹³ kɔŋ³⁵ ʃi¹¹ kɔŋ³⁵ hɐu²² ka³³.

（范经理，如果你们这批灯笼早两个星期运过来的话，卖得还会好些。您也知道，应节的货物是要赶时间的。）

881. 上次订嘅吖批新包装文具真系好卖得，唔单止细佬哥中意，连啲大人都好喜欢！所以我哋谂住仲要同你哋再捞货嘅。⁽³⁾

ʃœŋ²² tʃʻi²² tɐŋ²² kɛ³³ kɔ³⁵ pʻɐi²² ʃɐn⁵⁵ pau⁵⁵ tʃɔŋ⁵⁵ mɐn¹¹ kɵy²² tʃɐn⁵⁵ hɐi²² hou³⁵ mai²² tɐk⁵⁵, m¹¹ tan⁵⁵ tʃi³⁵ ʃɐi³³ lou¹³ kɔ⁵⁵ tʃuŋ³³, lin¹¹ ti⁵⁵ tai²² jɐn¹¹ tou⁵⁵ hou³⁵ hei⁵⁵ fun⁵⁵! sɔ³⁵ ji¹³ ŋɔ¹³ tei²² nɐm³⁵ tʃy²² tʃuŋ²² jiu³³ tʻuŋ¹¹ nei¹³ tei²² tʃɔi¹³ lɔ³⁵ fɔ³³ kɛ³³.

（上次订的那批新包装文具真是很畅销，不仅小孩子喜欢，连大人也很喜欢！所以我们想着还要跟你们再拿货的。）

882. 林经理，呢批酒店晚会专用蜡烛嘅颜色，啲客户有咩反映？

lɐm¹¹ kiŋ⁵⁵ lei¹³, ni⁵⁵ pʻɐi⁵⁵ tʃɐu³⁵ tim³³ man¹³ wui⁻³⁵ tʃyn⁵⁵ juŋ²² lap²² tʃuk⁵⁵ kɛ³³ ŋan¹¹ ʃik⁵⁵, ti⁵⁵ hak³³ wu²² jɐu¹³ mɛ⁵⁵ fan³⁵ jiŋ³⁵?

（林经理，这批酒店晚会专用蜡烛的颜色，客户有什么反映？）

883. 听酒店嘅客户话，啲蜡烛颜色仲系唔够鲜色，特别系红色吖只，再红返少少就好嘞。

t'ɛŋ⁵⁵ tʃɐu³⁵ tim³³ kɛ³³ hak³³ wu²² wa²², ti⁵⁵ lap²² tʃuk⁵⁵ ŋan¹¹ ʃik⁵⁵ tʃuŋ²² hɐi²² m¹¹ kɐu³³ ʃin⁵⁵ ʃik⁵⁵, tɐk³³ pit²² hɐi²² huŋ¹¹ ʃik⁵⁵ kɔ³⁵ tʃɛk³³, tʃɔi⁵⁵ huŋ¹¹ fan⁵⁵ ʃiu³⁵ ʃiu³⁵ tʃɐu²² hou³⁵ lak³³.

(听酒店的客户说，蜡烛颜色还是不够鲜艳，特别是红色那种，再红点儿就好了。)

884. 吴小姐，我哋负责刀具包装嘅，客户反映点吖？

ŋ¹¹ ʃiu³⁵ tʃɛ³⁵, ŋɔ¹³ tei²² fu²² tʃak³³ tou⁵⁵ kɵy²² pau⁵⁵ tʃɔŋ⁵⁵ kɛ³³, hak³³ wu²² fan³⁵ jiŋ³³ tim³⁵ a³³?

(吴小姐，我们是负责刀具包装的，客户反映怎么样？)

885. 麻麻哋啦，仲过得去。

ma¹¹ ma³⁵ tei³⁵ la⁵⁵, tʃuŋ²² kwɔ³³ tɐk⁵⁵ hɵy³³.

(马马虎虎，还过得去。)

886. 旧年喺你哋公司订做嘅吖批圣诞帽，个款够潮，色又够晒抢眼，啱晒啲后生仔女。今年仲有冇咩新奇嘢出吖？

kɐu²² nin³⁵ hɐi³⁵ nei¹³ tei²² kuŋ⁵⁵ ʃi⁵⁵ tɛŋ²² tʃou²² kɛ³³ kɔ³⁵ p'ɐi⁵⁵ ʃiŋ³³ tan³³ mou³⁵, kɔ³³ fun³⁵ kɐu³³ tʃ'iu¹¹, ʃik⁵⁵ jɐu²² kɐu³³ ʃai³³ tʃ'œŋ³⁵ ŋan¹³, ŋam⁵⁵ ʃai³³ ti⁵⁵ hɐu²² ʃaŋ⁵⁵ tʃɐi³⁵ nɵy³⁵. kɐm⁵⁵ nin³⁵ tʃuŋ²² jɐu¹³ mou¹³ mɛ⁵⁵ ʃɐn⁵⁵ k'ei¹¹ jɛ¹³ tʃ'ɵt⁵⁵ a³³?

(去年在你们公司订做的那批圣诞帽，款式很新异，颜色又很显眼，最适合青年男女。今年还有没有什么新奇东西出呢？)

887. 今次运你哋公司订嘅新式运动型饮料，市场试销几好。

kɐm⁵⁵ tʃ'i³³ wɐn²² nei¹³ tei²² kuŋ⁵⁵ ʃi⁵⁵ tɛŋ²² kɛ³³ ʃɐn⁵⁵ ʃik⁵⁵ wɐn²² tuŋ²² jiŋ¹¹ jɐm³⁵ liu²², ʃi¹³ tʃ'œŋ¹¹ ʃi³³ ʃiu⁵⁵ kei³⁵ hou³⁵.

(这次从你们公司订的新式运动型饮料，市场试销挺好。)

888. 真系谂唔到，先得吖个零月时间，呢只新品牌就咁快趣喺市场度企稳脚啰嘛。

tʃɐn⁵⁵ hɐi²² nɐm³⁵ m¹¹ tou²², ʃin⁵⁵ tɐk⁵⁵ kɔ³⁵ kɔ³³ lɛŋ¹¹ jyt²² ʃi¹¹ kan³³, ni⁵⁵ tʃɛk³³ ʃen⁵⁵ pen³⁵ p'ai¹¹ tʃeu²² kɛm³³ fai³³ tʃ'ɵy³³ hei³⁵ ʃi¹³ tʃ'œn¹¹ tou²² k'ei¹³ wen³⁵ kœk³³ lɔ³³ pɔ³³.

(真的想不到，才那一个多月时间，这种新品牌就这么快在市场上站稳了脚。)

889. 呢只胶水先至卖咗吖三个零月，你估都估唔到，而家已经建立咗一个好大嘅客户群体喇。⁽⁴⁾

ni⁵⁵ tʃek³³ kau⁵⁵ ʃɵy³⁵ ʃin⁵⁵ tʃi³³ mai²² tʃɔ³⁵ kɔ³⁵ ʃam³³ kɔ³³ leŋ¹¹ jyt²², nei¹³ ku³⁵ tou⁵⁵ ku⁴⁵ m¹¹ tou³⁵, ji¹¹ ka⁵⁵ ji¹³ kiŋ³³ lɛp²² tʃɔ³⁵ jɐt⁵⁵ hou³⁵ tai²² kɛ³³ hak³³ wu²² kw'ɐn¹¹ t'ɐi³⁵ la³³.

(这种胶水才卖了三个来月，你想都想不到，现在已经建立了一个很大的客户群体了。)

890. 我公司想了解下，你哋订嘅吖批鱼饲料，个包装得唔得吖？啲货运到定冇咩嘢啦嘛？

ŋɔ¹³ kuŋ⁵³ ʃi⁵⁵ ʃœŋ³⁵ liu¹³ kai³⁵ ha¹³, nei¹³ tei²² teŋ²² kɛ³³ kɔ³⁵ p'ɐi³⁵ jy¹¹ tʃi²² liu⁻³⁵, kɔ³³ pau⁵⁵ tʃɔŋ⁵⁵ tɛk⁵⁵ m¹¹ tɛk⁵⁵ a³³? ti⁵⁵ fɔ³³ wɐn²² tou³³ teŋ²² mou¹³ mɛ⁵⁵ jɛ¹³ la⁵⁵ ma³³?

(我公司想了解一下，你们订的那批鱼饲料，包装行不行？货运到地方没什么事吧？)

891. 陈经理，吖批红酒运到步之后，卸货吖阵发现有啲木箱唔系几稳阵。好在啲货冇撞烂，不过都够晒牙烟㗎喇。下次啲木箱要硬净啲先得吖。⁽⁵⁾

tʃ'ɐn¹¹ kiŋ⁵⁵ lei¹³, kɔ³⁵ p'ɐi⁵⁵ huŋ¹¹ tʃeu³⁵ wɐn²² tou³³ pou²² tʃi⁵⁵ hɐu²², ʃɛ³³ fɔ³³ kɔ³⁵ tʃɐn⁻³⁵ fat³³ jin²² jɐu¹³ ti⁵⁵ muk³³ ʃœŋ⁵⁵ m¹¹ hei¹³ kei³³ wɐn³⁵ tʃɐn³³. hou³⁵ tʃɔi²² ti⁵⁵ fɔ³³ mou¹³ tʃɔŋ²² lan²², pɐt⁵⁵ kwɔ³³ tou⁵⁵ kɐu³³ ʃai³³ ŋa¹¹ jin⁵⁵ ka³³ la³³. ha²² tʃ'i³³ ti⁵⁵ muk²² ʃœŋ⁵⁵ jiu³³ ŋaŋ²² tʃeŋ²² ti⁵⁵ ʃin⁵⁵ tɛk⁵⁵ a³³.

(陈经理，那批红酒运到码头后，卸货那会儿发现有些木箱不很坚固。幸好货物没有碰坏，不过也够危险的了。下次木箱要坚固一些才行。)

892. 阿吴小姐，上次订嘅吖批曼联波衫，送到定足足迟咗成个星期，好在仲

赶得彻。唔系嘅话，都几系㗎。(6)

a³³ ŋ¹¹ ʃiu³⁵ tʃɛ³⁵, ʃœŋ²² tʃʻi³³ teŋ²² kɛ³³ kɔ³⁵ pʻei⁵⁵ man²² lyn¹¹ pɔ⁵⁵ ʃɵt⁵⁵, ʃuŋ³³ tou³³ teŋ²² tʃuk⁵⁵ tʃuk⁵⁵ tʃʻi¹¹ tʃɔ³⁵ ʃeŋ¹¹ kɔ³³ ʃiŋ⁵⁵ kʻei¹¹, hou³⁵ tʃɔi²² tʃuŋ²² kɔn³⁵ tɐk⁵⁵ tʃʻit³³. m¹¹ hei²² kɛ³³ wa⁻³⁵, tou⁵⁵ kei³⁵ hei²² ka³³.

（吴小姐，上次订的那批曼联球衣，送到地方足足晚了一个星期，幸亏还赶得及。不然的话，也够受的了。）

893. 阿何生，你喺我公司订造嘅吖几只大吊灯，运落香港之后冇咩唔掂嘛？

a³³ hɔ¹¹ ʃaŋ⁵⁵, nei¹³ hei²² ŋɔ¹³ kuŋ⁵⁵ ʃi⁵⁵ teŋ²² tʃou²² kɛ³³ kɔ³⁵ kei³⁵ tʃɛk³³ tai²² tiu³³ teŋ⁵⁵, wɐn²² lɔk²² hœŋ⁵⁵ kɔŋ³⁵ tʃi⁵⁵ hɐu²² mou¹³ mɛ³³ m¹¹ tim²² ma³³?

（何先生，您在我公司订造的那几盏大吊灯，运到香港后没有什么不妥吧？）

894. 你哋公司加工嘅珠片手袋喺呢便都几有市场，特别系啲师奶至中意。(7)

nei¹³ tei²² kuŋ⁵⁵ ʃi⁵⁵ ka⁵⁵ kuŋ⁵⁵ kɛ³³ tʃy⁵⁵ pʻin⁻³⁵ ʃɐu⁵⁵ tɔi⁻³⁵ hei³⁵ ji⁵⁵ pin²² tou⁵⁵ kei³⁵ jɐu¹³ ʃi¹³ tʃʻœŋ¹¹, tɐk²² pit²² hei²² ti⁵⁵ ʃi⁵⁵ nai⁻⁵⁵ tʃi³³ tʃuŋ⁵⁵ ji³³.

（你们公司加工的珠片手提包在这儿还挺有市场，特别是那些女士最喜欢。）

895. 旧年情人节我哋同你哋公司订嘅朱古力好受欢迎，今年我哋想继续同你哋入货。

kɐu²² nin⁻³⁵ tʃʻiŋ¹¹ jɐn¹¹ tʃit³³ ŋɔ¹³ tei²² tʻuŋ¹¹ nei¹³ tei²² kuŋ⁵⁵ ʃi⁵⁵ teŋ²² kɛ³³ tʃy⁵⁵ ku⁵⁵ lik⁵⁵ hou³⁵ ʃɐu²² fun⁵⁵ jiŋ¹¹, kɐm⁵⁵ nin⁻³⁵ ŋɔ¹³ tei²² ʃœŋ³⁵ kei³⁵ tʃuk²² tʻuŋ¹¹ nei¹³ tei²² jɐp²² fɔ³³.

（去年情人节我们跟你们公司订的巧克力很受欢迎，今年我们想继续向你们进货。）

896. 上个月入嘅洗头水同冲凉液喺我哋呢度好卖得，你哋几时先有货吖？我哋好想再入啲。

ʃœŋ²² kɔ³³ jyt²² jɐp²² kɛ³³ ʃei³⁵ tʻɐu¹¹ ʃɵy³⁵ tʻuŋ¹¹ tʃʻuŋ⁵⁵ lœŋ¹¹ jik²² hei³⁵ ŋɔ¹³ tei²² ni⁵⁵ tou²² hou³⁵ mai²² tɐk⁵⁵, nei¹³ tei²² kei³⁵ ʃi¹¹ ʃin⁵⁵ jɐu¹³ fɔ³³ a³³? ŋɔ¹³ tei²² hou³⁵ ʃœŋ³⁵ tʃɔi³³ jɐp²² ti⁵⁵.

（上个月进的洗发液和沐浴露在我们这儿很畅销，你们什么时候才有货呢？我们很想再进一些。）

897. 你哋公司响我哋呢度订制嘅吖批精制陶瓷情侣杯，唔知市场嘅反映点咧？
nei¹³ tei²² kuŋ⁵⁵ ʃi⁵⁵ hœn³⁵ ŋɔ¹³ tei²² ni⁵⁵ tou²² teŋ³³ tʃei³³ kɛ³³ kɔ³⁵ pʻɐi¹¹ tʃiŋ⁵⁵ tʃɐi²² tʻou¹¹ tʃʻi¹¹ tʃʻiŋ¹¹ lɵy¹³ pui¹³, m¹¹ tʃi⁵⁵ ʃi³³ tʃʻœŋ¹¹ kɛ³³ fan³⁵ jiŋ³³ tim³⁵ lɛ⁵⁵?
（你们公司在我们这儿订制的那批精制陶瓷情侣杯，不知道市场的反映怎么样呢？）

898. 区经理，我哋公司出嘅毛巾质素得唔得吖？如果甩色同埋走线嘅话，请随时话界我哋知，我哋会即刻同生产商反映。
ɐu⁵⁵ kiŋ⁵⁵ lei¹³, ŋɔ¹³ tei²² kuŋ⁵⁵ ʃi⁵⁵ tʃʻɵt⁵⁵ kɛ³³ mou¹¹ kɐn⁵⁵ tʃɐt⁵⁵ ʃou³³ tɐk⁵⁵ m¹¹ tɐk⁵⁵ a³³? jy¹¹ kwɔ³⁵ lɐt⁵⁵ ʃik⁵⁵ tʻuŋ¹¹ mai¹¹ tʃɐu³⁵ ʃin³³ kɛ³³ wa⁻³⁵, tʃʻiŋ³⁵ tʃʻɵy¹¹ ʃi¹¹ wa²² pei³⁵ ŋɔ¹³ tei²² tʃi⁵⁵, ŋɔ¹³ tei²² wui¹³ tʃik⁵⁵ hak⁵⁵ tʻuŋ¹¹ ʃɐŋ⁵⁵ tʃʻan³⁵ ʃœŋ⁵⁵ fan³⁵ jiŋ³⁵.
（区经理，我们公司出产的毛巾质量行不行？如果有掉色和毛线不均匀的话，请随时告诉我们，我们会马上向生产商反映。）

899. 而家正系回南天时，唔该话界我哋知，运过你哋吖度嘅金华火腿，质量有冇受到影响吖？
ji¹¹ ka⁵⁵ tʃiŋ³³ hɐi²² wui¹¹ nam¹¹ tʻin⁵⁵ ʃi¹¹, m¹¹ kɔi⁵⁵ wa²² pei³⁵ ŋɔ¹³ tei²² tʃi⁵⁵, wɐn²² kwɔ³³ nei¹³ tei²² kɔ³⁵ tou²² kɛ³³ kɐm⁵⁵ wa¹¹ fɔ³⁵ tʻɵy³⁵, tʃɐt⁵⁵ lœŋ²² jɐu¹³ mou¹³ ʃɐu²² tou³³ jiŋ³⁵ hœŋ³⁵ a³³?
（现在正是潮湿天气，请告诉我们，运到你们那儿的金华火腿，质量有没有受到影响呢？）

900. 呢只新款甚至令到吖啲最淹尖嘅顾客都非常之满意。
ni⁵⁵ tʃɛk³³ ʃɐn⁵⁵ fun³⁵ ʃɐm²² tʃi³³ liŋ³³ tou³³ kɔ⁵⁵ ti⁵⁵ tʃɵy³³ jim⁵⁵ tʃim⁵⁵ kɛ³³ ku³³ hak³³ tou⁵⁵ fei⁵⁵ ʃœŋ¹¹ tʃi⁵⁵ mun¹³ ji³³.
（这种新款甚至让那些最挑剔的顾客都十分满意。）

二、注释

（1）**贵公司今次订嘅清明应节乳猪**：粤地清明祭祖习用乳猪。

（2）**鬼咁快趣就卖断晒**：广州话的"鬼"用在"咁"或"噉"前面，表示程度高。例如：呢几日鬼咁冻 ni^{55} kei^{35} $jɐt^{22}$ $kwei^{35}$ $kɐm^{33}$ $tuŋ^{22}$（这几天冷得很）。/ 心痛到鬼噉 $ʃɐm^{55}$ $t'uŋ^{33}$ tou^{33} $kwei^{35}$ $kɐm^{35}$（心痛得要命）。

（3）**唔单止细佬哥中意**："细佬哥"口语另有一读 $ʃei^{33}$ lou^{22} $kɔ^{55}$，用同音字写是"细露哥"，这个写法也很流行。广州生产的一种小孩吃的面条就叫"细露面"。

（4）**而家已经建立咗一个好大嘅客户群体喇**："而家 ji^{11} ka^{55}"口语还说 ji^{55} ka^{55}（请参见第1单元生词部分"而家"的注音），除"而家"外，还写有"咿家"等多种词形。本书的句子适当采用了"咿家"（请参见第342句和第865句），主要是让读者知道用同音或近音字来书写方言词，是当地特有的一种文化现象。

（5）**吖批红酒运到步之后**："步"，码头。粤地不少带"步"的地名，例如：炭步（花都）、寮步（东莞）等，还有广州的上步、龙步和大步头等。普通话的"埠 bù"，广州话口语说"$fɐu^{22}$"，多指外国的商埠和港口，所以，广州话的"过埠 $kwɔ^{33}$ $fɐu^{22}$"指"出洋"。

（6）**都几系㗎**：口语词"几系"表示"够呛"或"够受的"意思。例如：做足8个钟都几系㗎 $tʃou^{22}$ $tʃuk^{55}$ pat^{33} $kɔ^{33}$ $tʃuŋ^{55}$ tou^{55} kei^{35} $hɐi^{22}$ ka^{33}（做满8个小时挺够呛的）。/ 叫佢带咁多嘢都几系㗎 kiu^{33} $k'ɵy^{13}$ tai^{33} $kɐm^{33}$ $tɔ^{55}$ $jɛ^{13}$ tou^{55} kei^{35} $hɐi^{22}$ ka^{33}（叫他带那么多东西，够受的）。

（7）**特别系啲师奶至中意**：注意"奶"做称呼语时的不同读音。称"奶奶 nai^{11} nai^{35}"是对夫之母的尊称；称呼"师奶 $ʃi^{55}$ nai^{-55}"、"二奶 ji^{22} nai^{-55}"一定要读 nai^{-55}。"二奶"以前指姨太太，今兼指被男人非法包养的女人。

三、生词

盆满钵满 p'un¹¹ mun¹³ put²² mun¹³	比喻钱财收益好	细佬哥 ʃei³³ lou¹³ kɔ⁵⁵	小孩
		麻麻哋 ma¹¹ ma⁻³⁵ tei²²	
乳猪 jy¹³ tʃy⁵⁵	未断奶的小猪		马马虎虎；勉强过得去
帮衬 pɔŋ⁵⁵ tʃ'ɐn³³	惠顾；购买	抢眼 tœŋ³⁵ ŋan¹³	显眼；夺目

企 k'ei^{35}	站	朱古力 tʃy^{55} ku^{55} lik^{55}	
步 pou^{22}	码头	巧克力（英文 chocolate 的译音）	
牙烟 ŋa^{13} jin^{55}	危险	回南 hui^{11} nam^{11} 指由冷转暖或刮南风，	
师奶 ʃi^{55} nai^{-55}	太太、夫人	空气湿度大的天气	
冲凉液 tʃ'uŋ^{55} lœŋ^{11} jik^{22}	沐浴露	淹尖 jin^{55} tʃim^{55}	挑剔的

四、词汇扩展

- 客户资源 hak^{33} wu^{22} tʃi^{55} jyn^{11}　　　　客户建议 hak^{33} wu^{22} kin^{33} ji^{13}
- 客户满意度 hak^{33} wu^{22} mun^{13} ji^{33} tou^{22}　　监管网络 kam^{55} tuk^{55} mɔŋ^{13} lɔk^{22}
- 客户体验 hak^{33} wu^{22} t'ei^{35} jim^{22}　　　　监督部门 kam^{55} tuk^{55} pou^{22} mun^{11}
- 客户期望值 hak^{33} wu^{22} k'ei^{11} mɔŋ^{22} tʃik^{22}　服务质量 fuk^{22} mou^{22} tʃɐt^{55} lœŋ^{22}
- 客户意见 hak^{33} wu^{22} ji^{33} kin^{33}

附：粤语方言用字（二）

　　粤语方言用字大量使用同音字或近音字，本书各单元都作了些说明。这里再举几个字例。

　　"咩"，本是表示羊叫声，因与广州话表示疑问的语气词和表示"什么"的同音，就被用来书写这两个方言词了。例如：系咩 hɐi^{22} mɛ^{55}（是吗）?/你写咩吖 nei^{13} ʃe^{35} mɛ^{55} a^{33}（你写什么呢）?

　　"点"，广州话用来作疑问副词，例如：点做 tim^{35} tʃou^{22}（怎么做）? 这和表示液体的小滴以及表示时间单位的"点"毫无关系，只因为同音而被用来书写方言词了。

　　"度"，广州话用来表示处所：边度 pin^{55} tou^{22}（哪里）；用来作量词：一度门 jɐt^{55} tou^{22} mun^{11}（一扇门）。两个不同意义的方言词都写作"度"，这和表示程度的"度 tou^{22}"也只是音同而已。而与之音近的"度 tou^{35}"则用来表示概数。例如：50 斤度 ŋ^{13} ʃɐp^{22} kɐn^{55} tou^{35}（50 斤左右）。

　　再如，"而家"有 ji^{11} ka^{55} 和 ji^{55} ka^{55} 两读，除了"而家"，还有咿家、衣家、依家、e＋（多用于 QQ）等写法。

主要参考书目

［1］李新魁、黄家教、施其生等著.广州方言研究.广州：广东人民出版社，1995

［2］麦耘、谭步云编著.实用广州话分类词典.广州：广东人民出版社，1997

［3］饶秉才、欧阳觉亚、周无忌.广州话词典.广州：广东人民出版社，1997

［4］白宛如编纂.广州方言词典.南京：江苏教育出版社，1998

［5］詹伯慧主编.广州话正音字典.广州：广东人民出版社，2002

［6］中国科学院语言研究所词典编辑室编.现代汉语词典（第5版）.北京：商务印书馆，2006

［7］黄小娅.粤语方言用字一百多年来的演变.单周尧、陆镜光主编.《第七届国际粤方言研讨会论文集》.北京：商务印书馆，2000